हिमालय के
संतों की रहस्य-गाथा

हिमालय के संतों की रहस्य-गाथा

डॉ. संत एस. धर्मानंद

प्रभात प्रकाशन

प्रकाशक
प्रभात प्रकाशन प्रा. लि.
4/19 आसफ अली रोड, नई दिल्ली–110002
फोन : 011–23289777 • हेल्पलाइन नं. : 7827007777
इ–मेल : prabhatbooks@gmail.com ❖ वेब ठिकाना : www.prabhatbooks.com

संस्करण
2026

अनुवाद
आशा नयाल

पेपरबैक मूल्य
छह सौ रुपए

मुद्रक
आर–टेक ऑफसेट प्रिंटर्स, दिल्ली

———— ★ ————

HIMALAYA KE SANTON KI RAHASYA-GATHA
by Dr. Sant S. Dharmanand
(Hindi translation of
'MYSTIC EXPERIENCES WITH HIMALAYAN MASTERS')

Published by **PRABHAT PRAKASHAN PVT. LTD.**
4/19 Asaf Ali Road, New Delhi-110002

ISBN 978-93-90900-47-3

₹ 600.00 (PB)

यह पुस्तक उन सभी
हिमालयवासी गुरुओं और संतों को समर्पित है,
जिन्होंने मुझे जीवन के अलग-अलग चरणों में
शिक्षा प्रदान की। भारत माता के चरणों में
—त्रिनिदाद एवं टोबैगो द्वीप से
माँ, तेरा एक अकिंचन आप्रवासी सपूत

मेरे स्वर्गीय अनुज
कर्मयोगी **रामसमझ**
की स्मृति को
समर्पित,
जो त्रिनिदाद एंव टोबैगो
की जनता के प्रति सतत सेवारत रहे।

हिमालय के श्री स्वामी राम

मैं अपने पूजनीय गुरुदेव श्री स्वामी राम से पहली बार अगस्त 1987 में अमेरिका के मिनियापोलिस शहर में मिला था। मैं स्वामी राम के असीम अनुग्रह, प्रेम और आशीर्वाद के लिए उन्हें श्रद्धापूर्वक नमन और प्रणाम करता हूँ। उनकी रहस्यवादी शॉल के माध्यम से ही मैं पवित्र ज्ञान के शक्तिपात संचरण के रूप में हिमालय के कई प्राचीन अभ्यासों को जान पाया। वह आज भी अपने आत्मस्वरूप में मेरे साथ हैं।

(फोटो साभार—मिनियापोलिस का टंडन परिवार)

पूजनीय स्वामी श्री 108 हरिहर महाराजजी

मैं स्वामी हरिहर महाराजजी के प्रति अपना प्रेम और आभार व्यक्त करता हूँ, जिन्होंने हिमालय में तपस्या करते हुए कई वर्षों का समय व्यतीत किया। उन्होंने मुझे 'श्रीमद्‌भगवद्‌गीता' का अध्ययन करने और उसे समझने के लिए प्रेरित किया, जो ईश्वरत्व के संपूर्ण विज्ञान को प्रत्यक्ष करती है। आत्मबोध को लेकर उनकी आध्यात्मिक अंतर्दृष्टि और व्यावहारिक दृष्टिकोण ने मुझे भी अपने आत्मस्वरूप की गहरी खोज करने के लिए अग्रसर किया। महात्मा गांधी के साथ उनके प्रत्यक्ष संबंध ने मुझे अपने कर्तव्य का पालन करने के लिए प्रोत्साहित किया। वह एक सच्चे कर्मयोगी थे और उनका साक्षात् मैंने तब किया, जब उन्हें राजस्थान के आश्रम में 700 अनाथ बच्चों की सेवा करते हुए देखा।

(फोटो साभार—गीता आश्रम, ब्रुकलिन पार्क, मिनेसोटा)

स्वामी हरिहरनंद भारती

मैं हिमालय के ताड़केश्वर पर्वत के स्वामी श्री हरिहरनंद भारती को अपना प्रणाम एवं सच्ची श्रद्धा अर्पित करता हूँ। उन्होंने ही मुझे जीवन में विनम्र और साहसी बनना सिखाया। उनके सशक्त आत्मस्वरूप के दर्शन उनकी उन्मुक्त हँसी में दृष्टिगोचर होते हैं। वह मनुष्य जाति की सेवा के लिए अपने कर्तव्य-पथ पर किसी भी चीज को प्रकट करने की क्षमता रखते थे। मुझे हिमालय के 7,000 फीट ऊपर बनी उनकी 'श्रीवर्म परियोजना' के लिए पाँच वर्ष तक सेवा-कार्य करने में बहुत आनंद आया।

(फोटो साभार—दीदी)

स्वामी आत्मानंद सरस्वती

परम पूजनीय स्वामी श्री आत्मानंद सरस्वती को मेरा स्नेह-वंदन और श्रद्धा-सुमन, जो जीवन के अच्छे और बुरे—दोनों ही वक्त में हमेशा मेरे और मेरे परिवार के साथ बने रहे। वह एक सिद्ध योगी हैं, जिन्होंने मुझे देवी माँ की पूजा-अर्चना करनी सिखाई, जो सृष्टि के सभी स्वरूपों में मौजूद हैं। स्वामी आत्मानंद मेरे लिए गुरु, पिता, भाई, शिक्षक और मित्र—सभी कुछ हैं। हमारे अहंकार को मिटाने के लिए उन्होंने कई बार एक सेवक बनकर भी दिखाया है। उनका आध्यात्मिक और रहस्यवादी स्वभाव अत्यंत विनम्र है, जो उन सभी लोगों को अपनी ओर आकर्षित करता है, जो किसी-न-किसी रूप में उनके जीवन से जुड़े रहे हैं। मेरा स्नेह भरा भक्ति-भाव हमेशा उनके साथ है।

(फोटो साभार—स्वामी आत्मानंद)

श्री स्वामी गणपति सच्चिदानंद

मैं स्वामी श्री गणपति सच्चिदानंद को प्रणाम करता हूँ, जिन्होंने दुनिया भर में 'दत्तात्रेय योग केंद्रों' की स्थापना की। वह अपने भक्तों के लिए हवा में लॉकेट उत्पन्न कर दिया करते थे और बैटन रूज, लुइसियाना में उन्होंने ही मेरी बीमारी भी दूर कर दी थी। उनका संगीत आत्मा को मंत्रमुग्ध कर देने वाला होता है। स्वामी गणपति सच्चिदानंद एक पुरातन आत्मा हैं, जो 21वीं सदी में भी हमारा साथ निभा रहे हैं। उनका तकनीकी ज्ञान वर्तमान समय की तुलना में बहुत ज्यादा है। उन्हें भगवान् दत्तात्रेय का अवतार माना जाता है, जो आधुनिक समय में एक सच्चे हिमालयी गुरु और रहस्यवादी योगी के रूप में अवतरित हुए हैं।

(फोटो साभार—एंटनी राजेंद्र रामनारिने)

बनारस के काशी बाबा

मैं बनारस के काशी बाबा को अपनी श्रद्धांजलि अर्पित करता हूँ। वह एक शक्ति-संपन्न संत थे, जिन्होंने भारत के कई पूर्व प्रधानमंत्रियों और सरकारी अधिकारियों को अपनी बहुमूल्य सलाह दी। उन्होंने मेक्सिको और वेनेजुएला में कई आध्यात्मिक साधकों को भी प्रशिक्षित किया। जब मैं भारत में उनके घर गया, तो मुझे भी उनका आशीर्वाद और मार्गदर्शन प्राप्त हुआ। उन्होंने हमें वर्ष 2001 के महाकुंभ का तीर्थ करने में मदद की थी। वह सचमुच एक दिव्य आत्मा थे।

(फोटो साभार—दीदी)

स्वामी वेदभारती

मैं स्वामी वेदभारती को प्रणाम और उनका सत्कार करता हूँ। संस्कृत और योग का गहन ज्ञान रखने वाले स्वामी वेदभारती एक हिमालयी संत हैं। वह आज भारत के देहरादून में हिमालयी अस्पताल के कुलाधिपति यानी चांसलर हैं। उन्होंने मुझे विस्कॉन्सिन के 'हिमालयन एजुकेशन सेंटर' में अपना आशीर्वाद प्रदान कर धन्य किया था। वह भारत में महामंडलेश्वर समाज के सबसे वरिष्ठ स्वामी भी हैं।

(फोटो साभार—दीदी)

शंकराचार्य स्वामी दिव्यानंद तीर्थजी

मैं भारत के शंकराचार्य स्वामी दिव्यानंद तीर्थ को नमन करता हूँ। मुझे शंकराचार्य दिव्यानंद तीर्थजी का आशीर्वाद तब मिला, जब वह पहली बार त्रिनिदाद एवं टोबैगो द्वीप आए थे। उन्होंने अपने यजमान की समृद्धि, खुशी और अच्छे जीवन के लिए गौ-दान के प्राचीन आयोजन के बाद मुझे एक गाय भेंट की थी। यह आयोजन उन्होंने वलसाय, त्रिनिदाद एवं टोबैगो में एक कारोबारी के घर पर किया था।

(फोटो साभार—शंकराचार्य समाज)

पूजनीय महर्षि महेश योगी

मैं परम पूजनीय महर्षि महेश योगी को ट्रांसेंडेंटल मेडिटेशन यानी कि अतींद्रिय ध्यान तकनीक को पश्चिम में लाने के लिए उनका अभिवादन करता हूँ। मैंने वर्ष 1977 में त्रिनिदाद एवं टोबैगो के उत्तरी पहाड़ों की तलहटी में एक टी.एम. ध्यानी के रूप में ही अपनी ध्यान-यात्रा की शुरुआत की थी। ध्यान की इस तकनीक ने मुझे मेरी किशोरावस्था के दौरान अपने मन को नियंत्रित करने में मदद की। इसने मेरी स्मरण-शक्ति में वृद्धि करने के साथ-साथ मुझे संयमित भी रखा।

(फोटो साभार—महर्षि टी.एम. सेंटर)

गुरुजी प्रोफेसर एच.एस. आदेश

मैं अपने संगीत गुरु प्रोफेसर हरि शंकर आदेश के प्रति अपनी कृतज्ञता व्यक्त करता हूँ। उन्होंने ही त्रिनिदाद एवं टोबैगो में रहते हुए मेरा भारतीय शास्त्रीय संगीत से परिचय कराया। इसके अलावा उन्होंने त्रिनिदाद एवं टोबैगो में 'भारतीय विद्या संस्थान' की स्थापना भी की, जिसे 'बी.वी.एस.' (BVS) के तौर पर जाना जाता है। यह उनके सिखाए संगीत का ही प्रभाव है, जिसने न केवल मेरे रचनात्मक मस्तिष्क का विकास किया, बल्कि मेरे अंदर के भक्तिभाव को गहराई देने में मदद भी की। मुझे संगीत का आशीर्वाद प्रदान करने के लिए मैं अपने गुरुजी का धन्यवाद करता हूँ।

(फोटो साभार—बी.वी.एस. (BVS)

मेरी प्रिय माँ

मैं अपनी प्यारी माँ श्रीमती सुकदैया रामसमूज को नमन करता हूँ, जो सितंबर 1959 की पूर्णिमा की रात मुझे इस दुनिया में लेकर आईं। मेरी माँ आध्यात्मिक दैवीय शक्ति और बुद्धिमत्ता का सुंदर मिश्रण हैं। उन्होंने हमेशा मेरा खयाल रखा और मुझे आध्यात्मिक जीवन जीने के लिए प्रोत्साहित किया। वह स्वयं भी हमेशा दूसरों की सेवा में संलग्न रहती थीं। मेरी माँ ने मुझे मिलाकर कुल नौ बच्चों को जन्म दिया, जिनमें एक भी बेटी नहीं थी। उन्होंने हम सभी भाइयों को एक आध्यात्मिक जीव के रूप में बड़ा किया। उन्होंने मुझे बताया कि जब मैं उनके गर्भ में था, तो वह अकसर अपने सपनों में विभिन्न साधु-संन्यासियों, योगियों और संतों को मुझे आशीर्वाद देते हुए देखती थीं।

(फोटो साभार—हिमांशु शंकर रामसमूज)

मेरे प्रिय पिता

मैं अपने प्यारे पिता पंडित आचार्य सूकदीयो रामसमूज के प्रति नमन और श्रद्धा प्रकट करता हूँ। मेरे पिता एक बहुत बड़े त्यागी थे। उन्होंने त्रिनिदाद एवं टोबैगो द्वीप में अपनी पूरी जिंदगी लोगों की मदद करते हुए बिताई। वह एक महान् गुरु और मेरे प्रथम अध्यापक थे, क्योंकि मैंने उन्हीं से आध्यात्मिक मार्ग पर चलना सीखा था। उनसे मिली प्रेरणा के कारण ही वेस्टइंडीज के त्रिनिदाद एवं टोबैगो में कैरोलिना, कुआवा के ग्रामीण लोगों की जिंदगी बेहतर हो पाई।

(फोटो साभार—अविरोध शर्मा रामसमूज)

पूजनीय श्री सत्यसाईं बाबा

परम पूजनीय श्री सत्यसाईं बाबा एक दिव्य व्यक्ति थे, जिन्होंने अपने जीवनकाल में अपने भक्तों को कई रहस्यमयी चमत्कार दिखाए। उनके सभी चमत्कार अलौकिक और विभिन्न रहस्यों से पूर्ण हैं। दुनिया भर में उनके लाखों शिष्य हैं और उन्होंने इस ग्रह पर अनेक लोगों को आत्मबोध प्रदान किया है।

(फोटो साभार—
त्रिनिदाद एवं टोबैगो का साईं सेंटर)

अनुक्रम

भाग–3

स्वामी 108 हरिहर महाराजजी के प्रसंग

भाग–4

काशी बाबा से जुड़े प्रसंग

भाग–5

स्वामी हरिहरनंद भारती के प्रसंग

भाग-6

स्वामी आत्मानंद सरस्वती के प्रसंग

भाग-7

श्री सत्य साईं बाबा के प्रसंग

भाग-8

संतजी के प्रसंग

प्राक्कथन

दिव्य सत्संग के आह्लादकारी क्षणों में एक प्रबुद्ध योगी से परावाणी का विस्मयकारी उद्घोष सुना था, 'सूक्ष्म जगत् से चयनित साधु-संतों, महात्माओं को पश्चिम में देह धारण के लिए निर्देशित किया गया है।' डॉ. संत धर्मानंद और उनकी इस पुस्तक को उसी परिप्रेक्ष्य में देखकर एक रोमांच सा होता है।

सनातन धर्म ही वह आधार है, जिस पर अनेक ब्रह्मांड अवस्थित हैं। उसके विश्वव्यापी प्रचार-प्रसार के लिए मुख्यत: हिमालयवासी ऋषि-महर्षियों को अवतरण निर्देश जहाँ एक ओर मानवमात्र के लिए अत्यंत कल्याणकारी है, वहीं उस भविष्यवाणी 'कालांतर में भारत ही विश्व गुरु बनेगा' का अद्भुत पुष्टि संकेत है।

संत धर्मानंदजी की मूल अंग्रेजी कृति का यह हिंदी अनुवाद बहु-प्रतीक्षित था। अपनी बहुमूल्य स्मृतियों का खजाना लुटाने के लिए हम संतजी के सदैव ऋणी रहेंगे, विशेषकर युवा पीढ़ी की जीवन-यात्रा एक नया दिग्दर्शन प्राप्त करेगी, ऐसा पूर्ण विश्वास है।

अनेक आध्यात्मिक, आधि-भौतिक, आधि-दैविक और पारलौकिक रहस्यों से पहली बार परदा उठाती यह पुस्तक एक ऐसा संकलन है, जिसे आप एक साँस में पढ़ जाएँगे।

हिमालयवासी योगियों पर आख्यान लिखना सरल नहीं है, क्योंकि इनमें से अधिकांश पूर्णत: गोपनीय रहकर ही लोक-कल्याण में रत रहते हैं। इसके ऊपर, फिर उनकी कार्यशैली का विवेचन तो अत्यंत ही रहस्यात्मक और दुर्लभ है। ऐसे योगियों के स्वयं के आशीर्वाद के बिना यह पुस्तक लिखना संभव नहीं था। हम उनको कृतज्ञतापूर्वक नमन करते हैं।

"अलख पुरुष की आरसी, साधु का ही देह।
लखा जो चाहे अलख को, इन्हीं में तू लख लेह।।"

अक्षर अविनाशी पूर्ण ब्रह्म दाता का निराकार और निर्विकार स्वरूप अत्यंत दुरूह, अगम्य तथा खारा है। आम मनुष्य उसको सहन ही नहीं कर पाता और न ही कोटि सूर्य के समकक्ष उनके तेज को ही। साधु-संत उनके जागतिक साकार स्वरूप हैं। इन स्वरूपों में चंद्रमा की शीतलता भी होती है। इसीलिए ये गुरु का दायित्व निभाते आए हैं। ऐसे ही गुरुओं की अत्यंत विस्मयकारी गाथा इस पुस्तक में आपको पढ़ने को मिलेगी।

भारतवर्ष में आम आदमी यह जानता है कि आत्मा अजर, अमर और अविनाशी है। अध्यात्म में मामूली सी रुचि रखनेवाला भी यह भरोसा रखता है कि गुरु की परिधि में आने के बाद उसकी आवागमन से मुक्ति निश्चित है (एक नजर, एक दृष्टि, दो जन्म, पाँच जन्म¨)।

गुरु संचालित पुनर्जन्म, गुरु प्रदत्त गर्भवास के प्रसंग इस पुस्तक में पढ़कर आप चकित रह जाते हैं, अभिभूत हो जाते हैं। साथ ही गद्गद और मुग्ध भी। एक ही कालखंड में होने वाले पुनर्जन्म पर ऐसा प्रामाणिक और ऐतिहासिक दस्तावेज पूर्व में न देखा गया, न सुना गया।

एक संत का बोलना कि "मैं तुम्हारे परिवार में लौट रहा हूँ," उनके पुनर्जन्म की उद्घोषणा का कितना सुंदर संकेत है! ऐसे बहुत से संकेत इस पुस्तक में मिलते हैं।

किसी देहदारी का सूक्ष्म शरीर से बाहर आ जाना तो देवभूमि भारत में आम है, लेकिन अपने पूर्वजन्म के परिजनों की पुकार पर सहायता के लिए हजारों मील दूर अपने सूक्ष्म शरीर से पहुँचकर फिर वापस लौट वर्तमान में प्रविष्ट होने का अत्यंत ही मार्मिक, संवेदनशील, लेकिन सनसनीखेज प्रसंग इस पुस्तक में पढ़कर आप चौंक जाएँगे।

यही है योगियों का 'इनर-नेट', और आज का नहीं, सदियों पुराना! जबकि आज का अत्याधुनिक तकनीक आधारित इंटरनेट स्काइप दृश्य और श्रव्य तक ही सीमित है। 'स्काइप' शब्द वास्तव में हिमालयी योगियों की पुरातन चमत्कारी 'स्काई-पीपिंग', जिसमें वे असीम आकाश को लाँघते रहे हैं, से बना है। इसी संदर्भ में हिमालयवासी योगियों का हृदय एक टावर के समान है, जो संत धर्मानंदजी के अंतरतम में स्थित 'सेलफोन' में तरंगें भेजता रहता है और मानवमात्र को उनकी करुणा का स्पंदन वितरित करता रहता है।

"सब घट मेरा साइयाँ, सुनो सेज न कोय।
बलिहारी वा घट्ट की, जो घट परगट होय।।"

मनुष्य और ईश्वर के बीच में केवल अहंकार ही बाधा है। यों तो ईश्वर कण-कण में व्याप्त है, लेकिन किसी-किसी हृदय में वे प्रखर हो उठते हैं। कभी-कभी आध्यात्मिक स्थितप्रज्ञ संन्यासी भी सूक्ष्म—अति सूक्ष्म—अहं से ग्रसित हो जाते हैं। प्रबुद्ध गुरु से कुछ

छिपता नहीं और वह भक्त के हृदय से अपना कार्य कराते रहने के लिए इस कंटक-क्लेश को तुरंत मिटा देते हैं।

हृदय में स्थित गुरु तत्त्व ने संकेत किया कि परसादी भोजन में शोरबा है। संतजी ने यह बात सबको बताते हुए कहा कि अब इसे सबके लिए शुद्ध करना पड़ेगा। दूर बफेलो में गुरु के पास लौटते ही फटकार लगी कि संत, यह तुम्हारा सूक्ष्म अहं था। बिना बताए उपचार करना चाहिए था।

आंतरिक जागृति का मंत्रमुग्ध करने वाला यह व्यावहारिक ज्ञान संतजी ने खोलकर ही रख दिया, जो अत्यंत ही प्रेरणादायी है। ऐसा पूर्व में कम ही पढ़ने को मिला है। हर आध्यात्मिक पिपासु के लिए यह एक संजीवनी का काम करेगा। प्रस्तुत पुस्तक के 'अंतर्यामी योगी' अध्याय में इसे पढ़कर आपकी आंतरिक उद्देश्यों के प्रति सजगता बढ़ेगी।

तत्त्वमसि (तत् त्वम् असि) वेदों के इस सनातन महावाक्य को संत धर्मानंदजी ने 'बूँद ही सागर है' के आभूषण से परिभाषित किया है और इस गूढ़ विषय का आशा नयाल ने अपने सरल शब्दों में विषयवस्तु पर दृढ़ रहकर जैसे गागर में सागर ही भर दिया है। मुमुक्षु जीव के लिए यह आश्वासन है और परमानंद का स्रोत भी।

यों तो आध्यात्मिक भारत में 'ध्यान' पर अनेक टिप्पणियाँ लिखी गई हैं। लेकिन हिमालयवासी प्रबुद्ध योगी से उदग्रहित विषयवस्तु को संतजी ने 'मछली पकड़ना और ध्यान' में अनोखे अंदाज में प्रस्तुत किया है। किसी भी अध्यात्म-प्रेमी को इसे पढ़कर उद्दीपन जरूर होगा। यह पाठ योगियों की सहज समाधि अवस्था का द्योतक है। अवगुणकारी मछली पकड़ने के कृत्य को भी ईश्वरीय ध्यान से जोड़ दिया गया है।

हिमालय पर्वतश्रृंखला उस कहे जानेवाले सूक्ष्म जगत् का भी पर्यायवाची है। धर्म संस्थापनार्थ इसकी गुफाओं और कंदराओं में ऐसे निर्णय लिये जाते हैं, जो चयनित व्यक्ति के हृदय की स्फूर्णा बनने के लिए तरंगों के रूप में भेजे जाते हैं। योगियों का यह कार्य पूर्णत: निस्स्वार्थ प्रेम से भरा होता है और वास्तव में वे तो सिर्फ ईश्वरीय संरचना की एक कड़ी मात्र होते हैं। ऐसे में अप्रत्याशित चमत्कारी घटनाएँ विश्व के किसी हिस्से में भी घट जाती हैं। ऐसी ही एक तरंग हिमालय से उठी और प्रसिद्ध निर्माता-निर्देशक रामानंद सागर के हृदय की स्फूर्णा बन गई। उन्होंने टी.वी. पर प्रसारण के लिए पवित्र ग्रंथों पर आधारित आध्यात्मिक धारावाहिक बनाने का निश्चय कर लिया। लोगों ने अनेक बाधाएँ पहुँचाईं और तब एक दिन उनके समक्ष हिमालयी योगी प्रकट होकर बोले, 'घबराओ नहीं, तुम्हें चुना गया है। सब ठीक हो जाएगा।'

'एक अलौकिक वानर' रोंगटे खड़ा कर देनेवाला एक अध्याय है। हर एपिसोड के सार्वजनिक लोकार्पण से पहले सागरजी उसकी स्वीकृति के लिए एक प्रति हिमालयवासी

योगियों तक पहुँचाते थे और वे उसका पूर्वालोकन करते थे। इसी क्रम में 'सांसद से प्रधानमंत्री', 'मेयर पर प्रकृति का आशीर्वाद' विशेष पठनीय और महत्त्वपूर्ण अध्याय हैं, जो हिमालयवासी योगियों की शक्ति-संपन्नता का आभास देते हैं।

यों तो भारतवर्ष में अनेक हिमालय हैं और उनकी भी गुफाओं एवं कंदराओं में अनेक महापुरुष विचरते हैं। यहाँ तक कि हिमालयवासी महापुरुष भी उनके दर्शनार्थ आते रहते हैं, लेकिन प्रस्तुत पुस्तक में जिन चमत्कारी योगियों और गुरुओं की गाथाएँ प्रस्तुत की गई हैं, वे पौराणिक काल से आज तक की अनोखी घटनाओं में से एक हैं।

अशांति और अवसाद से भरे हमारे संसार में एक साथ इतने हिमालयवासी गुरुओं के व्यक्तित्व और चमत्कारी पहलुओं का मनोरम दर्शन अविश्वसनीय है। हिमालय के योगियों के बारे में पूर्व में भी लिखा गया है, लेकिन उनकी कार्यप्रणाली का सूक्ष्म व अतिसूक्ष्म अवलोकन भौतिक रूप से व्यथित मानव मात्र के हृदय को थोड़ा संबल देनेवाला अनोखा प्रकाश-स्तंभ है। साधु-संतों की जीवनियाँ अपने आपमें एक सत्संग है। डॉ. संत धर्मानंदजी की यह पुस्तक उठते-बैठते सत्संग करने का एक सुनहरा अवसर प्रदान करती है। कहा जाता है कि हम वैसे ही बन जाते हैं, जैसा हम संग करते हैं। आगे के पृष्ठों से सद्गुरु के प्रति श्रद्धा उत्पन्न होगी।

भारतवर्ष में विद्वानों का कोई अभाव नहीं है, लेकिन अनुवादक का कार्य कोई गति-विशेष कभी पकड़ नहीं पाया। नई पीढ़ी की आशा नयाल एक देदीप्यमान तारे के रूप में क्षितिज में उभर रही हैं। आध्यात्मिक विषयों में लेखक के भाव ग्रहण कर पाना सरल नहीं है। इन्होंने एक दुष्कर कार्य को सरल शब्दों में पिरोकर एक अद्भुत सेवा-कार्य किया है। मेरी मान्यता है कि आध्यात्मिक अनुवादों में वह पहले ही अपना स्थान सुनिश्चित कर चुकी हैं। जितना कार्य लेखक का होता है, उतना ही अनुवादक का भी। हृदय की अनंत गहराइयों में छिपे ईश्वर से आपको मिला देगी यह पुस्तक।

संतजी एक वैज्ञानिक भी हैं और एक स्वनामधन्य संत भी। इनके उद्बोधन में बाहरी और अंतरजगत् का अद्भुत समन्वय है। इसीलिए पढ़कर ऐसा प्रतीत होता है कि हमें एक नई दृष्टि प्राप्त हो रही है और गुप्त रहस्यों पर से परदा उठ रहा है।

'चर्म दृष्टि दिखे घणा, आत्म दृष्टि एक।
ब्रह्म दृष्टि परिचय भया, दादू बैठा देख।।'

संतजी ने असाधारण विनम्रता के साथ यह पुस्तक लिखी है। उन्होंने कहीं भी चमत्कारों का श्रेय स्वयं ग्रहण नहीं किया है। वह कहते हैं कि मैं कर्ता नहीं हूँ; जो कुछ हुआ, वो गुरुओं की परम कृपा का प्रसाद है। इन सभी घटनाक्रमों में प्रार्थना के बाद वह साक्षी भाव में ही स्थित रहे हैं और यही संतों की परम ईश्वरीय अवस्था कहलाती है,

जोकि कर्तापन के बोध से पूर्णतः मुक्त होती है।

फल खानेवाला पक्षी जीवात्मा, बस, देखते रहनेवाला पक्षी परमात्मा,
तो यह तो शास्त्रसम्मत मत है...

—ऋग्वेद *(1-164-20)*

हृदय से कामना करता हूँ कि डॉ. संत धर्मानंदजी की यह अद्वितीय आध्यात्मिक कृति हर पाठक को साक्षी अवस्था प्रदान करेगी।

'आमी रथ तुम रथी, आमी यंत्र तुम यंत्री'

सागर की ही बूँद

—विनीत गर्ग
वरिष्ठ क्रिकेट विशेषज्ञ, कॉमंटेटर, टीवी ब्रॉडकास्टर
Twitter: @vineetgarg58
email: vingarg58@gmail.com

प्रस्तावना

दार्शनिक-वैज्ञानिक डॉ. संत एस. धर्मानंद की यह पुस्तक 'हिमालय के संतों की रहस्य-गाथा' त्रिनिदाद एवं टोबैगो से हिमालय तक की उनकी आध्यात्मिक यात्रा का प्रत्यक्ष परिणाम है। यह पुस्तक हिमालय के आध्यात्मिक संतों व संन्यासियों के साथ उनकी व्यक्तिगत व आकस्मिक भेंट पर आधारित है। संतजी की यह पुस्तक इन्हीं संतों को समर्पित है। पुस्तक में बताए दार्शनिक हिमालयी गुरुओं व संन्यासियों के अनुभव भारतीय दार्शनिक सिद्धांत और परमचेतना की पुष्टि करते रहे हैं। इन संत-संन्यासियों द्वारा दिखाए गए चमत्कारों और अनगिनत उदाहरणों की मदद से यह पुस्तक आध्यात्मिकता के रहस्यों को सहजता और सरलता के साथ समझने में मदद करती है।

आध्यात्मिक आत्मविश्लेषण के क्षेत्र में यह पुस्तक निश्चित रूप से एक सराहनीय योगदान है। इसमें हिमालय के स्वामी राम (लेखक के गुरुदेव), काशी बाबा, स्वामी हरिहर महाराजजी, स्वामी हरिहरनंद भारती, स्वामी आत्मानंद सरस्वती और स्वामी श्री सत्य साईं बाबा के प्रसंग शामिल हैं।

डॉ. धर्मानंद का हिमालय की शांति को आधुनिक शिक्षा, विज्ञान और आध्यात्मिकता के साथ जोड़कर विस्कॉन्सिन के लिए एक अनूठी शिक्षा प्रणाली बनाने का प्रयास वस्तुतः मानवता के प्रति उनके प्रेम का विस्तार है। इस पुस्तक को पढ़कर पता चलता है कि लेखक अपने आध्यात्मिक अनुभवों और संत गुणों के चलते स्वयं भी एक योगी हैं। मैं उन्हें दिल की गहराई से धन्यवाद देता हूँ; मेरा दिल उनके लिए अगाध प्रेम और सम्मान से भरा हुआ है। आध्यात्मिकता में गहन दिलचस्पी और रुझान के बावजूद मेरे लिए आध्यात्मिक अनुभवों की प्रतीति करना एक दुरूह यात्रा है। यह पुस्तक उन लोगों के लिए एक रामबाण औषधि का काम करेगी, जो अपने जीवन में शारीरिक या मानसिक पीड़ा से गुजर रहे हैं।

इसके अलावा, यह मानवता को 'अतिमावाद' यानी 'ट्रान्सेंडैंटलिस्म' के लिए प्रेरित करेगी, जो हमारी समस्त खुशियों एवं परमानंद का मूल है। मैं आध्यात्मिकता पर

इतनी अद्‌भुत पुस्तक लिखने के लिए संतजी को बधाई देता हूँ और खासकर मानवता के हित में लगे लोगों से इसे पढ़ने की सिफारिश करता हूँ।

—डॉ. विक्रम सिंह बघेल

पंडित एस.एन.एस. विश्वविद्यालय, शहडोल (मध्य प्रदेश, भारत)
इतिहास विभाग के प्रोफेसर और लेखक

स्मृति-संग्रह और आभार

यह त्रिनिदाद एवं टोबैगो द्वीप है और कैरेबियन महासागर के किनारे बसा है, एक भारतीय परिवार। माँ रसोई में सब्जी बनाने की तैयारी कर रही है, तभी उसका चार साल का बच्चा आहिस्ता से उसके पैरों में आकर लिपट जाता है। वह उसका पल्लू खींचकर रोते हुए कुछ कहता है, जो उसने कहा, स्पष्ट नहीं, क्योंकि वह बिलख रहा है। माँ ने पहले तो बच्चे को अपनी गोदी में उठाया, फिर पुचकारते हुए पूछा, "मेरे लाल, बात क्या है? आज तू इतना क्यों रो रहा है? क्या हुआ तुझे?" "माँ, मुझे घर जाना है। मुझे यहाँ अच्छा नहीं लगता, मुझे घर जाना है।"

अगर आप सिर्फ इस बात से आश्चर्य में हैं कि चार साल का एक बालक ऐसे कैसे बोल सकता है, तो कल्पना कीजिए कि मुझे तो 15 सितंबर, 1959 को पूर्णिमा के दिन होने वाला मेरा जन्मदिवस भी याद है! इतना ही नहीं, मुझे यह भी याद है कि मेरे पिता ने उस दिन किस रंग की शर्ट पहनी हुई थी! खैर! यह सुनकर आपकी तरह मेरे पिता भी चकित रह गए थे! दरअसल, **मैं मृत्यु से जीवन में नहीं आया था, मैं जीवन से जीवन में आया था।**

मेरी बात सुनकर माँ ने कहा, "हम तो घर में ही हैं, बच्चे।" तो मैंने कहा, "नहीं, मुझे मेरे घर जाना है।"

मेरे इतने पास होते हुए भी वह कितना दूर था! मैं पूरी उम्र तरसता रहा और इस पल के लिए मैंने बरसों प्रतीक्षा की है। इस क्षण, इस पल में मुझे यह भी ध्यान नहीं कि मेरी आँखें नम हैं और हृदय में एक अजीब सी लहर हिलोरें ले रही है। गुजरे अतीत की बहुत सारी बेतरतीब यादें जैसे मुझे घेर सी रही हैं और मैं अपने आपे में नहीं हूँ। यह अतीत केवल इस जन्म का नहीं, बल्कि पूर्व के कई जन्मों का है। **आप इसे अतीत में डूबा मेरा वर्तमान भी कह सकते हैं।** लोगों की नजरों में मैं एक विदेशी हूँ, लेकिन सच यह है कि अपने हृदय से मैं पवित्र सनातन भूमि भारत का ही वासी हूँ और भारतीय संस्कृति की महक व गंध मेरे अंदर, मेरी मांस-मज्जा में रची-बसी है।

आज मेरी अंग्रेजी पुस्तक 'मिस्टिक एक्सपीरियंसिज विद् हिमालयन मास्टर्स' का

हिंदी रूपांतरण पूरा हुआ। मातृभाषा में यह नई पुस्तक मुझे मेरे घर वापस ले जा रही है। त्रिलोक पावनी 'भगवती गंगे' की कलकल करती हुई ध्वनि और प्रेमपूर्वक बाँहें पसारे पर्वतराज हिमालय के ऊँचे शिखर व सुंदर वादियाँ मुझे हमेशा ही पुकारती रही हैं। धरती का कोई सौंदर्य, कोई दृश्य यहाँ के अनुभव के निकट भी नहीं आता। आज मेरी चिर अभिलाषा पूर्ण हुई। यह पुस्तक वास्तव में मेरी जीवन-यात्रा है और इसे श्रद्धासुमन के रूप में मैं अपनी भारतभूमि को समर्पित करता हूँ। यह सही है कि त्रिनिदाद एवं टोबैगो मेरी जन्मभूमि है, लेकिन भारतभूमि के साथ मेरा आत्मा का रिश्ता जुड़ा हुआ है। जिस तरह हिमालय के प्रबुद्ध योगी त्रिपुरा सुंदरी के उपासक होते हैं, जिनमें सभी देवियों का समावेश होता है; उसी तरह से भारतभूमि मेरी मातामही और पितामही दोनों ही है।

माँ की तुलना में दादी-नानी अथाह लाड़-प्यार करती हैं और मैं भी तो हूँ उनका एक हठी बालक! कुछ ऐसा ही संबंध मुझे जन्म से सालता रहा है।

भारतभूमि में महापुरुष योग-साधना के दौरान अपनी दोनों नासिकाओं में सूर्य और चंद्र उठाकर आज्ञाचक्र में एक संगम का रूप धारण कर लेते हैं, जिसमें वे नित्य निरंतर गोते लगाते हुए लीन रहते हैं। उसी तरह मैं भी माँ गंगा की पवित्र धारा में निरंतर ही मानसिक गोते लगाता रहता हूँ, क्योंकि मैं पूर्वजन्मों में वहीं रहा हूँ। मैंने अपने पूर्वजन्मों में उसी पहाड़ी परिवेश में योगी महापुरुषों के साथ अनेक बार कई-कई दिनों तक भजन और शास्त्रीय संगीत का अभ्यास किया है। इसी संगीत ने मुझे मेरे गुरु से मिलवाया। मेरे परम पूजनीय गुरुदेव, स्वामी राम मेरे संगीत और गायन से प्रभावित होकर ही मेरी तरफ आकर्षित हुए थे और इसी कारणवश मुझे उनका प्रत्यक्ष शिष्य होने का सौभाग्य भी प्राप्त हुआ था।

हिमालयवासी योगी संगीत और शास्त्रीय गायन को अपनी आत्मा में बसाकर रखते हैं, क्योंकि संगीत ईश्वर की भाषा है। इसके माध्यम से ही महापुरुष आत्म-साक्षात्कार करते हैं। यह संगीत ही है, जो आपको ब्रह्मनाद तक ले जाता है। अब आप समझ सकते हैं कि भगवान् श्रीकृष्ण बाँसुरी क्यों बजाते थे और मनमोहन क्यों कहलाते थे। उनकी बाँसुरी सबका चित्त हर लेती थी, और योगियों की भाषा में कहें, तो चेतना के उच्चतम स्तर तक आत्मा को ले जाती थी।

जब तक कोई व्यक्ति भीतर से टूट न जाए, स्वयं को असहाय व निर्बल न महसूस करने लगे, अपने आप में बहुत अकेला न पड़ जाए या यों कह लीजिए कि उसका पात्र चटक न जाए, तब तक उस पर गुरु की कृपा नहीं होती। आप शुरुआत के पृष्ठों में पढ़ेंगे कि कैसे मैंने स्कूल में अपने प्राचार्य को अपने पिता से बोलते सुना कि 'इसका कुछ नहीं हो सकता', तब मुझे लगा कि अब मैं सड़कों पर झाड़ू ही लगाता फिरूँगा। लेकिन मेरे पूजनीय गुरुदेव ने मुझे तुरंत ही अपनी गोद में उठाकर आश्वासन दिया कि "बेटा, सबकुछ ठीक हो जाएगा।" गुरु से जन्म-जन्मांतरों का साथ होता है।

पुस्तक में आगे के पृष्ठों में आप पढ़ेंगे कि मैंने उनके साथ अपने प्रथम पाँच दिन के सान्निध्य में ही भजन-कीर्तन करना शुरू कर दिया था। तभी उन्होंने मुझे स्मरण कराया कि 'बेटा, हमने पूर्व में भी साथ गाया है।' जब उन्होंने मुझे अपने आश्रम में 'शॉल' भेंट करते हुए कहा कि 'बेटा, यह तुम्हारे लिए है', तो वहाँ उपस्थित सभी लोग, यहाँ तक कि मेरा परिवार भी आश्चर्यचकित रह गया। इस तरह मुझे अपनी इस जीवन-यात्रा में मेरे गुरु का दस साल का संक्षिप्त सा सान्निध्य मिला।

मुझे इस बात का पूरा अहसास है कि मैं न केवल पूर्वजन्म में भारत का वासी था, बल्कि देश के विभाजन के समय भी एक क्रांतिकारी के रूप में वहाँ मौजूद था। एक ओर जहाँ मैंने अपने पूर्वजन्म में विदेशियों को देश के टुकड़े करते हुए देखा, वहीं दूसरी तरफ अपने वर्तमान परिवेश में भारतीयों और अफ्रीकियों पर भी अत्याचार व जुल्म होते देखा है। मुझे आज भी बचपन का वो दिन याद है, जब कैरोलिना गाँव के पास होली के दिन भारतीय समुदाय अबीर और गुलाल उड़ा रहा था। कैरोलिना में आपको बॉम्बे और कलकत्ता दोनों ही देखने को मिलेंगे। खैर, हर्ष और उल्लास के साथ मनाई जानेवाली इस होली में भारतीय मूल के नागरिक ढोल-नगाड़े और मजीरे बजाते हुए उछल-उछलकर नाच-गा रहे थे। हालाँकि पास ही में रह रहे एक अंग्रेज प्रशासक को यह लगा कि उस पर कोई 'वूडू मैजिक' या 'काला जादू' किया जा रहा है। इसलिए उसने इस पूरे गाँव को रौंद डालने का आदेश दे डाला। इसके बाद बचे हुए कुछ लोगों को पास ही में एक नया गाँव बनाकर बसाया गया; और क्या आप विश्वास करेंगे कि उसको नाम दिया गया, 'बास्टर्ड हॉल'! मैंने अपनी कौम को इस तरह से संघर्ष करते हुए देखा है।

मेरी धमनियों में सनातन हिंदू धर्म लहू बनकर दौड़ता है। जब मैंने 'मिस्टिक एक्सपीरियंसिज विद् हिमालयन मास्टर्स' लिखी तो इसका एक बहुत बड़ा कारण यह भी था कि मैं विदेशियों को बताना चाहता था कि मेरा भारत क्या है! यह बहुत पुरानी बात है। मैं तब 30 या 31 साल का रहा हूँगा, जब एक अंग्रेज नवयुवक से मेरी कहा-सुनी हो गई। वह मेरी भारतभूमि के लिए ऐसे-ऐसे अपशब्दों का इस्तेमाल कर रहा था कि मैं तो उसको चाँटा ही रसीद कर देता! उसने कहा कि भारत में बस, धूल उड़ती है, वहाँ सपेरे रहते हैं, पीने को साफ पानी भी नहीं मिलता··· बस, मैंने उसी दिन प्रण कर लिया था कि भारतवर्ष का गुणगान करती हुई एक पुस्तक लिखूँगा।

जब हमारी पृथ्वी अन्य ग्रहों और सूर्य से अलग हटी तो उसमें कुल मिलाकर 108 ऊर्जा केंद्र थे। क्या आप जानते हैं कि उनमें से 51 भारत में हैं? इसीलिए यहाँ इतनी उच्च चेतना के ऋषि, महर्षि, योगी सैकड़ों की संख्या में उत्पन्न होते ही रहते हैं। आपको भारत से बड़ा आध्यात्मिक केंद्र कहीं और नहीं मिलेगा।

योगियों की ऐसी मान्यता है कि आप जिस चीज को अपनी साँसों में बसा लेंगे, उसे

खुद-ब-खुद पा लेंगे। इसीलिए साँस-साँस में प्रभु-स्मरण पर जोर दिया जाता है। मैंने भी बचपन से ही जप करना शुरू कर दिया था और मेरे मानसपटल पर मेरे पूर्वजन्म का परिवेश सदैव ही बना रहता था। इसीलिए भारत से संबंधित कोई भी चीज मुझे अतिप्रिय लगती थी, विशेषकर साधु-संत। मुझे आज भी याद है कि स्वामी दिव्यानंद (जोकि उत्तरी भारत के केंद्र के शंकराचार्य थे) जब टी.एन.टी. के दौरे पर आए तो मैं भाव-विभोर हो उठा। मैंने उनके चरण ही पकड़ लिये और उनसे रो-रोकर कहने लगा कि मुझे छोड़कर न जाएँ, मुझे भी अपने साथ ले चलें। मैं विदेश में रहता अवश्य था, लेकिन पूर्वजन्म के मेरे हितैषी साधु-संतों की वहीं हिमालय से मुझ पर निगाह थी। वे सूक्ष्म और स्थूल रूप से मुझे सँभालते रहते थे। मेरे हृदय की छटपटाहट उनसे छिपी नहीं थी। इस तरह मुझे किसी-न-किसी हिमालयवासी योगी के दर्शन प्राप्त होते ही रहते थे।

ऐसे ही एक बार जब स्वामी हरिनंदजी त्रिनिदाद आए तो मेरी खुशी का कोई ठिकाना ही नहीं रहा। मुझे लगा, जैसे मुझे संजीवनी ही मिल गई। मैं अत्यंत उत्साहित था और तब मेरा एक ही ध्येय था कि मैं इनके चरण प्रक्षालन करके उससे प्राप्त चरणामृत ग्रहण कर लूँ। मैं उनको सैर कराने के बहाने मारकस वैली बीच ले गया, जहाँ दूर तक सफेद बालू बिखरी हुई थी। समुद्र का पानी एकदम नीले रंग का था। स्वामीजी गरम मोजों के ऊपर सैंडल धारे हुए थे। हम दोनों वहीं एक नारियल के गिरे हुए पेड़ के ऊपर बैठ गए। अब मैं किसी भी बहाने अपना मंतव्य पूरा करना चाहता था। मुझे अचानक रामायण के मेरे प्रिय पात्र केवट का ध्यान आया, जिसके जीवन को मैंने कई-कई बार जिया है। मुझे तुरंत ही एक युक्ति सूझी और मैंने स्वामीजी को टी.एन.टी. के पानी को पवित्र करने की विनती कर डाली। मैंने उनसे अपने चरण पानी में डालने की प्रार्थना की। स्वामीजी मुसकराए और बोले, "बेटा, समुद्र तक जाने की क्या जरूरत है।" इसके बाद मैं आनन-फानन में किसी पात्र में पानी भरकर वहीं ले आया और स्वामीजी के मोजे उतारकर उससे उनकी मालिश करने लगा। मेरा जीवन धन्य हो गया। संपूर्ण वातावरण अलौकिक हो उठा था। स्वामीजी अब भी ध्यान में डूबे बैठे थे। इस तरह मैं किसी-न-किसी बहाने भारत को जीता ही रहा हूँ।

आज मेरी पुस्तक के हिंदी संस्करण के तैयार हो जाने पर मेरे आनंद की सीमा नहीं है। कल ही की तो बात है, जब श्री विनीत गर्ग के अमेरिका प्रवास के दौरान मेरा उनसे संपर्क हुआ था। वह भारत के एक लोकप्रिय और प्रसिद्ध खेल कॉमेंटेटर हैं, लेकिन बहुत कम लोगों को यह पता है कि अलौकिक ईश्वर कोटि सर्व समर्थ महापुरुष उनके सद्गुरु हैं। मेरी पुस्तक को पढ़कर वह अत्यंत ही आनंदित हुए। गुरुकृपा पाकर व्यक्ति का अस्तित्व ही समाप्त हो जाता है, तो यों समझिए, बातचीत हम दोनों के बीच नहीं, बल्कि हमारे गुरुओं के बीच ही हुई थी! उन्होंने मुझसे मेरी पुस्तक के हिंदी संस्करण

के बारे में पूछा और कहा कि हिंदी में आध्यात्मिक जिज्ञासु ऐसी पुस्तक को हाथोहाथ लेंगे। उसी रात ध्यान अवस्था में मैं अत्यंत रोमांच को प्राप्त हुआ। मेरे नेत्रों से अविरल अश्रुधारा बहने लगी। मैंने उसी पल अपनी पुस्तक के हिंदी अनुवाद का बीड़ा विनीतजी को सौंप दिया। मैं समझ गया था कि वह जिस परिवेश में रहे हैं, उसके चलते न केवल मेरी पुस्तक की आध्यात्मिक गहराइयों को आसानी से समझ सकेंगे, बल्कि उसको सजा और सँवार भी सकेंगे। यही गुरुओं का आदेश था।

अब प्रश्न उठा अनुवादक का! यों तो मेरे समक्ष कई नाम आए, पर बार-बार प्रयास करने पर भी एक ही नाम प्रकाशित होता रहा, वो नाम था—आशा नयाल का। अब कुछ करना शेष नहीं रहा था। आशा न केवल पूर्व में आध्यात्मिक विषयों पर काम कर चुकी थीं, बल्कि उसकी वाणी में एक ओज, उसकी ऊर्जा में एक चैतन्यता, अत्यंत उत्साह और जोश मुझे महसूस हुआ। मुझे गर्व है कि आशा ने बहुत कम समय में इस पुस्तक का इतना सुंदर अनुवाद कर डाला। मुझे उसका भविष्य अत्यंत ही उज्ज्वल मालूम होता है। मेरे मन में ऐसा विश्वास है कि अनुवादक लेखक से किसी भी दृष्टि में कम नहीं होता। मैं आशा नयाल के प्रति अपना आभार प्रकट करता हूँ कि उन्होंने गुरुओं का यह कार्य इतनी लगन और मेहनत के साथ पूरा किया।

गुरुओं का महाचरित्र लोककल्याणार्थ बहुजन हिताय और बहुजन सुखाय ही होता है। इस पुस्तक के प्रकाशन के पीछे उनके क्या-क्या मंतव्य हैं, यह तो वे ही जानते हैं और यह भी पूर्वनिर्धारित ही है कि यह पुस्तक किन-किन हाथों में जाएगी।

महापुरुष तब तक अवतरित होते रहते हैं, जब तक वे प्राणियों को पूर्ण मुक्ति नहीं प्रदान कर देते। चेतना के स्तर को वे पशुत्व से मनुष्यता और फिर देवत्व तक ले जाते हैं तथा अंततः आत्मस्वरूप में लीन हो जाते हैं।

सद्गुरु पशु मानुष करे, मानुष से सिद्ध सोई।
दादू सिद्ध थे देवता, देव निरंजन होई!!

मेरे पूजनीय गुरुओं से मैं प्रार्थना करता हूँ—

"मेरे आत्मीय सहृदयों, भाइयों और बहनों को, जो हृदय की विस्मृत निधियों की खोज में हैं, अपनी करुणा और ज्ञान से उन्हें आलोकित करें।"

मैं सभी हिंदी पाठकों को अपना स्नेही स्वजन मानता हूँ और वे मेरे आत्मीय बंधु हैं। गुरुओं की यह लीला-सामग्री उन्हें अवश्य आनंदित करेगी।

इस विश्वास के साथ,

—डॉ. संत एस. धर्मानंद
email: santji@gmail.com
Twitter: @SDharmananda
Facebook: Sant Dharamananda PhD

पुस्तक के विषय में कुछ सम्मतियाँ

"आध्यात्मिक जीवन में एक व्यक्ति के आत्म-साक्षात्कार के मार्ग पर उसके अनुभव ही होते हैं, जो सबसे ज्यादा मायने रखते हैं। दरअसल ईश्वर एक अनुभव होता है, जिसे इंद्रिय अंगों या किसी भी दूसरे साक्ष्य व प्रमाण से नहीं पाया जा सकता।"

जो लोग जीवन के महत्त्व को नहीं जानते, वे जीवन के दिव्य-उद्देश्य से चूक जाते हैं। इस पुस्तक 'मिस्टिक एक्सपीरियंसिज विद् हिमालयन मास्टर्स' में डॉ. संत एस. धर्मानंद हमारे साथ अपने ऐसे ही रहस्यमयी अनुभव साझा करते हुए दिखाई देते हैं, जो उन्हें परम सत्य की खोज के दौरान प्राप्त हुए। अपने हिमालयी गुरु श्री स्वामी राम और अन्य दूसरे आध्यात्मिक गुरुओं के दिव्य आशीर्वाद के साथ लेखक ईश्वर के चिर सेवक के रूप में अपने जीवन-चमत्कारों को देख रहे हैं। डॉ. धर्मानंद के कार्य और दृष्टिकोण उनके विविध तौर-तरीकों में परिलक्षित होते हैं। एक तरफ वह एक उदार वैज्ञानिक और सूक्ष्म जीवविज्ञानी के रूप में नजर आते हैं, तो दूसरी तरफ उनके पास भारतीय दर्शनशास्त्र पर पी-एच.डी. भी है। उन्होंने अपने इस ज्ञान का प्रयोग बहुत से उपयोगी उत्पादनों के अनुसंधान और विकास के माध्यम से मनुष्यों एवं पृथ्वी के दुःखों को दूर करने के लिए किया है। एक सामाजिक कार्यकर्ता के तौर पर उन्होंने कई गैर-परंपरागत क्षेत्रों में शैक्षिक गतिविधियों की वकालत करते हुए बहुत से महाद्वीपों की लंबी यात्रा भी तय की है। एक सद्यः कलाकार के रूप में अपने संगीत और साहित्य के माध्यम से वह हमेशा ही दूसरों को प्रेरित करने और सुधारने का निरंतर प्रयास करते रहे हैं। 'मिस्टिक एक्सपीरियंसिज विद् हिमालयन मास्टर्स' डॉ. धर्मानंद के सरल जीवन और उच्च विचार वाली जीवन-शैली का प्रतिबिंब है। यह पुस्तक त्रिनिदाद एवं टोबैगो जैसे छोटे से देश के एक आध्यात्मिक परिवार में जन्मी आत्मा के विकास, सत्य एवं ईश्वर की खोज दोनों का विश्व स्तर पर अनुसंधान करती है। ऐसी प्रेरणा का बीज केवल उन्हीं आध्यात्मिक गुरुओं में पनपता है, जो हिमालय में वर्षों की ध्यान साधना में

लीन रहे हों। संन्यासी आमतौर पर ऐसे ही वातावरण में रहते हैं, जहाँ सांसारिक जीवन की हलचल और जुनून से दूर ईश्वर-उपस्थिति व्याप्त हो। वैदिक साहित्य सांसारिक व्यक्तियों और ऐसे प्रबुद्ध संतों के बीच होनेवाली आकस्मिक भेंटों की कथाओं से परिपूर्ण है, जो आध्यात्मिक पूर्णता की तलाश में वनों में आश्रम बनाकर सरल जीवन व्यतीत किया करते थे।

यह पुस्तक 'मिस्टिक एक्सपीरियंसिज विद् हिमालयन मास्टर्स' सभी संस्कृतियों और वर्ग के लोगों के लिए लिखी गई है। एक कथाकार और कथावाचक के रूप में लेखक ने अपनी भाषा-शैली के धागे में अपने चामत्कारिक अनुभवों के मोतियों को इस तरह पिरोया है कि वे हमें हैरत में डालने के साथ-साथ उन पर विश्वास करने के लिए भी मजबूर कर देते हैं। ज्ञान का उद्देश्य ही मुक्ति है और डॉ. धर्मानंद के अनुभवों से पता चलता है कि हमारे जीवन के संकट रूपी परदे के पीछे हमेशा एक अप्रत्यक्ष और अदृश्य शाश्वत शक्ति मौजूद रहती है। यह शाश्वत शक्ति कुछ और नहीं बल्कि एक गूढ़ खजाना है, जो हमें 'मिस्टिक एक्सपीरियंसिज विद् हिमालयन मास्टर्स' की बदौलत प्राप्त हुआ है।

—एंटनी राजेंद्र रामनारिने,

त्रिनिदाद एवं टोबैगो के वन संरक्षक

जय गुरुदेव

"जिन थोड़े-बहुत आत्मदर्शी लोगों ने अपनी अंतर्दृष्टि की प्रतीति यानी पूर्ण-विश्वास में शांति का अनुभव किया है, उन्होंने हमेशा इन रहस्यों को अपनी पांडुलिपियों और शिक्षाओं के माध्यम से दूसरों के साथ साझा करने का प्रयास किया है। डॉ. संत एस. धर्मानंद स्पष्ट रूप से इन्हीं भाग्यशाली आत्माओं में से एक हैं। इनकी पुस्तक 'मिस्टिक एक्सपीरियंसिज विद् हिमालयन मास्टर्स' एक प्रेरणादायक और विचारोत्तेजक रचना है। उनका रहस्योद्घाटन भौतिक अस्तित्व के पार होने वाले परिवर्तन एवं उन्नयन में आध्यात्मिक ज्ञान और अनुभव की शक्ति को प्रमाणित करता है।"

—ग्रेनफेल किस्सून,

अंसा मकल लिमिटेड के मीडिया सेक्टर हेड;

और त्रिनिदाद एवं टोबैगो के त्रिनिदाद प्रकाशन कंपनी लिमिटेड के

पूर्व प्रबंध निदेशक

"डॉ. संत एस. धर्मानंद द्वारा लिखी यह पुस्तक उनके महान् कार्यों का अद्‍भुत संकलन है। यह पुस्तक मेरे लिए उन सभी बातों का शक्तिशाली 'रिमाइंडर' है, जो मुझे मेरे दादा-दादी ने सिखाई। हम जिंदगी में बहुत सारी बातों और घटनाओं को हलके में ले

लेते हैं और उनके पीछे छिपी आध्यात्मिक शक्ति को महसूस नहीं कर पाते। यह पुस्तक बहुत ही रोचक, वास्तविक और प्रेरक है। मैं इसे पढ़ते हुए सबकुछ भूल गई। लेखक ने अपने व्यक्तिगत अनुभवों के माध्यम से पाठकों को युग के महान् एवं प्रमुख योगियों, संन्यासियों व गुरुओं से परिचित कराया है। मैं आप सभी से आग्रह करती हूँ कि आप भी अपनी छिपी हुई शक्तियों को खोजने व जाग्रत करने के लिए यह पुस्तक अवश्य पढ़ें। यदि इन शक्तियों का सोच-समझकर उपयोग किया जाए, तो यह दुनिया रहने के लिए एक अद्‌भुत जगह हो सकती है। यह एक बहुत ही अच्छी पुस्तक है, जिसे हर किसी को पढ़ना चाहिए। मैं एक व्यक्ति के जीवन में आध्यात्मिकता और ध्यान की आवश्यकता को पूरा करने के लिए डॉ. धर्मानंद को बधाई देना चाहती हूँ। मुझे पुस्तक की यह पंक्ति हमेशा याद रहेगी, "भगवान् से प्रार्थना मत करो, भगवान् के साथ प्रार्थना करो।"

—डॉ. अनीता एस. खिंची,

एम.डी., वरिष्ठ बाल रोग विशेषज्ञ,

ग्विनेट मेडिकल सेंटर, लॉरेंसविले, जीए 30055

'मिस्टिक एक्सपीरियंसिज विद् हिमालयन मास्टर्स' एक सच्चे साधक के जीवन और जीवन-घटनाओं व महान् साधु-संन्यासियों के साथ उनके संबंधों का अंतर-रूप है। इसके पन्नों में डॉ. संत धर्मानंद की सतत आध्यात्मिक यात्रा की प्रेरक कहानी समाविष्ट है, जो निश्चित रूप से सामान्य से बढ़कर है। एक तरफ संतजी पर हुए अनुग्रह वाले अनुभवों को पढ़कर ऐसा लगता है जैसे आप ज्ञान और सत्य के सच्चे साधक की आत्मकथा पढ़ रहे हों, तो दूसरी तरफ उनके चमत्कारपूर्ण असाधारण अनुभवों के प्रसंग भी इसी पुस्तक में देखने को मिलते हैं। उनका समर्पित और प्रार्थनापूर्ण व्यवहार हमें अपने दिल को खोलने और अपने सच्चे आंतरिक स्वभाव की संवेदनशीलता का गहराई से पता लगाने के लिए प्रेरित करता है। उनके अलौकिक और असामान्य अनुभव वास्तविकता को देखने वाले हमारे तर्कशील मन की बाध्यताओं को चुनौती देते हैं। 'हिमालयन एजुकेशन सेंटर' और 'हिमालयन कॉलेज' दोनों की स्थापना अपने गुरुदेव श्री स्वामी राम के नाम पर करना हिमालय के संतों और मानवता के प्रति उनकी भक्ति का प्रतीक ही तो है। आप भले ही इस पुस्तक को एक बार में पढ़ें या थोड़ा-थोड़ा कर रोज पढ़ें, यह आपका संपूर्ण मार्गदर्शन करेगी।"

—योगीराज चार्ल्स बेट्स

(1) रैंसमिंग द माइंड; दि इंटीग्रेशन ऑफ योगा एंड मार्डन थैरैपी और

(2) पिग ईट वूल्वस; गोइंग इंटू पार्टनर्शिप विद योअर डॉर्क साइड के लेखक

'मिस्टिक एक्सपीरियंसिज विद् हिमालयन मास्टर्स' डॉ. संत धर्मानंद के जीवन की रहस्यमयी यात्रा से जुड़ी कहानियों का एक सच्चा और आकर्षक संग्रह है। एक व्यक्ति संत के अनुभवों के माध्यम से भारतीय दर्शन के मुश्किल स्वरूपों को भी बहुत आसानी से समझ सकता है। हालाँकि इसे पढ़कर आप खुद को संत की कहानियों और दृष्टांतों की समृद्धि से प्रभावित हुए बिना नहीं रोक पाएँगे। संत का श्री स्वामी राम, स्वामी हरि और अन्य दूसरे संतों व गुरुओं से मिलना हमें यह सोचने पर मजबूर करता है कि हम जिंदगी को जितना जानते हैं, वह उससे कहीं ज्यादा है। लेकिन जब हम इतना जान जाते हैं तो निश्चित तौर पर यह भी समझ ही जाते हैं कि हम सब बारिश के पानी की उस एक बूँद जैसे ही हैं, जो बाद में महासागर यानी भगवान् के साथ मिलकर एक हो जाती है।"

—जेनिफर फेनिक्स,

एम.ए., इंस्ट्रक्टर ऑफ क्लासिकल मिथोलॉजी एंड लिटरेचर,
शेरिडन कॉलेज, ओकविले, ओंटारियो, कनाडा

"यह आकर्षक पुस्तक, 'मिस्टिक एक्सपीरियंसिज विद् हिमालयन मास्टर्स' मुझे रहस्यवाद पर लिखी परमहंस योगानंद की सर्वकालीन श्रेष्ठ पुस्तक 'ऑटोबायोग्राफी ऑफ ए योगी' की याद दिलाती है। ये दोनों पुस्तकें हमें अपनी सामान्य दिनचर्या से आगे बढ़ने में मदद तो करती ही हैं, साथ ही हमें अपनी अच्छाइयों और आध्यात्मिकता की याद भी दिलाती हैं। जैसा कि डॉ. संत एस. धर्मानंद इंगित करते हैं, शुद्ध हृदय और अथाह प्रेम के साथ कोई भी व्यक्ति इस दुनिया को उसके वास्तविक स्वरूप में देख सकता है—यह दुनिया में हर जगह सभी में चमत्कार और पवित्रता खोजने का एक पवित्र अवसर है।"

—डेविड हॉथोर्न एक एम.एस.,

जे.बी प्रोफेसर, वैदिक ज्योतिषी, लेखक और शिक्षक हैं।
वह दुनिया भर में 800 से भी ज्यादा वैदिक ज्योतिषियों से मिलकर बने
इंटरनेशनल इंस्टीट्यूट ऑफ प्रेडिक्टिव ज्योतिष के अध्यक्ष हैं।
वर्ष 1987 के बाद से भारत के नई दिल्ली शहर में
सिस्टम इंस्टीट्यूट ऑफ हिंदू एस्ट्रोलॉजी की तरफ से उन्हें
'ज्योतिष भानु' की उपाधि मिली।

"यह पुस्तक 'मिस्टिक एक्सपीरियंसिज विद् हिमालयन मास्टर्स' डॉ. संत धर्मानंद के आध्यात्मिक अनुभवों का एक बहुत ही दिलचस्प लेख है, जिसे हास्य और आकर्षण

के साथ व्यक्त किया गया है। संत के आश्चर्यजनक अनुभवों को पढ़ने पर ऐसा लगा, जैसे वह मुझे अपने साथ मेरी ही आध्यात्मिक यात्रा पर वापस ले गए हों।"

—श्रीमाता स्वामी आत्मानंद,

एक हिमालयी संन्यासी, तपस्वी और त्रिनिदाद एवं टोबैगो द्वीप में बसे सार्वभौमिक प्रेम और पवित्रता के मंदिर, आत्मनिकेतन के प्रमुख

"मुझे आपकी पुस्तक बहुत अच्छी लगी, पहला अध्याय पढ़ते ही मैं अपने बचपन में लौट गई और मेरा अगला ही खयाल 'मिस्टिक एक्सपीरियंसिज विद् हिमालयन मास्टर्स' को एक रात में पढ़ने को लेकर था।"

—आशा सियूकुमार,

हॉलीवुड फिल्म निर्माता और प्रोड्यूसर, कैलिफोर्निया

"मेरे लिए डॉ. संत एस. धर्मानंद की पुस्तक 'मिस्टिक एक्सपीरियंसिज विद् हिमालयन मास्टर्स' के बारे में लिखना ही बहुत बड़ा सौभाग्य है। लेखक ने अपनी खोज के दौरान महान् आध्यात्मिक गुरुओं के चरणों में वर्षों का समय बिताया है। उन्होंने बहुत से हिमालयी गुरुओं, विशेषकर स्वामी राम और स्वामी हरि के कार्यकलापों और परियोजनाओं में बढ़-चढ़कर भाग लिया। इस तरह वह कई हिमालयी योगियों के संपर्क में आए। लेखक ने इन योगियों से जुड़े अपने सभी अनुभवों को बहुत ही प्रेरणादायक तरीके से प्रस्तुत किया है, जो हिमालयी मनीषियों के साथ उनके घनिष्ठ संबंधों को प्रकाशित करते हैं। यह पुस्तक स्वामी राम की लिखी 'लिविंग विद् हिमालयन मास्टर्स' जैसी है। लेखक ने एक साधक के तौर पर अपनी आध्यात्मिक यात्रा के दौरान हुए अद्भुत अनुभवों का बहुत ही खूबसूरत चित्रण किया है। मुझे यकीन है कि यह पुस्तक सभी क्षेत्र के लोगों को आकर्षित करेगी। इस पुस्तक 'मिस्टिक एक्सपीरियंसिज विद् हिमालयन मास्टर्स' से लेखक को शानदार सफलता मिले, मैं यह कामना करती हूँ। यह मनोरम कृति पाठकों को निश्चित रूप से मंत्रमुग्ध करेगी।"

—प्रोफेसर कांति वासुदेव,

पी-एच.डी.

(भूविज्ञान यानी जियोलॉजी) यूनिवर्सिटी ऑफ वेस्ट इंडीज,
सेंट ऑगस्टीन कैंपस, त्रिनिदाद एवं टोबैगो, वेस्ट इंडीज

अभिस्वीकृति

मैं अपने हिमालयी गुरुदेव श्री स्वामी राम और हिमालय के ही अन्य महान् संतों के आशीर्वाद को प्रणाम और नमन करता हूँ, जिन्होंने मुझे अपने वर्षों के अनुभवों को इस दुर्लभ संग्रह में संकलित करने की प्रेरणा प्रदान की।

डॉ. विक्रम सिंह बघेल को एक भावपूर्ण प्रस्तावना लिखने के लिए विशेष धन्यवाद।

इसके साथ ही मैं उन सभी लोगों का भी बहुत-बहुत आभारी हूँ, जिन्होंने यह पांडुलिपि संपादित करने में मेरी मदद की और मुझे अपने बहुमूल्य सुझाव दिए।

फ्लोरिडा से शिव डैरिल किस्सून, टोरंटो से जेनिफर फीनिक्स, ब्रैंपटन से ऐन मर्फी, मिसौरी से मिशेल फिनले, विस्कॉन्सिन से क्रिस पीटरसन, त्रिनिदाद एवं टोबैगो से सायरा रामनारिने और विस्कॉन्सिन से केली मोरो को विशेष धन्यवाद।

मैं अपने परिवार का भी आभारी हूँ, जिन्होंने न केवल मुझे यह अद्भुत पुस्तक लिखने के लिए प्रेरित किया, बल्कि इस दौरान मुझे अपना पूरा सहयोग भी दिया। मैं मेरे कंप्यूटर की तकनीकी समस्याओं को हल करने, मेरा डाटा बचाने, फोल्डरों को संगृहीत करने और पुस्तक की बैक-अप फाइल इत्यादि बनाने के लिए धनंजय रामसमूज और हिमांशु रामसमूज को भी धन्यवाद देता हूँ।

पुस्तक के लिए मेरी कहानियों और तसवीरों को इकट्ठा करने के लिए धनंजय यानी डीजे रामसमूज का फिर से धन्यवाद। विस्कॉन्सिन-स्टाउट विश्वविद्यालय के स्टूडियो स्टाफ ने भी फोटो इत्यादि जुटाने में मेरी बहुत मदद की।

भानू धर्मानंद, लिंकन डूकरान और त्रिनिदाद एवं टोबैगो के हिमालयी मिशनरियों को पुस्तक के लिए अनुदान प्रदान करने के लिए भी मेरा हार्दिक धन्यवाद।

भाग-1

आरंभ

1

एक अज्ञात शक्ति

मेरा जन्म और पालन-पोषण त्रिनिदाद एवं टोबैगो द्वीप पर हुआ है। उष्णकटिबंधीय जलवायु और कैरेबियन समुद्र से घिरा होने के कारण यहाँ जीवन स्वर्ग जैसा होना चाहिए। कुछ लोगों के लिए ऐसा है भी, लेकिन मेरे लिए नहीं। उस समय मैं सिर्फ दस साल का था। नौ भाइयों में मँझला तो था ही और जीवन में भी संघर्षों की कोई कमी नहीं थी। खाने के लिए संघर्ष करने से लेकर स्कूल जाने से पहले गाय का दूध निकालने तक, खेत के दूसरे काम करना, बंकर पर सोना, एक ही तौलिया इस्तेमाल करना व दूसरों के पुराने कपड़े पहनना मेरे लिए आम सी बात थी। लेकिन इन सबसे बढ़कर मुझ पर अपनी क्लास में टॉप करने का सबसे ज्यादा दबाव था।

मेरे पिता एक हिंदू पुजारी थे और कउवा की सीमा से लगे करोलिना और उसके आसपास के कई गाँवों में प्रवासी भारतीयों के लिए पूजा-संस्कार जैसे सगाई, विवाह, गृह-प्रवेश, अंतिम संस्कार और आशीर्वाद इत्यादि अवसरों पर पूजा-पाठ करते थे। मुझे भी प्रत्येक रविवार अपने छोटे भाइयों के साथ इस तरह के पूजा-अनुष्ठान की तैयारी करने व उसमें भाग लेने के लिए जाना पड़ता था।

करोलिना के मेरे गाँव में कोई स्कूल नहीं था, इसलिए मैं हर रोज दो से ढाई मील पैदल चलकर मिल्टन गाँव जाया करता था, जहाँ मैंने मिल्टन प्रेस्बिटेरियन एलिमेंटरी स्कूल में पढ़ाई की। वहाँ पाँचवीं कक्षा में राष्ट्रीय सामान्य प्रवेश परीक्षा दी जाती थी, जिसकी तैयारी चौथी कक्षा से ही शुरू हो जाती थी। हमारी परीक्षा के परिणाम ही तय करते थे कि हमें आगे जाकर कौन से स्कूल में दाखिला मिलेगा।

मुझे अपनी क्लास में सबसे ज्यादा ग्रेड्स मिलते थे और मैं हमेशा ही क्लास में पहले या दूसरे स्थान पर आता था। एक दिन मेरे एक अध्यापक ने मुझे अपने दोपहर के भोजन के लिए पास की दुकान से रोटी और बॉलजोल (एक प्रकार की मछली) लाने को कहा। मैंने उन्हें बताया कि मैं मांस नहीं खाता और न ही उसे छूता हूँ। इसलिए मैंने

उनके लिए भोजन लाने से इनकार कर दिया। इस बात से नाराज होकर उन्होंने मुझ पर अपनी छड़ी दे मारी, जिससे मेरा बायाँ गाल कट गया।

मेरे चेहरे की ऐसी दुर्दशा देखकर मेरे माता-पिता स्तब्ध रह गए। पापा तुरंत स्कूल गए और प्रिंसिपल व शिक्षक से कहा कि वह स्कूल से मेरा नाम कटवा रहे हैं और तब मेरा नाम मिल्टन प्रेस्बेटेरियन एलिमेंटरी स्कूल से कटवाकर चोंगास शहर के मॉट्रो वैदिक एलीमेंट्री स्कूल में लिखवा दिया गया।

मेरे सबसे बड़े भैया वहाँ अध्यापक थे और मुझे अपने साथ ही स्कूल ले जाया करते थे। अब मैं एक शहरी स्कूल में पढ़ता था। वहाँ डॉक्टरों, वकीलों, इंजीनियरों, शिक्षकों और व्यापारियों के घरों के बच्चे पढ़ने आते थे। यहाँ छात्रों की उम्मीदें और शिक्षा का स्तर गाँव की तुलना में कहीं ऊँचा था।

इसके अलावा, गाँव की तुलना में शहरी स्कूल में काम का बोझ भी बहुत ज्यादा होता था। मैं वहाँ की रफ्तार से तालमेल नहीं बैठा पा रहा था। मेरा जीवन चुनौतियों और शर्मिंदगी से भर चुका था। चूँकि मेरे पिता स्कूल के पुजारी और भाई वहाँ के अध्यापक थे, इसलिए मुझ पर पढ़ाई में अच्छा करने और उनकी इज्जत बनाए रखने का दबाव भी था।

मुझे अब स्कूल में अच्छा भी नहीं लगता था। मैं स्कूल में अपनी जगह बनाने और वहाँ की तेज रफ्तार पढ़ाई के साथ तालमेल बिठाने के लिए बहुत संघर्ष कर रहा था। वहाँ हर रोज वोकेब्यलेरी यानी शब्द-भंडार से संबंधित क्विज हुआ करते थे। अगर मुझे कोई शब्द नहीं आता या मैं किसी सवाल का जवाब नहीं दे पाता, तो मुझे घुटनों के बल बिठाकर मेरे हाथों में और पीछे छड़ी से मारा जाता था। एक स्कूल में पहला स्थान हासिल करना और दूसरे स्कूल में आखिरी स्थान मिलना बहुत अपमानजनक होता है।

मुझे अपना भविष्य अँधेरे में दिखाई दे रहा था। ऐसा लगा, जैसे अब मैं जिंदगी में कुछ नहीं कर पाऊँगा। दस साल के बच्चे के लिए यह सब दुःस्वप्न जैसा होता है। मैं किसी तरह पाँचवीं क्लास तक तो पहुँच गया, लेकिन यहाँ से नेशनल कॉमन एंट्रेंस एग्जाम की तैयारी तेज हो गई। यह क्लास बहुत मुश्किल थी और मुझे अपनी सभी परीक्षाओं में आखिरी स्थान ही मिल रहा था। दूसरे छात्रों के विपरीत, मुझे स्कूल जाने से पहले गाय का दूध निकालना और घर व खेत के दूसरे काम भी करने पड़ते थे। इसके अलावा घर लौटते समय मुझे घास भी काटनी होती थी, जानवरों को चारा देना होता था व अपने पापा के साथ धार्मिक समारोह में भाग भी लेना होता था। घर लौटने में देर होने की वजह से मुझे होमवर्क करने के लिए या तो बिल्कुल भी समय नहीं मिलता था या फिर बहुत कम समय मिलता था।

हालाँकि मेरा ज्यादातर खाली समय पापा के साथ समारोहों में भाग लेने में ही बीतता था, फिर भी मुझे वहाँ संस्कृत में जाप करना और सत्संग में हारमोनियम बजाना

अच्छा लगता था। मुझे आध्यात्मिक भिक्षुओं, स्वामियों, साधुओं और महात्माओं की संगत बहुत भाती थी। मुझे रहस्यवादी योगियों की कहानियाँ बहुत पसंद थीं। मुझे लगता था कि मैं ईश्वर को समझता हूँ, भले ही उस उम्र में मुझे नहीं पता था कि ईश्वर कौन था और न ही अब!

नेशनल कॉमन एंट्रेंस एग्जाम से कुछ दिन पहले मेरे पापा मेरे अध्यापक से मिलने गए। मैं स्कूल के दरवाजे की सीढ़ियों के पास खड़ा होकर उनकी प्रतीक्षा कर रहा था और तभी मुझे अपने पापा और अध्यापक के बीच होने वाली बातचीत सुनाई दी।

मेरे पापा ने मेरे अध्यापक से पूछा, 'मेरा बेटा अपनी क्लास में कैसा है?'

'उसका कुछ नहीं हो सकता और नेशनल कॉमन एंट्रेंस एग्जाम तो वह कभी पास नहीं कर पाएगा।' मैंने अपने अध्यापक को कहते सुना।

अपने अध्यापक के मुँह से ऐसे कठोर शब्द सुनकर मेरा दिल बैठ गया। ऐसा लगा, जैसे किसी ने मेरे सीने पर पत्थर रख दिया हो। मैं डर गया और उनकी बातें सुनकर रोने लगा। मुझे बहुत बुरा लगा और मैंने मन-ही-मन ईश्वर से प्रार्थना की कि 'हे भगवान्, मुझे परीक्षा पास करने में मदद करना, ताकि मैं अपने पापा की इज्जत और मान-सम्मान बचा सकूँ।" मुझे इस बात का भी डर था कि मेरे पापा यह सुनकर मेरी पिटाई करेंगे, क्योंकि गाँव में दंडस्वरूप पिटाई होना बहुत ही आम बात होती थी।

मैं चुपचाप अपने पापा और भाई के साथ कार में सवार होकर घर वापस आ गया। मुझे अपने अंदर एक अजीब सी उदासी व बेचैनी महसूस हुई, जो मैंने इससे पहले कभी अनुभव नहीं की थी। मेरे सभी बड़े भाइयों ने अपनी सारी परीक्षाएँ पास की थीं और वे सभी प्रतिष्ठित हाई स्कूल में पढ़ाई करने गए थे और मुझसे भी सबको ऐसी ही उम्मीद थी। मुझे लगा कि मैं अपने परिवार का नाम डुबो दूँगा।

घर पहुँचने पर मैं गाय के तबेले की तरफ दौड़ा और वहाँ जाकर रोने लगा। एक घंटे तक मैं सूखी घास के बंडल पर बैठा बस, यों ही रोता रहा। रात होने पर मुझे एक आवाज सुनाई दी, "सब ठीक हो जाएगा बेटा।" मुझे लगा कि वह आवाज गाय की तरफ से आ रही है, जैसे वही मुझसे बोल रही हो!

वैसे भी अँधेरा हो चुका था। मैं आवाज सुनकर बुरी तरह डर गया और भागकर घर चला गया। मैंने उस रात खाना भी नहीं खाया। मैं पहले ही परीक्षा में फेल होने के डर से घबराया हुआ था और अब उस आवाज को सुनने के बाद मुझे डर था कि मैं पागल हो जाऊँगा।

नेशनल कॉमन एंट्रेंस एग्जाम से एक दिन पहले मैंने अपने पड़ोस में रहनेवाली एक पचास वर्षीय धार्मिक महिला को सूर्य देवता को जल चढ़ाते देखा। मैं उन्हें ताऊजी बुलाता था। वह मुझे बहुत अच्छी लगती थीं। उनकी कोई संतान नहीं थी, लेकिन वह

मुझे मेरी माँ से भी ज्यादा प्यार करती थीं। मैं अपने कमरे से बाहर निकला और उनका आशीर्वाद लेने उनके पास पहुँच गया।

"ताऊजी", मैंने कहा, "क्या आप मुझे भी सूर्य को जल चढ़ाना सिखा सकती हैं? जब आप सूर्य को जल चढ़ाती हैं, तो कौन सा मंत्र जपती हैं?"

"बेटा, केवल महिलाएँ ही सूर्यदेव को जल चढ़ाती हैं, ताकि उनके शरीर के चक्र उन्हें हमेशा प्रेम और प्रकाश से शोभायमान रखें।" उन्होंने जवाब दिया।

"प्लीज ताऊजी, मुझे कोई फर्क नहीं पड़ता। मुझे भी वह मंत्र-उच्चारण सिखाइए, जो आप सूर्यदेव को जल चढ़ाते हुए बोलती हैं और बताइए कि जल कैसे चढ़ाते हैं? मुझे अपने पापा के लिए यह परीक्षा पास करनी है।" मैंने उनसे विनती की।

वह मेरे मन की निराशा को भाँप गईं और समझ गईं कि मैं कितना परेशान हूँ। वह मेरे अंदर के डर और निराशा को देख पा रही थीं। उन्होंने ताँबे के एक लोटे को बैरल के पानी से भरा और मुझे मंत्र-जाप सिखाते हुए सूर्यदेव को जल चढ़ाने की विधि बताई। वह सूर्यदेव को सूर्य नारायण कहती थीं। मैंने अपने पूरे मन से 'सूर्य नारायण' को जल अर्पित किया और उनका सिखाया मंत्र-जाप किया।

परीक्षा के दिन मैं सुबह जल्दी उठ गया और स्नान कर भगवान् की प्रार्थना करने बरामदे में बैठ गया। उस दिन मेरा दिल बहुत भारी था और मेरी आँखों से झर-झर आँसू बह रहे थे। मैंने ईश्वर से परीक्षा में पास होने की प्रार्थना की। मुझे सबसे ज्यादा चिंता अपने पापा की इज्जत और मान-सम्मान की थी।

"भगवान्, केवल आप ही मुझे इस हताशा से बचा सकते हैं।" मैंने कहा।

मैंने अपने माथे पर धारदार पेंसिलों को रखा और प्रार्थना की, "भगवान्, कृपया परीक्षा में मेरी पेंसिल का मार्गदर्शन करना। मैंने पूरे मन से आपकी सेवा की है। मैंने अपने सभी काम पूरे किए हैं और हर रोज मार भी खाई है। हे प्रभु! आज मुझ पर दया करना।"

मैं भारी मन के साथ अपने भविष्य के सवालों में उलझा स्कूल पहुँचा। 'अगर मेरी परीक्षा अच्छी नहीं गई तो मेरा क्या होगा?' मैंने सोचा। मैंने पाँचवीं में पढ़ने वाले बहुत सारे दूसरे बच्चों के साथ परीक्षा हॉल में प्रवेश किया। तब एक परीक्षक मुझे मेरी सीट तक ले गए। मैंने गहरी आह भरी। मैं बहुत घबराया हुआ था। मेरे हाथ पसीने से तर थे। मेरा माथा गरम था। दूसरे स्कूलों से इतनी ज्यादा संख्या में आने वाले छात्रों को देखकर मैं और भी अधिक घबरा गया। आखिर में परीक्षा का पल भी आ गया।

परीक्षा शुरू होने का संकेत देने के लिए परीक्षक ने घंटी बजाई। हॉल से आने वाली सभी तरह की आवाजें अब शांत हो चुकी थीं। परीक्षक ने नेशनल कॉमन एंट्रेंस बोर्ड द्वारा निर्धारित नियमों और विनियमों की घोषणा की और हमने भी अपनी परीक्षा कॉपी लिखनी शुरू कर दी।

परीक्षा हॉल शांत लेकिन तनाव से भरा हुआ था। मुझे उत्तर-पुस्तिका में सैकड़ों पेंसिलों के खरोंचनें की आवाजें सुनाई दे रही थीं, जिससे मैं और भी दहशत में आ गया। मुझसे तो सवाल तक नहीं पढ़ा जा रहा था और इसलिए मैंने रोना शुरू कर दिया। फेल होने के डर ने मेरे सोचने-समझने की शक्ति ही छीन ली थी। मुझे कुछ भी समझ नहीं आ रहा था। मैं जितनी कोशिश करता, उतना ही परेशान हो जाता। मैं बहुत डर गया था।

और फिर एक अजीब बात हुई। जब मैंने रोते-रोते कनखियों से प्रश्नपत्र पर नजर डाली तो मुझे एक छोटा सा पीला बिंदु शीट पर बेतरतीब ढंग से आगे बढ़ता हुआ दिखा, जो उत्तर पूरा होने पर ही रुका। मैंने दूसरे प्रश्न पर गौर किया तो उस पीले बिंदु ने फिर से दूसरा उत्तर पूरा किया और फिर वहीं रुक गया। मैंने तीसरे प्रश्न को देखा तो वही पीला बिंदु ऊपर-नीचे करते हुए फिर से एक नया उत्तर पूरा कर रुक गया।

मुझे लगा कि यह मेरा भ्रम है, लेकिन मैं सचमुच एक अजीब घटना का अनुभव कर रहा था। मैंने भी इसके साथ खेलना शुरू कर दिया। मैं जल्दी-जल्दी एक सवाल से दूसरे सवाल पर नजर दौड़ाने लगा और वह पीला बिंदु भी उतनी ही तेजी से अलग-अलग जवाबों को पूरा करने लगा। मैंने भी उस पीले निशान के पीछे-पीछे लिखना शुरू कर दिया। मैं अपनी आँखों में इस सहज इकाई के साथ लुका-छिपी का खेल खेल रहा था, हालाँकि मुझे कुछ पता नहीं था कि वह क्या था?

मुझे कभी इसके बारे में जानने की जरूरत भी महसूस नहीं हुई; मैं बस; उस पीले बिंदु और अपनी आँखों के इस खेल का आनंद उठा रहा था। मेरी आँखें मानो पीले बिंदु की ताल पर नाच रही थीं। मेरी पेंसिल उत्तर-पुस्तिका पर एक 'मोजेक पैटर्न' बनाते हुए नृत्य कर रही थी।

मैं इस खेल में इतना खोया हुआ था कि मुझे समय का ध्यान ही नहीं रहा। आधा समय बीत चुका था और साथ ही मेरा पेपर भी पूरा हो गया। मैंने अपनी उत्तर-पुस्तिका शिक्षक को सौंपी और उनसे कहा कि मैंने अपना पेपर पूरा कर लिया है।

"तुम्हारे पास अभी भी आधा समय है। तुम चाहो तो एक बार अपने जवाबों की जाँच कर सकते हो।" परीक्षक ने मुझसे कहा।

लेकिन जब मैं जाने लगा तो वहाँ मौजूद सारे छात्र मुझ पर हँसने लगे। मुझे बहुत बुरा लगा और मैंने रोना शुरू कर दिया।

"भगवान्, मुझे परीक्षा पास करवा देना, ताकि समाज और स्कूल दोनों में मेरे पापा की पुरोहिती-प्रतिष्ठा बनी रहे।" मैंने फिर प्रार्थना की।

तीन महीने बाद तीन अलग-अलग अखबारों में परीक्षा के परिणाम छपे। मेरा पूरा परिवार मेरी परीक्षा का परिणाम देखने के लिए उत्साहित था। फेल होने और अपमान के डर से मैं पास के जंगल में जाकर छिप गया, ताकि परीक्षा के परिणाम के बाद मिलने

वाली मार से बच सकूँ या कुछ समय के लिए उसे टाल सकूँ।

जब रात हुई तो मैं भारी मन से घर वापस लौट आया। मेरी माँ बाहर ही बैठी हुई थी। उसे देखकर ऐसा लग रहा था, जैसे वह मेरे लिए ही प्रार्थना कर रही थी। वह मुझे देखकर बहुत खुश हुई, लेकिन उसके चेहरे की उदासी ने मुझे बता दिया कि मेरा नाम किसी भी अखबार में नहीं आया था। मेरा डर सच हो गया था। मैं नेशनल कॉमन एंट्रेंस एग्जाम में फेल हो चुका था।

मेरे पापा के चेहरे पर निराशा और गुस्सा साफ झलक रहा था। मेरी माँ ने मुझे अपनी बाँहों में भींच लिया और मेरे पिता से मुझे न मारने को कहा। उन्होंने मेरे पिता को अपने पुरोहित प्रभाव का इस्तेमाल कर मुझे स्कूल में दोबारा दाखिला दिलाने के लिए मना लिया। सच ही है, माँ का प्यार दुनिया की हर दौलत से बड़ा होता है।

मेरे पिता मॉप्ट्रो वैदिक एलीमेंट्री स्कूल के प्रिंसिपल से मिलने के लिए मुझे अपने साथ ले गए और उनसे पूछा कि क्या वह मुझे स्कूल में वापस दाखिला देंगे? स्कूल के नियमों के अनुसार परीक्षा में फेल हुए विद्यार्थियों को एक और मौका दिया जाता है; लेकिन ऐसे में छात्र को अपनी शिक्षा का खर्च खुद उठाना पड़ता है। स्कूल को मुझे एक और मौका देने के लिए तैयार करना बहुत मुश्किल काम था।

प्रिंसिपल के घर पहुँचने पर मेरे पिता ने उन्हें बताया कि मेरा नाम किसी भी अखबार में नहीं आया है और मैं परीक्षा में फेल हो गया हूँ। प्रिंसिपल हमें स्कूल के अपने कार्यालय में ले गए, जो उनके घर के बगल में ही था। उन्होंने हमसे कहा कि वह देखेंगे कि मुझे दोबारा दाखिला देने के लिए क्या किया जा सकता है?

उन्होंने शिक्षा मंत्रालय की तरफ से भेजे गए पास हुए छात्रों की सूची देखी, लेकिन उन्हें परीक्षा में बैठने वाले 23,000 छात्रों की उस सूची में मेरा नाम नहीं मिला। बाद में प्रिंसिपल ने स्कॉलैस्टिक मेरिट में आए बच्चों के नाम की सूची देखी। मेरा नाम वहाँ 500 छात्रों की श्रेणी के अंतर्गत आनेवाले 50 होनहार छात्रों में दर्ज था!

टॉप के 500 छात्रों को मुफ्त पुस्तकें और वरदी दी जाती थी और वे देश के शीर्ष प्रतिष्ठित उच्च विद्यालयों में से किसी में भी ट्रांसफर ले सकते थे। मैं रोने लगा, लेकिन इस बार खुशी से। मैंने अपने सभी बड़े भाइयों और पूरे स्कूल का रिकॉर्ड तोड़ दिया था!

मैंने श्रेष्ठ होनहार वर्ग में परीक्षा पास की है, यह खबर तेजी से मेरे गाँव में फैल गई। मैं अपने पापा के लिए बहुत खुश था। स्कूल के प्रिंसिपल और अध्यापकों ने मेरे पापा को मेरे पास होने की बधाई दी और स्कूल में उनके पुजारी-पद के लिए उनकी प्रशंसा की।

वे सब यह देखकर आश्चर्यचकित थे कि मेरे जैसा कम अंक लानेवाला छात्र इतनी मुश्किल परीक्षा में टॉप कैसे कर गया! उन्हें लगा कि यह मेरे पिता की प्रार्थना और

आध्यात्मिक शक्तियों की वजह से हुआ है। इससे न केवल एक पुजारी के रूप में उनका रुतबा बढ़ा, बल्कि समाज की नजर में उनका मान-सम्मान भी खूब हुआ।

यह मेरे बचपन का सबसे गहरा अनुभव था। मैं हमेशा अपनी ताऊजी को धन्यवाद देता हूँ, जिन्होंने मुझे सूर्यदेव की प्रार्थना करना सिखाया। मुझे ऐसा लगा जैसे साक्षात् सूर्य नारायण ही उस छोटे पीले बिंदु के रूप में प्रकट हुए थे, जिन्होंने परीक्षा के दौरान मेरा मार्गदर्शन किया।

मैं अपने गुरु श्री स्वामी राम से वर्ष 1987 में पहली बार तब मिला, जब मैं विश्वविद्यालय में पढ़ रहा था। जब उन्होंने मुझसे मिलते हुए यह कहा कि 'तो हम फिर से मिल रहे हैं, बेटा', तब मुझे बहुत अजीब लगा। लेकिन मैं तुरंत उनकी आवाज पहचान गया। यह वही आवाज थी, जो उस रात मुझे गाय के तबेले में सुनाई दी, जो कह रही थी, "सब ठीक हो जाएगा, बेटा!"

अट्ठाईस साल बाद जब मैं अपने गुरु श्री स्वामी राम से मिला, तब मुझे आश्चर्य होने लगा कि वह अज्ञात शक्ति कौन थी, जो उस पीले बिंदु के साथ लुका-छिपी का खेल खेलते हुए मुझे मेरे जवाब दे रही थी? क्या वह मेरे गुरु थे? या वह भगवान् सूर्य नारायण थे?

□

भाग-2

हिमालय के श्री स्वामी राम के प्रसंग

हिमालय के स्वामी राम (फोटो साभार—मिनियापोलिस का टंडन परिवार)

मेरे प्यारे गुरु श्री स्वामी राम

मैं अपने प्रिय गुरुदेव श्री स्वामी राम से पहली बार अगस्त 1987 में अमेरिका के मिनियापोलिस में मिला। मेरे स्वामीजी हिमालयवासी थे। मैं उस समय विस्कॉन्सिन विश्वविद्यालय में पढ़ाई कर रहा था। एक दिन मुझे स्वामी राम के एक शिष्य ने किसी मेडिकल लेक्चर में शामिल होने के लिए मिनियापोलिस के अवेदा इंस्टिट्यूट में आमंत्रित किया। वह सज्जन पुरुष मिनीपोलिस से ही थे। उन्होंने मुझे बताया कि हिमालय के एक स्वामी मिनेसोटा में मेडिकल जगत् के लोगों के लिए व्याख्यान देने वाले हैं।

"आपको भी मिनेसोटा आकर उनका लेक्चर सुनना चाहिए।" उन्होंने मुझसे कहा।

"मैं अभी विस्कॉन्सिन में हूँ और मिनेसोटा आने में मुझे डेढ़ घंटा लगेगा।" मैंने उनसे कहा, "इसके अलावा, मैं एक छात्र हूँ और लेक्चर के लिए प्रवेश शुल्क नहीं दे सकता।"

"उसकी चिंता मत करो। मैं तुम्हारे लिए एक कॉम्प्लमेंटरी टिकट का बंदोबस्त कर दूँगा, लेकिन तुम्हें जल्दी करना होगा, तैयार होओ और जल्दी निकलो। स्वामीजी का लेक्चर दो घंटे में शुरू होने वाला है।" उन्होंने कहा।

मैं तैयार हुआ, घर से निकला¨ फिर कुछ सोचा और अपना हारमोनियम लेने वापस आ गया। मैंने सोचा कि मुझे इसे अपने साथ ले जाना चाहिए, क्या पता शाम को स्वामीजी को हारमोनियम की जरूरत पड़ जाए!

अवेदा इंस्टिट्यूट पहुँचने पर मैंने देखा कि वहाँ का पार्किंग स्पेस पूरी तरह से भरा हुआ था। मुझे अपनी गाड़ी के लिए पार्किंग ढूँढ़ने में थोड़ा समय लग गया। जब मैं लेक्चर हॉल पहुँचा, तब तक ऑडिटोरियम खचाखच भर चुका था, इसलिए मैं प्रवेश द्वार पर ही खड़ा हो गया।

तब मैंने उन्हें देखा—लंबे, सुडौल, मुसकराते, देदीप्यमान वह सफेद लिबास में थे। उन्होंने मुझे देखा और कहा, "तो हम फिर से मिल रहे हैं बेटा!" और मेरी पीठ थपथपाते हुए स्टेज की तरफ बढ़ गए। मुझे उनकी बात सुनकर हैरानी हुई, लेकिन मैं तुरंत उनकी

आवाज पहचान गया। यह वही आवाज थी, जो मैंने त्रिनिदाद एवं टोबैगो में गाय के तबेले में सुनी थी। उस समय मैं बस दस साल का था और वह मुझसे कह रहे थे, "सब ठीक हो जाएगा, बेटा।"

वह पूरा लैक्चर बहुत ही रोमांचक था। वहाँ लगभग एक हजार से भी ज्यादा लोग मौजूद थे, फिर भी पूरे लैक्चर के दौरान हॉल में असीम शांति पसरी हुई थी। लैक्चर के बाद लोगों ने स्वामीजी से मिलने के लिए लाइन बनानी शुरू कर दी। मैं भी उसमें शामिल हो गया और तभी स्वामीजी के जिस छात्र ने मुझे आमंत्रित किया था, मुझे ढूँढ़ते हुए वहाँ आ गए।

"क्या तुम स्वामीजी से मिलना चाहते हो?" उन्होंने मुझसे पूछा।

"हाँ!" मैंने कहा। उन्होंने चुपचाप मुझे एक तरफ खींचा और कहा, "स्वामीजी यहाँ नहीं मिलेंगे। वह पार्किंग में अपनी कार में हैं। उनसे मिलना है तो हमें अभी निकलना होगा। इसलिए लाइन को रहने दो।" यह मेरी जिंदगी की सबसे रोमांचक घटना थी। मैं पहले कभी स्वामीजी से नहीं मिला था, हालाँकि उनकी बात से लग रहा था कि हम पहले भी मिल चुके हैं।

वह सज्जन पुरुष मुझे एक घर में ले गए, जहाँ स्वामीजी रात का खाना खा रहे थे। घर का कॉरिडर उनके अनुयायियों से भरा हुआ था। जब वह व्यक्ति मुझे स्वामीजी से मिलवाने ले गए, मैं बहुत ही भावुक हो उठा। प्रेमाभक्ति की अभिभूत भावना मुझे महसूस हुई और मेरी आँखों से झर-झर आँसू बहने लगे। स्वामीजी ने मुझे देखा और कहा, "जाओ अपनी कार से हारमोनियम ले आओ, हम आज रात भजन गाएँगे।" उस रात मेरे अंदर हजारों सवाल उमड़-घुमड़ रहे थे, जो मैं उनसे पूछना चाहता था¨ उन्हें कैसे पता चला कि मेरी कार में हारमोनियम था? उन्होंने क्यों कहा, 'तो हम फिर से मिल रहे हैं, बेटा!'… और भी बहुत सारे।

आज बीस साल बाद भी मुझ अकिंचन के प्रति उनका इतना प्रेम और आशीर्वाद देख मैं अत्यंत हर्षित हो उठता हूँ।

~

जिस तरह स्वामी राम ने मेरी आत्मा को छुआ, उसे सिर्फ शब्दों में बयाँ नहीं किया जा सकता, न ही मैं उनके आशीर्वाद के मर्म की पूर्णता को समझ सकता हूँ। स्वामी राम के कई रूप थे, जैसे एक गुरु, आध्यात्मिक पथ-प्रदर्शक, दूरदर्शी, योगी, लेखक, चिकित्सा वैज्ञानिक, संगीतकार, मानवतावादी, वास्तुकार और वह एक बहुत ही कुशल बागबान भी थे। वह हिमालय के एक रहस्यवादी साधक थे, जिन्होंने बहुत सारे दूसरे साधकों को दीक्षित कर अपने जैसा ही बना दिया था। उनके बाद उनके छात्रों ने (जिन्हें

उन्होंने योग विज्ञान में दीक्षा दी) उनके प्रसिद्ध कार्य और परंपरा को आगे बढ़ाया।

स्वामीजी ने योग, ध्यान, दर्शन और भजन में उच्च स्तर हासिल किया; इसके अलावा उन्होंने शास्त्रीय संगीत वादन जैसी और भी बहुत सारी चीजें की। वह एक नाद योगी, एक रहस्यवादी संत और एक अध्यात्मिक गुरु थे, जिन्होंने वर्ष 1995 में भारत के देहरादून में 'हिमालयी इंस्टिट्यूट हॉस्पिटल' बनवाया। स्वामी राम एक कुशल भारतीय रेडियो कलाकार भी थे, जिन्होंने शास्त्रीय संगीत और गायन में कई राष्ट्रीय पुरस्कार जीते। उन्होंने 70 पुस्तकें लिखीं, जिनमें से कुछ भारतीय संगीत पर थीं और बहुत सारी रिकॉर्डिंग और सी.डी. भी बनाईं।

वह सही मायने में एक दयावान गुरु थे। उन्हें कई रहस्यवादी अनुभव प्राप्त हुए थे, जिनका उल्लेख उनकी हाथोहाथ बिकनेवाली पुस्तक 'लिविंग विद् दि हिमालयन मास्टर' में किया गया है। उनकी पुस्तक में आप दूसरे योगियों व संतों के साथ उनके जीवन अनुभवों और उनके अपने रहस्यवादी अनुभवों के बारे में भी पढ़ सकते हैं। स्वामीजी की रहस्यवादी आभा केवल उन तक ही सीमित नहीं थी, बल्कि उनके लाड़ले शिष्यों और उन लोगों में भी व्याप्त हो गई थी, जो उनके प्रति प्रेम व भक्ति रखते थे।

उनका हर शिष्य उनके और अपने रिश्तों पर पूरी एक पुस्तक लिख सकता है तथा निश्चित ही हर पुस्तक एक–दूसरे से पूरी तरह अलग एवं खास होगी। काश, मैं भी इतना समर्पित होता। काश, मैंने भी उनके साथ और ज्यादा समय बिताया होता! उन्होंने मुझसे होंसडेल में अपने आश्रम आकर रहने के लिए कहा था, लेकिन तब मैंने इसके स्थान पर अपना वैज्ञानिक कॅरियर चुना।

काश, मैंने उनकी बात सुनी होती!

स्वामी राम एक अलौकिक व्यक्ति थे। मैं चीजों को जितना समझने की उम्मीद कर सकता हूँ, वे उससे भी कहीं ज्यादा जानते थे। उन्हें हिमालय में अपने गुरु के साथ कई सारे रहस्यवादी अनुभव प्राप्त हुए थे। स्वामी राम ने एक बार अपने गुरु को हिमालय प्रदेश में हिमस्खलन को इशारे मात्र से जमाते हुए देखा। वह गुफाओं में कई चिरायु योगियों के साथ रहते थे, उनके साथ पढ़ते थे। वह उनके रहस्यवादी करतबों के साक्षी बने। इसके अलावा वे खुद भी एक बहुत बड़े चमत्कारी थे। उन्होंने अपने जीवन में कई चमत्कार किए थे। उन्हें जंगली मगरमच्छों के बीच ध्यान करने के लिए भी जाना जाता था।

मैं अपने गुरु हिमालयवासी श्री स्वामी राम की कृपा ही से आपके साथ इन विभिन्न रहस्यवादी अनुभवों को बाँट पा रहा हूँ। उनके प्रेम और आशीर्वाद के बिना मुझे इस स्तर का रहस्यवादी अनुभव कभी प्राप्त नहीं होता। उनके और उनके उत्तराधिकारियों के माध्यम से ही मुझे हिमालय की बहुत सारी दूसरी दिव्य आत्माओं से मिलने का सौभाग्य

प्राप्त हुआ, जिनमें से कुछ का उल्लेख मैंने इस पुस्तक में भी किया है।

मेरे प्यारे गुरुदेव श्री स्वामी राम ने भारत के देहरादून में 13 नवंबर, 1996 को महासमाधि ले ली। यह सब देहरादून में स्वामी राम हिमालयी विश्वविद्यालय का काम पूरा करने के बाद हुआ। (www.srhu.edu.in).

13 नवंबर, 1996 को अपना शरीर त्यागने के बाद भी उनका शरीर कई दिनों तक महकता रहा। उनके जीवन से जुड़े कुछ रहस्य आज भी ज्यों-के-त्यों बने हुए हैं।

हालाँकि मेरे गुरुदेव जा चुके हैं, लेकिन आज भी जब मैं किसी मुश्किल या परेशानी का अनुभव करता हूँ, तो वह मेरी रक्षा करते हैं और मुझे बचाने आते हैं।

□

1

गुरु की शॉल

यह वर्ष 1992 की बात है। सर्दियों का मौसम था और मुझे फ्लोरिडा के एक मंदिर में तीन रातों के लिए 'भगवद्गीता' पर बोलने के लिए आमंत्रित किया गया था। इस तरह के सेशन को 'यज्ञ' कहा जाता है।

यह फ्लोरिडा में मेरे व्याख्यान की पहली श्रृंखला थी, जहाँ सैकड़ों लोगों को बुलाया गया था। मैंने तब हाल ही में शास्त्रों का अध्ययन करना शुरू किया था और मुझे नहीं पता था कि वहाँ फ्लोरिडा के 'भगवद्गीता' जानने-समझनेवाले विद्वानों को भी माननीय अतिथियों के रूप में आमंत्रित किया गया था।

यह फरवरी का महीना था और मिनियापोलिस में तापमान $10^{0}C$ से भी कम था, जोकि बहुत ठंडा होता है। फ्लोरिडा के लिए मेरी फ्लाइट से एक दिन पहले, मैं देर रात तक काम कर रहा था। एक माइक्रोबायोलॉजिस्ट होने के नाते मुझे कुछ सौ माइक्रोबियल टेस्ट कल्चर लगाने थे और सप्ताहांत तक सैंपल प्रोडक्ट के साथ इनोक्वेट पेट्री डिश तैयार करनी थी।

मुझे काम पूरा करते-करते रात के दो बज गए थे। जब मैं पार्किंग में खड़ी अपनी कार तक चलकर गया तो मेरा कोट आगे से खुला हुआ था। मेरे घर पहुँचने तक मेरा गला बैठ चुका था और मेरे मुँह से आवाज नहीं आ रही थी। मुझे लेरंजाइटस हो गया था, जिसमें गले की नली में सूजन आ जाती है। मैंने अपने गले को आराम पहुँचाने के लिए अदरक की चाय भी पीकर देखी, लेकिन ज्यादा फायदा नहीं हुआ।

अगली सुबह हवाई अड्डे के लिए निकलने से पहले मैंने फ्लोरिडा में आयोजक को फोन किया और उनसे विनयपूर्वक प्रार्थना करी कि वे इस तीन दिन के व्याख्यान को स्थगित कर आगे के लिए बढ़ा दें। उन्होंने जवाब में कहा, 'अब सेशन केंसिल करने के लिए काफी देर हो चुकी है। अगर हमने ऐसा किया तो महीनों की तैयारी बरबाद हो जाएगी। आपको आना ही पड़ेगा।'

उस सुबह मेरे गले में बहुत दर्द और खराश हो रही थी। मैं न तो बोल पा रहा था और न ही गा पा रहा था। मुझे 'भगवद्गीता' के बारे में बहुत ज्यादा जानकारी भी नहीं थी। मैं देख पा रहा था कि इतने सारे लोगों के बीच मेरी कितनी बेइज्जती होने वाली है। 'अब मैं क्या करूँ?' मैंने सोचा।

मैं हवाई अड्डे के लिए निकलने ही वाला था कि तभी मुझे अपने गुरु की शॉल की याद आई। मैं वापस घर गया और सावधानी से शॉल बाहर निकाली, धीरे से उसे एक प्लास्टिक के जिपर में डालते हुए अपने हेंड लगेज में रख लिया। जब मैंने अपने हाथों से अपने गुरुजी की शॉल का स्पर्श किया तो मुझे उनकी उपस्थिति महसूस हुई, साथ ही मैंने एक मीठी सी सुगंध भी महसूस की, वह गंध मेरे साथ आज तक जस-की-तस बनी हुई है।

'हे गुरुदेव! प्लीज, मेरी आवाज को ठीक करने में मेरी मदद करें और इस तीन रात के सेशन तक मेरी वाणी का मार्गदर्शन करें।' मैंने अपने दिल में कहा।

अगर मेरी हालत ज्यादा बिगड़ गई तो कम-से-कम मैं यह शॉल लपेटकर ध्यान तो कर ही सकता हूँ, मैंने सोचा। एक प्रबुद्ध योगी के तौर पर स्वामी राम ने यह शॉल पहनकर 15 साल तक ध्यान किया और हिमालय के गहरे जंगलों में आध्यात्मिक अभ्यास किए। मुझे आज भी वह घड़ी याद है, जब उन्होंने मुझे यह शॉल दी थी।

□

मैं स्वामीजी से पहली बार अगस्त 1987 में मिला था। तब हमने एक साथ भजन-कीर्तन किए थे। मैंने उनके आश्रम लौटने से पहले कुछ दिनों तक मिनियापोलिस में उनके लिए हारमोनियम भी बजाया था। उनका आश्रम पेंसिल्वेनिया के होंसडेल के 'हिमालयन इंस्टीट्यूट' में था। पता नहीं स्वामीजी कैसे जान गए कि मैंने साल 1970 में त्रिनिदाद एवं टोबैगो के प्रधानमंत्री की ओर से दिया जाने वाला राष्ट्रीय संगीत पुरस्कार जीता है! वह स्वयं भी काफी कुशल संगीतकार थे। मैं सचमुच उनके साथ और भी भजन गाना चाहता था।

स्वामीजी के होंसडेल जाने के बाद मुझे उनकी बहुत याद आई। मैंने होंसडेल के उनके आश्रम में उनसे बात करने के लिए फोन किया। स्वामीजी ने स्वयं फोन उठाया, लेकिन मैं उनकी आवाज नहीं पहचान पाया। मैंने कहा, 'सर, क्या मैं स्वामी राम से बात कर सकता हूँ?'

'मैं ही बोल रहा हूँ।' उन्होंने कहा।

मैं घबरा गया और फोन रख दिया। मुझे उम्मीद नहीं थी कि स्वामीजी खुद फोन उठाएँगे। मैंने सोचा कि रिसेप्शनिस्ट के पास उनके लिए संदेश छोड़ दूँगा। मैंने कुछ देर इंतजार किया और फिर दोबारा फोन लगाया। इस बार रिसेप्शनिस्ट ने ही जवाब दिया।

'नमस्ते मैडम! क्या मैं स्वामी राम के लिए संदेश छोड़ सकता हूँ?' मैंने कहा।

मैंने उन्हें अपना नाम और फोन नंबर देते हुए कहा, 'जब भी स्वामीजी को समय हो, मैं उनसे बात करना चाहूँगा।' कुछ समय बाद स्वामीजी का फोन आया।

जब मैंने फोन उठाया तो उन्होंने कहा, 'मैं स्वामी राम बोल रहा हूँ।'

'स्वामीजी नमस्ते। मैं आपके साथ गाए भजन-कीर्तनों को बहुत याद करता हूँ।' मैंने कहा।

'होंसडेल में मेरे आश्रम आ जाओ। हम अगले पाँच दिन साथ में गाएँगे। यहाँ एक आध्यात्मिक सत्संग होने जा रहा है और 500 से भी ज्यादा लोग आएँगे।' उन्होंने कहा।

'स्वामीजी, मैं अपने परिवार से बात करके आपको दोबारा फोन करता हूँ।' मैंने जवाब दिया।

मैंने अपने परिवार से बात की, लेकिन तब हमारे पास फ्लाइट से जाने के पैसे नहीं थे। हालाँकि कार में गैसोलीन भरवाने जितने पैसे जरूर थे। मेरी कार के पिछले पहिए का बायाँ टायर इतना घिस चुका था कि उसके अंदर से तार दिख रहे थे। बाकी टायर भी बुरी तरह से खराब हो चुके थे। मेरे पास एक फालतू टायर तो था, लेकिन वह भी काफी कमजोर था। इसके अलावा मैंने इससे पहले कभी इतनी लंबी ड्राइव नहीं की थी। यह कम-से-कम 24 घंटे लंबी यात्रा थी, वह भी एक तरफ की।

मैंने आश्रम में फिर से फोन किया और स्वामीजी ने ही फोन उठाया। 'मैं नहीं आ सकता, क्योंकि मेरी गाड़ी के दोनों टायर खराब हैं और हवाई यात्रा के लिए मेरे पास पैसे नहीं हैं।' मैंने उन्हें बताया।

'तुरंत आ जाओ। हिचकिचाओ मत और अभी निकलो।' स्वामीजी ने कहा।

मैंने भारी मन से कहा, 'ओके स्वामीजी।' मैंने अपने परिवार और दूसरे संगीतकारों से कहा कि स्वामीजी ने कहा है, 'सब कुछ छोड़ो और आश्रम के लिए निकलो।'

हम एक घंटे में तैयार होकर निकल गए। हमने एक रोड मैप उठाया, टायरों का प्रेशर करवाया, गैस भरवाई और दोनों बच्चों के लिए नाश्ता रखा। मैंने आश्रम फोन करके स्वामीजी के लिए संदेश छोड़ दिया कि हम उनके आश्रम आ रहे हैं।

रात का समय था और हम गाड़ी में सवार थे। हम 24 घंटे के अंदर 'हिमालयन इंस्टीट्यूट' पहुँच गए। हमारी पूरी यात्रा के दौरान मेरा मन गाड़ी के पिछले बाएँ टायर पर ही लगा हुआ था।

'हे स्वामीजी! मैं अब पूरी तरह से आप पर निर्भर हूँ। मेरे साथ मेरा परिवार है, कोई क्रेडिट कार्ड नहीं है, ज्यादा पैसे भी नहीं हैं और इसके ऊपर से गाड़ी के दो टायर भी खराब हैं।' मैं बार-बार अपने मन में सोच रहा था।

होंसडेल में आश्रम पहुँचने पर मेरा परिवार और सारे संगीतकार गाड़ी से उतरे व स्वामीजी से मिलने चले गए।

मैं कार में ही रुका हुआ था और रोने लगा। अब मैं दो खराब टायरों के साथ विस्कॉन्सिन वापस लौटने को लेकर काफी चिंतित था।

मैंने खुद को शांत किया और फिर आश्रम के रिसेप्शन डेस्क की तरफ गया और पूछा, 'क्या यहाँ आसपास कोई टायर सर्विस शॉप है ?'

तभी एक लंबा सा आदमी डेस्क के पास आया और रिसेप्शनिस्ट ने कहा, 'यह साहब आपकी मदद करेंगे।'

मैंने उस व्यक्ति को अपने टायर की हालत बताई तो उसने कहा, 'अपनी कार बिल्डिंग के पीछे आश्रम के गैराज की तरफ ले आओ।'

मैं कार को बिल्डिंग के पीछे की तरफ चलाकर ले गया और जब मैं उस आदमी के साथ गैराज की तरफ चलकर जा रहा था तो उसने शेड के ऊपर चार नए टायर रखे हुए देखे, जिन पर जाले लगे हुए थे। उसने सीढ़ी निकाली और ऊपर चढ़ा। फिर उसने मुझसे अपने टायर पर लिखा हुआ नंबर पढ़ने को कहा। उसके गैराज के ऊपर रखे हुए टायरों का नंबर और मेरी कार के टायरों का नंबर हू-ब-हू एक ही था!

उस व्यक्ति ने कहा, 'मैंने इन टायरों को पहले कभी नहीं देखा और मुझे नहीं पता इन्हें यहाँ किसने रखा ? लेकिन ये तुम्हारी कार से मिलते हैं, तो अब ये तुम्हारे हुए।'

उसने मेरी कार के सभी टायरों के साथ वह स्टेपनी टायर भी फ्री में बदल दिया। मैंने कार पार्किंग में खड़ी कर दी और फिर टॉयलेट जाकर खुद को ठीक-ठाक किया। इसके बाद मैं स्वामी राम से मिलने गया। रिसेप्शनिस्ट मुझे उनके गेस्ट-रूम में ले गई और मैंने उनके चरण स्पर्श कर उन्हें प्रणाम किया।

"क्या तुम्हें सारे टायर मिल गए ?" उन्होंने मुसकराते हुए पूछा। उनकी मुसकराहट से साफ था कि वे न केवल मेरे टायर के नंबर, बल्कि मेरे बारे में भी बहुत कुछ जानते थे।

"मैं तुम्हें पिछले जन्म से जानता हूँ, हम नाद योगियों के परिवार के साथ हिमालय के गंगोत्तरी में भजन गाया करते थे।" स्वामीजी ने कहा और मैं तुरंत उस जगह के फ्लैश बैक में पहुँच गया। मुझे याद आया कि जब मैं चार साल का था तो मैंने अपनी माँ को उस जगह के बारे में बताया था। उस पल मुझे इस बात का अहसास हुआ कि स्वामी राम मेरे गुरु थे और उनकी आवाज में एक जाना-पहचाना अहसास था।

स्वामीजी ने हमें आश्रम में अपने मेहमान के तौर पर आमंत्रित किया और कहा, "तुम सब हमारे मेहमानों के लिए बने क्वार्टर में रहोगे। तुम सबके लिए खाना-पीना, रहना और रीट्रीट में शामिल होना सब मुफ्त रहेगा।" उसके बाद स्वामीजी ने मुझे अगली पाँच रातों तक उनके साथ गाने का न्योता दिया। विस्कॉन्सिन से आए दूसरे सभी संगीतकार भी हमारे साथ भजन-कीर्तन में शामिल हुए। स्वामीजी के साथ भजन गाना

सचमुच एक जादुई अनुभव था। उनकी आवाज बहुत शक्तिशाली और गहरी थी। उनकी आवाज में कोई भी उस 'दिव्य शक्ति' यानी दिव्य ऊर्जा को महसूस कर सकता था।

उनके संपूर्ण संगीत कार्यक्रम के दौरान बस, यही एक समय होता था, जब वे अकेले बिना वाद्य यंत्रों के गाते थे, लेकिन मैंने अचानक अपना हारमोनियम उठाया और उनके दो गाने साथ में बजाए। मेरी आँखें बंद थीं और यह सब उनके साथ संगीत के सागर में गोते लगाने जैसा लग रहा था। जब स्वामीजी ने अपना भजन पूरा किया तो मेरी तरफ देखा और कहा, "अब तुम्हारी बारी है। अगला भजन तुम गाओगे।"

मैंने भगवान् श्रीकृष्ण का अपना पसंदीदा भजन गाना शुरू किया, 'हरे कृष्ण गोविंद मोहन मुरारी...' जो स्वामीजी को भी बहुत पसंद था। जब मेरी आवाज माइक्रोफोन पर बढ़ने लगी तो मैंने हारमोनियम बजाना शुरू कर दिया। सितार, तबले, पीतल झाँझ, बाँसुरी का मिश्रित आर्केस्ट्रा, लोगों की तालियों और 500 लोगों के समूहगान ने नाद योग की उस रात के आध्यात्मिक माहौल को चार चाँद लगा दिए थे।

जब मैं अपनी आँखें बंद करके भजन और हारमोनियम बजा रहा था तो उसमें पूरी तरह खो गया। मुझे अपनी आवाज सुरध्वनि के तार जैसी सुनाई दे रही थी और वही तार मेरी चेतना में भी बह रहा था। मुझे न तो हारमोनियम सुनाई दे रहा था और न ही उस पर अपनी उँगलियाँ महसूस हो रही थीं।

जब मैंने अपना भजन पूरा किया तो मैं धीरे से संगीत के उस क्षेत्र से बाहर निकलकर वापस हॉल में आ गया, जहाँ लोग जोर-जोर से गा रहे थे। जब मेरी आँखें खुलीं तो मैंने स्वामीजी को मेरी ही आँखों में झाँकते हुए देखा। वह मेरे पास आए और मेरी पीठ थपथपाते हुए बोले, "तुमने जो संगीत सुना, उसे 'ब्रह्मनाद' यानी 'कॉस्मिक साउंड' कहा जाता है और तुम्हें ऐसे ही गाना चाहिए।"

यह सचमुच एक ईश्वरीय अनुभव था। उस दिन मेरे दिल में कुछ हुआ। मैंने अपने भीतर करुणा के गहरे स्तर का अनुभव किया, जो मुझे इससे पहले कभी नहीं हुआ था।

हमने अगले पाँच दिनों तक स्वामीजी के साथ यों ही भजन-कीर्तन किया। इसके बाद उन्हें भारत वापस लौटना था। जब उनके जाने का समय हुआ तो उन्होंने हम सभी को उपहार दिए। उन्होंने हम सभी को अपने वाद्ययंत्र, सी.डी., कपड़े और अपनी सभी पुस्तकों की कॉपी इत्यादि भेंट की।

फिर वे मेरी तरफ मुड़े और पूछा, "तुम उपहार में क्या चाहते हो?"

"स्वामीजी, आपने मुझे पहले ही सबकुछ दे दिया है। मैं बस, आपको देखना और आपके साथ भजन गाना चाहता हूँ।" मैंने कहा।

"नहीं, मुझे तुम्हें उपहार देना है।" उन्होंने जोर दिया।

"तो फिर मुझे अपना प्रेम और आशीर्वाद दे दीजिए, जो मुझे आपकी तरफ से

मिलने वाला सबसे बड़ा उपहार होगा।" मैंने कहा।

"वो तो तुम्हारे साथ पूरी जिंदगी रहेगा, लेकिन मुझे तुम्हें एक उपहार देना ही है।" उन्होंने कहा।

"नहीं धन्यवाद! स्वामीजी!" मैंने फिर से कहा।

फिर स्वामीजी ने हम सभी को कमरे से बाहर भेज दिया, ताकि वह उन बाकी मेहमानों से भी मिल सकें, जो उनसे मिलने आए थे। जब हम बरामदे से नीचे आ रहे थे तो उनकी सेक्रेटरी मेरे पास आई और कहा, "स्वामीजी आपसे मिलना चाहते हैं।"

मैं उनके साथ वापस गया और वह मुझे सीढ़ियों से ऊपर एक दूसरे कमरे में ले गईं। यह स्वामीजी का ध्यान-कक्ष था। स्वामीजी ने मुझे अपने ध्यान-कक्ष के अंदर बुलाया और प्रेम एवं आशीर्वाद के उपहारस्वरूप अपनी शॉल भेंट की, जिसे वह अपने ध्यान के दौरान ओढ़ा करते थे।

"बेटा, इस शॉल के साथ ध्यान करना। तुम्हें कई चमत्कार देखने को मिलेंगे।" उन्होंने मुझसे कहा।

□

मैं सबसे ज्यादा परेशान अपने लैक्चर को लेकर था, जो मुझे फ्लोरिडा में देना था। चूँकि मैं कुछ भी बोल या गा नहीं पा रहा था, इसलिए मैंने स्वामीजी की शॉल ओढ़ने की सोची, ताकि मैं उनके प्रेम और आशीर्वाद के तोहफे में सहज हो सकूँ। मैंने फ्लोरिडा के लिए उड़ान भरी, लेकिन आवाज खराब होने के कारण मेरे लिए यह यात्रा काफी तकलीफदेह रही। मैं यही सोच रहा था कि इस हालत में मैं क्या लैक्चर दूँगा? मुझे कुछ समझ नहीं आ रहा था कि अब मैं फ्लोरिडा पहुँचकर क्या करूँगा?

शाम होने पर मैं पुजारियों के पारंपरिक कपड़े पहनकर तैयार हो गया और अपने गुरु की शॉल के साथ मंदिर पहुँचा। मंदिर को रोशनी और दीयों से सजाया गया था तथा कालीनों पर सफेद चादर बिछाई गई थी। मेरे बैठने के लिए सबसे आगे माइक्रोफोन और हारमोनियम के साथ एक सीट तैयार की गई थी। इसे 'आसन' कहा जाता है। यह एक उच्च स्थान होता है।

मैं अपने गुरु की शॉल ओढ़कर आसन पर बैठ गया और कुछ देर ध्यान किया। जब भीड़ उमड़ने लगी तो संगीतकारों ने भी भजन गायन के लिए जुटना शुरू कर दिया। लगभग सात बजे समारोह के आयोजक पोडियम पर माइक्रोफोन ले आए और मेरे सामने रख दिया, ताकि सेशन शुरू किया जा सके।

मैंने अपनी आँखें खोलीं और दूसरे गायकों को भजन जारी रखने का संकेत दिया, फिर अपनी आँखें बंद कीं और दोबारा ध्यान करने बैठ गया। इस बार मैं रो रहा था, प्रार्थना कर रहा था—'हे गुरुदेव, मुझे नहीं पता कि मैं क्या करूँ? मैं बोल नहीं सकता,

मैं गा नहीं सकता और मुझे 'भगवद्गीता' के बारे में भी कुछ पता नहीं है। मैं कितना बड़ा मूर्ख हूँ! गुरुदेव, मेरी रक्षा करो!'

भजन समाप्त होने वाला था और पूरा हॉल शांत था। फिर समारोह के आयोजक ने मेरे कंधे को स्पर्श करते हुए मुझे सेशन की शुरुआत करने का संकेत दिया। उन्होंने 'यज्ञ' में आए लोगों का अभिवादन किया और एक अतिथि वक्ता के तौर पर मेरा परिचय दिया।

उसी क्षण मैंने अपने माथे पर एक हलचल महसूस की। ऐसा लगा, जैसे कोई मेरी नासिका से होते हुए मेरी भौंहों की ओर चलकर जा रहा है। यह एक बहुत ही अजीब संवेदना थी। इसके बाद मैंने अपनी आँखों को खुलते हुए देखा और अपने भीतर से आने वाली एक गहन आवाज सुनी, जो संस्कृत में जप कर रही थी। उसी गहन आवाज ने फिर अगले दो घंटों के लिए एक ऐसे विषय पर भाषण दिया, जो मेरे तैयार किए गए भाषण से एकदम अलग था।

यह कार्यक्रम महाशिवरात्रि के दिन समाप्त होना था। मेरे द्वारा दिए जाने वाले लैक्चर का विषय 'कुंडलिनी योग और शक्तिपात' था और मैं 'अनुग्रह' की बात कर रहा था—यानी भगवान् शिव ने अपना ज्ञान अपने भक्तों के समक्ष कैसे प्रकट किया, उसके नौ पहलू। आखिर में लैक्चर प्रार्थना के साथ पूरा हुआ और फिर भजन-कीर्तन हुआ। उसके बाद मैंने अपने ड्राइवर से मुझे वापस होटल छोड़ने के लिए इशारा किया। जैसे ही मैं अपने आसन से उठा, मेरी आवाज फिर से बैठ गई।

अगली तीन रातों तक मैं इसी अद्भुत घटना का अनुभव कर रहा था, मेरे माथे पर एक अजीब सी हरकत होती और एक गहरी आवाज लैक्चर पेश करती।

व्याख्यान बहुत अच्छा रहा और फ्लोरिडा में रहनेवाले भारतीयों में से सैकड़ों श्रद्धालुओं ने इसमें भाग लिया। इसके अलावा स्थानीय मंदिरों के कई पुजारी भी इस पूरे कार्यक्रम में शामिल हुए। मंदिर से आए भक्तों ने पाया कि शक्तिपात और कुंडलिनी योग पर दिया गया लैक्चर बहुत ही प्रेरणास्पद और शानदार रहा। दरअसल, वे स्थानीय हिंदू पुजारियों के मुख से शिव-पुराण की पौराणिक कथाएँ सुनते आए थे। बहुत से वृद्ध पंडितों ने, जिन्होंने लैक्चर सुना, कहा कि सिंहासन पर मेरे माध्यम से कोई महान् गुरु बोल रहे थे, क्योंकि इस तरह का ज्ञान तो स्थानीय पंडितों को भी नहीं था।

भीड़ में एक व्यक्ति था, जो पूरे सेशन की रिकार्डिंग कर रहा था। मैंने उससे वह टेप मुझे दे देने की प्रार्थना की और कहा कि मैं इसकी एक कॉपी बनवाकर उसे यह वापस भेज दूँगा।

जब मैंने वीडियो टेप सुनी, मैं हैरान और आश्चर्यचकित था। मैंने पहले कभी भी शक्तिपात और कुंडलिनी योग के विज्ञान की बारे में नहीं सुना था। शक्तिपात और

कुंडलिनी योग का विज्ञान दरअसल, मन और बुद्धि के शुद्ध चेतना के संयुक्त क्षेत्र में पहुँचने पर आधारित था, जहाँ ज्ञान गुरु से होकर शिष्य तक प्रवाहित होता है।

'गु' शब्द का अर्थ है—अंधकर और 'रु' शब्द का अर्थ है—प्रकाश। इसलिए संस्कृत में 'गुरु' शब्द का अर्थ हुआ—वह, जो आपको अज्ञान के अंधकर से मुक्त करता है और ज्ञान के प्रकाश की ओर जागृत करता है।

मैंने तीनों लैक्चर पर नोट्स बनाए। मैंने लैक्चर के दौरान 'भगवद्गीता' खोलकर भी नहीं देखी, लेकिन फिर भी एक अंतर्ज्ञान स्रोत से मुझे सबकुछ प्राप्त हुआ। मेरे गुरु की वह शॉल एक वायरलेस इंटरनेट मोडम था, वह जिसने शक्तिपात के सॉफ्टवेयर और शुद्ध चेतना के संयुक्त क्षेत्र में कुंडलिनी योग के मेरे गुरु के कालातीत ज्ञान को ट्रांसफर किया था। यह स्थान समय और कारण के नेटवर्क के माध्यम से मेरे मन के MP3 प्लेयर पर अनजिप हुआ व मेरे चक्र के हार्डड्राइव पर डाउनलोड हुआ और फिर श्रोताओं तक परिवर्धित हुआ।

मैं आज तक समझ नहीं पाया कि वह कौन या क्या था, जो मेरी नासिका और भौंहों के बीच चल रहा था? मैं तब से इस सवाल का जवाब ढूँढ़ रहा हूँ। मैं बस, इतना जानता हूँ कि मेरे गुरु की शॉल मेरे लिए उनके प्रेम और आशीर्वाद का दिव्य उपहार है।

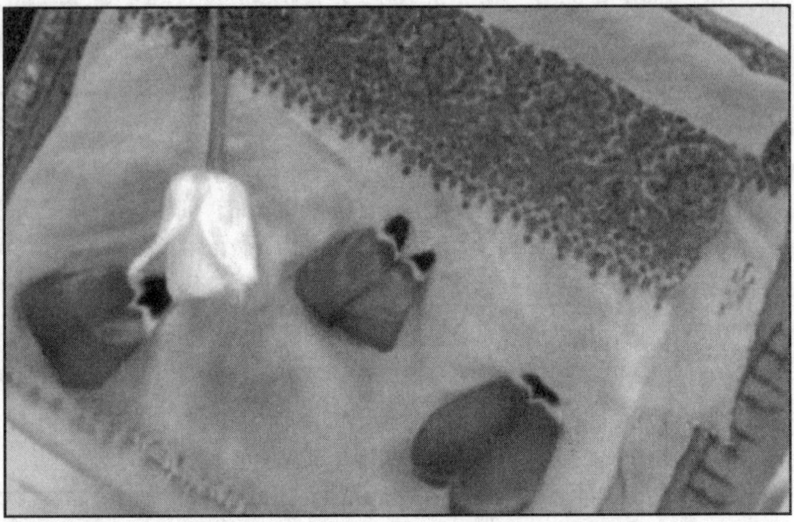

श्री स्वामी राम की शॉल की तसवीर (फोटो साभार—बिल विकेंट)

□

2

गुरु की तसवीर का रहस्य

यह 1990 के मध्य की बात है। मैं 'अवेदा कॉरपोरेशन' में एक माइक्रोबायोलॉजिस्ट के तौर पर काम कर रहा था, और लगभग तभी मैंने एक प्रमाणित आयुर्वेदिक मसाज थेरैपिस्ट बनने के लिए एक दस दिन के पंचकर्म आयुर्वेदिक चिकित्सा पद्धति का कोर्स किया। यह कोर्स आयुर्वेदिक मसाज थेरैपी और हर्बोलॉजी में प्रशिक्षित भारत के दो पी-एच.डी. विशेषज्ञों द्वारा कराया जाता था और वे दोनों ही अवेदा में सलाहकार थे।

पंचकर्म एक विज्ञान है, जिसमें शरीर को साफ करने की पाँच क्रियाएँ शामिल रहती हैं। ये पाँच क्रियाएँ इस प्रकार हैं—लैक्सेटिव यानी रेचक औषधि, उपवास, तेल की मालिश, शरीर को भाप देना और माथे पर गरम तिल का तेल डालना। इस तरह का उपचार मन को शांत (फाइन-ट्यून) और शरीर में नई ऊर्जा का संचार करने में मदद करता है। यह एक बहुत ही आध्यात्मिक अनुभव है, जो हमें ध्यान की अवस्था में ले जाता है।

कोर्स के दौरान उनमें से एक डॉक्टर ने हमें स्वामी राम से जुड़ा एक बहुत ही दिलचस्प किस्सा सुनाया। वह डॉक्टर स्वयं स्वामी राम के शिष्य थे और उन्होंने भारत के काँगड़ा विश्वविद्यालय से वनस्पति विज्ञान एवं हर्बोलॉजी में अपनी पी-एच.डी. पूरी की थी। उस समय स्वामीजी भी भारत में ही रहकर कुंडलिनी योग में उच्चत्तम स्तर का अभ्यास कर रहे थे। अपनी पी-एच.डी. ग्रैजुएशन के बाद डॉक्टर अपनी क्लॉस के कुछ मित्रों के साथ स्वामी राम के घर गए और ग्रैजुएट होने की खुशी में वहाँ तसवीरें खींचने लगे।

"बाबाजी, क्या मैं अपने दोस्तों के साथ आपकी एक तसवीर ले सकता हूँ?" उस डॉक्टर ने उत्साहित होकर स्वामी राम से पूछा।

"मुझे परेशान करने की जरूरत नहीं है, जाओ और अपने मित्रों की तसवीर लो।" स्वामी राम ने जवाब दिया।

डॉक्टर उनसे लगातार जिद्द करते रहे और जब उन्होंने ज्यादा मिन्नतें कीं तो स्वामी राम भी मान गए और उनके सभी मित्रों के बीच जाकर खड़े हो गए। उन्होंने अलग-अलग पोज में स्वामीजी की छह तसवीरें लीं। बाद में डॉक्टर ने उन तसवीरों में कुछ बहुत अजीब देखा।

"जब मैंने फिल्म डेवलप की", उन्होंने कहा, "मैं यह देखकर हैरान था कि स्वामी राम उन तसवीरों में नहीं थे। मेरे सभी दोस्त तो उन छह तसवीरों में थे, लेकिन स्वामी राम उनमें से एक भी तसवीर में नहीं दिखाई दिए।"

वह डॉक्टर काफी हैरान-परेशान हुए और फिर उन सारी तसवीरों को लेकर स्वामी राम के पास पहुँचे, उनसे पूछा, "बाबा, ऐसा कैसे हो सकता है कि आप इन तसवीरों में नहीं हैं, जबकि बाकी सब तो हैं?"

जब वह डॉक्टर यह किस्सा सुना रहे थे, तो मैं उनकी निराशा के साथ-साथ उनकी जिज्ञासा भी महसूस कर पा रहा था। वह एक पी-एच.डी. ग्रैजुएट थे, लेकिन फिर भी स्वयं को आँगनवाड़ी में पढ़नेवाले अबोध बालक के समान समझ रहे थे, क्योंकि उनके पास इस 'रहस्यमयी तसवीर' का कोई उत्तर नहीं था।

डॉक्टर ने हमें यह किस्सा आगे सुनाते हुए कहा, "उस समय स्वामी राम ने मुझसे और मेरे दोस्तों से कुछ नहीं कहा और उनकी इस चुप्पी ने हमारी जिज्ञासा और भी बढ़ा दी।"

डॉक्टर और उनके मित्रों की हताशा देखकर स्वामी राम ने उस नए ग्रैजुएट हुए पी-एच.डी. डॉक्टर का सच्चाई से सामना करवाया और अपनी चुप्पी तोड़ते हुए कहा, "तुम सब अब पी-एच.डी. ग्रैजुएट्स हो तो इस छोटी सी पहेली को सुलझा सकते हो।" इसके बाद स्वामी राम अपने ऋषिकेश वाले आश्रम चले गए।

कुछ दिनों बाद वह डॉक्टर भी ऋषिकेश स्थित स्वामी राम के आश्रम पहुँचे और अत्यंत विनीत भाव के साथ उनसे पूछने लगे, "बाबाजी, कृपया करके मुझे बताइए कि वास्तव में आपके साथ उन तसवीरों में क्या हुआ था? ऐसे कैसे आप एक भी तसवीर में नहीं दिखाई दिए, जबकि आप हमारे साथ ही खड़े थे?"

तब स्वामी राम ने उस डॉक्टर के सामने इस बात का खुलासा किया कि वह क्यों उनकी किसी भी तसवीर में नहीं दिखाई दिए। उस समय स्वामी राम अपनी एक प्रिय शिष्या का कैंसर धारण किए हुए थे। स्वामीजी ने डॉक्टर को समझाते हुए कहा, "तुम्हें पता है, तुम उस दिन अपने और अपने दोस्तों के साथ मेरी तसवीर सिर्फ अपने अहंकार के चलते खींचना चाहते थे, ताकि बाद में दूसरों को दिखा सको, इसीलिए मैंने तुम्हें मुझे अकेला छोड़ देने को कहा।" स्वामीजी ने अपनी बात को आगे बढ़ाते हुए कहा, "जब मुझे यह पता चला कि मेरी एक प्रिय शिष्या को कैंसर है, जोकि आखिरी चरण

पर पहुँच चुका है, तो मैं एक वैकल्पिक चिकित्सा पद्धति का अभ्यास करने लगा। मुझे पता था कि इस वजह से उसकी मृत्यु जल्द ही हो जाएगी। मैं यह भी जानता था कि छह महीने में उसकी बेटी का विवाह था, लेकिन यह कोई नहीं जानता था कि वह कुछ ही सप्ताह में मरने वाली है।"

तब स्वामी राम ने डॉक्टर से पूछा, "मैं और क्या करता?"

डॉक्टर साहब भौंचक्के थे। उनके पास स्वामीजी के सवाल का कोई जवाब नहीं था और वह उस महिला के लिए भी बहुत दुःखी और परेशान थे, क्योंकि वह उस महिला से भी परिचित थे। वह यह भी जानते थे कि अगर परिवार में कोई मृत्यु हो जाए तो बरसी तक (यानी मृत्यु के उपरांत एक वर्ष गुजरने तक) सारे त्योहार, विवाह, समारोह व उत्सव रद्द कर दिए जाते हैं।

स्वामी राम जानते थे कि उनकी प्रिय शिष्या को इस वजह से बहुत ज्यादा दुःख पहुँचेगा और उसकी बेटी को अपने वैवाहिक जीवन में कदम रखने के लिए एक और वर्ष का इंतजार करना पड़ेगा। स्वमी राम ने कहा कि वह अपनी प्रिय शिष्या को उसकी बेटी का विवाह देखते हुए देखना चाहते थे।

जब डॉक्टर को पता चला कि स्वामी राम ने अपनी शिष्या के लिए क्या किया और जब उन्होंने अपने शिष्यों के लिए अपने गुरु के प्रेम की गहराई महसूस की, तो वह अवाक् रह गए। स्वामी राम अपनी प्रिय शिष्या की जान बचाने के लिए अपने जीवन का त्याग करने को तैयार थे। स्वामीजी ने जिस करुणा और निस्स्वार्थ भाव का प्रदर्शन किया, वह डॉक्टर की समझ से परे था।

स्वामी राम को डॉक्टर की आँखों की उदासी साफ दिखाई दे रही थी। इसलिए उन्होंने कहा, "मैं तो बस, कैंसर के साथ खेल रहा था। मैं एक खास योगाभ्यास के माध्यम से कैंसर कोशिकाओं को उसके शरीर से अपने शरीर में ले आया। उसके बाद मैंने कुछ दिनों के लिए अपने शरीर का तापमान 125 डिग्री तक बढ़ा लिया और अपने शरीर से उन सभी कैंसर कोशिकाओं को जलाकर खत्म कर दिया तथा तब तक मेरी प्रिय शिष्या भी कैंसर से मुक्त हो गई। इस तरह वह अपनी बेटी की शादी देखने के लिए जिंदा रही। मैं तो चाहता हूँ कि वह अपना पूरा जीवन, बुढ़ापा और अपने नाती-पोते सब देखे।"

तब स्वामी राम ने डॉक्टर को समझाया कि वह क्यों उन तसवीरों में मौजूद नहीं थे। उन्होंने कहा, "जिस समय मैंने अपने शरीर का तापमान बढ़ाया, उस समय मेरे शरीर में पराबैंगनी प्रकाश यानी अल्ट्रावॉयलेट लाइट उत्पन्न हुई, जो कीमोथैरेपी जैसी थी। इसलिए तुम्हारा कैमरा उस तसवीर में मेरी छवि को पकड़ नहीं पाया। इसीलिए जब सब लोग उस तसवीर में मौजूद थे तो मैं फिल्म के नेगेटिव में भी नहीं आया।"

यह डॉक्टर के लिए एक नया और आश्चर्यजनक अनुभव था। "मैं रहस्यवादी गुरु के सामने खुद को एक अबोध बच्चे जैसा महसूस कर रहा था।" उन्होंने हमसे कहा।

वह महिला कैंसर-मुक्त हो गई और अपने बुढ़ापे तक जीवित रही। मुझे मिनियापोलिस में उनसे और उनके नाती-पोतों से मिलने का अवसर प्राप्त हुआ था।

□

3

पुनर्जन्म-1

क्या कभी आपको इस बात पर आश्चर्य हुआ है या आपने स्वयं से यह सवाल किया है कि "मैं सोते समय कहाँ जाता हूँ?" वास्तव में यह जानना कि आप कहाँ जाते हैं, एक मनुष्य मन के समझने के लिए बहुत मुश्किल हो सकता है। मैंने 15 वर्ष तक अपने आप से यही सवाल किया।

कुछ मायनो में नींद भी एक संक्षिप्त मृत्यु के समान ही होती है। हम नींद में जहाँ जाते हैं—उसकी थोड़ी-बहुत यादों या बिना यादों के साथ ही वहाँ से आते-जाते रहते हैं। हमारा जीवन भी ऐसा ही है। हमारी आत्मा पुनर्जन्म लेती है और एक से दूसरा शरीर बदलती है।

जब मैं चार साल का था तो मुझे कुछ बातें साफ तौर पर याद थीं, जैसे एक बड़ी सी नदी के पास रहना, ऊँचे पर्वत और लंबे वृक्ष। मुझे अपनी चेतना में भारत के पर्वतों की झलकियाँ दिखाई देती थीं और एक फ्लैश बैक सा होता था। हालाँकि मैं कभी भी उन सबको एक साथ जोड़कर नहीं देख पाया, लेकिन वह मेरी अवचेतना में काफी लंबे समय से थीं।

जब मैं अपने गुरुदेव स्वामी राम से साल 1987 में मिला तो उन्होंने मुझे खासतौर पर हमारे पूर्व जन्म में गंगोत्तरी में एक साथ होने की याद दिलाई। उस समय की बात करके मेरे गुरु ने मुझमें मेरे पिछले जन्म की यादें ताजा कर दीं, जो मेरे इस नए शरीर की चेतना में कहीं दबी हुई थीं। उन्होंने जो मुझे बताया, वह हू-ब-हू उस जगह से मिलता-जुलता था, जिसके बारे में मैंने अपनी माँ को लगभग चार साल की उम्र में बताया था।

एक प्रबुद्ध गुरु अपने प्रिय छात्र को एक जन्म से दूसरे जन्म में ले जाने में भी मदद कर सकता है। गुरु की ऐसी अनुकंपा उसके प्रिय छात्र के लिए उसकी मृत्यु से पहले ही उसके भावी माता-पिता का चुनाव भी कर लेती है। मृत्यु होने पर आत्मा नए माता-पिता के पास जाती है।

पुनर्जन्म को लेकर और अधिक जानने की मेरी उत्सुकता और खोज के चलते, मुझे

मेरे अपने ही परिवार में ऐसे दो अनुभवों का हिस्सा बनने का सौभाग्य प्राप्त हुआ। मैं यहाँ आपके साथ स्वामी राम से जुड़ा एक ऐसा ही अनुभव बाँटना चाहूँगा। दूसरा अनुभव मैं आपको इस पुस्तक में बाद में बताऊँगा।

मैं कई सालों से पुनर्जन्म का प्रमाण ढूँढ़ रहा था कि एक दिन मेरे गुरु ने कुछ ऐसा संजोग बनाया, जिसमें मुझे मेरी छोटी बेटी के पुनर्जन्म से जुड़ी एक घटना का अनुभव प्राप्त हुआ। साल 1993 की गरमियाँ थीं, मैं अपने परिवार के साथ मिनेसोटा से न्यूयॉर्क गया था।

हम न्यूयॉर्क में अपने बड़े भाई के घर, मेरे भतीजे के जनेऊ संस्कार में भाग लेने गए थे, जो स्वयं को एक आध्यात्मिक जीवन हेतु तैयार कर रहा था। मिनेसोटा वापस लौटते समय इंटरस्टेट 80 हाई वे पर न्यू जर्सी से होकर गुजरते हुए मैंने स्क्रैंटन और कार्बोंडेल के लिए एक साइनबोर्ड देखा।

"वह राजमार्ग होम्सडेल में स्वामी राम के आश्रम जाता है। क्या हम स्वामीजी से मिलने चलें?" मैंने अपनी पत्नी से पूछा।

मैं बीच की लेन पर 120 किमी/प्रतिघंटा की रफ्तार से गाड़ी चला रहा था और मेरे पास यह तय करने के लिए बस, एक ही पल का समय था। उन सबने 'हाँ' कहा। और मैंने तेजी से गाड़ी को बाहर की तरफ निकालते हुए होम्सडेल की तरफ मोड़ लिया।

दो से तीन घंटे की यात्रा के बाद हम हिमालयन इंस्टीट्यूट पहुँच गए और फिर हम यह देखने के लिए अंदर गए कि स्वामीजी आश्रम में हैं या नहीं! दरअसल, मैंने स्वामीजी से उनके आश्रम जाकर मिलने का निर्णय बस, यों ही कुछ ही सेकंड में लिया था, इसीलिए पहले से वहाँ कोई फोन भी नहीं किया था। मैं तो यह भी नहीं जानता था कि वास्तव में वह वहाँ हैं भी या नहीं?

जब हम आश्रम पहुँचे, मैंने पार्किंग में अपनी गाड़ी खड़ी की और मुझे वहाँ स्वामीजी के साथ बिताए दिन और भजन इत्यादि याद हो आए। फिर मैं रिसेप्शनिस्ट के पास गया और बोला, "मैम, मैं मिनेसोटा से हूँ और यहाँ स्वामी राम से मिलने आया हूँ।"

"आपसे किसने कहा कि स्वामी राम यहाँ हैं?" रिसेप्शनिस्ट ने मुझसे आश्चर्य के साथ पूछा।

"मुझे नहीं पता कि स्वामीजी यहाँ हैं या नहीं", मैंने जवाब दिया, "मैं तो न्यूयॉर्क से मिनेसोटा वापस लौट रहा था और अचानक मुझे आश्रम आकर उनसे मिलने का खयाल आया।"

इसी बीच स्वामीजी रिसेप्शन की तरफ निकल आए और वहाँ मेरी पत्नी, जो अब पार्किंग से अंदर आ रही थी, उससे जा मिले। जैसे ही मैं मुड़ा, मैंने स्वामीजी को अपनी पत्नी से बात करते देखा।

"तो तुम्हारी चौथी संतान कैसी है?" मैंने स्वामीजी को अपनी पत्नी से पूछते सुना। यह एक बहुत ही अजीब सा सवाल था, क्योंकि हमारी केवल तीन ही संतान थीं।

"स्वामीजी, हमारी केवल तीन ही संतान हैं और वही काफी हैं।" मेरी पत्नी ने जवाब दिया।

"एक माँ अपनी सबसे प्यारी बेटी को कैसे भूल सकती है?" स्वामीजी ने स्नेहपूर्वक कहा। वह उसके दिमाग के साथ खेल रहे थे। मेरी पत्नी इस सबसे थोड़ा चकरा सी गई थी और मैं भी।

स्वामीजी ने तब अपना हाथ उसके सिर पर रखा और कहा, "तुम्हें एक बहुत ही प्यारी बिटिया होगी।" उन्होंने फिर कहा, "वह मेरी प्रिय शिष्या है, जो अब बूढ़ी हो चली है और मैं उसके लिए एक घर ढूँढ़ रहा हूँ।"

फिर वह हमारे दोनों बेटों की तरफ मुड़े, जो वहाँ कराटे किड्स की तरह उछल-कूद कर रहे थे और उनसे कहा, "क्या तुम कराटे सीखना चाहते हो? तुम्हें पता है, मैं तुम्हें कराटे सिखा सकता हूँ! मेरे पास जापान से कराटे में ब्लैकबेल्ट है।"

स्वामीजी ने हमसे थोड़ी देर और मुलाकात की, हमें अपना आशीर्वाद दिया और फिर चले गए। यह साल 1993 में उनके साथ हमारी एक विचित्र, लेकिन यादगार मुलाकात थी। मुझे ऐसा लगा, जैसे उन्होंने ही हमें इंटरस्टेट 80 से उनसे मिलने बुलाया था, भले ही हम उन्हें आश्रम में देखकर हैरान थे।

अक्तूबर 1993 में मेरी पत्नी ने गर्भधारण किया। अल्ट्रासाउंड में यह बात पक्की हो गई कि उसके गर्भ में एक बच्ची ही थी। हिंदू संस्कृति में अंतिम तिमाही में गर्भ में पल रहे बच्चे के लिए तीन संस्कार किए जाते हैं। लगभग उसी समय हिमालयन इंस्टीट्यूट से स्वामी राम के उत्तराधिकारी किसी व्याख्यान के लिए मिनियापोलिस आ रहे थे और मैंने उनसे बच्चे के सीमंतोन्नयन संस्कार में आने का अनुरोध किया। भगवान् की कृपा से वह मान भी गए।

आमतौर पर इस संस्कार में माता-पिता यज्ञ में आहुति देते हैं, लेकिन इस बार पंडितजी ने कहा, "यह संस्कार बच्चा स्वयं करेगा।"

पंडितजी ने संस्कार से संबंधित वेदों के पृष्ठ खोले और फिर मेरी पत्नी से कहा, "जब मैं आपको संकेत दूँ, तो आप मेरे हाथ में रखे इस फूल पर अपनी साँस छोड़ना और फिर संस्कार पूरा होने के बाद वापस फूल से साँस लेना।"

पंडितजी ने संस्कार आरंभ किया और मेरी पत्नी को फूल में साँस छोड़ने का संकेत दिया। जब उसने ऐसा किया तो उसे अपनी कोख में बच्चे के लात मारने का आभास हुआ, लेकिन फिर वह शांत हो गया। पूरे संस्कार के दौरान उसे अपनी कोख में बच्चे की कोई हरकत महसूस नहीं हुई। हालाँकि संस्कार के बाद जब पंडितजी ने उसे अपने हाथ

में रखे फूल से साँस लेने का इशारा किया तो उसने वापस अपनी कोख में बच्चे को लात मारते हुए महसूस किया। उसके बाद बच्चा कोख में सक्रिय रूप से हरकतें करता रहा। मुझे स्वामीजी का यह कहना याद आया, "तुम्हारी चौथी संतान एक बिटिया होगी।"

मुझे और मेरी पत्नी को 13 जून, 1994 को एक प्यारी सी बेटी हुई। एक बार जब वह सिर्फ दो साल की थी, मैं एक राग का अभ्यास कर रहा था, जो स्वामीजी और मैंने होंसडेल में एक साथ गाया था।

मेरी दो साल की बेटी आई, दरवाजे के पास आकर खड़ी हो गई और मुझे भजन गाते हुए सुनने लगी। उस भजन के दो सुर ऐसे थे, जिन्हें मैं कभी उस तरह नहीं गा पाया, जिस तरह स्वामीजी गाया करते थे। मैं हमेशा उन्हें अलग तरह से गाया करता था। जब मेरी दो साल की बेटी ने मुझे संगीत में उन दो सुरों को बदलते सुना तो उसने कहा, 'गलत' और ऊपर भाग गई। उसने कई बार ऐसा किया। वह जब भी मुझे उन दो सुरों को गलत तरीके से गाते सुनती, ऐसा ही करती।

मुझे बाद में यह अहसास हुआ कि उस दो साल की बच्ची की बात तो दूर, बाकी लोगों को भी यह समझने के लिए कि उन दो सुरों में कुछ गलत था, इस भजन को पहले सुनना जरूरी था। लेकिन मेरी दो साल की बेटी इस भजन को पहचानती थी, क्योंकि वह स्वामीजी के साथ उस वातावरण में रही थी। मुझे स्वामीजी की वह बात फिर याद हो आई, जो उन्होंने हमसे उनके आश्रम पहुँचने पर कही थी, 'वह मेरी प्यारी शिष्या है, जो अब बहुत बूढ़ी हो चुकी है और मैं उसके लिए एक घर ढूँढ़ रहा हूँ।'

उन्होंने उसे अपने बूढ़े शरीर को छोड़कर इस जन्म में हमारी बेटी के रूप में जन्म लेने में मदद की। यह पुनर्जन्म के प्रमाण का एक शानदार अनुभव था।

□

4

शिष्या की रक्षा

एक दिन मैं अपनी एक करीबी शिष्या के घर गया। वह मूल रूप से गुयाना की रहने वाली थी और अपने हाईस्कूल के एक मित्र से मिलने जा रही थी। उसका वह मित्र गुयाना में रहता था और मेरी शिष्या कई वर्षों से अमेरिका में ही रह रही थी। इस कारण दोनों काफी समय से नहीं मिले थे। आखिर में उसने गुयाना जाकर अपने मित्र से मिलने का फैसला कर ही लिया।

उन दोनों के बीच काफी निजी और खुला संबंध था। मैं उसके गुयाना के लिए निकलने से ठीक पहले मिनेसोटा में उसकी दादी के घर पहुँचा। उसके चेहरे की उत्सुकता देखते ही बन रही थी। मैंने उससे कहा, उसे गुयाना जाते समय बहुत सावधानी बरतनी होगी, क्योंकि यह सप्ताह यात्रा के लिहाज से काफी अशुभ है।

"माई डियर" मैंने उससे कहा, "तुम गुयाना जा रही हो तो मैं तुम्हारी मदद करना चाहता हूँ, ताकि तुम सुरक्षित रह सको।" फिर मैंने उसका हाथ पकड़ा और अपनी आँखें बंद कर लीं। मैंने उसके साथ कुछ मिनट का ध्यान किया।

"इस यात्रा में तुम पर बड़ा संकट आएगा और इसीलिए तुम्हें हर समय सावधान रहना होगा।" मैंने उससे कहा, "अगर तुम मेरा आशीर्वाद और आश्रय चाहती हो तो सबसे पहले तुम जहाँ ठहरोगी, वहाँ के अलावा और कहीं से कुछ भी मत खाना। दूसरी बात, तुम्हें गर्भवती होने से बचना है।"

वह मेरे चेतावनी भरे स्पष्ट निर्देशों से हैरान थी। उसने मुझसे पूछा, "क्यों?" लेकिन मैं उसे कुछ समझा नहीं सका। वह मेरी बहुत ही करीबी शिष्या थी और मैं यह देख व महसूस कर सकता था कि मृत्यु उसके सिर पर मँडरा रही थी। हालाँकि मैं उस समय इससे अधिक कुछ कहने की स्थिति में नहीं था। मैंने उसे अपना आशीर्वाद दिया और वहाँ से चला आया।

तीन सप्ताह बाद वह गुयाना से लौट आई। उसकी वापसी के दिन मैं फिर से

उसकी दादी के घर गया हुआ था। वह काफी उदास नजर आ रही थी। मैंने उसके डर और चिंता को भाँप लिया था।

"तुम्हारी यात्रा कैसी रही?" मैंने उससे पूछा।

"ठीक-ठाक ही थी।" उसने जवाब दिया।

"तुम्हारा ब्वॉयफ्रेंड तुम्हें सड़क पर मार क्यों रहा था?" मैंने उसकी आँखों में देखते हुए पूछा।

"आप यह सब कैसे जानते हो?" उसने वापस मेरी तरफ देखते हुए कहा।

"क्या वह तुम्हें मार नहीं रहा था? क्या उसने दो अन्य स्त्रियों के सामने तुम्हारा अपमान नहीं किया?" मैंने पूछा।

"हाँ", उसने जवाब दिया।

"क्या तुम्हें पता है कि उन दो स्त्रियों के साथ उसका क्या संबंध है?" मैंने पूछा।

"दोस्त हैं", उसने जवाब दिया।

"क्या उनमें से एक औरत ने तुम्हें अपने घर भोजन करने के लिए नहीं कहा था?" मैंने फिर पूछा।

"हाँ", उसने जवाब दिया।

"तुमने भोजन करने से इनकार क्यों कर दिया?" मैंने उससे पूछा।

"आपने मुझे बाहर से कुछ भी खाने के लिए मना किया था। आपने कहा था कि मैं सिर्फ वहीं कुछ खाऊँ, जहाँ रह रही थी।" उसने जवाब दिया।

"क्या तुम्हें पता है कि जिस महिला ने तुम्हें खाना खाने को कहा था, उसने तुम्हारे खाने में जहर मिलाया था? इतना ही नहीं, वह तुम्हारे ब्वॉयफ्रेंड से प्रेम करती है?" मैंने उसे बताया।

उसने रोना शुरू कर दिया और कहा, "मैं बहुत खुश हूँ कि मैंने वो खाना नहीं खाया। उसमें से कीटनाशक की बदबू आ रही थी।" जाहिर है, खाने में कुछ ऐसा विषैला रसायन मिलाया गया था, जिसका प्रयोग आमतौर पर पेड़-पौधों पर छिड़काव करने के लिए किया जाता है।

"पंडितजी, आपको कैसे पता चला कि मेरे साथ यह सब होने वाला था?" मेरी छात्रा ने मेरी तरफ देखा और कहा, "वह मेरा बलात्कार भी करना चाहता था, लेकिन मेरे भाई ने मुझे बचा लिया।" उसने मुझे बताया।

क्योंकि वह मेरी शिष्या थी, इसलिए मेरे गुरु ने ही मुझे यह जानकारी दी थी कि उस पर कोई विपदा आने वाली है। उसके परिवार के अन्य सदस्य हम दोनों के बीच की बातों को ध्यान से सुन रहे थे। वे यह सब सुनकर आश्चर्यचकित थे। लेकिन उन्हें

इस बात का संतोष भी था कि वह उस खतरे और मौत के मुँह से वापस आई थी। वह इस पूरे अनुभव से स्तब्ध और मेरे प्रति कृतज्ञ थी कि मैंने उसके प्राणों की रक्षा की।

और मैं कृतज्ञ हूँ अपने गुरु का, जो इन मुश्किल क्षणों में मेरी आँखों के माध्यम से सब देख लेते हैं।

□

5

शरीर के बाहर आने का अनुभव

13 नवंबर, 1996 को मेरे गुरुजी के शरीर त्यागने के बाद मैं अचानक और बहुत ही रहस्यमय रूप से नौ दिनों के लिए लकवाग्रस्त हो गया।

मैं इस बात से बेखबर था कि मेरे गुरुजी ने अपना शरीर त्याग दिया है। दरअसल, यह सबकुछ बहुत अचानक हुआ। वह एक बहुत ही बर्फीला दिन था और मैं अपनी बेटी को स्कूल से लेने जा रहा था। जब मैं स्कूल पहुँचा तो मैंने अपनी कार का दरवाजा खोला और बाहर निकलने की कोशिश की, लेकिन उतर नहीं पाया। मैं बर्फ पर गिर गया और जैसे ही जमीन पर गिरा, मुझे ऐसा लगा, जैसे मेरी पीठ पर कोई विस्फोट-सा हुआ हो।

मुझे नहीं पता कि मेरे साथ क्या हो रहा था ? मुझे बस, इतना याद है कि मुझे घंटियों के बजने और मधुमक्खियों के भिनभिनाने की आवाज आ रही थी। मेरी नजर धुँधली हो रही थी। मैं समझ नहीं पा रहा था कि यह सब क्या हो रहा है ? मेरी बेटी ने मुझे उठाया और कार में बैठने में मेरी मदद की। मेरे पैरों में अभी भी थोड़ी-बहुत हरकत थी और इसलिए मैं पास के काइरोप्रैक्टर तक गाड़ी चलाकर जा पाया। मैं अपने कमर के निचले हिस्से में होने वाले दर्द से कराह रहा था।

मैं एक घंटे तक दर्द में रहा और तब जाकर काइरोप्रैक्टर ने मेरी जाँच की, लेकिन उसे कुछ भी गलत नहीं दिखाई दिया। उसने मुझे एक दूसरे काइरोप्रैक्टर के पास भेजा, जिसने मेरी रीढ़ में खिंचाव पैदा करने के लिए मुझे वैक्स-डी मशीन पर रखा।

यह एक बहुत ही पीड़ादायी प्रक्रिया थी, क्योंकि इसमें मेरी रीढ़ को खींचा जा रहा था, इसलिए यह मुझे हड्डियों के टूटने जैसा महसूस हो रहा था, जिसमें से एक श्वेत द्रव्य प्रकाश निकल रहा था। मैंने उस प्रक्रिया को बीच में ही रोका और घर वापस लौटने का फैसला किया।

मेरी हालत बद से बदतर होती जा रही थी। दिन ढलते-ढलते मेरे पैरों में बहुत कम हरकत रह गई थी। मुझे चलने में परेशानी हो रही थी और लोगों को मुझे मेरी कार तक

उठाकर ले जाना पड़ा। मेरे पैर और पीठ निर्जीव पड़ गए थे। यह एक बहुत ही विषम अनुभूति थी।

घर पर मेरी पत्नी मुझे सीढ़ी से ऊपर हमारे कमरे में ले गई। मैं निस्तब्ध बिस्तर पर लेट गया और सोचने लगा, 'मेरे साथ ऐसा क्यों हुआ?' फिर मैंने कुछ दर्द निवारक दवाएँ लीं और सो गया।

जब मेरी आँख खुली तो रात हो रही थी, लेकिन मुझे ऐसा लगा जैसे यमराज मेरी तरफ देख रहे हों! मैं डर के मारे दोबारा सो ही नहीं पाया। मुझे लगा, अगर मैं सोया तो शायद मर जाऊँगा। मुझे जितनी भी प्रार्थनाएँ आती थीं, मैंने सब बोल दीं, हर मंत्र का जप कर लिया और अपने गुरुदेव की दी हुई शॉल भी ओढ़ ली। मैं अगले नौ दिनों तक बिस्तर पर ऐसे ही लकवाग्रस्त पड़ा रहा और इस बीच मुझे कई विचित्र अनुभूतियाँ हुईं।

एक बार मैंने एक द्रव्य श्वेत प्रकाश की छोटी सी बूँद देखी, जो आकाश में अटकी हुई थी। पहले तो यह बहुत दूर दिखाई दे रही थी, लेकिन फिर अचानक से नीचे गिर गई और सीधे मेरे माथे पर आकर पड़ी। मैंने पहले इसे अपनी रीढ़ और फिर दोबारा सिर की ओर प्रवाहित होते हुए महसूस किया। यह काफी ठंडी लग रही थी। मेरा दर्द धीरे-धीरे कम हो रहा था।

दूसरी बार जब मैं सोया तो मैंने अलग-अलग रंगीन छल्लों के साथ फ्लोरोसेंट जैसी ट्यूब देखी, जो मेरे शरीर से बाहर आकर पूरे आकाश में फैल गई। मैं एक बहुत गहरी नींद में चला गया और जैसे ही मुझे नींद आई, मैंने किसी को मुझे मेरे पुरातन नाम से बुलाते सुना।

मैं जागकर अपने बिस्तर से उठ गया, लेकिन जब मुड़कर देखा तो मेरा भौतिक शरीर वहीं बिस्तर पर पड़ा हुआ था। यह मेरे लिए ऐसा पहला ही अनुभव था। मैंने फिर दोबारा उस आवाज को मुझे मेरे पुराने नाम से पुकारते सुना। मैं इस नाम को पहचानता था, यह नाम, जिसे मैं काफी पहले भूल गया था।

वह आवाज मेरे भीतर जागरूकता का एक नया स्तर जाग्रत् करती हुई दिखाई दे रही थी। मैं उसकी तरफ खिंचा जा रहा था। मैंने अपने शरीर को बिस्तर पर ही छोड़ दिया। मैं उस आवाज की तरफ मुड़ा। मैं खिड़की के आगे के निकले हुए हिस्से पर चढ़ा। मेरा सूक्ष्म शरीर वहीं एक कील के ऊपर खड़ा था, मैं आगे की तरफ झुका, लेकिन गिरा नहीं। फिर मैं उस बंद खिड़की से नीचे कूद गया और बिना उसके काँच को तोड़े उसके पार चला गया। मैं जमीन के ऊपर मँडरा रहा था; मैं उड़ सकता था। यह बिल्कुल अविश्वसनीय, लेकिन सच था। मुझे ऐसा लगा, जैसे मैं किसी भी चीज का रूप ले सकता था। यहाँ तक कि मैं वृक्षों के भी आर-पार जा सकता था। भौतिक तत्त्व मेरे लिए बाधा नहीं थे।

वह आवाज मुझे लगातार पुकारती जा रही थी और मैं भी उसका अनुसरण करता रहा। मैं आगे और आगे की यात्रा करता रहा। आखिर में मैं एक पहाड़ पर बसे एक पुराने गाँव में जा पहुँचा, वहाँ एक घास की कुटिया थी और वह आवाज वहीं से आ रही थी। मैंने जैसे ही कुटिया की तरफ देखा, वह आवाज शांत हो गई। इसके बाद मैंने फिर वह आवाज नहीं सुनी। मैं कुटिया के दरवाजे पर पहुँचा और वहाँ एक दाढ़ी वाले बुजुर्ग व्यक्ति को देखा। उसके बाल सफेद, लेकिन छोटे थे। वह घर के बाहर बरामदे पर बैठे हुए थे। वह भयभीत लग रहे थे। मैंने उनके सिर को स्पर्श किया और उन्होंने ऊपर की तरफ देखा। उनकी निगाहें मुझी पर टिकी हुई थीं, लेकिन वह मुझे देख नहीं पा रहे थे। उनका चेहरा काफी जाना-पहचाना सा लग रहा था।

मैं उन्हें छोड़कर कुटिया के भीतर चला गया। वहाँ मुझे बिस्तर पर लेटे हुए दो युवक दिखाई दिए। उन्होंने सफेद चादर ओढ़ी हुई थी। मैंने महसूस किया, वे दोनों किसी प्राणघातक बीमारी से जूझ रहे थे। उनमें से एक मृत प्रतीत हो रहा था, जबकि दूसरा अपनी अंतिम साँसें गिन रहा था। मैंने अपना हाथ मृत लड़के के दिल पर रखा, लेकिन मेरा हाथ उसके शरीर के पार चला गया। फिर मैंने अपनी उँगली उसकी नाक पर रखी और गहरी साँस लेनी शुरू की। मेरी उँगलियाँ चमक रही थीं और उस लड़के का दिल भी चमकने लगा।

फिर मैंने उस लड़के को अपनी आँखें खोलते देखा। मैंने उसकी नाक से अपनी उँगली हटा ली, क्योंकि अब वह धीरे-धीरे साँस ले पा रहा था। मैं दूसरे लड़के की तरफ मुड़ा, जो काफी कमजोर, लेकिन जीवित था। मैंने धीरे से अपना हाथ उसके हृदय पर रखा। उसकी धड़कनों को महसूस किया और फिर गहरी साँस लेनी शुरू की। मेरा हाथ अभी भी उसके हृदय पर ही था। जाहिर है, वह अपनी मृत्यु के बेहद करीब था।

जब वे दोनों ठीक हो गए, मैं वापस उस बुजुर्ग के पास गया और उसके पास नीचे जाकर बैठ गया। मैंने उनकी आँखों में देखा। उन्होंने मुझे नहीं देखा, लेकिन मैं उन्हें देख रहा था। मैंने उन आँखों को पहले भी देखा था, जब वह कुछ ही माह का शिशु था। मुझे वह मेरा कोई अपना करीबी लग रहा था। मुझे याद आया कि जब वह छोटा बच्चा था, तो मैं उसे गले लगाता था।

क्या वह मेरा पूर्वजन्म का नाती था? क्या वे दो लड़के उसके नाती थे? क्या वह अपने पूर्वज यानी मेरी मदद लेने हेतु मुझे मेरे पुराने नाम से पुकार रहा था? मैं जानता था कि मैं अपने पूर्व जन्म के अपने ही परिवार के घर में था। आसपास का वातावरण पूर्णतः वास्तविक था।

वह एक दूरस्थ गाँव प्रतीत हो रहा था, लेकिन मैं यह याद नहीं कर पा रहा था कि वह कहाँ स्थित था? मैंने वापस लौटना शुरू किया। मैं गाँव से बाहर आया और ठहर

गया। मैंने वहाँ गाएँ, ऊँचे वृक्ष, धूल भरी सड़कें और बहती नदियाँ देखीं, जहाँ मैं पहले खेला करता था। कुछ पुरानी यादें, जो मेरे अंदर की गहराई में दफन हो गई थीं, वे वापस लौट रहीं थीं। मुझे पता है कि यह एक ऐसी जगह थी, जहाँ मैं एक दूसरे जीवनकाल में रहता था। मेरी आत्मा इस समय मेरे दूसरे जीवनकाल की छह पीढ़ियों की साक्षी बन रही थी, जिसमें मुझसे लेकर उस बुजुर्ग व्यक्ति और उसके दो नाती शामिल थे।

वापसी पर मैं खुद को बिल्कुल हवा जैसा महसूस कर रहा था और बादलों की तरह उड़ रहा था। मुझे हर चीज साफ-साफ दिखाई दे रही थी और मेरी आत्मा आकाश से भी हलकी हो गई थी। मैं मिनेसोटा के ब्रुकलिन पार्क के अपने घर वापस लौट आया और अपने कमरे की खिड़की पर उतर गया।

मैं अपनी खिड़की के शीशे से अंदर आ गया। तब मेरे भौतिक शरीर ने चुंबक की तरह मुझे अपनी ओर खींच लिया। मैंने अपने प्रकाश शरीर को अपने भौतिक शरीर के इर्द-गिर्द मँडराते और फिर सिर से सिर और पैरों से पैर मिलाकर संरेखित होते हुए देखा। फिर मैंने रात में एक रोशनी देखी, जो एयर स्ट्रिप यानी हवाई पट्टी की तरह चमक रही थी। वह चमकता प्रकाश मेरे उस भौतिक शरीर से आ रहा था, जो बिस्तर पर पड़ा हुआ था और यह रीढ़ मे दिखाई देने वाले रंगीन प्रकाश से मिलता-जुलता लग रहा था, जो अलग-अलग चक्रों का प्रतिनिधित्व कर रहे थे। मैं हवाई जहाज की तरह उतरा और अपने शरीर में एकदम सटीक प्रवेश किया।

मुझे हवा के झोंके की आवाज सुनाई दे रही थी; यह दरअसल, मेरे फेफड़ों के साँस लेने की आवाज थी। मैं एक निरंतर प्रहार को महसूस कर रहा था; जो मेरी धड़कनें थीं। मेरी मांसपेशियाँ खिंच रही थीं और मुझे ऐसा लग रहा था, जैसे मैं उसी तरह जीवित हो रहा हूँ, जैसे एक तितली प्यूपा से बाहर आती है, धीरे-धीरे अपने पंखों को खींचते हुए। मैंने अपने हाथ और पैरों को ताना। अपने शरीर में फिर से जागना एक बहुत ही असाधारण अनुभव था। मैं जाग गया और मुझे अपने आसपास दवाओं की गंध महसूस हुई।

अपने शरीर से बाहर आने का अनुभव पूर्णतः अद्वितीय था। अधिकतर लोगों को सपने आते हैं, जो शरीर से बाहर आने के अलग-अलग अनुभवों को प्रतिबिंबित करते हैं। इसे समझने के लिए एक अगरबत्ती की विभिन्न परतों को देखने का प्रयास करें। जब अगरबत्ती जलाई जाती है तो हम भौतिक बत्ती को धारण किए होते हैं, हमें कमरे में इसका धुआँ दिखाई देता है, लेकिन इसकी सुगंध को देखा नहीं जा सकता। यह उस धुएँ में छिपी हुई, अदृश्य होती है। यह धुएँ के छँटने के बाद भी उस जगह पर बनी रहती है। इस सुगंध का नाक से पता चलता है, आँखों से नहीं। इसी तरह भौतिक शरीर को 'स्थूल शरीर' कहा जाता है, धूमित शरीर को 'कारण शरीर' कहा जाता है और सुगंधित/तारकीय शरीर को 'सूक्ष्म शरीर' कहा जाता है। शरीर के बाहर के अनुभव में 'कारण शरीर' और

'सूक्ष्म शरीर' अपने 'स्थूल शरीर' को छोड़ सकते हैं और दूरस्थ जगहों की यात्रा कर सकते हैं। यह स्वप्निल अवस्था से परे की बात है।

मैं अकसर सोचता हूँ—काश, मैंने उस वृद्ध पुरुष के साथ थोड़ा और समय बिताया होता, ताकि मैं उसके जीवन के बारे में और भी कुछ जान पाता! मैंने अपने शरीर से बाहर निकलने का पहला अनुभव तब किया था, जब मैं डूब रहा था, जिसके बारे में मैंने इस पुस्तक में बाद के पृष्ठों में लिखा है, लेकिन यह दूसरा अनुभव ज्यादा गहन और सारगर्भित था और बेहद खूबसूरत भी।

मैं उम्मीद करता हूँ कि किसी दिन आप और मैं अतीत एवं भविष्य को देखने के लिए अबाधित समय तथा स्थान के पार की मुक्त यात्रा कर सकेंगे।

□

6

कनाडा में गृह-प्रवेश की पूजा

मेरी स्कूल की एक मित्र कई सालों से कनाडा में रह रही थीं। उन्होंने अपने पति के साथ मिलकर एक नया घर खरीदा था, जहाँ वे दीवाली के दिन जाने वाले थे। हिंदू संस्कृति के अनुसार दीवाली का दिन बहुत ही शुभ माना जाता है।

मुझे उन्हें और उनके परिवार से संपर्क किए काफी वर्ष बीत चुके थे। इसलिए मैंने उन्हें दीपावली के दिन फोन करके शुभकामनाएँ देने के बारे में सोचा। विदेशों में रहनेवाले भारतीय परिवार भी दीवाली से पहले अपने घरों की साफ-सफाई करते हैं। दरअसल, ये परिवार भारत की तुलना में और अधिक चाव, लगन एवं उत्साह से इस त्योहार को मनाते हैं, क्योंकि विदेश में रहते हुए उन्हें अपने संस्कार, परिवार और देश की याद आती है। इसीलिए शायद मेरी इस मित्र ने अपने गृह-प्रवेश के लिए दीवाली का दिन चुना था।

मेरी यह दोस्त मेरी बहुत ही खास मित्र थी। हम हाईस्कूल तक साथ में पढ़े थे। मेरी कोई बहन नहीं थी, लेकिन वह मुझे हमेशा अपनी बहन जैसी ही लगती थी। वास्तव में मुझे उसे लेकर अपने पूर्व जन्म की बहुत सारी अनुभूतियाँ हुई हैं और मैं खुद को उसके साथ कई तरह से जुड़ा हुआ महसूस करता हूँ। इतने सालों बाद अपनी दोस्त से फोन पर बात करके मुझे बहुत अच्छा लग रहा था।

जब मैंने उसे फोन किया तो वह अपने नए घर की साफ-सफाई में लगी हुई थी। उसकी आवाज में उदासी थी, लेकिन मुझे लगा कि शायद यह बहुत ज्यादा काम करने की वजह से होगा। पहले सामान बाँधना और फिर दोबारा उस सामान को एक नए घर में लगाना, एक बहुत ही मुश्किल, थकाऊ और सिरदर्द भरी प्रक्रिया होती है। आप उसकी हालत समझ ही सकते होंगे, खासतौर पर तब, जब यह सब दीवाली जैसे त्योहार के दिन हो।

जब उसने मेरा फोन उठाया तो मैंने कहा, "हैलो, तुम कैसी हो? दीपावली की शुभकामनाएँ!"

"धन्यवाद और तुम्हें भी दीपावली की ढेर सारी शुभकामनाएँ!" उसने जवाब दिया, "तुम्हारी आवाज सुनकर बहुत अच्छा लगा।"

"तुमसे बात किए एक अरसा बीत गया था, और क्या चल रहा है?" मैंने पूछा।

"आज दीपावली है और हम अपने नए घर में प्रवेश कर रहे हैं। मैंने बस, अभी वैक्यूम क्लीनिंग की ही है।" उसने जवाब दिया।

"मुबारक हो!" मैंने कहा, "तुम्हें गृह-प्रवेश से पहले पूजा और अनुष्ठान करवाना चाहिए। तुम्हें पता है न कि यह हमारी परंपरा है।"

"हाँ, लेकिन हमें गृह-प्रवेश की पूजा के लिए कोई पंडित नहीं मिला और यही चीज सबसे गलत हो रही है।" उसने जवाब दिया।

"वैसे", मैंने कहा, "मैं मिनेसोटा राज्य का एक रजिस्टर्ड हिंदू पुजारी हूँ। अगर तुम चाहो, तो मैं फोन पर भी तुम्हारे घर की पूजा और अनुष्ठान कर सकता हूँ।"

"अरे हाँ, बिल्कुल!" उसने कहा, वह बहुत खुश थी।

"जाओ और अपने हाथ धो लो", मैंने उससे कहा, "और फिर एक चम्मच के साथ एक गिलास में साफ जल और एक बरतन में कुछ कच्चे चावल ले आओ। मैं तब संस्कृत के कुछ मंत्रों का जप करूँगा और तुम अपने नए घर में वह जल छिड़क देना। जब मैं मंत्रोच्चारण करूँ तो तुम्हें अपने घर के अलग-अलग कमरों में चावल के कुछ दानें भी छिड़कने होंगे।"

मैं अपनी कुरसी पर बैठ गया और घर के उत्तर-पूर्वी कोने से शुरुआत करते हुए उसे निर्देश देने लगा कि अब उसे किस कमरे में छिड़काव करना है। मैंने जैसे ही मंत्रोच्चारण शुरू किया, अपने मन में एक असाधारण विस्तार होते हुए महसूस किया। मैं उसका घर भी देख पा रहा था, वह एक पहाड़ी पर स्थित था, जिसके आसपास कई ऊँचे वृक्ष लगे हुए थे। मैंने सड़क से होकर एक रास्ता देखा, जो उसके घर की तरफ जाता था। मैंने उसके घर का आँगन, मुख्य-द्वार देखा, जो बैठक के कमरे, रसोई, भोजन कक्ष, ऑफिस, धुलाईघर और मेहमान कक्ष की ओर जाता था। फिर मैंने सीढ़ियाँ देखीं, जो ऊपर की मंजिल पर सोने के कमरे और स्नानघर की तरफ जाती थीं।

मेरे लिए मिनेसोटा से उसके घर को सच में देख पाना एक बहुत ही रोमांचक अनुभव था। यह लगभग किसी पते को ढूँढ़ने के लिए इंटरनेट पर गूगल मैप का प्रयोग करने जैसा था। संभवतः मैं संस्कृत मंत्रोच्चारण के दौरान 'इनर-नेट' सर्फ कर रहा था।

संस्कृत सभी भाषाओं की जननी है और इसे एक लोकातीत यानी साइकिक भाषा के रूप में भी जाना जाता है। मैं 'साइकिक' नहीं हूँ, लेकिन अपने गुरु और उन सभी हिमालयी योगियों के बीच खुद को एक बच्चा ही समझता हूँ, जिनसे मैं अपने जीवन में मिला। देखिए संस्कृत भाषा की वर्णमाला में 56 अक्षर हैं, जबकि अंग्रेजी भाषा की वर्णमाला में 26 ही अक्षर होते हैं। संस्कृत में 50 प्रतिशत ज्यादा शब्द हैं, जिनका कोई अंग्रेजी अर्थ नहीं है। ये शब्द खासतौर पर मानव मन और आत्मा के आध्यात्मिक

पहलुओं से संबंधित हैं। संस्कृत एक सच्ची, जबकि अंग्रेजी सिर्फ एक अपूर्ण भाषा है।

अंग्रेजी भाषा में दोष का एक उदाहरण यह है कि इसमें 'लाउस' का बहुवचन 'लाइस', 'माउस' का बहुवचन 'माइस' होता है। इसके आधार पर तो एक व्यक्ति यही सोचेगा कि 'हाऊस' का बहुवचन 'हाइस' होगा! लेकिन ऐसा नहीं होता। एक और उदाहरण देता हूँ—अंग्रेजी के दो शब्द 'नाऊ' और 'हेअर' में दो अलग ध्वनियाँ आती हैं, लेकिन जब 'नोवेयर' के रूप में इनका एक साथ प्रयोग किया जाता है, तो यह पहले से एकदम अलग सुनाई देते हैं। 'नाऊ' और 'हेअर' शब्दों को मिलाकर बनाए गए एक संयुक्त शब्द का उच्चारण पूरी तरह बदल जाता है। अंग्रेजी को एक अपूर्ण भाषा कहने से मेरा यही अभिप्राय है।

संस्कृत में प्रत्येक अक्षर की एक खास ध्वनि होती है और वह ध्वनि सभी शब्दों में वैसी ही रहती है। इसीलिए संस्कृत एक सच्ची और आध्यात्मिक भाषा है।

गृह-प्रवेश की पूजा के दौरान मैं जब भी संस्कृत मंत्रोच्चारण करता, मेरी मित्र एक कमरे से दूसरे कमरे में जा-जाकर वहाँ जल और चावल के दानों का छिड़काव करती। मैं उसका मार्गदर्शन कर रहा था, बता रहा था कि उसे अब आगे किस कमरे में जाना है और कभी-कभार मैं उसे यह भी बता रहा था कि उसे कौन सी दिशा में आगे बढ़ना है। हमने इस विधि को पूरे घर में ऐसे ही संपन्न किया।

"आपको कैसे पता कि मुझे अपने घर में कहाँ जाना है?" उसने अनुष्ठान पूरा होने पर मुझसे पूछा। "आप मुझे इस कमरे में या उस कमरे में जाने के लिए कह रहे थे और जब मैं सीढ़ियों के पास पहुँची तो आपने मुझे सीढ़ियों से ऊपर जाकर बाईं तरफ जाने को भी कहा!"

"तुम्हें पता है ना, मैंने पहले कभी तुम्हारा घर नहीं देखा। मैं वहाँ कभी नहीं आया।" मैंने उसे समझाने की कोशिश की। "लेकिन मैंने जैसे ही संस्कृत में मंत्रोच्चारण शुरू किया, मुझे ऐसा लगा, जैसे मेरे मन में कुछ विस्तारित हो रहा है और मैं तुम्हारे घर में हर कोने को देख उसका शुद्धीकरण करने लगा।" मेरे पास उसके सवाल का यही एक जवाब था। अनुष्ठान पूरा होने के बाद मैंने उसे घर के अंदर एक नया मिट्टी का दीपक और धूप-अगरबत्ती जलाने को कहा।

मैं खुद को धन्य महसूस करता हूँ कि मेरे गुरुजी ने मुझे लोगों के बारे में सोचने और मुश्किल में उनकी मदद करने के लिए यह अंतर्दृष्टि प्रदान की। उस साल की यह दीवाली बहुत अच्छी रही और मैं अपनी दोस्त और उसके परिवार के लिए बहुत खुश था।

□

7

प्रार्थना बनाम सर्जरी

साल 2000 की शुरुआत में मैं दो सप्ताह के लिए मौन का अभ्यास कर रहा था। मैं किसी से भी बात न करने के इस अभ्यास का आनंद ले रहा था और अपना ज्यादा-से-ज्यादा समय प्रार्थना और ध्यान में बिता रहा था। मौन स्वर्ण समान था और मुझे लगा कि यह उन दंपतियों के लिए एक अच्छा उपचार हो सकता है, जिनमें निरंतर बहस होती है। यदि उनमें से एक मौन हो जाए तो दूसरे के पास बहस करने के लिए कुछ बचेगा ही नहीं।

हालाँकि मेरे मौन साधना में जाने के पीछे यह कारण नहीं था; मैं तो बस, यह जानना चाहता था कि बाह्य संसार से कटकर (न फोन पर बात करना, न किसी का आना, न अपने घर पर ही किसी से बात करना) कैसा लगेगा? मैं अपने बच्चों की प्रतिक्रिया को लेकर भी बहुत उत्सुक था।

कुल मिलाकर मौन बेहद रोमांचक और दिलचस्प रहा। शुरुआत में मेरा मन काफी उलझा रहा। मुझमें बात करने की एक इच्छा जन्म ले रही थी। मेरे मन में विचारों की जैसे बौछार होने लगी थी। दूसरे दिन मैंने देखा कि मेरे दूसरे इंद्रिय अंग ज्यादा सतर्क हो रहे हैं, खासतौर पर मेरे कान। कई बार मेरी छोटी बेटी मेरे पास आया करती, मेरी तरफ देखती और इशारा करते हुए कहती, "कुछ कहो न, पापा! आप बात क्यों नहीं कर रहे हैं? चलिए, कुछ कहिए न, पापा!" मैं सहसा उसका सिर सहलाकर उसे अपने गले से लगाते हुए खेलने के लिए भेज देता।

कुछ दिनों के मौन के बाद उसने मुझे परेशान करना छोड़ दिया; वह बस; मेरे पास आती; अपनी नाक को मेरे सीने से रगड़ती और चली जाती। वह जानती थी कि मैं एक तरह का अभ्यास कर रहा हूँ; ऐसा नहीं था कि यह अभ्यास उसके लिए मायने रखता था, लेकिन वह बस, यह सुनिश्चित करना चाहती थी कि मैं ठीक था और मुझे कोई सदमा या ऐसा कुछ तो नहीं हुआ है, जिसकी वजह से मैं कुछ बोल नहीं पा रहा हूँ। वह तब इस बात को समझने के लिए बहुत छोटी थी कि मैं उससे बात क्यों नहीं कर रहा हूँ!

दो सप्ताह के मौन के बाद मुझे अपने विचारों में स्पष्टता महसूस हुई, मैंने जाना कि मेरे कुछ विचार चेतना में दूसरे विचारों की तुलना में काफी भारी थे। इसके अलावा; मेरे अतीत की कुछ आहत यादें अन्य दूसरे विचारों के साथ वापस लौट आई थीं। मैंने तब भारी चेतनावाले विचारों को 'विचारोंवाली कचरे की टोकरी' में डालकर फिल्टर करना सीखा।

यह बिल्कुल मन की अलमारी को साफ करने जैसा था। मैंने कुछ विचारों को रखा और बाकी को निकाल फेंका। वस्तुतः मुझे लालच, वासना, घृणा, ईर्ष्या, क्रोध और अहंकार को प्रभावित करने वाले विचारों और उदासी एवं नीरसता की पुरानी यादों को साफ करने के लिए अपने अंदर ध्यान देना था।

मौन में मेरे पास करने के लिए ज्यादा कुछ नहीं था और मैं देख रहा था कि इससे मेरा मन बेचैन हो रहा है। इसके बाद मैंने अपने मन को प्रत्येक साँस के साथ कुछ खास मंत्र जपने में लगाने का प्रयत्न किया, जैसे वह आती-जाती साँस के साथ किसी पेड़ पर चढ़-उतर रहा हो! फिर मैंने देखा कि मेरा मन स्वतः ही मंत्र जाप करने लगा है और मैं बस, उसका साक्षी बनकर रह गया हूँ।

अजपाजप का यह मेरा प्रथम अनुभव था। मुझे अपना मन एक छोटे बच्चे जैसा और मेरी अंतरात्मा एक माँ जैसी प्रतीत हुई, जिसमें माँ (आत्मा) निरंतर रूप से अपने बच्चे (मन) से विकर्षित हो रही थी। मैंने विचारों में मायाजाल को पहचानते हुए अपने मन को उसमें न उलझा, शांत करना सीख लिया। शीघ्र ही मैं चेतना के उच्च स्तरों की ओर अग्रसर हो गया और मैंने पाया कि अब बाहरी घटनाएँ होकर भी मुझे प्रभावित नहीं कर पा रही थीं।

ॐ

जैसे ही मेरा दो सप्ताह का मौन पूरा हुआ, उसके एकदम बाद फोन की घंटी बजी। मैं दो सप्ताह में अपने पहले फोन का जवाब देने सोफे पर पहुँचा। यह फोन न्यूयॉर्क अस्पताल से आया था और बहुत जरूरी था। एक कारोबारी महिला बहुत बड़ी मुसीबत में थीं। उनके पति को सर्जरी के लिए न्यूयॉर्क जनरल अस्पताल में भरती कराया गया था।

यह दंपती अपनी भतीजी से मिलने के लिए कनाडा से न्यूयॉर्क आए थे और फिर यहाँ से उन्हें त्रिनिदाद एवं टोबैगो के लिए निकलना था। दुर्भाग्यवश, उनके पति को अपने शरीर के निचले हिस्से में बहुत तेज दर्द हुआ और इसके लिए उन्हें अस्पताल के आपातकालीन विभाग में भरती कराया गया। डॉक्टर ने सारी जरूरी जाँचें करने के बाद यह निष्कर्ष निकाला कि उन्हें प्रोस्टेट कैंसर हैं, इसलिए वे अब उनकी सर्जरी करने जा रहे थे।

डॉक्टर अभी आगे की प्रक्रिया को लेकर आपस में चर्चा ही कर रहे थे कि उस महिला ने अपने पति के लिए प्रार्थना करने हेतु मुझसे फोन कर निवेदन किया।

"संतजी, मेरे पति न्यूयॉर्क अस्पताल में हैं और डॉक्टर प्रोस्टेट कैंसर के लिए उनकी सर्जरी करने जा रहे हैं। क्या आप उनके लिए प्रार्थना कर सकते हैं?" उसने आग्रह किया।

"मैम, प्लीज, फोन पर ही रहिएगा और फोन काटिएगा नहीं, मैं अभी थोड़ी देर में आता हूँ।" मैंने उनका आग्रह सुन उनसे कहा।

मैं नीचे उतरकर अपने ध्यान-कक्ष में गया और वहाँ अपने गुरुजी की शॉल ओढ़कर बैठ गया। मैंने एक दीया जलाया और प्रार्थना करने लगा। मैंने अपने गुरु से इन लोगों की मदद करने की प्रार्थना की, जो इस समय बहुत बड़े संकट में थे।

मैंने अपने हृदय में एक स्फूर्णा सी महसूस की और झट ऊपर आ गया और फोन पर उस महिला से बात करनी शुरू की।

मैंने उससे कहा, "मैडम, अपनी भतीजी को जल्दी घर भेजें और उसे किराने की दुकान से ताजा मक्का के रेशे लाने को कहें। उसे उन रेशों को पानी में चाय की तरह उबालना है और साथ में थोड़ी लौंग, इलायची और नीबू का एक टुकड़ा भी मिलाने को कहें। जब चाय का रंग हल्का पीला-हरा हो जाए, तो उसे तुरंत अस्पताल मँगवाकर अपने पति को पीने के लिए दें। मैं उनके ठीक होने के लिए घर पर ही प्रार्थना करूँगा।"

जब तक मक्के के रेशे की चाय तैयार हो रही थी, मैंने घर पर ही उनके पति के लिए एक छोटा सा हवन करते हुए संस्कृत में जप करना शुरू कर दिया। मैंने घी में ब्राउन शुगर, कपूर, तिल और लकड़ियों के साथ औषधीय जड़ी-बूटियों को भी जलाया।

किन्हीं अज्ञात कारणों से सर्जरी भी थोड़ी देर के लिए टल गई, इसलिए उनकी भतीजी को भी चाय बनाकर अस्पताल लाने के लिए पर्याप्त समय मिल गया था। जैसे ही उस आदमी ने मक्के के रेशे की चाय पी, उसका दर्द शांत हो गया।

डॉक्टरों ने उन्हें पर्यवेक्षण यानी ऑब्जर्वेशन पर रखा और जब उनका दूसरा एक्स-रे कराया तो उसके परिणाम ठीक निकले। उन्हें उसी दिन न्यूयॉर्क अस्पताल से घर भेज दिया गया। इस तरह दोनों पति-पत्नी अगले दिन त्रिनिदाद एवं टोबैगो के लिए अपनी फ्लाइट भी पकड़ पाएँ।

यह उन कुछ घटनाओं में से एक है, जहाँ मैंने सर्जरी से बढ़कर प्रार्थना की शक्ति का अनुभव किया। मैं तो बस, अपने गुरुजी से प्रार्थनाओं का माध्यम था और यह सिर्फ उनकी उपचारक क्षमताएँ थीं, जो समय और स्थान को पार करके यात्रा कर रही थीं। मैं अपने दम पर इनमें से कुछ नहीं कर सकता, जब तक कि मेरे हृदय में गुरु की वह स्फूर्णा न हो जाए। मैं इस लय को 'इनर-नेट' कहता हूँ, जो मेरे गुरुजी की वेबसाइट का कनेक्शन है।

प्रार्थना बनाम सर्जरी : #2

मेरा बेटा धनंजय, जिसे हम प्यार से 'डीजे' बुलाते हैं, मात्र 16 साल का था, जब वह एक अजीबोगरीब बुखार के चलते बीमार पड़ गया। उसे बुखार हुए एक सप्ताह से ज्यादा समय बीत चुका था। उसके पेट के दाईं ओर काफी तेज दर्द था और वह ठीक से चल भी नहीं पा रहा था। सभी जानते हैं कि इस उम्र में बच्चे माता-पिता की एक नहीं सुनते, जब वे कहते हैं, "बीमार हो, तो दवा ले लो।"

एक हफ्ता बीत गया और डीजे ने कुछ नहीं खाया था। उसने बस, थोड़ा सा जूस, पानी और स्प्राइट ही पी थी और बार-बार पेट में तेज दर्द की शिकायत कर रहा था।

'मैं तुम्हें रॉबिंसडेल अस्पताल ले चलता हूँ।" मैंने कहा।

"नहीं, मैं कुछ ही दिनों में ठीक हो जाऊँगा।" उसने जवाब दिया।

डीजे न तो खुद डॉक्टर के पास जा रहा था और न ही हमें उसे अस्पताल ले जाने दे रहा था।

कुछ और दिन बीत गए और डीजे अभी भी अपने बिस्तर से नहीं उठ पा रहा था। आखिरकार एक दिन लगभग सुबह के तीन बजे मुझे यह निर्णय लेना ही पड़ा कि मैं उसे रॉबिंसडेल अस्पताल ले जाऊँ। वह बमुश्किल चल पा रहा था और किसी को पता भी नहीं था कि वह इतना बीमार कैसे हो गया? मुझे भी कोई खबर नहीं थी कि उसे क्या बीमारी हुई थी?

एक ऑन-कॉल डॉक्टर ने उसके जरूरी लक्षणों की जाँच की और उसे तुरंत वहाँ के आपातकालीन वॉर्ड में भरती कर दिया। फिर डॉक्टर ने उसके पेट की जाँच की और पाया कि डीजे को पेट में दाईं ओर असहनीय दर्द हो रहा था। उसे अपेंडिक्स के फटने का शक हुआ। डीजे के लक्षण भी इसी ओर संकेत कर रहे थे।

डॉक्टर ने ड्यूटी पर नियुक्त एक दूसरे डॉक्टर को पेजर किया और उन दोनों ने डीजे को डाइग्नोस करते हुए यह निष्कर्ष निकाला कि उसका अपेंडिक्स फट गया है। उसे तुरंत सर्जरी करवाने की जरूरत है। डॉक्टर ने मुझसे एक फार्म पर हस्ताक्षर करने के लिए कहा, जो दरअसल, उन्हें डीजे की सर्जरी की अनुमति देने से संबंधित था, क्योंकि डीजे अभी नाबालिग था।

"डीजे का अपेंडिक्स फट गया है और अभी सर्जरी करना बहुत जरूरी है।" डॉक्टर ने मुझे बताया।

"डॉक्टर, मैं इस फार्म पर हस्ताक्षर नहीं कर सकता। मुझे डीजे की माँ को यहाँ लाना होगा, ताकि वह इस पर हस्ताक्षर कर सके।" मैंने कहा, "मुझे घर जाने और उसकी माँ के साथ यहाँ वापस आने में ज्यादा समय नहीं लगेगा।"

इसी बीच डॉक्टर ने सर्जरी के लिए अपनी सर्जिकल टीम तैयार कर ली थी, जबकि

क्रू डॉक्टर माता या पिता के हस्ताक्षरित फॉर्म की प्रतीक्षा कर रहे थे। मुझे कुछ समझ नहीं आ रहा था कि मैं क्या करूँ? मैं अस्पताल में डीजे के कमरे में गया और उससे कहा, "डीजे, डॉक्टरों का कहना है कि तुम्हें तेज एपेंडिसाइटिस है, जो फट चुका है और अब वे तुम्हारी सर्जरी करने जा रहे हैं। मैं माँ को लेने घर जा रहा हूँ और आने के बाद हम सर्जरी के लिए जरूरी कंसेंट फार्म पर हस्ताक्षर करेंगे।" मैंने फिर उससे कहा, "डीजे, तुम्हें अपने पूरे दिल से प्रार्थना करनी है कि तुम्हें इस सर्जरी से न गुजरना पड़े, क्योंकि यह किसी भी तरह की सर्जरी के लिए बहुत ही अशुभ घड़ी है।"

मैंने डीजे के बगल में लेटे मरीज की तरफ देखा, उसकी भी एपेंडिसाइटिस की सर्जरी हुई थी, लेकिन काफी दिन बीतने के बाद भी उसके घाव भर नहीं रहे थे। यह पृथ्वी के संबंध में चंद्रमा की कला की स्थिति के कारण था। ज्योतिषी ज्ञान के आधार पर उस समय की अशुभता मेरे मन में सुस्पष्ट हो गई थी।

मैंने उसी दिन कुछ समय पहले एक व्यक्ति के लिए ज्योतिष गणना की थी। मुझे याद आया कि वैदिक ज्योतिष विद्या के अनुसार वह समय पंचक, यानी अशुभ था। मेरे और मेरी अंतरात्मा के बीच यह द्वंद्व चल रहा था कि मुझे प्रार्थना करनी चाहिए या डॉक्टरों को सर्जरी करने देना चाहिए, जिसका परिणाम अनिश्चित था?

इसी दौरान मैंने घर पर फोन किया और डीजे की माँ को तैयार रहने के लिए कहा। मैंने उसे यह भी बताया कि डीजे को एपेंडिसाइटिस के फटने के कारण सर्जरी के लिए तैयार किया जा रहा है। मैंने उसे डीजे के लिए प्रार्थना करने को कहा, ताकि उसे इस अशुभ घड़ी में सर्जरी के लिए न जाना पड़े। मैं बस, थोड़ा वक्त चुराने की कोशिश कर रहा था। मैं जानता था कि फार्म पर माता-पिता के हस्ताक्षर के बिना डॉक्टर कोई सर्जरी नहीं कर सकते। तब तक दो घंटे बीत चुके थे।

मैंने डीजे के लिए प्रार्थना करने हेतु अपने गुरुजी की शॉल ली और दिल ही दिल रोने लगा, क्योंकि मैंने डीजे के बगल में लेटे लड़के की हालत देखी थी। मैं डीजे को उस दर्द से गुजरते हुए नहीं देखना चाहता था। मैंने धूप-अगरबत्ती जलाकर प्रार्थना की और अपने गुरुजी से डीजे के प्राणों की भीख माँगी, क्योंकि वह पहले से ही इतना बीमार था। दो घंटे बाद मैं अपनी पत्नी के साथ अस्पताल वापस लौटा।

जब मैं अस्पताल पहुँचा, मैंने डॉक्टर से पूछा, "सर, आपको पूरा यकीन है कि डीजे के पेट में एपेंडिसाइटिस फट गया है? आप इसकी पुष्टि के लिए कोई जाँच कर सकते हैं क्या?"

"मैं बेरियम मैंगनीज परीक्षण करने के लिए ऑर्डर दे सकता हूँ, जिसमें तीन घंटे लगेंगे।" डॉक्टर ने कहा और वह मुझे समझाने लगा, "डीजे को बेरियम मैंगनीज का एक घोल पीना होगा और फिर उसके तीन घंटे बाद हम उसका एक्स-रे लेंगे।"

"प्लीज सर, आप अभी बेरियम मैंगनीज परीक्षण कराने का आदेश दे दीजिए।" मैंने थोड़ा और समय मिल सके, इसके लिए डॉक्टर से जाँच कराने को कहा, ताकि मैं थोड़ी और देर प्रार्थना कर सकूँ।

जल्द ही सुबह हो गई और मैंने कुछ ध्यानियों को फोन करके यह बात आगे भी कई और लोगों तक पहुँचाने के लिए कहा कि डीजे अस्पताल में है और हमें बहुत सारे लोगों की जरूरत है, जो उसके लिए ध्यान और प्रार्थना कर सकें। यह बात जंगल में आग की तरफ फैल गई और कनाडा व अमेरिका से बहुत सारे लोग डीजे के इस बीमारी से ठीक होने की प्रार्थना करने लगे।

इस बीच मैं भी अस्पताल में परिवार के लिए बनाए गए कमरे में गया और वहाँ ध्यान और प्रार्थना की, ताकि डीजे को सर्जरी के लिए न जाना पड़े, कम-से-कम उस दिन तो नहीं। प्रतीक्षा के ये तीन घंटे दरअसल, मेरी आस्था की परीक्षा के घंटे थे। मैं डीजे की सर्जरी को रोककर उसकी जान खतरे में डाल रहा था, लेकिन इसी के साथ मैं यह भी सुनिश्चित करना चाहता था कि क्या वास्तव में उसका एपेंडिसाइटिस फटा है? सब संचित रूप से प्रार्थना कर रहे थे और मेरा सारा ध्यान डीजे के बीमारी से ठीक होने पर था।

तीन घंटे बाद बेरियम मैंगनीज का घोल डीजे की बड़ी आँतों में अच्छे से पहुँच चुका था और उसका एक्स-रे किया जा सकता था। एक्स-रे के होने के बाद जब उसकी रिपोर्ट आई तो उन्होंने देखा कि डीजे का एपेंडिक्स पूरी तरह से अपनी जगह पर था।

और इस बीच डीजे भी टाइलेनॉल नामक दवा लेकर खुद को पहले से बेहतर महसूस कर रहा था, जो उसे नर्स ने पहले ही दे दी थी। अब डीजे का पेट भी पहले जितना कमजोर नहीं था और उसका दर्द भी पहले से काफी कम हो गया था।

"यह 25 वर्षों में पहली बार हुआ कि मैं गलत साबित हुआ।" डॉक्टर ने बाद में हमसे कहा।

मैंने अपनी आँखें बंद कीं और अपने गुरुजी का डीजे की मदद करने के लिए आभार प्रकट किया, क्योंकि मैं जानता था कि प्रार्थनाएँ हमेशा सर्जरी से कहीं ज्यादा शक्तिशाली होती हैं। कुछ ही समय में डीजे को भी घर के लिए छुट्टी मिल गई। हमें डीजे की सर्जरी के लिए स्वीकृति फार्म भी नहीं भरना पड़ा और डीजे को सर्जरी के लिए भी नहीं जाना पड़ा।

मैंने अपने सभी मित्रों का आभार प्रकट किया, जिन्होंने कनाडा और पूरे अमेरिका में डीजे के लिए प्रार्थना की। मैंने आत्मिक रूप में हमारे साथ मौजूद रहने के लिए अपने गुरुदेव को भी धन्यवाद किया।

□

8

त्रिनिदाद एवं टोबैगो में मेरे अतिथि

वर्ष 2000 में मैंने त्रिनिदाद एवं टोबैगो जाने का फैसला किया और साथ ही अपने कुछ दोस्तों को भी वहाँ ले जाने के बारे में सोचा, जो विस्कॉन्सिन के मेनोमोनी में रहते थे।

एक नवविवाहित अमेरिकी युगल ने भी हमारे साथ आने का फैसला किया। उन्होंने मुझे विस्कॉन्सिन में 'हिमालयन एजुकेशन सेंटर' स्थापित करने में काफी मदद की थी। मुझे लगा कि यह उनके लिए एक अच्छा तोहफा होगा कि वे मेरे साथ आकर त्रिनिदाद एवं टोबैगो के खूबसूरत द्वीप में घूम पाएँगे।

हमने कनाडा से कुछ और दोस्तों को भी हमारे साथ आने के लिए आमंत्रित किया और सभी बंदोबस्त करने शुरू कर दिए। हमने सबकी टिकट खरीद ली। हमारे पास त्रिनिदाद एवं टोबैगो निकलने के लिए बस, दो ही हफ्ते बचे थे कि तभी विस्कॉन्सिन की एक युवती को अहसास हुआ कि उसका पासपोर्ट एक्सपायर हो चुका है। अब उन्हें इसके लिए वॉशिंगटन से नए पासपोर्ट हेतु आवेदन करना था।

उसने अपनी सारी कागजी काररवाई पूरी की और रात को ही फेडऐक्स के माध्यम से अपना पुराना पासपोर्ट वाशिंगटन भेज दिया। जब उसने वाशिंगटन के ऑफिस में फोन किया तो उन्होंने कहा कि उसे अपनी यात्रा पर जाने से पहले ही नया पासपोर्ट मिल जाएगा। उन्होंने कनाडा तक गाड़ी से जाने और फिर वहाँ से त्रिनिदाद एवं टोबैगो के लिए हवाई यात्रा करने का सोचा। जिस दिन वह कनाडा जाने का सोच रही थी, उस दिन भी उसका पासपोर्ट नहीं पहुँचा। वह इस बात से बहुत निराश हुई, खासतौर पर जब उसके पति और भाई को उसके बिना ही जाना पड़ रहा था।

"क्या तुम सचमुच त्रिनिदाद एवं टोबैगो जाना चाहती हो, बावजूद इसके कि तुम्हें अपना पासपोर्ट नहीं मिला?" मैंने मिनियापोलिस से फोन करके उससे पूछा।

"हाँ।" उसने जवाब दिया और फिर मुझसे पूछा, "मैं पासपोर्ट के बिना त्रिनिदाद एवं टोबैगो कैसे आ सकती हूँ?"

"तुम अपने पति और भाई के साथ कनाडा तक गाड़ी से आ जाओ और फिर वहाँ से देखेंगे कि गुरुजी ने तुम्हारे लिए क्या सोच रखा है!" मैंने उसे बताया। मैंने यह सब उसे सहज करने के लिए कहा और इसलिए भी कि अगर बात नहीं बनी तो वह कम-से-कम कनाडा तो आ ही जाएगी और वहाँ हमारे कुछ दूसरे दोस्तों के साथ रह लेगी।

जब वे कनाडा पहुँचे तो मैंने अपने एक मित्र से, जो कनाडा के ही रहनेवाले थे, पूछा, अगर वह उन्हें अगली सुबह अपने साथ अमेरिकन एंबेसी ले जा सकें, ताकि उन्हें अपना नया पासपोर्ट मिल जाए! वह मान गए और अगले दिन वे दोनों उनकी टिकट, जन्म प्रमाण-पत्र और ड्राइविंग लाइसेंस की कॉपी के साथ सुबह-सुबह एंबेसी के लिए निकल पड़े। वे टोरंटो में अमेरिकन एंबेसी में वेटिंग लाइन में सबसे आगे खड़े थे।

इसी बीच हम सब घर पर इकट्ठा हुए और उनके लिए ध्यान करने लगे, ताकि वह हमारे साथ त्रिनिदाद एवं टोबैगो चल सकें। एंबेसी सुबह 8 बजे खुलती है, लेकिन उससे पहले ही वहाँ का एक कर्मचारी उनके पास गया और पूछा, "क्या आपको मदद की जरूरत है?" उस युवती ने उन्हें अपनी परिस्थिति बताई और वह उनके सारे कागजात अपने साथ अंदर ले गया। उन्होंने उसके लिए एक नया पासपोर्ट बनाया और उस पर मुहर भी लगा दी।

जैसे ही एंबेसी ऑफिस के दरवाजे खुले तो सबसे पहले उन्हें ही बुलाया गया और उन्हें उनका नया पासपोर्ट दे दिया गया। अब उनके पास टोरंटो से निकलने के लिए केवल एक घंटा ही बचा था और इस समय सड़कों पर बहुत ट्रैफिक होता है, ऐसे में पिअरसन हवाई अड्डे पहुँचकर त्रिनिदाद एवं टोबैगो के लिए सुबह 10.00 बजे की फ्लाइट पकड़ना बहुत मुश्किल था।

तब मेरे मित्र ने मुझे फोन किया—"संतजी, ट्रैफिक बहुत धीरे-धीरे आगे बढ़ रहा है, ऐसे में हम समय से हवाईअड्डा नहीं पहुँच पाएँगे।"

"प्रार्थना करो और गाड़ी चलाओ। उन्हें हमारे साथ ही चलना है।" मैंने जवाब दिया। हमारे ग्रुप में सबका दिल बैठ गया था।

"उनके बारे में ध्यान करो और यह सोचो कि वह हमारे साथ फ्लाइट में होगी।" मैंने सबसे कहा।

हम सभी हवाई अड्डे के लिए निकल पड़े और कस्टम से अपना-अपना सामान चैक-इन करना शुरू कर दिया। 9.30 बजे तक हम सब कस्टम से चैक-इन कर चुके थे। उस युवती के पति की आँखें नम थीं; उसकी पत्नी अभी भी रास्ते में ही थी।

बोर्डिंग की घोषणा की गई और हमारे ग्रुप को छोड़कर बाकी सभी यात्री हवाईजहाज में जा चुके थे। हम दरवाजे के पास लॉबी में अपनी मित्र की प्रतीक्षा कर रहे थे।

"हम विमान के दरवाजे बंद करने जा रहे हैं और अब आप सबको भी विमान में सवार हो जाना चाहिए।" एयर होस्टेस ने हमसे आकर कहा।

मैंने हमारे ग्रुप में सबसे विमान पर जाने को कहा, जबकि मैं वहीं उसकी प्रतीक्षा करने लगा।

"प्लीज चैक-इन काउंटर में जाकर कहिए कि हमारे साथ एक और युवती हैं, जो आ ही रही हैं, इसलिए काउंटर बंद न करें।" मैंने एयर होस्टेस से कहा। तभी मेरे मित्र का फोन आया और उन्होंने कहा, "मैंने उन्हें चैक-इन काउंटर पर छोड़ दिया है।"

विस्कॉन्सिन की महिला को स्टॉफ का एक व्यक्ति गो-कार्ट पर विमान तक ले आया। विमान का दरवाजा बंद होने ही वाला था कि वह विमान में चढ़ी और उसके आते ही हर कोई ताली बजाने लगा। विमान अपने समय पर रवाना हुआ।

हर कोई यही सोचकर आश्चर्यचकित था कि वह कैसे हवाई अड्डे तक पहुँची होगी! पहले पासपोर्ट के बिना विस्कॉन्सिन से आना, फिर कनाडा में नए पासपोर्ट का मिलना और अब आखिरी मिनट में फ्लाइट पकड़ना! उसने विमान में मेरी तरफ देखा। उसकी आँखों से आँसू बह रहे थे। मैं मुसकराया और अपनी आँखें बंद करते हुए अहोभाव में अपने गुरुजी के प्रेम और आशीर्वाद के लिए उनका आभार प्रकट करने लगा।

उस दंपती का त्रिनिदाद और टोबैगो में शानदार अनुभव रहा।

□

9

हिमालय के मिशनरी

यह 17 दिसंबर, 1998 की रात थी, मैंने एक बहुत ही खूबसूरत सपना देखा और यह बिल्कुल सच जैसा ही लग रहा था। मैंने देखा कि मैं पास में ही एक सड़क पर कार चला रहा था, जहाँ मुझे एक पुरानी इमारत दिखाई दी। इसके बगीचे में बहुत सुंदर फूल खिले थे। मैंने अपने आपको उस जगह की ओर खिंचता हुआ पाया। मैंने अपनी कार वहीं रोकी और उन सुंदर फूलों को देखने बागीचे की तरफ चल दिया। जब मैं इमारत के पास पहुँचा तो मुझे एक बड़ा सा फूल दिखाई दिया, जो साफ पानी में खिल रहा था। जब मैं उसकी तरफ मुड़ा तो अपने पीछे से एक किशोर युवा लड़के को आते देखा। वह बहुत खूबसूरत और लंबी कद-काठी का था।

"आपको यह जगह पसंद आई?" उसने मुझसे पूछा।

"हाँ, लेकिन यहाँ कोई रहता नहीं है।" मैंने जवाब दिया।

"यह उच्च शिक्षा से वंचित विद्यार्थियों की मदद करने के लिए एक अच्छी जगह रहेगी। जैसे आप पूर्व में भी करते रहे हैं।" उसने कहा।

जब हम एक फूल की पंक्ति के पास पहुँचे तो मुझे पानी में अपने गुरुदेव की तसवीर दिखाई दी।

"कौन मूर्ख होगा, जिसने गुरुजी की तसवीर को इस तरह पानी में छोड़ा होगा?" मैंने पानी के पास जाकर गुरुदेव की तसवीर उठाते हुए कहा, मैंने देखा कि उस तसवीर में पिछले गुरुओं के अलग-अलग चेहरे दिखाई दे रहे थे, जो एक 3डी बहुरूपदर्शक छवि में प्रकट हो रहे थे। जो चेहरा उसमें सबसे ज्यादा पहचान में आ रहा था, वह स्वामी राम का था, जिन्होंने मुझे तसवीर में ही चुपके से कहा, "आपके साथ जो हैं, उनका ईश्वर की तरह नमन करो।"

तभी उस लड़के ने फिर से दोहराया, "क्या तुम्हें यह जगह पसंद है?" मुझे तब धूप-अगरबत्ती की सुगंध महसूस हुई, संगीत सुनाई दिया, भोजन का स्वाद महसूस हुआ और तभी मैंने उस जगह में रहनेवाले बहुत सारे विद्यार्थियों को भी देखा। यह सबकुछ

एक क्षण में मेरे सामने घट गया।

"तुम मेरे लिए काम क्यों नहीं करते? आखिरकार कल, तुम्हारे पास कोई काम नहीं होगा? मैं तुम्हारे लिए सारे इंतजाम कर दूँगा।" उस लड़के ने मुझसे कहा।

मैंने कहा, "ठीक है, प्रभु!" फिर वह लड़का हवा में अदृश्य हो गया और मैं यह सोचते हुए बिस्तर से जागा, 'क्या कमाल का सपना है'!

उसके दूसरे दिन जब मैं काम पर गया तो मुझे पता चला कि अवेदा में मेरी माइक्रोबायोलोजिस्ट की नौकरी चली गई है। मैं उदास हो घर लौट आया। मुझे कुछ समझ नहीं आ रहा था कि अब क्या करूँ? मैं पूरा हफ्ता बस, उस सपने के बारे में सोचता रहा। मैं खुद को अकेला और अवसादग्रस्त महसूस कर रहा था।

ग्यारह दिन बाद मैं विस्कॉन्सिन-स्टाउट विश्वविद्यालय गया, जहाँ से मैंने अपनी ग्रैजुएशन पूरी की थी। मैंने अपना रेज्यूम अपडेट किया और वहाँ आवेदन करने का प्रयास किया। मैंने विश्वविद्यालय के प्रशासनिक कार्यालय की तरफ जाते हुए एक बुजुर्ग प्रोफेसर को देखा, जिन्हें मैं तब से जानता था, जब मैं वहाँ एक विद्यार्थी था। यह 1980 के मध्य की बात है।

उन्होंने मुझे पहचान लिया। उन्होंने कुछ देर मुझसे बात की और फिर कहा, "यहाँ एक स्कूल है, जो बिकने जा रहा है। तुम चाहो तो योग और पाक विद्या सिखाने के लिए उसे खरीद सकते हो।"

"स्कूल! सर, मेरी नौकरी चली गई है और स्कूल खरीदने का मेरा अभी कोई इरादा भी नहीं है।" मैंने कहा।

उन्होंने जोर दिया कि मैं एक बार चलकर उस इमारत को देख लूँ। मैंने कहा, "ठीक है।"

प्रोफेसर ने मुझे अपनी कार में बिठाया और हम स्कूल की इरारत से कुछ ब्लॉक दूर तक ड्राइव करते हुए आए। स्कूल का संपूर्ण परिसर ब्लॉक से घिरा हुआ था और हम ब्लॉक के पास ही गाड़ी से जा रहे थे, लेकिन जैसे ही प्रोफेसर ने ब्लॉक के चौथे कोने से गाड़ी को मोड़ा तो मैंने अपने सपने को सच होते हुए देखा—'यह वही जगह थी!'

"मैंने अभी हाल ही में एक सपने में इस जगह को देखा है।" मैंने उत्तेजित होकर अपने प्रोफेसर से कहा।

मैंने अपने प्रोफेसर से आग्रह किया कि वह मुझे स्कूल के रियल स्टेट इनचार्ज के पास ले चलें, जिनके पास स्कूल बेचने के अधिकार हैं। वहाँ पहुँचकर मैंने अपना परिचय दिया, "मैंने 23 जनवरी, 1998 को मिनेसोटा में 'हिमालयन मिशनरीज' की स्थापना की है और यहाँ मैं एक ऐसा स्कूल खोलना चाहता हूँ, जहाँ आधुनिक विज्ञान के साथ-साथ हिमालय के ज्ञान का भी मिश्रण हो।"

मैंने उनके सामने उस प्रॉपर्टी को खरीदने का प्रस्ताव रखा और उनसे विक्रय मूल्य पूछा। यह दाम उस जगह की स्थिति और आकार के हिसाब से एकदम उचित था। मैंने एक चैक लिया और बयाने के तौर पर डाउन पेमेंट कर दी और तय किए हुए मूल्य का भुगतान करने के लिए पाँच वर्ष का एक कांट्रेक्ट बनवा लिया।

मैंने इससे पहले मिनोसोटा में एक मुखयालय के तौर पर हिमालयन मिशनरीज संगठन को रजिस्टर करवाया था और संयुक्त राज्य अमेरिका के दूसरे राज्यों में इसके विस्तार की योजना भी बनाई थी। लेकिन विस्कॉन्सिन में हिमालयन मिशनरी स्कूल बनाने से पहले ही मैंने विस्कॉन्सिन राज्य में इसे रजिस्टर करवा लिया।

और इस तरह एक दिव्य स्वप्न से प्रेरित हो विस्कॉन्सिन में 'हिमालयन मिशनरी' का जन्म हुआ। मैंने 'हिमालयन मिशनरी' के रूप में पूरे जोश-खरोश से अपने नए काम की शुरुआत की और गरीब घरों से आए लोगों की शिक्षा के लिए स्कूल का निर्माण किया।

आज तक हमने 168 से भी ज्यादा विद्यार्थियों की मदद की है, जिन्होंने हमारे साथ ही रहकर विस्कॉन्सिन-स्टाउट विश्वविद्यालय में पढ़ाई भी की और साथ ही हमने इसका कैरिबियन में भी विस्तार किया है। मैंने एक स्कूल का सपना देखा, जो सच हुआ। इसने विश्वविद्यालय स्तर पर छात्रों को शिक्षित करने के मिशन को पूरा किया है, जहाँ योग के प्राचीन दर्शन, मौन रीट्रीट, आयुर्वेदिक पाक कला आदि का अभ्यास किया जाता है और सिखाया भी जाता है। यहाँ हम नियमित रूप से संकीर्तन करते हैं, भारतीय रात्रि भोज का आयोजन करते हैं और अपने विद्यार्थियों के साथ-साथ हिमालय से आए स्वामियों और योगियों की भी मेजबानी करते हैं। हमने एक वास्तु-गृह का निर्माण भी किया है, जोकि विस्कॉन्सिन, यू.एस.ए. में 165 मील के घेरे में एकमात्र 'ऊर्जा घर' है।

तब से बहुत सारे स्वयंसेवक, दानी, सहायक और हिमालय के योगी यहाँ आए और मिशनरी में रहे। वे यहाँ ध्यान, योग, संगीत, पाक कला और दर्शन आदि सिखाते हैं। मेरा एक और सपना साकार हुआ और मैं वास्तव में एक स्वप्नदर्शी हूँ।

"आप जितना जानते हैं, उतना समझते हैं कि यह कितना कम है, जो आप जानते हैं!" मेरे गुरु ने एक बार मुझसे कहा था। मैं तो बस, ईश्वर की इच्छा का दास हूँ। याद रहे कि ईश्वर हर किसी में मौजूद एक प्रेरक शक्ति है। सपने ईश्वर की दृष्टि होते हैं, जिसे वह हमारी आँखों के माध्यम से देखता है और ईश्वर ही कर्ता है। बहुत सारे लोग सपने देखने के लिए सोते हैं, मेरे मामले में इस स्वप्न ने मुझे कभी सोने ही नहीं दिया। मैं सिर्फ साक्षी मात्र हूँ।

□

10

चमत्कार को नमस्कार

आज भी मैं जब किसी मुश्किल या परेशानी का सामना करता हूँ, अपने गुरुदेव को मेरी रक्षा के लिए आते हुए देखता हूँ। इससे पहले कि मैं हिमालय के दूसरे गुरुओं के साथ अपने अनुभव आपको बताऊँ, जिनसे मुझे मिलने का सौभाग्य प्राप्त हुआ, मैं आपको एक और ऐसी ही घटना बताना चाहूँगा।

जब मैंने वर्ष 1998 में 'हिमालय एजुकेशन सेंटर' खरीदा था, मैंने उस जमीन के मालिक के साथ पाँच साल का अनुबंध किया था। मैं नियमित रूप से ऋण चुका रहा था। अचानक परिस्थितियाँ कुछ यों बदली कि मैं दो महीने तक कोई किस्त नहीं चुका पाया, जबकि तब मुझे $25,000 ही देने शेष रह गए थे।

तब जमीन के मालिक ने एक ईसाई चर्च को 'हिमालयन स्कूल' और उसकी 1.6 एकड़ जमीन बेचने का फैसला ले लिया। मैं उस समय मिनेसोटा राज्य में रहता था, जो यदि सड़क-मार्ग से तय किया जाए तो, विस्कॉन्सिन के स्कूल से से डेढ़ घंटे की दूरी पर था और मुझे दूसरी पार्टी के साथ होनेवाली खरीद-फरोख्त के बारे में कुछ पता नहीं था।

चर्च के सदस्यों और पादरी ने हमारे 'हिमालयी स्कूल' के प्रांगण का दौरा किया और उसकी नई इमारत के पास पहुँचे, जिसे पूरा करने में हमें दो वर्षों से भी ज्यादा का समय लग गया था।

लगभग उसी समय हमारा एक समर्थक 'हिमालयन स्कूल' की इमारत के पास से गुजर रहा था। उसने पार्किंग में लोगों की भीड़ देखी और यह जानने के लिए उत्सुक हुआ कि वहाँ चल क्या रहा है ? इसलिए उसने अपनी कार सड़क पर ही खड़ी की और पार्किंग तक चलकर गया तथा भीड़ में शामिल हो गया। जब उसने मुझे वहाँ भीड़ में नहीं देखा तो उसे शक हुआ। उसने ईसाई पादरी को अपने लोगों से अगले हफ्ते एक बार फिर स्कूल आकर उसे खरीदने की प्रक्रिया को पूरा करने की योजना बनाते सुना।

यह सुनकर वह व्यक्ति वापस अपनी कार में आया और मिनेसोटा के मेरे घर पर

मुझे फोन किया। उसने मुझे बताया कि 'हिमालयन स्कूल' का पुराना मालिक अगले हफ्ते स्कूल बेचने की योजना बना रहा है और यहाँ स्कूल के पार्किंग में लोगों की भीड़ इकट्ठा हुई थी और वे यह डील पूरी करने से पहले स्कूल का दौरा कर रहे थे।

मैं सकते में आ गया। मुझे कुछ समझ नहीं आ रहा था कि अब मैं क्या करूँ? और मार्गदर्शन के लिए अपने गुरुदेव से प्रार्थना करने लगा। मेरी आर्थिक स्थिति उस समय काफी खराब थी और मैं इसे ठीक करने के लिए ज्यादा कुछ नहीं कर पा रहा था। मैंने उस व्यक्ति से निवेदन किया कि वे दो नए ताले खरीदकर उन्हें स्कूल के मुख्यद्वार पर लगा दे। फिर मैंने विस्कॉन्सिन में हिमालयन सेंटर तक ड्राइव करके जाने का फैसला किया।

स्कूल पहुँचने पर मैंने परिसर में हिमालय से लाई कुछ जड़ी-बूटियाँ जलाकर एक हवन किया। मैंने स्कूल में उस स्थान को पवित्र करने के लिए संस्कृत में मंत्रोच्चारण किए और फिर स्कूल के ध्यान-कक्ष में जाकर वहाँ स्कूल की सुरक्षा के लिए ध्यान किया।

यह मेरे और स्कूल के लिए बहुत ही मुश्किल समय था। उसी हफ्ते मैं मिसौरी के गैनेस्विले से आए एक दंपती जोड़े से मिला, जो मेरे साथ त्रिनिदाद एवं टोबैगो की यात्रा करना चाहते थे। हालाँकि मैं उस समय हिमालयन स्कूल को लेकर एक असमंजस की स्थिति में था, फिर भी उनके साथ त्रिनिदाद एवं टोबैगो की यात्रा पर चला गया।

इस बीच मैं इस बात को लेकर चिंतित बना रहा कि विस्कॉन्सिन में हिमालयन सेंटर का क्या होगा? त्रिनिदाद में रहते हुए भी मैं हर रोज प्रार्थना कर रहा था। फिर मैंने मिसौरी से आए दंपती को त्रिनिदाद एवं टोबैगो के पेनाल में एक जगह दिखाई, जिसे हम 'हिमालयन मिशनरी' आश्रम बनाने के लिए खरीदने की सोच रहे थे।

लेकिन मेरे गुरुदेव स्वामी राम की कृपा से उस दंपती ने हमारी संपत्ति बचाने के लिए हमें मदद करने का प्रस्ताव दिया। उन्होंने हमें हिमालयन मिशनरी के नाम पर $101,000 राशि का चैक दे डाला। अब हमारे पास त्रिनिदाद और टोबैगो में संपत्ति खरीदने के लिए पर्याप्त धनराशि थी, जिससे प्रांगण में दो कमरे का एक घर बनाया जा सकता था और इसके साथ ही हम विस्कॉन्सिन में हिमालयन स्कूल के लिए उसके पुराने मालिक को उसका पूरा भुगतान भी कर सकते थे।

विस्कॉन्सिन लौटने पर मैंने हिमालयन सेंटर के कोषाध्यक्ष से कहा कि हमें तुरंत संपत्ति खरीदनी है, संपत्ति के मालिक के नाम पर एक चैक लिखो, हमारा जितना भी बकाया है, उसका पूरा भुगतान करो और उसके वकील को संपत्ति हिमालयन मिशनरी के नाम हस्तांतरित करने को कहो। वह व्यक्ति शुरू में संपत्ति बेचने से हिचकिचा रहा था, क्योंकि उसे ईसाई चर्च से इसकी तीन गुणा ज्यादा धनराशि मिल रही थी। फिर भी वह

आखिर में इसके लिए तैयार हो गया।

हिमालयन स्कूल को संकट की आखिरी घड़ी में बचा लिया गया और संपत्ति भी हस्तांतरित कर दी गई। यह साफ था कि हमारे गुरु स्वामी राम ही 'हिमालयन एजुकेशन सेंटर' की संपत्ति बचाने में सहायक थे और यह मेरा विश्वास है कि उन्होंने ही उस दंपती को भेजा था, जिन्होंने उस समय मिसौरी में 1200 एकड़ का घोड़ों का फार्म खरीदा था। उस युवती ने स्वामी राम की सारी पुस्तकें पढ़ी थीं और स्वामीजी के जीवन तथा उनके मिशन से बहुत ज्यादा रोमांचित थी।

अगर गुरुदेव ने मदद न भेजी होती तो हमने उस दिन हिमालयन स्कूल खो दिया होता।

□

भाग-3

स्वामी 108
हरिहर महाराजजी के प्रसंग

स्वामी 108 हरिहर महाराजजी

(फोटो साभार—वर्ष 1985 में, मिनेसोटा के ब्रुकलिन पार्क स्थित गीता आश्रम की एक तसवीर)

स्वामी 108 हरिहर महाराजजी

यह वर्ष 1985 की बात है। उन दिनों स्वामी हरिहर महाराजजी भी मिनियापोलिस आए हुए थे। वहीं के एक भारतीय परिवार ने मुझे भी अपने घर भजन-कीर्तन के लिए आमंत्रित किया था। मिनियापोलिस में उनके लिए एक सत्संग का आयोजन किया गया था, जहाँ उन्हें 'भगवद्गीता' पर व्याख्यान देना था।

मैं तब स्वामीजी के बारे में ज्यादा कुछ नहीं जानता था। मुझे जल्द ही यह पता चला कि वह भारत को ब्रिटिश राज से मुक्त कराने वाले आंदोलन के साथ प्रत्यक्ष रूप से जुड़े हुए थे। महात्मा गांधी और स्वामी हरिहर महाराजजी दोनों ही भगवान् श्रीकृष्ण के उपासक थे और दोनों का एक ही सपना था—'श्रीमद्भगवद्गीता' के ज्ञान का प्रचार-प्रसार।

स्वामीजी ने अपने जीवन के 80 वर्षों में कभी भी नमक, अनाज या जल का सेवन नहीं किया। वह शुद्ध शाकाहारी थे और इस सबसे बढ़कर वह एक योगी थे, जिन्होंने अलग-अलग श्वास तकनीकों का प्रयोग करते हुए 101 वर्ष का जीवन जिया। उनकी इसी विशेषता की वजह से उन्हें 'श्वासाहारी' भी कहा जाता था, अर्थात् जो सिर्फ श्वास पर जीवित हो। स्वामी हरिहर महाराजजी ने दुनिया भर में सैकड़ों की संख्या में 'गीता आश्रम' स्थापित किए और अपने जीवन के अंतिम दस वर्षों में भारत के राजस्थान में एक बहुत बड़ा अनाथाश्रम बनवाया, जिसमें 700 से भी ज्यादा ऐसे बच्चों को आसरा दिया गया, जिन्हें अपने माता-पिता के बारे में कुछ पता नहीं था।

मैंने स्वामी हरिहर महाराजजी के आशीर्वाद से उनके साथ कई वर्षों तक यात्राएँ कीं और उस दौरान 'भगवद्गीता' का अध्ययन भी करता रहा। मुझे उन्हें सुनना बहुत अच्छा लगता था। वह हमें महात्मा गांधी और उन दूसरे दुर्लभ योगियों के जीवन से जुड़ी कई रोचक कहानियाँ सुनाते थे, जिनके साथ उन्होंने हिमालय में काफी समय व्यतीत किया था।

□

1

मेरे ग्रीन कार्ड का रहस्य

आप इसे रहस्य, संजोग या मात्र भाग्य भी कह सकते हैं। यह अनुभव बुद्धि और तर्क के परे एक गुरु कृपा थी। आस्था और विश्वास तब रंग लाते हैं, जब उम्मीद की कोई किरण नजर नहीं आती।

वर्ष 1982 और 1986 के बीच मैंने विस्कॉन्सिन-स्टाउट विश्वविद्यालय में दाखिला लिया और वहाँ से उद्योग एवं प्रौद्योगिकी में विज्ञान की डिग्री में ग्रैजुएट हुआ। अगले वर्ष भी मैंने खाद्य विज्ञान और पोषण से संबंधित मास्टर प्रोग्राम में एक ग्रैजुएट के रूप में विश्वविद्यालय से अपनी पढ़ाई जारी रखी। उस समय मेरी पत्नी भी उसी विश्वविद्यालय में पढ़ाई कर रही थी और बिजनेस में बेचलर डिग्री हासिल कर रही थी।

हमारी पहली दो संतान विस्कॉन्सिन में हमारी कॉलेज की पढ़ाई के दौरान ही हुईं। मेरे ग्रैजुएट होने में अभी कई महीने शेष थे और मुझ पर अपने पूरे परिवार की जिम्मेदारी भी थी। इसलिए मुझे अपने परिवार और कॉलेज की फीस इत्यादि के लिए काम करने की जरूरत थी।

मैं स्टूडेंट वीजा के साथ अमेरिका में काम नहीं कर सकता था और ग्रैजुएट होने के एक वर्ष के भीतर मेरा वहाँ से जाना अनिवार्य था। मुझे कुछ समझ नहीं आ रहा था कि इस परिस्थिति का सामना कैसे करूँ, वह भी तब, जब मुझ पर अपने परिवार की जिम्मेदारियाँ भी थीं। मैंने अमेरिका का ग्रीन कार्ड हासिल करने के लिए जितने भी संभावित कानूनी विकल्प थे, सब करके देखें, लेकिन कोई काम बनता नजर नहीं आया। मुझे निवासी प्रायोजन की भी कोई संभावना नजर नहीं आ रही थी, जिसे 'रेजिडेंट स्पॉन्सर्शिप' कहा जाता है।

कोई भी कंपनी मुझे स्टूडेंट वीजा पर काम देने को तैयार नहीं थी और किसी अमेरिकी युवती से शादी करने का सवाल ही नहीं था। मुझे कुछ समझ नहीं आ रहा था कि मैं क्या करूँ? क्या मुझे बच्चों को त्रिनिदाद एवं टोबैगो में अपने माता-पिता

के साथ रहने के लिए भेज देना चाहिए? क्या मुझे स्टूडेंट वीजा पर अपनी पढ़ाई जारी रखनी चाहिए? अगर मैं ऐसा करूँ तो बिना नौकरी किए अपनी ग्रैजुएशन की फीस कैसे भरूँगा? मेरे दिमाग में ये सारे सवाल लगातार घूम रहे थे।

फिर मैंने भगवान् का नाम लिया और सबकुछ उन पर छोड़ दिया। मेरा दिल चाहता था कि मैं अपने बीवी-बच्चों के साथ अमेरिका में ही रहूँ, इसलिए मैंने फिर दोबारा इस बारे में कभी ना सोचने का फैसला किया।

मैं समय-समय पर मिनियापोलिस के स्थानीय मंदिरों में आयोजित होनेवाले कार्यक्रमों में भाग लेता रहा और वहाँ बहुत सारे लोगों से संपर्क भी बनाया। एक दिन मुझे एक स्थानीय मंदिर में भजन-कीर्तन करने के लिए आमंत्रित किया गया, जहाँ एक रहस्यवादी योगी, जिन्हें 'स्वामी 108 हरिहर महाराजजी' के रूप में जाना जाता है, 'भगवद्गीता' पर व्याख्यान दे रहे थे।

स्वामीजी ने भारत के स्वतंत्रता संग्राम में गांधीजी के साथ काम किया था। उन्हें भक्तिमय भजन-कीर्तन हमेशा भाते थे और महात्मा गांधी की तरह वह भी सबको 'भगवद्गीता' का अध्ययन करने के लिए प्रोत्साहित करते थे।

मैंने मिनियापोलिस में शनिवार की रात होने वाले उस जाप-सत्र में सपरिवार भाग लिया। मुझे स्वामीजी की उपस्थिति में भजन-कीर्तन और हारमोनियम बजाने के लिए आमंत्रित किया गया। जब मैं भक्ति-गायन कर रहा था तो मैंने अपनी सारी चिंताएँ ईश्वर पर छोड़ दीं और स्वयं भी उसी में लीन हो गया।

भजन-कीर्तन के बाद वहाँ लोगों की एक लंबी कतार लग गई। सभी लोग स्वामीजी के दर्शनों के लिए अपनी बारी की प्रतीक्षा कर रहे थे। मैं भी उसमें लग गया। दरअसल, मैं भी अपने घर और परिस्थितियों के संबंध में उनकी सलाह लेना चाहता था और जब मेरी बारी आई तो इससे पहले मैं कुछ बोल पाता, उन्होंने अपने होंठों पर उँगली रखते हुए मुझे चुप होने का संकेत दिया।

स्वामीजी ने मुझे उनसे अगली सुबह आकर मिलने को कहा। मैं सवेरे ही उनके आवास पर पहुँच गया। स्वामीजी का ध्यान पूरा होने के बाद मुझे उनके कमरे में बुलाया गया।

स्वामीजी अपने बिस्तर पर बैठे हुए थे, जबकि मैं उनके सामने फर्श पर बैठा हुआ था। मैंने श्रद्धा में अपना सिर झुकाया और उनका अभिवादन किया। मेरी आँखें आँसुओं से नम और दिल भारी था। मैंने जैसे ही अपनी परिस्थिति बयाँ करने की सोची, उन्होंने एक बार फिर अपने होंठो पर उँगली रखते हुए मुझे चुप रहने का संकेत दिया।

वह अपने पैरों को मोड़ते हुए एक विशेष योगमुद्रा में बैठे हुए थे और उनकी आँखें भी बंद थीं। उन्होंने कुछ मिनट का ध्यान किया और अपनी आँखें खोलते हुए कहा,

"बेटा, तुम्हें अपना ग्रीन कार्ड डाक द्वारा मिल जाएगा और उसके अगले ही दिन एक नौकरी भी मिल जाएगी।" मैंने उनकी तरफ देखा और अविश्वास में मुसकरा दिया। उन्होंने जो भी कहा, वह न केवल अविश्वसनीय बल्कि असंभव भी था।

उन्होंने मेरी तरफ देखा और कहा, "यह कोई मजाक की बात नहीं है। क्या तुम्हें ईश्वर पर विश्वास नहीं है?"

मैं मौन रहा और उनके पैरों पर अपना सिर झुकाकर उनका आशीर्वाद लिया। इसके बाद मैंने उसी सुबह होने वाले उनके सत्र में भी भाग लिया।

सत्र के बाद दोपहर का भोजन परोसा गया। भोजन पूर्णतः भारतीय था, जिसके बाद बहुत सारे लोग स्वामीजी को हवाई अड्डा छोड़ने के लिए निकले। मैं और मेरा परिवार भी उनके साथ हो लिये। स्वामीजी को विदा करने के बाद हम वापस विस्कॉन्सिन में अपने घर के लिए निकल पड़े, जो वहाँ से 75 मील दूर था।

घर पहुँचकर मैंने दरवाजे पर ही फोन की घंटी की आवाज सुनी। मैं फोन उठाने जल्दी-जल्दी घर के अंदर गया। यह फोन मेरे एक मित्र का था, जो मिनेसोटा में रहता था। उसने मुझे 'संडे स्टार ट्रिब्यून' अखबार में अप्रवास विषय पर प्रकाशित एक लेख की जानकारी देने के लिए फोन किया था। उसने फोन पर ही मुझे वह लेख पढ़कर सुनाया और कहा, 'तुम्हें शायद ग्रीन कार्ड मिल सकता है।"

मुझे अपने कानों पर विश्वास नहीं हो रहा था। यह नामुमकिन था। मैं मुड़ा, अपनी कार में बैठा और उस लेख की एक कॉपी लेने के लिए वापस मिनेसोटा चला गया। इसी बीच मुझे योगीजी के आशीर्वाद का स्मरण हो आया।

वह लेख यू.एस. इमिग्रेशन द्वारा प्रकाशित किया गया था, जिसमें कहा गया था कि वे ऐसे विदेशी अप्रवासियों के आवेदन माँग रहे हैं, जिन्होंने 1985 की गरमियों से लेकर 1986 की गरमियों तक 90 दिन का कृषि कार्य किया है। आवेदन की स्वीकृति पर एक व्यक्ति अमेरिका के किसी भी हिस्से में काम कर सकेगा। दो वर्ष में उसे एक स्थायी ग्रीन कार्ड जारी कर दिया जाएगा, जिससे वह व्यक्ति अमेरिका का स्थायी नागरिक बन जाएगा।

अगले दिन मैंने इमिग्रेशन एजेंसी में फोन किया और अपने यू.एस. ऐलियन ग्रीन कार्ड का आवेदन देने के संबंध में पूछताछ की। मुझसे बहुत सारे कागजात लाने को कहा गया, जिनमें से एक उस किसान से मिला नौकरी संबंधी पत्र था, जिसके पास मैंने काम किया था या ऐसा कोई कानूनी कांट्रेक्ट भी चल सकता था, जिससे यह साबित हो सके कि मैंने निर्धारित अवधि के बीच किसी फार्म में काम किया है।

अब देखिए, मेरी ग्रैजुएशन की डिग्री में 1985 की गरमियों के दौरान कृषि अनुसंधान शामिल था। मैंने 10 एकड़ जमीन पर खीरे का रोपण किया था। इसके अलावा

मैंने चौड़े पत्तेवाले ककड़ी के पौधों और घास पर दो अलग-अलग रसायनों के प्रभावों को लेकर शोध भी किया था। विश्वविद्यालय के अखबार ने मेरी शोध परियोजना पर एक लेख लिखा, जिसे मिनेसोटा में चस्का के गेडनी कॉरपोरेशन के फील्ड पर्यवेक्षकों ने भी पढ़ा। उनके क्षेत्र पर्यवेक्षकों ने मेरे फार्म का दौरा किया और मुझसे अपना शोध पूरा करने के बाद सभी खीरे खरीदने का अनुबंध कर लिया। इस तरह मैंने उस निर्धारित अवधि में एक ककड़ी किसान के रूप में गेडनी कॉरपोरेशन के साथ कानूनी अनुबंध कर लिया था।

मैं कैथोलिक चौरिटीज के निदेशक से मिला, जो 'इमिग्रेशन एलियन प्रोग्राम' की एजेंट थी। मैंने उन्हें स्टार 'ट्रिब्यून अखबार' का अप्रवासियों पर प्रकाशित लेख और गेडनी कॉरपोरेशन के साथ अपने अनुबंध सहित सभी आवश्यक दस्तावेज दिखाए। मैंने उन्हें बताया कि मैं विस्कॉन्सिन-स्टाउट विश्वविद्यालय में पढ़ रहा हूँ और अपने विदेशी ग्रीन कार्ड के लिए आवेदन करना चाहता हूँ।

निदेशक ने पहले मेरे कागजातों पर नजर डाली और फिर मेरी तरफ देखा। उसने मुझे बताया कि यह अप्रवासन कार्यक्रम विदेशी छात्रों के लिए नहीं है। मैंने उसके सामने वह लेख दोबारा रखा और बताया कि इसमें कहीं भी विदेशी छात्रों का कोई उल्लेख नहीं है। इसमें साफ-साफ लिखा गया है कि अगर किसी व्यक्ति ने 1985 की गरमियों से लेकर 1986 की गरमियों तक 90 दिन का कृषि कार्य किया है तो वह ग्रीन कार्ड के आवेदन के लिए योग्य माना जाएगा। मैंने उन्हें गेडनी कॉरपोरेशन के साथ अपना हस्ताक्षरित अनुबंध दिखाया, जो यह साबित करने के लिए काफी था कि मैंने उनकी दी हुई अवधि में 125 से भी अधिक दिनों का कृषि कार्य किया था और गेडनी कॉरपोरेशन को खीरों की आपूर्ति की थी।

निदेशक ने मेरी तरफ फिर से देखा और कहा, "यह कानून की किसी खामी की वजह से हुआ होगा और यह विदेशी छात्रों के लिए बिल्कुल भी नहीं है। हालाँकि मैं तुम्हारे सारे कागजात आगे बढ़ा रही हूँ। तुम्हें डाक के माध्यम से एक सप्ताह में अपना एलियन वर्क ऑथराइजेशन कार्ड मिल जाएगा।"

मैं बहुत खुश था, मेरी आँखों में आँसू आ गए। मुझे लगा कि यह स्वामीजी का ही चमत्कार है। जब मैं घर लौटा तो मैंने उन सभी लोगों के बारे में सोचा, जिन्होंने इस शोध परियोजना में मेरी मदद की थी। मैंने अपनी पत्नी और उन सभी विद्यार्थियों को इसी नियम के तहत अपने-अपने कार्ड का आवेदन करने में मदद की, जो 'ककड़ी परियोजना' में मेरे साथ थे।

एक सप्ताह बाद मुझे मेरा ऑथराइजेशन कार्ड मिल गया। उसके अगले दिन मुझे सेंट पॉल, मिनेसोटा के मैकलेस्टर कॉलेज से नौकरी के संबंध में एक पत्र प्राप्त हुआ। उन्होंने मुझे वहाँ के संगीत विभाग में भारतीय संगीत सिखाने की नौकरी का प्रस्ताव दिया

था और इसके लिए मेरा कार्य ऑथराइजेशन कार्ड माँग रहे थे। इसके छह महीने बाद मुझे एक माइक्रोबायोलॉजिस्ट के तौर पर 'अवेदा कॉरपोरेशन' में एक और नौकरी मिल गई।

मैंने 'अवेदा' के साथ दस साल तक काम किया। भारत के इस रहस्यवादी योगी से मिलने के बाद घटी घटनाओं की शृंखला मेरे जीवन का सबसे अनोखा आशीष था, जो मुझे पहले कभी अपने जीवन में प्राप्त नहीं हो पाया। मैंने स्वामी हरिहर महाराजजी के साथ तेरह वर्षों तक 'भगवद्गीता' का अध्ययन किया। इस दौरान मैंने उनके साथ कैलिफोर्निया, न्यूयॉर्क, वाशिंगटन, फ्लोरिडा, कनाडा, शिकागो, मिनियापोलिस और टेक्सास की यात्रा करते हुए कई सत्संगों और सम्मेलनों में भजन-कीर्तन भी किए।

यह सचमुच एक रहस्यवादी योगी से प्राप्त आशीर्वाद की अनुकंपा का एक जीवन परिवर्तनकारी अनुभव है।

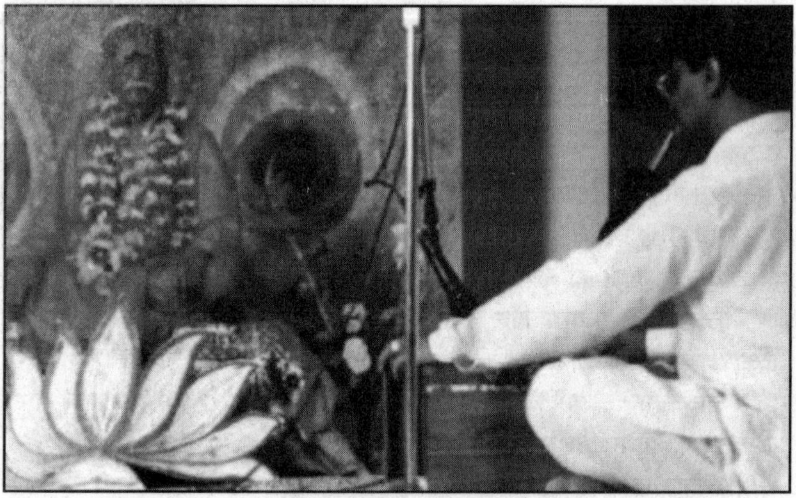

संतजी श्री स्वामी 108 हरिहर महाराजजी के लिए हारमोनियम पर भजन गाते हुए
(फोटो साभार—मिनेसोटा, ब्रुकलिन पार्क, गीता आश्रम)

□

2

माँ और उसकी मृत संतान

यह वर्ष 1987 की बात है। उस समय स्वामीजी मिनियापोलिस आए हुए थे। मैं भी तब वहाँ उनके गीता आश्रम में आयोजित उस सत्संग में भाग लेने आया हुआ था। मैंने वहाँ एक पूरा दिन भजन-कीर्तन इत्यादि करते हुए स्वामीजी के साथ ही बिताया, क्योंकि उसके बाद वह जुलाई से अगस्त माह की पूर्णिमा तक एक महीने की लंबी मौन साधना में जाने की तैयारी कर रहे थे। दरअसल, वह मिनियापोलिस अपनी मौन साधना से कुछ ही दिन पहले आए थे।

इस दौरान मैं प्रत्येक दोपहर उनसे मिलने जाया करता और उनके साथ बैठकर 'श्रीमद्भगवद्गीता' का अध्ययन करता। तब तक मैं यह समझ गया था कि मौन साधना सिर्फ मौन रहने से कहीं ज्यादा है।

मैंने स्वामीजी से पूछा, "स्वामीजी, क्या आप मुझे सिखा सकते हैं कि मौन साधना कैसे करते हैं?"

स्वामीजी ने कहा, "बैठो और शांत हो जाओ। अपने विचारों के मायाजाल में मत फँसो। बस, उन्हें अपने मन में आते और जाते हुए देखो। चलो अब अभ्यास करो।"

मैं उनके चरणों के पास आकर बैठ गया, जबकि वह अपने बिस्तर पर ही बैठे हुए थे। लगभग एक या डेढ़ घंटे के बाद स्वामीजी ने कहा, "जाओ और शाम को होने वाले सत्संग की तैयारी करो, साथ ही अपना काम करते समय अपने विचारों का अवलोकन भी करते रहना।"

फिर मैं सत्संग के लिए हॉल की सफाई करने चला गया। मैंने फर्श पर श्रद्धालुओं के बैठने के लिए सफेद चादरें बिछाईं। उस दिन मैं जो कुछ भी कर रहा था, उसे लेकर पूरी तरह सतर्क और सचेत था। सत्संग भी काफी शानदार रहा। उस दिन स्वामीजी ने मौन की शक्ति पर व्याख्यान दिया। उन्होंने मौन की शक्ति का वर्णन करने के लिए संस्कृत शब्द 'मौनी' का प्रयोग किया।

अगले दिन मैं दोबारा मिनियापोलिस स्थित गीता आश्रम पहुँचा व मौन को लेकर अपनी जिज्ञासा दूर करने के लिए स्वामीजी के चरणों में जा बैठा। इस बार मैंने स्वामीजी से पूछा, "आप संन्यासी क्यों बने?"

स्वामीजी ने मेरे साथ अपना व्यक्तिगत जीवन-अनुभव बाँटा और उन्हीं की अनुकंपा से मैं आपके साथ वह जीवन परिवर्तनकारी घटना साझा कर रहा हूँ। स्वामीजी ने मुझसे कहा कि वह राजस्थान में जोधपुर के एक गाँव के रहनेवाले थे। एक दिन वह बस, यों ही पास के गाँव जा रहे थे। कई दिन चलने के बाद, उन्हें दूर एक पानी का कुआँ दिखाई दिया, जहाँ अलग-अलग गाँवों से आने वाले पथिक पानी पीते थे।

स्वामीजी ने कहा, "कुएँ के पास पहुँचने पर मैंने वहाँ एक लंबे-पतले आदमी को बैठे देखा, जो शायद काफी लंबे समय से ध्यान कर रहा था। मैं जैसे ही पानी पीकर मुड़ा, मुझे एक महिला दिखाई दी। उसने अपने कंधों पर अपनी मृत संतान को उठाया हुआ था। मैं रुका और देखने लगा कि अब क्या होता है?"

उन्होंने आगे कहा, "जो संत कुएँ के पास बैठे थे, वह मौनी बाबा थे। वह एक बहुत ही पहुँचे हुए और दुर्लभ सत्पुरुष थे, जिन्हें देखना तो दूर, बहुत कम ही लोगों ने उनके बारे में सुना था। वह एक चिरायु संन्यासी थे, जिन्होंने अपने संपूर्ण जीवन में कभी एक शब्द भी नहीं बोला था। उनके दर्शन करना मेरे लिए एक बड़ा ही दुर्लभ अवसर था।"

स्वामीजी बोलते जा रहे थे, "उस लंबे बालोवाली महिला ने अपने मृत बच्चे को मौनी बाबा के चरणों में डाल दिया और जोर-जोर से रोने लगी। वह बार-बार उनके चरणों पर शीश झुका रही थी। मौनी बाबा खड़े हुए और फिर उन्होंने अपने डंडे से उस मरे हुए बच्चे को मारना शुरू किया। इसके बाद उन्होंने अपने हाथ को हिलाते हुए उस लड़के को खड़ा होने का इशारा किया। मेरे देखते-ही-देखते वह लड़का उठकर खड़ा हो गया और खुद चलकर अपनी माँ के साथ दूर रवाना हो गया।"

स्वामीजी ने बताया कि यह चमत्कार देख वह तुरंत पलटे और वापस घर की ओर चल दिए। दरअसल, वह अपने बड़े भाई को मौनी बाबा से मिलाने के लिए लाना चाहते थे। स्वामीजी के बड़े भाई के एक पैर में कोई लाइलाज बीमारी हो गई थी। उनके भाई के पैर में बड़े-बड़े फोले थे, जो हमेशा ही संक्रमित रहते थे और जिनकी वजह से उन्हें चलने में बहुत तकलीफ होती थी। घर पहुँचने पर स्वामीजी ने अपने भाई को मौनी बाबा के बारे में बताया और उनके पास ले जाने के लिए उसे तैयार किया।

स्वामीजी ने अपने भाई को अपने कंधों पर उठाया और इस आस में कि स्वामीजी अब भी उन्हें उसी स्थान पर बैठे मिलेंगे, वह लगातार कई घंटे पैदल चलते रहे। कुएँ के पास पहुँचकर उन्होंने अपने भाई को मौनी बाबा के चरणों में बिठा दिया। स्वामीजी ने

मुझे बताया कि कैसे मौनी बाबा ने उनकी ओर देखा तक नहीं और न ही उनके भाई का पैर ठीक करने की विनती ही सुनी।

स्वामीजी ने अपने भाई के लिए मौनी बाबा से बार-बार विनती की। वह उनके चरणों पर झुक गए, लेकिन मौनी बाबा ने उनसे पीठ फेर ली और ऐसे दिखाया जैसे उन्हें इसमें कोई दिलचस्पी नहीं है। तब स्वामीजी ने कहा, "बाबा, कृपया करके मेरे भाई को ठीक कर दीजिए। उन्हें यह लाइलाज बीमारी कई वर्षों से है।" स्वामीजी ने आगे बताते हुए कहा कि तब मौनी बाबा ने अपना डंडा उठाया और मेरे भाई के फोलों पर तब तक मारते रहे, जब तक कि उनमें से खून निकलना न शुरू हो गया। मेरा भाई चीख रहा था, रो रहा था और फिर आखिर में उसने खुद को खींचते हुए मौनी बाबा से दूर कर लिया।

वे दोनों हताश होकर वापस अपने घर की तरफ चल दिए। घर जाते समय स्वामीजी ने अपने भाई को एक पेड़ की छाया में आराम करने के लिए बिठाया। इसके बाद जो उन्होंने देखा, उसे देख उनके आश्चर्य का ठिकाना न रहा। उनके भाई के घाव भरने लगे थे और वह अपने आप से चल भी पा रहे थे। थोड़ी ही देर में उनके पैर से घाव के निशान भी गायब हो गए। अब उनके पैर को देखकर कोई यह नहीं कह सकता था कि उसमें कोई चोट या घाव था।

घर पहुँचकर स्वामीजी ने अपने कुछ कपड़े बाँधे और मौनी बाबा के साथ रहने के लिए अपनी माँ का घर छोड़ दिया। जब वह कुएँ के पास पहुँचे तो उन्होंने मौनी बाबा को दंडवत् प्रणाम किया और उनसे खुद को अपने शिष्य के रूप में स्वीकार करने की विनती की। तब मौनी बाबा ने स्वामीजी को दीक्षा दी और अपने हाथों से हिमालय की ओर जाने का संकेत किया।

स्वामीजी ने कहा, "और तब मैं मौनी बाबा के आशीर्वाद के साथ हिमालय के लिए निकल पड़ा, जहाँ मैंने दस वर्ष बिताए और एक हिमालयी संन्यासी बना।"

□

3

भगवद्गीता और अनुदान

स्वामी श्री 108 हरिहर महाराजजी एक अनुशासनबुद्ध योगी थे, जो अपना संपूर्ण जीवन निस्स्वार्थ भाव से जीते रहे। वर्ष 1990 में मैंने उनके लिए कनाडा में एक व्याख्यान आयोजित किया था।

टोरंटो में उनके विमान के उतरने से ठीक पहले, नियाग्रा फाल्स में एक बहुत बड़ा तूफान आया। यह तूफान मिसिसॉगा शहर से होते हुए टोरंटो की तरफ चला गया। इस बवंडर से शहर की सड़कों और मंदिर परिसर के आसपास की सारी धूल हवा में उड़ने लगी। इस धूल के साथ आकाश में कागजों को भी उड़ते हुए देखा जा सकता था।

इसके कुछ ही समय बाद लगभग आधे घंटे की तेज बारिश हुई, जिसमें पूरा मिसिसॉगा शहर भीग गया। लेकिन बारिश के बाद आसमान एकदम साफ हो गया और सूरज भी निकल आया। इतना ही नहीं, स्वामीजी के हवाई जहाज से उतरने से पहले सारा शहर सूख भी चुका था।

शाम को जब स्वामीजी मंदिर पहुँचे तो वहाँ की गलियाँ और पैदल रास्ते प्रकृति में नहाए हुए प्रतीत हो रहे थे। ऐसा लग रहा था जैसे ईश्वर ने स्वयं स्वामीजी के आने से पहले वहाँ की साफ-सफाई करवाई हो! उस समय उनके कई शिष्य कार्यक्रम में भाग लेने कनाडा आए हुए थे। उन्होंने भी मौसम में आए इस अजीबोगरीब बदलाव को देखा और उनमें से कुछ ने तो इस पर अपनी-अपनी टिप्पणी भी दी। एक स्थानीय टेलीविजन चैनल ने स्वामीजी का इंटरव्यू लिया, जिससे बहुत सारे लोगों को उनके बारे में पता चला कि एक योगी भगवान् कृष्ण के रहस्यों पर व्याख्यान देने कनाडा आए हुए हैं।

व्याख्यान एक स्थानीय मंदिर में आयोजित किया गया था, लेकिन मैं यह देखकर आश्चर्यचकित था कि वह मंदिर, जिसमें 900 से भी ज्यादा लोग बैठ सकते थे, वहाँ अब फर्श पर बैठने की भी कोई जगह नहीं बची थी। पड़ोसी शहर से भी बहुत सारे गायक

और बड़े-बड़े पुजारी योगीजी का आशीर्वाद लेने कार्यक्रम में शामिल हुए थे।

स्वामीजी उस समय ज्यादातर व्हीलचेयर पर ही रहते थे। उन्होंने भगवान् श्रीकृष्ण के जीवन और उनके संबंधों पर बोलते हुए अपना व्याख्यान प्रारंभ किया। उनके ज्ञान की गहराई इतनी ज्यादा थी कि लोग उन्हें हर्षोन्मत्त भाव से सुने जा रहे थे। वस्तुत: उनका संदेश इस सत्य से प्रेरित था कि हम जो खुद को मानते हैं, वास्तव में हम उससे कहीं ज्यादा होते हैं।

उन्होंने अपने व्याख्यान में बताया कि हम मनुष्य ईश्वर से मिली उधार की साँसों पर जी रहे हैं और हमारे जीवित होने का यही एक कारण है। यह ईश्वर ही है, जो हम सबमें रहता है; ना कि हम ईश्वर में रहते हैं। जैसे सूर्य की रोशनी प्रत्येक पौधे पर पड़ती है, लेकिन प्रत्येक पौधा तो सूर्य की रोशनी में नहीं है। स्वामीजी ने इस दर्शन को साझा करते हुए कहा कि जब हम मरते हैं तो कहीं जाते नहीं, हम वहीं होते हैं, बस, अपने भौतिक शरीर से अलग हो जाते हैं; और शरीर मात्र को बाद में दफन करके या दाह संस्कार कर नष्ट कर दिया जाता है।

इसके बाद हमारी आत्मा अपने कर्मों के आधार पर एक नए शरीर की तलाश में निकल जाती है। आत्मा आपके घर के स्थान जैसी है; प्रत्येक कमरे में स्थान एक-सा ही होता है। अगर आप अपना घर तोड़ते हैं, तो भी वहाँ स्थान वैसा ही रहेगा—आप उसे नष्ट नहीं कर सकते। हाँ, आप उसके ऊपर एक नया घर जरूर बना सकते हैं, लेकिन तब वह स्थान नए घर का नया वेश ले लेगा। इस तरह आत्मा भी नया शरीर धारण करती है।

संक्षेप में, स्वामीजी ने कहा कि जब हम गहरी नींद में होते हैं, तब हम कहाँ जाते हैं—हमें उसका पता होना चाहिए। हमें यह याद क्यों नहीं आता कि हम नींद में कहाँ गए थे? वह कौन है, जो हमारे भीतर चीजों को याद रख रहा है? और वह कौन है, जो मेरे शरीर, मेरी साँस, मेरे मन और मेरी आत्मा पर अपना दावा कर रहा है? वह कौन है, जिसके बारे में लोग संसार के अस्तित्व में आने के समय से ही बोलते आ रहे हैं? स्वामीजी ने अपने उपदेश से प्रत्येक व्यक्ति को सोचने पर मजबूर कर दिया।

मैं जब स्वामीजी का व्याख्यान सुन रहा था तो मेरे मन में उनके अनाथालय की परियोजना को लेकर अनुदान जुटाने का खयाल आया। दरअसल, वह भारत में 'गीता धाम' नाम का एक अनाथाश्रम बनवा रहे थे, जिसका तब राजस्थान में निर्माण-कार्य चल ही रहा था। इस अनुदान राशि से उस कार्य में काफी मदद हो जाती।

मेरे मन में जो खयाल आया—वह स्वामीजी द्वारा सभी 700 श्लोकों को प्रोफेशनली रिकॉर्ड करने और फिर 'भगवद्गीता' पर उनकी शिक्षाओं की दो वी.एच.एस. वीडियोटेप कैसेट तैयार करने को लेकर था। उस समय स्वामीजी के दुनिया भर में 10,000 से भी ज्यादा अनुयायी थे। इन वीडियो कैसेट्स को $200 प्रति पैकेज की कीमत पर बहुत

आसानी से बेचा जा सकता था। इस तरह स्वामीजी के अनाथालय के लिए $2M जुटाकर इस परियोजना को बड़े आराम से पूरा किया जा सकता था।

मैं कनाडा की यात्रा के बाद वापस शिकागो लौट गया। वहाँ मैंने अनाथाश्रम की परियोजना से जुड़े आयोजकों के साथ बातचीत की। मैंने वहाँ के निदेशकों को अपना अनुदानवाला विचार सुनाया, जो पेशे से डॉक्टर, वकील, प्रोफेसर, कारोबारी और इंजीनियर भी थे। मैंने कहा, "अगर हम स्वामीजी द्वारा संपूर्ण 'भगवद्गीता' के जाप की एक प्रोफेशनल रिकॉर्डिंग करें, तो उनके भक्तों को अनाथालय बनाने में मदद करने के लिए $200 का योगदान करने में कोई परेशानी नहीं होगी।"

अधिकतर लोग सहमत थे कि यह अनाथालय के लिए धन जुटाने का एक शानदार तरीका होगा। हमने अनुदान राशि के विवरणों की योजना बनानी शुरू कर दी। हमारी संपूर्ण भगवद्गीता के दो वी.एच.एस. कैसेट के 10,000 सेट बेचने की योजना थी। ये कैसेट्स स्वामीजी के भक्तों को उनकी जीवंत स्मृति प्रदान करेगी और इसके साथ ही यह आवश्यक धन जुटाने में मदद भी करेगी।

शिकागो में कुछ निदेशकों ने रिकॉर्डिंग के लिए स्टूडियो किराए पर लेने और भगवद्गीता के पाठ के वीडियो कैसेट का निर्माण करने के लिए $50,000 जुटाने का वादा किया। हमने योजना के पूरे होते ही स्वामीजी के लिए इस सेवा कार्य को एक सप्राइज के तौर पर पेश करने का फैसला किया।

हमने अपने आइडिया के साथ स्वामीजी से मिलने के बारे में सोचा और इस काम के लिए उनकी आज्ञा और आशीर्वाद माँगा। मुझे उनके साथ वह मीटिंग अच्छी तरह याद है। शिकागो के गीता आश्रम के सभी वरिष्ठ निदेशक वहाँ मौजूद थे और फिर उनमें से एक डॉक्टर ने स्वामीजी के सामने यह परियोजना पेश की। जब उसने अपनी बात पूरी कर ली तो स्वामीजी ने मेरी तरफ देखा और कहा, "मुझे यह विचार पसंद आया। हम रिकॉर्डिंग कब से शुरू कर सकते हैं?"

मैंने जवाब में कहा, "स्वामीजी, आप अभी शिकागो में ही हैं, तो हम आपको एक स्थानीय रिकॉर्डिंग स्टूडियो ले जा सकते हैं, जहाँ आपको संपूर्ण भगवद्गीता का जाप करना होगा। रिकॉर्डिंग और एडिटिंग में दो से तीन दिन का समय लग सकता है। जब सबकुछ हो जाएगा, तो हम उसकी एक मॉस्टर कॉपी ले लेंगे और उससे आगे के कवर पर आपकी तसवीर के साथ 10,000 अनुलिपियाँ यानी डुप्लीकेट कॉपी तैयार कर लेंगे।"

स्वामीजी ने जवाब में कहा, "मैं अभी रिकॉर्डिंग शुरू करना चाहूँगा और फिर तुम लोग उसकी एक साथ 10,000 कॉपी तैयार कर सकते हो, लेकिन मेरी एक शर्त है।" उन्होंने आगे कहा, "मेरी शर्त यह है कि जब श्रद्धालु अपने-अपने टेलीविजन पर भगवद्गीता की रिकॉर्डिंग चलाएँगे तो टीवी के माध्यम से वीडियो कैसेट से धूप और

अगरबत्ती की वैसी ही खुशबू आनी चाहिए, जैसे ईश्वर के समक्ष उन्हें जलाने पर आती है।"

"आप सबको मेरा यह विचार कैसा लगा?" स्वामीजी ने हमसे पूछा।

कोई इस सवाल के आगे कुछ बोल ही क्या सकता था! पूरे कमरे में सन्नाटा पसरा हुआ था और हर कोई मौन खड़ा था। स्वामीजी ने फिर शांतिपूर्वक समझाते हुए कहा, "कुछ लोगों के लिए 'भगवद्गीता' की रिकॉर्डिंग का विडियोटेप हो सकता है कि मात्र एक मनोरंजन हो, जबकि मैं प्रतिदिन गहन विनियम और तपस्या के साथ भगवद्गीता का जाप करता हूँ। लेकिन जब मैं वीडियो स्क्रीन पर जाप कर रहा हुँगा तो लोग खा रहे होंगे, अपने जूते पहन रहे होंगे, या आपस में बातें कर रहे होंगे। मैं चाहता हूँ कि लोग भगवान् की भक्ति में अपनी आत्मा को परिष्कृत करने के लिए अलग से कुछ समय निकालें और इससे ज्ञान प्राप्त करें। इस जीवन में मेरा लक्ष्य 'भगवद्गीता' की रिकॉर्डिंग कर लाखों कमाना नहीं, बल्कि दूसरों को प्रबुद्ध करना है।"

मैंने कभी भी इस सद्पुरुष को किसी भी बड़ी अनुदान परियोजना की ओर आकर्षित होते नहीं देखा। वह हमेशा कहा करते थे, "ईश्वर मेरी जरूरतों का ध्यान रखेगा और मैं अपने पूरे दिल से उसकी सेवा करूँगा; क्योंकि वह सभी के हृदयों में विराजमान है तो वही उनको अपनी क्षमता के अनुसार अनाथालय के लिए दान करने को कहेगा।" मेरे लिए यह ईश्वर पर असीम आस्था और भक्ति का एक प्रेरणास्पद उदाहरण है।

□

4

एक अदृश्य संन्यासी

गीता आश्रम के स्वामी 108 हरिहर महाराजजी एक बहुत ही सरल योगी थे, जिन्होंने लोगों के सामने कभी कोई चमत्कार नहीं दिखाया। उनका मुख्य प्रयोजन लोगों को अपने व्यक्तिगत और आध्यात्मिक जीवन को समृद्ध और रूपांतरित करने हेतु उन्हें भगवद्गीता का अध्ययन करने में मदद करना था। वह अत्यंत अनुशासित थे और जब भी अपना व्याख्यान देते तो पद्मासन अवस्था में अपने पैरों को मोड़कर बैठा करते।

एक दिन मैं स्वामीजी के साथ उनके ब्रुकलिन पार्क स्थित 'गीता आश्रम' में कुछ समय बिता रहा था। उस समय शिकागो से एक बुजुर्ग महिला भी गीता सम्मेलन में भाग लेने आईं हुई थीं। वह स्वामीजी की प्रिय भक्त थीं और हमारे साथ ही रुकी हुई थीं। हालाँकि सम्मेलन शुरू होने में कुछ दिन शेष थे, लेकिन वह स्वामीजी के कपड़ों और दवा इत्यादि का खयाल रखने के लिए पहले ही पहुँच गई थीं। गरमी का मौसम था और इस मौसम में मिनेसोटा बहुत सुंदर हो जाता है। मैंने स्वामीजी और शिकागो से आई हुई बुजुर्ग महिला के पास ही रुकने का फैसला किया।

आमतौर पर वह महिला स्वामीजी के कमरे से लेकर उनके बाथरूम की सफाई तक, सुबह के स्नान के लिए उनके कपड़े और तौलिया तैयार करने सहित उनकी हर जरूरत का ध्यान रखती थी। वह उनकी दवा को लेकर खास तौर पर सतर्क रहती थी, क्योंकि स्वामीजी अपनी उम्र के 80वें पड़ाव के अंत में थे और अकेले चल नहीं सकते थे। स्वामीजी अपनी व्हील चेयर की मदद से आस-पास ही घूम पाते थे और अगर उन्हें कहीं बाहर जाने की इच्छा होती तो किसी-न-किसी को उन्हें व्हीलचेअर में ले जाकर उनकी मदद करनी पड़ती थी। वह अपना ज्यादातर समय अपने बिस्तर पर ही पद्मासन अवस्था में बैठते हुए बिताते थे। वह इस अवस्था में बिना हिले-डुले घंटों बिता दिया करते।

मैं जब भी उनके साथ भगवद्गीता का अध्ययन करता तो उनके घंटों तक एक

ही स्थान पर स्थिर होकर बैठे रहने की क्षमता देख आश्चर्यचकित रह जाता। मेरे जैसे बहुत सारे लोग हैं जो इस तरह एक जगह पर स्थिर होकर नहीं बैठ पाते।

यह उसी सप्ताह की बात है। एक दिन शिकागो की वह महिला हॉल में आई, जहाँ मैं सो रहा था। वह काफी परेशान सी लग रही थीं। उन्होंने कहा, "स्वामीजी नहा रहे हैं और मैं उनके लिए तौलिया रखना भूल गई हूँ। क्या आप जाकर उन्हें यह तौलिया दे सकते हैं?"

मैंने तौलिया और साबुन लिया व उनके कमरे की तरफ चल दिया। उनका दरवाजा खटखटाया, लेकिन अंदर से कोई जवाब नहीं मिला। मैंने फिर से दरवाजा खटखटाया और स्वामीजी को पुकारा। तब भी कोई जवाब नहीं आया। दरवाजा थोड़ा सा खुला हुआ था, तो मैंने उसे हलके से धकेलते हुए खोलने की कोशिश की और कमरे के अंदर चला गया। मैंने स्वामीजी को पुकारा, लेकिन कोई जवाब नहीं मिला। मुझे चिंता होने लगी और मैं स्वामीजी को कमरे में ही सब जगह ढूँढ़ने लगा।

वह कमरे में नहीं थे और बाथरूम भी खाली था। शॉवर लगातार चल रहा था, लेकिन वहाँ कोई नजर नहीं आ रहा था। स्वामीजी कहीं नहीं मिले। मैं वापस सीढ़ियाँ उतरकर नीचे आया और उस बुजुर्ग महिला को बताया कि स्वामीजी तो कमरे में नहीं हैं।

हमने उस बिल्डिंग के हर कमरे और आसपास की हर जगह में स्वामीजी को ढूँढ़ना शुरू किया, जैसे रसोईघर, प्रार्थना घर, सभागार, लाइब्रेरी और परिसर के आसपास। आप समझ सकते हैं कि स्वामीजी समतल जमीन पर दस फीट का फासला भी अपने आप तय नहीं कर सकते थे, तो ऐसे में उनके लिए दस सीढ़ियाँ नीचे उतरकर आना नामुमकिन था। वह अपने कमरे में कहीं छिप भी नहीं सकते थे और मुझे आश्चर्य इस बात पर हो रहा था कि आखिर वह जा कहाँ सकते हैं?

मैं गीता आश्रम को अंदर-बाहर से बहुत अच्छी तरह जानता था। मैंने कोना-कोना छान मारा, यहाँ तक कि बच्चे जहाँ छिप सकते हैं, वहाँ भी। लेकिन स्वामीजी कहीं भी नहीं मिले। मैं और वह महिला आश्रम के बरामदे के बीचोबीच बैठ गए, जहाँ से हम सभी दरवाजों को देख सकते थे; शॉवर में पानी अभी भी बह रहा था। हम दोनों ने इस बीच स्वामीजी का कमरा कई बार देखा। हमें बार-बार यही चिंता सता रही थी कि वह आखिर गए कहाँ होंगे? इससे भी बढ़कर, जब वह किसी की मदद के बिना चल ही नहीं सकते थे तो अपने कमरे से बाहर कैसे आए होंगे? हम इस पूरी घटना से एकदम चकरा गए।

हम दोनों ही डरे हुए और चिंतित थे। सुबह के लगभग 4.30 बजे हमने पुलिस

या दूसरे लोगों को इस बात की सूचना देने का फैसला लिया। यह मात्र संयोग नहीं हो सकता था कि इस घटना से एक रात पहले ही वह महिला उनके कमरे में तौलिया रखना भूल जाए। लेकिन स्वामीजी का अपने कमरे से यों अचानक गायब हो जाना भी कम विचित्र नहीं था। इतना ही नहीं, वह ऐसे गायब हुए कि हम उन्हें ढूँढ़ भी नहीं पा रहे थे। मैंने ध्यान से पूरे घटनाक्रम को समझने का प्रयास किया। मैं इस बात की भी अनदेखी नहीं कर सकता था कि रहस्यवादी संत कुछ भी कर सकते हैं! मैंने परिसर के अंदर की कम-से-कम वे सारी जगहें देख ली थीं, जहाँ वह जा सकते थे।

"वह कहाँ हो सकते हैं?" उस महिला ने कहा, "जब तक हम बाकी सारे कमरे नहीं देख लेते, हमें पुलिस या किसी और को नहीं बुलाना चाहिए।"

हम एक बार फिर से लॉबी में बैठ गए और प्रार्थना करने लगे। कुछ समय बाद हमने कुछ सुना, जैसे स्वामीजी अपने कमरे में अपना गला साफ कर रहे हों। शॉवर अभी भी चल रहा था। हम दोनों सीढ़ियों से ऊपर भागे और कमरे का दरवाजा खटखटाया। मैं कमरे के अंदर चला गया, जबकि वह महिला बाहर ही रुक गई।

मैं क्या देखता हूँ, स्वामीजी स्नान करके और कपड़े बदलकर अपने बिस्तर पर बैठे हुए थे। मैं बाथरुम में गया और उनका शॉवर बंद कर आया। मैं उस समय एक बहुत ही दुविधाजनक स्थिति में था और कुछ समझ नहीं पा रहा था कि स्वामीजी से कैसे पूछूँ कि वह कहाँ गए थे? दरअसल, मैं उनका जवाब जानता था। इसलिए मैंने उनसे कुछ नहीं पूछा। मैं धीरे से उनके पास गया और उनके चरण स्पर्श करते हुए बिना आज्ञा उनके कमरे में आने के लिए उनसे क्षमा माँग लौट आया।

स्वामीजी बस मुसकरा दिए।

मैंने बाहर आकर महिला को बताया कि स्वामीजी ठीक हैं और अगर वह चाहे तो उनसे मिल सकती हैं। हम दोनों निःशब्द थे और मजाक उड़ाए जाने के डर से इस बारे में कभी किसी से कुछ नहीं कहा। सप्ताहांत में जब अतिथिगण आने शुरू हुए तो मेरा मन तब भी इसी उधेड़-बुन में लगा हुआ था कि स्वामीजी एक घंटे से भी ज्यादा समय के लिए कहाँ गायब हो गए थे?

ऐसा भी हो सकता था कि स्वामीजी बहुत पहले ही निकल गए हों, जब हम सो ही रहे हों। पूजनीय स्वामी हरिहर महाराजजी के एक शिष्य स्वामी ब्रह्मानंदजी भी सम्मेलन में भाग लेने के लिए तभी पहुँचे थे।

मैंने स्वामीजी के अदृश्य होने की बात स्वामी ब्रह्मानंद को बताई और तब उन्होंने मुझसे कहा, "स्वामीजी कभी-कभार अपने अलग-अलग आश्रमों में अचानक प्रकट हो जाते हैं।" उन्होंने आगे कहा, "स्वामीजी आमतौर पर भारत के अपने मुख्य

आश्रम में जरूर जाते हैं और सुबह होनेवाले हवन-अनुष्ठान में जड़ी-बूटियाँ होम करते हैं, फिर भले वह उस समय किसी दूसरे देश में ही क्यों न हों! वह कई वर्षों से ऐसा करते आ रहे हैं।"

तब से अब तक मैंने यह बात किसी को नहीं बताई थी, लेकिन आज साझा कर रहा हूँ।

यह मेरे और उस महिला के लिए किसी आशीर्वाद से कम नहीं था कि हमें स्वामीजी के अदृश्य होने के रहस्यमयी चमत्कार को जानने का अवसर मिला। मेरे दिल में तभी से स्वामीजी के प्रति एक असीम श्रद्धा-भाव विद्यमान है।

□

5

मछली पकड़ना और ध्यान

गरमियों की बात है। एक दिन मुझे स्वामी हरिहर महाराजजी के साथ मिनेसोटा के कून रैपिड डैम पर आधा दिन बिताने का सौभाग्य प्राप्त हुआ। वह मिनेसोटा के एक स्थानीय मंदिर में रह रहे थे और मैंने उनसे पूछा कि क्या वह मेरे साथ डैम तक ड्राइव पर चलना चाहेंगे?

स्वामीजी उस समय 90 वर्ष के थे। वह आसानी से चल नहीं सकते थे व ज्यादातर समय अपनी व्हीलचेअर पर ही रहते थे। मैं स्वामीजी को अपनी गाड़ी से कून रेपिड डैम घुमाने ले गया। स्वामीजी को बाहर खुले में अच्छा लगता था; जहाँ उन्हें प्रकृति के साथ बातचीत करते हुए देखा जा सकता था।

वह सर्वोच्च ऊर्जा से युक्त एक सुंदर आत्मा थे, इसीलिए दिव्य थे। यदि आपको भी कभी अवसर मिलता तो मुझे पूरा यकीन है कि आप भी उनके साहचर्य का आनंद जरूर उठाना चाहते।

मैंने अपनी कार कून रेपिड डैम के नजदीकवाली पार्किंग पर खड़ी कर दी और स्वामीजी को सुरक्षित उनकी व्हीलचेअर पर बिठाकर आगे ले आया। मैं विशाल जल-निकाय के ऊपर बने 500 फीट के पुल पर स्वामीजी को ले गया। मैं स्वामीजी को वहाँ का नजारा दिखाने के लिए व्हीलचेअर पर और बहुत आगे ले गया। बहते पानी का शोर इतना ज्यादा था कि मेरे लिए स्वामीजी की बात को सुनना मुश्किल होता जा रहा था।

वह ब्रिज के पार किसी चीज की तरफ इशारा कर रहे थे। मैं उन्हें मेटल की रेलिंग के पास ले गया और देखा कि वह नदी किनारे मौजूद बहुत सारे मछुआरों की ओर इशारा कर रहे थे।

मैं फिर उन्हें उस कलरव करते पानी से दूर ले गया और कहा, "स्वामीजी, वे लोग अत्यंत क्रूर हैं, वे मछलियों को मार रहे हैं।"

वह उन्हें बहुत ध्यान से देख रहे थे। मैंने यह सोचते हुए अपनी बात फिर से दोहराई

कि शायद उन्होंने मुझे सुना न हो। मैंने कहा, "स्वामीजी ये लोग खूनी हैं, इन्हें मछलियों के जीवन की कोई परवाह नहीं।"

स्वामीजी ने मुझे अपने पास बुलाया और कहा, "क्या तुम वो देख रहे हो, जो मैं देख रहा हूँ?"

मैंने जवाब दिया, "नहीं स्वामीजी, लेकिन मुझे लगता है कि वे मांसाहारी हैं।" फिर मैं थोड़ा सा झुका, ताकि उनकी व्हीलचेअर के बराबर आ सकूँ और वह जो मुझे बताना चाहते थे, उसे सुन सकूँ।

स्वामीजी ने कहा, "बेटा, वे मछली-भक्त हैं।"

उन्होंने कहा, "तुम मछुआरों से ध्यान करना सीख सकते हो। देखो मछुआरा स्थिर खड़ा है। एक ध्यानी को अपनी रीढ़ को तानते हुए सीधा और निस्तब्ध बैठना चाहिए। मछुआरे ने फिशिंग रॉड यानी मछली पकड़ने का डंडा पकड़ा हुआ है। ध्यानी के पास रॉड के रूप में उसकी मध्यपटीय पेशी होती है, जिसे 'डायाफ्रामिक मसल' कहते हैं।"

उन्होंने आगे कहा, "फिशिंग रॉड में एक नाइलॉन के धागे की डोर है। ध्यानी को भी डोर के रूप में साँस लेने और छोड़ने के बीच चलने वाले प्रवाह को नियंत्रित करना चाहिए। फिशिंग हुक नाइलॉन के धागे के छोर पर किसी चीज से जुड़ा हुआ है। ध्यानी को भी अपना मन हर आती-जाती साँस पर लगाना चाहिए। मछुआरे के पास हुक में अटका चारा है। ध्यानी के पास चारे के तौर पर मंत्र हैं, जो उसके मन से जुड़ा है और प्रत्येक आती और जाती साँस में निर्बाध रूप से प्रवाहित होता है।"

"ध्यान से देखो", स्वामीजी ने मुझसे कहा, "मछुआरा बहती नदी में चारा फेंकता है। ध्यानी को भी अपना ध्यान चेतना की उस प्रवाहित नदी में अपने आज्ञा चक्र पर लगाना चाहिए। मछुआरा अत्यंत धैर्य के साथ मछली के चारा खाने की प्रतीक्षा करता है। ध्यानी भी मौन रहकर ईश्वर को अपने मंत्र से आकर्षित करने की प्रतीक्षा करता है। कुछ मछुआरे मछली नहीं पकड़ेंगे, जबकि कुछ पकड़ लेंगे। ऐसे ही कुछ ध्यानियों को विकर्षण का अनुभव होगा और ईश्वर नहीं दिखाई देंगे, जबकि कुछ उस परमानंद में गोते लगाएँगे।"

स्वामीजी ने आगे कहा, "मछुआरे का जाल मछली के प्रति उसकी भक्ति का परिणाम है, इसीलिए उसे 'मछली भक्त' कहा जाता है। ध्यानी की परमानंद की अवस्था को भक्ति के रूप में घनीभूत किया जा सकता है, इसलिए उसे 'ईश्वर भक्त' कहा जाता है।"

स्वामीजी ने मुझसे कहा, "दूसरों में कभी भी कुछ नकारात्मकता मत देखो, क्योंकि वह नकारात्मकता तुम्ही में विस्तृत हो जाएगी। दूसरों में अच्छा देखो तो दूसरे भी तुममें अच्छा देखेंगे।"

यह स्वामीजी के साथ मिनेसोटा के कून रेपिड डेम में बिताई एक बहुत ही खूबसूरत शाम थी। स्वामीजी ने मुझे उन्हीं गरमियों में बाद में कैलिफोर्निया के डेनविले में उनके साथ आकर रहने का आमंत्रण दिया। वह जुलाई में पूर्णिमा से पूर्णिमा तक

एक माह की लंबी मौन साधना में उतरने जा रहे थे।

उन्होंने कहा, "मैं तुम्हें मौन के सागर में ईश्वर रूपी मछली पकड़ना सिखाऊँगा।"

स्वामीजी कैलिफोर्निया के डैनविले पर्वत पर 4,000 फीट की ऊँचाई पर बने अपने एक शिष्य के महल में रुके हुए थे। उनका शिष्य कैंसर को लेकर शोध कर रहा था और एक पी-एच.डी. मेडिकल शोधकर्ता भी था। उसने अमेरिका व कनाडा से लगभग 150 लोगों को समारोह में आमंत्रित किया था। मैं स्वामीजी की मौन साधना पूर्ण करने से एक सप्ताह पूर्व ही वहाँ पहुँच पाया। वह चाहते थे कि मैं उनकी मौन साधना पूरी होने से पहले उस पूरे सप्ताह मैं प्रत्येक सुबह नित्य रूप से जाप करूँ।

उनके शिष्य ने भारत में उनके अनाथालय के लिए एक अनुदान सत्र आयोजित किया था। यह वही अनाथालय है, जिसमें उनके साथ 700 बच्चे रहते थे।

ध्यान के बाद रोज सुबह सैर पर जाने के लिए यह एक बहुत ही खूबसूरत जगह थी। वहाँ पक्षियों का कलरव समस्त घाटियों में गूँजता था और गायों का एक बहुत बड़ा झुंड रोज सुबह घास चरने चरागाह की तरफ जाता था।

यह वातावरण ध्यान के लिए पूरी तरह से उपयुक्त था। शाम को जब बाकी सब लोग आगुंतकों के लिए भोजन तैयार करने में मदद करते, तो मैं वहीं कुछ घंटे मौन का अभ्यास करता। स्वामीजी के मौन साधना से बाहर आने के एक रात पहले मैंने निर्णय किया कि मैं शाम 6 बजे से लेकर सुबह 6 बजे तक कम-से-कम 12 घंटे का मौन अवश्य रखूँगा। हालाँकि मैं स्वामीजी से यह नहीं पूछ पाया कि मौन कैसे किया जाता है, लेकिन मैं उन बचे हुए क्षणों में उनके साथ मौन में बने रहने का अवसर भी नहीं गँवाना चाहता था।

वह रविवार की सुबह थी और लगभग 3:15 बज रहे थे, जब मैंने अपने कमरे में स्वामीजी के गाने की आवाज सुनी। मैंने अपने आसपास देखा, लेकिन कोई नजर नहीं आया। फिर मैं उनके कमरे में गया, जहाँ एक छोटे से मिट्टी के दीये को छोड़कर कोई लाइट नहीं जल रही थी। वह अपने बिस्तर पर शवासन में लेटे हुए थे और मैं उन्हें बमुश्किल ही देख पा रहा था।

मैं मौन था और वह भी मौन थे, लेकिन मैंने उन्हें मुझसे बात करते हुए सुना। पूरा महल एकदम शांत था। लोग उस समय या तो आराम से सो रहे थे या फिर ध्यान में लीन थे।

स्वामीजी ने मौन में कहा, "क्या तुम मौन के सागर में उतरने के लिए तैयार हो?"

मैं बोलकर जवाब देने ही वाला था कि तभी उन्होंने मौन में कहा, "बोलना मत, बस, सोचो। मैं तुम्हारे सभी विचारों को सुन सकता हूँ।"

उन्होंने मुझे मौन में रहते हुए मौनाभ्यास करने के निर्देश दिए। उन्होंने कहा, "उस ध्यानाभ्यास को याद रखना, जो मछुआरे ने तुम्हें सिखाया था। अब साँसों की स्थिरता पर अपने मंत्र का प्रयोग करो और आज्ञा चक्र के माध्यम से साँस लेते और छोड़ते रहो।"

उन्होंने आगे कहा, "जब तुम साँस अंदर लोगे और साँस बाहर छोड़ोगे, तो एक

निश्चित रंग का विस्तार और संकुचन देखोगे। अब मंत्र को इस विस्तारित रंग स्पेक्ट्रम के अंत तक ले जाओ और वहीं छोड़ दो। यह मंत्र एक चारा है। इसे चेतना के मौन में झूलने दो। अब ईश्वरीय स्पंदन चारे रूपी मंत्र के साथ तुमसे संपर्क करेगा।"

स्वामीजी मौन में अपनी बात जारी रखते रहे, "यह स्पंदन हुक के रूप में मन में वापस आएगा और फिर नाइलॉन की डोर के रूप में साँसों में पहुँचेगा और फिर रॉड के रूप में डायाफ्रामिक मसल के पास आएगा। तुमने दिव्य मछली को पकड़ लिया है। अब तुम भी एक मछली भक्त हो।"

स्वामीजी ने मौन में आगे कहा, "अब ईश्वर की उपस्थिति को अपने नाभि केंद्र में प्रवेश करते हुए महसूस करो और अब उसकी उपस्थिति को एक अदृश्य दिव्य मछली बनने दो, जो तुम्हारे संपूर्ण शरीर में तैर रही है। वह तुम्हारी प्रत्येक कोशिका में प्रकाश की विकिरणों का विस्तार कर रही है। अब प्रतिदिन इस तकनीक का अभ्यास करना। तभी तुम्हें अहसास होगा कि तुम और ईश्वर एक ही हो।"

यह एक अत्यंत ही अद्वितीय अनुभव था।

जब स्वामीजी ने उस सुबह भगवद्गीता का जाप करते हुए अपनी मौन साधना को तोड़ा, तो उन्होंने मेरी तरफ देखा और मुसकराए। उन्होंने मुझसे कुछ जाप करने को कहा और फिर अपना व्याख्यान प्रारंभ किया। सभागार लोगों से खचाखच भरा हुआ था और सत्र के आयोजक भारत में स्वामीजी के अनाथालय के लिए अनुदान कर रहे थे। मुझे यह देखकर आश्चर्य हुआ कि लगभग डेढ़ घंटे में उस समूह ने $208,000 इकट्ठा कर लिये थे।

दोपहर के भोजन के साथ ही वह सत्र भी अपने समापन के नजदीक पहुँच चुका था और मैं स्वामीजी का आशीर्वाद पाने को लालायित हो रहा था। मैं उनके पास गया और उनके चरणों में दंडवत् किया। स्वामीजी ने धीरे से मेरे सिर पर थपकी मारी और कहा, "तुम मछली पकड़ने में अत्यंत निपुण हो।"

मैंने स्वामीजी से कहा, "मैंने अपनी नाभि पर केवल दिव्य उपस्थिति को महसूस किया, लेकिन मुझे कुछ दिखाई नहीं दिया।"

उन्होंने कहा, "इसके लिए और अधिक समय और अभ्यास की आवश्यकता पड़ेगी। इससे फर्क नहीं पड़ता कि तुम कितना जानते हो, फर्क इस बात से पड़ता है कि तुम जितना भी जानते हो, उसका तुम कितना अभ्यास करते हो?"

मैं जब भी झील के पास किसी मछुआरे को देखता हूँ, तो स्वामीजी को कोटि-कोटि प्रणाम करता हूँ।

□

6

एक संन्यासी का त्याग

स्वामी 108 हरिहर महाराजजी के मलेशिया स्थित कुआलालंपुर के रहनेवाले कुछ अनुयायियों ने उनके 90वें जन्मदिवस पर मलेशिया में ही एक बहुत बड़े समारोह का आयोजन किया था। उनके भक्त कई वर्ष पहले से ही चुपचाप इसकी योजना बना रहे थे और उन्होंने इसके लिए $3M (30 लाख) का मंदिर बनाने हेतु एक अनुदान कार्यक्रम भी आयोजित किया। उन्होंने इस मंदिर का नाम स्वामीजी के नाम पर ही 'स्वामी हरिहर मंदिर' रखा। यह उनके 90वें जन्मदिवस का उपहार था। वाह! क्या अद्‍भुत भेंट थी यह?

मलेशिया के 'गीता आश्रम संगठन' के आयोजकों ने अंतरराष्ट्रीय स्तर पर स्वामीजी के सभी श्रद्धालुओं को उनके 90वें जन्मदिवस के समारोह के निमंत्रण-पत्र भेज दिए थे, जो मार्च में मलेशिया के कुआलालंपुर में आयोजित किया गया था। उन दिनों स्वामीजी जब भी मिनियापोलिस आते थे, मैं उनसे भगवद्‍गीता का अध्ययन करना सीखता था। इसलिए मुझे भी इस अवसर पर आमंत्रित किया गया। वैसे तो स्वामीजी एक बहुत ही अनुशासित योगी थे, लेकिन हँसी-ठिठोली करने से भी नहीं चूकते थे, खासतौर पर जब हम उनकी क्लास में देर से पहुँचते। वह कहा करते, "आई.एम. हरिहर, एंड यू मस्ट हरि अप।" अभिप्राय यह "मैं हरिहर हूँ, लेकिन तुम्हें जल्दी आना चाहिए।"

स्वामीजी में एक अलग स्तर की ऊर्जा थी, वह यदा-कदा ही खाते या सोते थे। वह सुबह 3.00 बजे उठ जाते और मध्यरात्रि तक बिस्तर पर जाते।

एक रात उन्होंने कहा, "मैं एक गिलास में कोक और दूध मिलाकर पीना चाहूँगा।" हर कोई यह सुनकर हैरान था कि स्वामीजी ऐसा मिश्रण पीना चाहते हैं!

उन्होंने कहा, "यह एक न्यूट्रल (संतुलित) पेय है।"

मुझे लगा कि शायद यह एक न्यूट्रशनल (पौष्टिक) पेय था। हालाँकि उनका तर्क यह था कि कोक में एसिड होता है और दूध में म्यूक। जब दोनों को साथ में मिलाया

जाता है तो वे एक-दूसरे को निष्प्रभावित कर देते हैं।

मैंने कोक और दूध का मिश्रण तैयार किया और स्वामीजी के लिए ले गया। उन्होंने वह पी लिया। फिर उन्होंने मलेशिया के कुआलालंपुर की अपनी तरफ की कहानी सुनानी शुरू की कि वहाँ क्या हुआ था। उन्होंने कहा, "मेरे अनुयायियों ने मुझे मलेशिया में उस नए मंदिर का रिबन काटने के बहाने आमंत्रित किया और मेरे भाग लेने हेतु एक कॉन्फ्रेंस की भी योजना बनाई। उन्होंने सोचा कि मैं कॉन्फ्रेंस में जाऊँगा और उस नए भव्य मंदिर के उद्घाटन का साक्षी बनूँगा।"

स्वामीजी जब मलेशिया में थे तो अपने एक श्रद्धालु के घर पर ही ठहरे हुए थे। वहाँ से उन्हें व्याख्यान के लिए अलग-अलग जगहों पर जाना था। उनके जन्मदिवस पर श्रद्धालुओं ने उन्हें उनके आवासस्थान से उस नए मंदिर तक लाने के लिए एक लिमोजीन भेजी। जब लिमो उनके दरवाजे पर पहुँची, तो उसे देख उनके अनुयायी ने कहा, "स्वामीजी, आपको मंदिर ले जाने के लिए एक खास गाड़ी आई है। क्या आप तैयार हैं?"

स्वामीजी ने जवाब दिया, "मैं तो पहले से ही तैयार हूँ।"

स्वामीजी हमेशा सबसे पहले तैयार हो जाया करते थे। जैसे ही स्वामीजी को सीढ़ियों से नीचे लाकर लिमोजीन में बिठाया गया, वह हैरान रह गए और बोले, "यह तो एक चलता-फिरता घर ही लग रहा है!"

लिमो के ड्राइवर ने स्वामीजी को बताया कि वह उन्हें नए मंदिर ले जा रहा है और फिर उसने गाड़ी आगे बढ़ा दी। जैसे ही लिमोजीन मंदिर के पास पहुँची, स्वामीजी ने मंदिर के आसपास और सड़कों पर हजारों लोगों का जमावड़ा देखा। मंदिर परिसर में एक चरागाह भी था, जहाँ गाएँ चर रही थीं। मंदिर बाहर से देखने में बेहद खूबसूरत लग रहा था।

जैसे ही लिमो मंदिर के मुख्य द्वार पर पहुँची, स्वामीजी ने अपने करीबी अनुयायियों को हाथ में फूलों की माला लिये उनके आने की प्रतीक्षा करते देखा। जब स्वामीजी की नजर मंदिर की नेमप्लेट पर पड़ी, तो उन्हें उस पर अपना नाम 'स्वामी हरिहर मंदिर' लिखा हुआ दिखाई दिया। इस पर उन्होंने ड्राइवर से कहा, "गाड़ी के सारे दरवाजे बंद कर दो और मुझे यहाँ से जितनी जल्दी हो सके, उतनी जल्दी वापस वहीं मेरे निवास पर छोड़ दो।"

ड्राइवर ने बिल्कुल वैसा ही किया, जैसा उससे कहा गया और स्वामीजी को वापस उनके निवास पर छोड़ दिया। जब लोगों ने ड्राइवर को स्वामीजी के साथ गाड़ी को वापस ले जाते हुए देखा, तो वे एकदम निराश हो गए। वे स्वामीजी के हृदय-परिवर्तन का कारण नहीं समझ पा रहे थे। आखिर स्वामीजी मंदिर से क्यों चले गए? वहाँ मलेशिया के

भारतीय उच्चायुक्त और कई दूसरे गण्यमान्य व्यक्तियों के साथ शहर के अधिकारी और बहुत सारे टेलीविजन नेटवर्क के कैमरे भी मौजूद थे। इससे आप हमेशा छुपकर सुर्खिया बँटोरनेवाले पेपराजी रिपोटर्स की भी अच्छे से कल्पना कर सकते हैं!

अंततः मुख्य आयोजक ने सबसे कहा कि मंदिर परिसर को छोड़कर न जाएँ, क्योंकि उन्होंने संपूर्ण समुदाय के लिए खाने-पीने की व्यवस्था भी की हुई है। उन्होंने मंदिर से जाने से पहले उन्हें भोजन के लिए आमंत्रित किया। इसी बीच कुछ अनुयायी स्वामीजी से मिलने उनके निवासस्थान पर जा पहुँचे।

वहाँ पहुँचने पर उन्होंने स्वामीजी को अपने आसन पर खुशी-खुशी और मुसकराते हुए बैठा देखा। वे सभी जमीन पर बिछे कारपेट में उनके चरणों के पास ही बैठे गए और स्वामीजी ने उन सभी का अभिवादन किया। उनके अग्रणी नेता ने स्वामीजी से कहा, "आप मंदिर से तुरंत क्यों लौट आए? अगर हमसे कोई चूक या गलती हुई है, तो हमें क्षमा कर दें।"

स्वामीजी ने जवाब दिया, "मैं ऐसे किसी मंदिर में नहीं जाऊँगा, जहाँ सबसे ऊपर मेरा नाम लिखा होगा। अगर तुम चाहते हो कि मैं मंदिर को अभिमंत्रित करूँ और वहाँ आकर रिबन काटूँ तो तुम्हें उसका नाम बदलकर 'राधे-कृष्ण मंदिर' करना होगा।" स्वामीजी ने आगे कहा, "यदि तुम नाम नहीं बदलना चाहते, तब तो उन गायों का दूध भी मैं नहीं पीऊँगा, क्योंकि तब तो वे सब भी मेरी हो जाएँगी।"

लोग स्वामीजी के अहं रहित चेतना के उच्चतम स्तर को देख अवाक् रह गए थे। वह इस बात को लेकर दृढ़ थे कि यदि मंदिर का नाम नहीं बदला गया, तो वह वहाँ नहीं जाएँगे। हालाँकि अभी भी उनके पास पर्याप्त समय था, जिसमें उन्होंने बढ़ई के साथ मिलकर आनन-फानन में 'राधे-कृष्ण मंदिर' नाम का एक अस्थायी साइन बोर्ड तैयार कर लिया। तब उस नेता ने स्वामीजी से मंदिर के मुख्य द्वार का रिबन काट वहाँ का उद्घाटन करने की विनती की।

जब स्वामीजी लिमो में बैठकर वापस लौटे और मंदिर के दरवाजे पर रुके, तो उन्होंने देखा कि उनका नाम वहाँ से हटा दिया गया है और उसके स्थान पर 'राधा-कृष्ण मंदिर' का बोर्ड लगा दिया गया है। वह यह देखकर बहुत खुश हुए। स्वामीजी कार से उतरे और लोगों ने उन्हें उनकी व्हीलचेअर पर बिठाया। उन्हें असंख्य फूलों की मालाओं से लाद दिया गया। उन्होंने मंदिर का रिबन काटा और लोग उन्हें मंदिर के अंदर ले गए।

हर कोई चिल्ला रहा था, "बोलो महाराजजी की जय!"

'बोलो महाराजजी की जय!' के जयघोष से पूरा मंदिर गूँज उठा! स्वामीजी ने मंदिर के उद्घाटन पर एक संक्षिप्त व्याख्यान दिया। वह भगवान् श्रीकृष्ण और राधा को लेकर अपनी भक्ति पर बोले। उन्होंने कहा, "मैंने अपना संपूर्ण जीवन अपने भगवान् की सेवा

की है और मेरे पास जो भी है, उन्हीं का दिया हुआ है। दरअसल उन्हीं का है। इसीलिए मैं अपने मंदिर में नहीं आया, लेकिन अपने प्रीतम भगवान् श्रीकृष्ण के मंदिर में जरूर आऊँगा।"

स्वामीजी ने एक क्षण में लाखों के मंदिर, नाम और शोहरत सबका त्याग कर दिया और इसलिए उनके अनुयायियों को मंदिर का नाम 'राधे-कृष्ण मंदिर' करना पड़ा।

यह किसी भी समर्पित भाववाले भक्त और श्रद्धालु के लिए एक बहुत बड़ी सीख थी। मैं स्वामीजी द्वारा दिखाए विरक्ति और निस्स्वार्थ भाव से द्रवित था। भगवान् श्रीकृष्ण के लिए उनके भक्तिमय हृदय को कोई सांसारिक मोह नहीं भेद पाया। जब उन्होंने सविस्तार मुझे यह कहानी सुनाई तो मेरा जी भर आया और मैं बहुत भावुक हो उठा।

□

7

आध्यात्मिक उपचार और अस्थिप्रसर

अमेरिका में 'ग्यारहवें अंतरराष्ट्रीय गीता सम्मेलन' की योजना बनाने में मदद करने के लिए कैलिफोर्निया की एक भारतीय प्रोफेसर को आमंत्रित किया गया। उन प्रोफेसर ने संस्कृत में बहुत सारी पुस्तकें लिखी थीं और 'भगवद्गीता' के अलग-अलग भाषाओं में अनुवाद भी प्रकाशित किए थे। स्वामी 108 हरिहर महाराजजी भी उस कॉन्फ्रेंस के पूर्व-नियोजित समारोह के लिए मिनियापोलिस जा रहे थे।

जब अमेरिका और उसके आसपास से कई विद्वान् उस पूर्व-नियोजन सत्र के लिए आए, तो मैं भी उस समय वहीं मिनेसोटा के ब्रुकलिन पार्क में रह रहा था। वह मिले-जुले विचारों का सप्ताह था और टीम लीडर को इस अंतरराष्ट्रीय सम्मेलन के लिए विभिन्न पहलुओं को व्यवस्थित करना था। दुनिया भर से बहुत सारे लोग इस सत्र में भाग लेने के साथ-साथ स्वामीजी के दर्शन हेतु भी आए थे। वह आश्रम एक मधुमक्खी के छत्ते जैसा प्रतीत हो रहा था, जिसमें व्याख्यान, जप और भगवद्गीता के पाठ से लेकर बहुत सारी और भी गतिविधियाँ चल रही थीं।

स्वामीजी ने रहने, खाने-पीने, गाड़ी की आवाजाही, विभिन्न विषयों पर व्याख्यान और सम्मेलन की योजना के प्रबंधन एवं आयोजन से जुड़े अलग-अलग काम, अलग-अलग लोगों को सौंप दिए थे। मुझे आज भी याद है, स्वामीजी ने कैलिफोर्निया से आई इस लेखिका और पी-एच.डी. प्रोफेसर को सम्मेलन के मुख्य आयोजकों में से एक बनने के लिए कहा।

मैं अब तक जितने भी आयोजकों से मिला था, वह उनमें सबसे श्रेष्ठ थी। हालाँकि उन्होंने स्वामीजी से कहा, "गुरुदेव, मैं सम्मेलन के लिए योजना बनाने और उसके आयोजन में किसी भी प्रकार की मदद करने में असमर्थ हूँ, क्योंकि मेरे दोनों हाथों और कलाइयों में अस्थिप्रसर (बोन स्पर) है। मुझे बहुत दर्द हो रहा है। यहाँ तक कि मैं कुछ लिखने के लिए अपना पैन भी नहीं उठा पा रही हूँ।"

मैंने स्वामीजी को उसे अपने पास बुलाते हुए देखा। उन्होंने कहा, "अगर तुम्हारे हाथ और कलाइयों से यह अस्थिप्रसर खत्म हो जाए तो क्या तुम इस सम्मेलन की योजना बनाने में मेरी मदद करोगी?"

प्रोफेसर ने कहा, "गुरुदेव, मैं जरूर इस सम्मेलन की योजना बनाने और इसके आयोजन में मदद करूँगी और इसे सफल भी बनाऊँगी। मैं इसके लिए सबकुछ करने को तैयार हूँ।"

फिर मैंने स्वामीजी को आगे झुककर उसके हाथों को थामते देखा। वह सम्मेलन की योजना के बारे में उसके साथ बात करते हुए उसके हाथ और कलाइयों को बेहद ही सामान्य रूप से रगड़ रहे थे। मैंने प्रोफेसर को उनकी व्हीलचेयर के नजदीक आते देखा और जब वह उसके हाथों को रगड़ रहे थे तो वह उनकी बगल में जाकर बैठ गई।

जब स्वामीजी ने उसके हाथों और कलाइयों की मालिश करनी बंद कर दी तो उससे कहा, "अगर तुम्हारे सारे अस्थिप्रसर दूर चले जाएँ तो क्या तुम सम्मेलन की योजना बनाने में मेरी मदद करोगी?"

एक बार फिर प्रोफेसर ने अपनी बात दोहराई और कहा, "गुरुदेव, अगर मैं अपने हाथों और कलाइयों में दर्द हुए बिना अपना पैन पकड़कर लिखने में सक्षम हो पाई तो मैं वादा करती हूँ कि मैं सम्मेलन के आयोजन में और उसे सफल बनाने में आपकी मदद करूँगी।"

उसी क्षण स्वामीजी ने उसके हाथ छोड़ दिए और कहा, "तो अब जाओ, अपना काम करो और सबके साथ मिलकर सम्मेलन में मदद करो, क्योंकि अब तुम्हारी सारी परेशानियाँ ईश्वर देख लेंगे।"

तब प्रोफेसर उनकी व्हीलचेअर के पास खड़ी हो गई, उसने अपने हाथों और कलाइयों को महसूस करते हुए कहा, "ओह! अब मुझे बिल्कुल दर्द नहीं हो रहा है! यह अविश्वसनीय है, मेरा सारा दर्द जा चुका है!"

उसने इस चमत्कार के लिए स्वामीजी का धन्यवाद करते हुए उनके चरणों पर वंदन करना शुरू कर दिया। प्रोफेसर कमरे से बाहर आईं और सम्मेलन के दूसरे आयोजकों और योजनाकारों के साथ अपना अनुभव बाँटने लगी। वह इस अनुभव से बेहद खुश और उत्साहित थी। यह रहस्यवादी घटना उनके और उनके हाथों के लिए एक चमत्कार ही थी, जिसे वह अच्छे से देख पा रही थी। उन्होंने उस सम्मेलन के लिए कार्यक्रम की योजना बनाने और उसे संयोजित करने में पूरी मदद की। इतना ही नहीं, वह उस पूरे पूर्व-नियोजित सप्ताह के दौरान काफी खुश भी थी।

फिर वह प्रोफेसर कैलिफोर्निया वापस चली गईं और अपने डॉक्टर से मिलीं। एक्स-रे कराने के बाद, उन्हें उनके हाथ और कलाईयों में एक भी अस्थिप्रसर नहीं

मिला। डॉक्टर ने उनसे हैरत से पूछा, "अब तुम कौन सी दवाई ले रही हो?"

प्रोफेसर ने जवाब दिया, "यह मेरे पूजनीय गुरुदेव स्वामी 108 हरिहर महाराजजी का आशीर्वाद है, जिनसे मैं मिनेसोटा के ब्रुकलिन पार्क में मिली। उन्होंने धीरे से मेरे दोनों हाथों और कलाइयों की मालिश की और कुछ ही मिनटों में मेरा सारा दर्द चला गया।"

मैं इस रहस्यवादी घटना का साक्षी था और मेरे पास भी इसका कोई तार्किक स्पष्टीकरण नहीं है कि वास्तव में क्या हुआ होगा! मैं बस, इतना जानता हूँ कि प्रोफेसर अपने हाथ और कलाइयों में बेहद दर्द के साथ गीता आश्रम आई थीं और स्वामीजी के स्पर्श मात्र से उसका सारा दर्द छूमंतर हो गया। यह इस बात का संकेत है कि कोई तो सर्वोच्च शक्ति है, जो उस दिन स्वामीजी के साथ मिलकर काम कर रही थी और जिसकी वजह से यह उपचार संभव हो पाया। इतना ही नहीं, उपचारक शक्ति व ऊर्जा ने प्रोफेसर के सभी अस्थिप्रसरों को मिटा दिया था, यहाँ तक कि एक्स-रे कैमरा भी उसके हाथों और कलाइयों में कोई अस्थिप्रसर खोज नहीं पाया।

मैंने कैलिफोर्निया की उस प्रोफेसर से दोबारा इस बात की पुष्टि की और मुझे पता चला कि उन्हें उसके बाद फिर कभी अस्थिप्रसर नहीं हुआ। यहाँ तक कि उन्होंने बाद में बहुत सारी पुस्तकें और लेख भी लिखे।

□

भाग-4

काशी बाबा से जुड़े प्रसंग

बनारस के काशी बाबा
(फोटो साभार—दीदी)

काशी बाबा

मैं काशी बाबा से फ्लोरिडा में वर्ष 2000 में मिला। वह अपने पश्चिम के कुछ शिष्यों से वेनेजुएला और मैक्सिको मिलने आए हुए थे, जो ध्यान और योगाभ्यास करते थे।

काशी बाबा स्वयं बनारस से थे और वहाँ का प्रसिद्ध काशी विश्वनाथ मंदिर उनके पूर्वजों द्वारा बनवाया गया था। बाबा भारत के कई प्रधानमंत्रियों के निजी ज्योतिष और सलाहाकर भी रह चुके थे। उन्होंने भारत में पहला हस्तरेखा-ज्योतिष विद्यालय स्थापित किया और दुनिया भर से बहुत सारे लोगों को वैदिक ज्योतिष में प्रशिक्षण भी दिया।

वर्ष 2001 में मैं महाकुंभ मेले में भाग लेने गया और काशी बाबा से उनके घर पर मिला। वहाँ उन्होंने एक नाविक और कुछ लोगों का बंदोबस्त किया जो मुझे और मेरे दोस्तों को त्रिवेणी संगम की ओर ले गए जहाँ तीनों नदियों का पवित्र संगम होता है। वैदिक ज्योतिष के अनुसार, वर्ष 2001 में आयोजित 144वें महाकुंभ मेले के दौरान गंगाजी में लगभग 7 करोड़ 80 लाख से भी ज्यादा लोग शामिल हुए थे।

काशी बाबा को लोगों की अच्छी परख थी। वह सिर्फ आपका हाथ देखकर आपको आपका पूरा भविष्य बता सकते थे। अधिकतर मामलों में, ऐसा लगता था जैसे वह आपके जीवन का पूरा ब्लूप्रिंट देख रहे हों—इसे केवल वही व्यक्ति समझ सकता था, जिससे वह भविष्यवाणी संबंधित थी। बाबा ने मुझे हमारी पहली मुलाकात में ही एक पुस्तक की तरह पढ़ लिया। उनके हृदय में पश्चिम में बसे भारतीय प्रवासियों के लिए गहन प्रेम था। वह हिमालय के एक सच्चे संन्यासी थे। यहाँ तक कि उनके बहुत सारे विद्यार्थी भी अपने-अपने जीवन में योगी बन चुके थे।

□

1

अंतर्यामी योगी

वर्ष 2000 में बनारस से एक रहस्यवादी योगी फ्लोरिडा में अपने कुछ अनुयायियों से मिलने आए हुए थे। ब्राजील, मैक्सिको, प्यूर्टो रिको, वेस्ट इंडीज, कनाडा और अमेरिका के अन्य हिस्सों से उनके बहुत से दूसरे अनुयायी भी उनके साथ रहने के लिए वहाँ आए हुए थे।

उन्हें 'बाबा' बुलाया जाता था, जिसका अर्थ है, 'एक स्नेहशील पिता'। बाबा भगवान् श्रीराम के बहुत बड़े भक्त थे और आध्यात्मिकता में बेहद अनुशासित भी। उनके पूर्वज एक समृद्ध आध्यात्मिक वंशावली से थे। बाबा शारीरिक रूप से काफी दुबले-पतले और छोटी कद-काठी के थे। बाबा को ज्योतिष विज्ञान, ग्राफोलॉजी, हस्तरेखा और मन पढ़ने में महारत हासिल थे। वह बेहद अलौकिक थे। वह रहस्यवाद में प्रतिभासंपन्न थे, और उन्होंने अपने जीवन में बहुत सारे चमत्कार भी किए थे। वह दूर से ही एक व्यक्ति के विचार पढ़ सकते थे। बाबा बहुत ही शांत स्वभाव के थे, कोई उन्हें देखकर यह नहीं कह सकता था कि वह सामनेवाले के बारे में सबकुछ जानते थे।

जब बाबा फ्लोरिडा आए तो मुझे भी उनसे मिलने के लिए आमंत्रित किया गया। मैं वहाँ उनसे और उनके साथ आए दूसरे योगियों से मिला। मुझे उनसे मिलकर और उनके साथ समय बिताकर बहुत खुशी हुई। यह मेरे लिए एक बहुत बड़ा अवसर था। मैंने कुछ और लोगों के साथ मिलकर बाबा के लिए एक मानद सत्र का आयोजन करने का विचार किया, जहाँ वह एक बहुत बड़े जनसमूह के सामने व्याख्यान दे सकें और संपूर्ण समुदाय को उनका आशीर्वाद मिल सके। हमने प्रवचन के अंत में उनका बड़े ही भव्य रूप में सम्मान करने की योजना बनाई। हमारे पास संपूर्ण समारोह का बंदोबस्त करने के लिए बस, कुछ ही दिन शेष थे।

हमने बाबा के कुछ शिष्यों को इकट्ठा किया और उन्हें बताया कि हम बाबा को एक सुंदर सी सोने की चेन और लॉकेट भेंट करने की योजना बना रहे हैं। मैंने

डिज्नीलैंड के मैनेजर से अनुरोध किया कि वह जाकर उनके लिए अच्छी से अच्छी चेन और लॉकेट खरीदकर लाएँ। फिर हमने 18 छोटे लड़कों को इकट्ठा किया और उन्हें संन्यासी के गेरुए रंग के वस्त्रों में तैयार किया। इन बच्चों ने बाबा को फूलों की माला पहनाई, उनकी आरती उतारी और चरण स्पर्श किए। हमने सोचा कि समुदाय के मुख्य पुजारी को ही सम्मानस्वरूप बाबा को सोने की चैन और लॉकेट भेंट करनी चाहिए। यह बाबा का अभिवादन करने और उनका आशीर्वाद प्राप्त करने का एक तरीका था। वह पूरा कार्यक्रम बहुत ही आनंददायी था और हम सभी ने बाबा का आशीर्वाद प्राप्त किया।

जब मैं बाबाजी के चरण स्पर्श करने गया तो बाबा ने कहा, "सोने की चेन का बंदोबस्त करने के लिए धन्यवाद।"

उसी दौरान, बाद में, मैंने कनाडा में भी बाबा के लिए एक व्याख्यान का आयोजन किया। फ्लोरिडा से बहुत सारे लोग आयोजन से पहले ही उसकी तैयारी में मदद करने आ चुके थे, जबकि अन्य लोग बाबा की हवाईजहाज की टिकट और वीजा लेने के लिए उनके साथ ही रूके थे। उन्होंने बाबा के लिए कनाडा का वीजा लेने की कोशिश की, लेकिन वीजा खारिज कर दिया गया।

कनाडाई राजदूत ने कहा, "उन्हें कनाडा के लिए अपना वीजा केवल उसी देश से मिल सकता है, जहाँ से उनकी उड़ान की शुरुआत हुई थी।"

हमारे पास बस, दो ही दिन बचे थे और इस बीच कनाडा के रेडियो, स्थानीय समाचार-पत्रों और टेलीविजन प्रोग्राम में उनके आने का बार-बार इश्तिहार भी प्रसारित हो रहा था। हमें समारोह के लिए 800 से भी ज्यादा लोगों के आने की उम्मीद थी, लेकिन यहाँ बाबा को उनका वीजा ही नहीं मिल पा रहा था।

मैंने कनाडा से बाबा को फोन किया और उन्हें अपने पासपोर्ट और टिकट की एक कॉपी मेरे कनाडा वाले नंबर पर फैक्स करने को कहा, जहाँ मैं उस वक्त ठहरा हुआ था। मैं उनके वह सारे डॉक्सूमेंट कनाडा स्थित भारतीय वाणिज्य दूतावास में ले जाना चाहता था। फ्लोरिडावाले घर का मकान मालिक जहाँ बाबा रह रहे थे, वह भी उस समय कनाडा में ही था। उसने एक मैक्सिकन डॉक्टर को फोन किया, जो उस समय बाबा के साथ रह रहे थे, "हमें बाबा के यात्रा संबंधी सभी डॉक्यूमेंट अभी के अभी कनाडा फैक्स करो। घर की फैक्स मशीन काम नहीं कर रही है और न ही उसमें अंतर्देशीय कनेक्शन है कि उससे कनाडा के लिए फैक्स किया जा सके। तुम बाबा के सारे डाक्यूमेंट लो और पास के एक मॉल में जाओ। वहाँ से हमें डॉक्यूमेंट अभी फैक्स करो।"

हमने थोड़ी देर इंतजार किया, लेकिन फैक्स नहीं मिला। मैंने फिर से फ्लोरिडा

फोन किया और मैक्सिकन डॉक्टर से पूछा कि क्या उसने बाबा के डॉक्यूमेंट फैक्स कर दिए?

मैक्सिकन डॉक्टर ने कहा, "बाबा ने तुरंत ही सारे डॉक्यूमेंट घर की फैक्स मशीन से फैक्स कर दिए थे।"

मैंने कहा, "लेकिन घर की फैक्स मशीन काम नहीं कर रही है और उसमें तो कनाडा फैक्स किया जा सके, ऐसा कनेक्शन भी नहीं है।" मैंने फोन काट दिया और दूसरे कमरे में फैक्स मशीन के पास चला गया। वहाँ मैं क्या देखता हूँ कि बाबा के सभी कागजों की एक फैक्स कॉपी पड़ी हुई थी।

हम सब यह देखकर हैरान रह गए। मैंने प्रिंटेड पृष्ठों के शीर्ष पर अंकित फैक्स नंबर को देखा और पाया कि उसमें कनाडा का फैक्स नंबर तो प्राप्त संख्या के तौर पर छपा हुआ था, लेकिन प्रेषक यानी भेजनेवाली फैक्स संख्या दो फूलों के रूप में दिखाई दी।

मैक्सिकन डॉक्टर को फोन करने पर उसने कहा, "वे अभी तक मॉल नहीं गए।" मैंने कहा, "परेशान मत हो, हमें फैक्स मिल चुका है।" मैंने फैक्स किए हुए मूल डॉक्यूमेंट को एक फोल्डर में रखा और दूतावास के लिए उनकी एक कॉपी तैयार की। लेकिन बाद में वो मूल डॉक्यूमेंट मेरी फाइल से गायब हो गए।

मुझे जल्द ही बाबा के साथ एक बहुत ही रोमांचक और पथप्रदर्शक अनुभव प्राप्त हुआ। बाबा हवाईजहाज से अपने वीजा के लिए फ्लोरिडा से न्यूयॉर्क के बफेलो जा रहे थे और मैं उनसे बफेलो में मिलने के लिए मिसिसॉगा से गाड़ी चलाकर जा रहा था। उनका वीजा मिलने में अभी एक दिन और लगने वाला था, इसलिए हमने रात भर के लिए एक होटल में रुकने का सोचा।

उस रात मुझे टोरंटो में एक रेडियो उद्घोषक और उसके परिवार के साथ रात्रिभोज पर जाना था। उन्होंने भोजन तैयार किया। वे मुझसे मिलना चाहते थे, ताकि मैं उनके छोटे बच्चे को आशीर्वाद दे सकूँ। मैंने बाबा को बताया कि मैं रात्रि भोज के लिए जाना चाहूँगा और अगली सुबह जल्दी आ जाऊँगा। मुझे वहाँ जाने-जाने में 2-3 घंटे लगेंगे। बाबा ने मुझे आज्ञा दे दी। जब मैं शाम के 6 बजे अपने रात्रिभोज के लिए टोरंटो पहुँचा तो मुझे पता चला कि उन्होंने भोजन स्थल बदल दिया है। मैंने कपड़े बदले और अपने पुजारीवाले कपड़े पहनकर तैयार हो गया। फिर मुझे रात्रिभोज के स्थान पर ले जाया गया।

मैं रेडियो उद्घोषक और उसके पूरे परिवार से मिला और उन सबसे मिलकर मुझे बहुत खुशी हुई। हम भोजन की मेज के पास इकट्ठा हुए और मैंने भोजन से पहले की जाने वाली प्रार्थना बोली।

अपनी उँगलियों से भोजन का स्पर्श करने के बाद मैंने मेजबान से कहा, "यह भोजन एक पुजारी के खाने के लिए अशुद्ध है।"

उन्होंने कहा, "हमारे पास सारा भोजन बनाने का समय नहीं था, तो हम कुछ चीजें रेस्तराँ से ले आए।"

मैंने आगे कहा, "यह भोजन रेस्तराँ के मांसाहार से दूषित है और तुम्हें एक पुजारी को ऐसा भोजन परोसने के लिए पाप चढ़ेगा।" मैंने कहा, "मुझे इसमें से थोड़ा खाकर तुम्हारे बनने वाले अशुभ कर्मों को नष्ट करना पड़ेगा।"

रात्रिभोज के बाद, हमने कुछ देर बात की और फिर मैं बफेलो न लौटकर बीच में मिसिसॉगा में ही सो गया। सुबह के 3.00 बजे मुझे पेट में तेज दर्द उठा और उसी के साथ दस्त व उल्टियाँ भी हुईं। इसके बाद मेरी आँख लग गई और फिर मैं लगभग सुबह के 7 बजे ही उठ पाया। मैं एक व्यक्ति को लेकर तुरंत बफेलो की ओर निकला। वैसे भी सुबह के समय बहुत ज्यादा ट्रेफिक होता है।

जब हम बफेलो पहुँचे तो बाबा एंबेसी के लिए निकल चुके थे और कुछ दूसरे अनुयायियों की मदद से उन्हें उनका वीजा मिल गया, जो वहाँ उनसे मिलने आए हुए थे। मैं वहाँ तब पहुँचा, जब बाबा उन लोगों के साथ अपनी बारी की प्रतीक्षा कर रहे थे। वीजा लेने के बाद, हम सभी होटल चैक-आउट करने के लिए वापस लौटे।

बाबा ने मुझसे पूछा, "पिछली रात की तुम्हारी मुलाकात कैसी रही?"

मैंने कहा, "हाँ, बाबा, ठीक ही थी।"

बाबा ने मेरी आँखों में झाँका और कहा, "संत, तुम्हें उन लोगों की भावनाओं को चोट नहीं पहुँचाना चाहिए था। तुमने उनसे क्यों कहा कि वह भोजन एक पुजारी के खाने के लिए अशुद्ध है? चूँकि तुम जानते थे कि भोजन शुद्ध नहीं है, तुम केवल एक गिलास पानी का अनुरोध कर सकते थे।" बाबा ने आगे कहा, "तुम्हें उन्हें यह बताने की क्या जरूरत थी कि तुम्हें उनके अशुभ कर्मों का नाश करना होगा? यह अहंकार है। और इसीलिए तुम्हारे पेट में दर्द उठा, तुम्हें पूरी रात दस्त और उलटियाँ हुईं और इसी की वजह से तुम एंबेसी में मुलाकात के समय से चूक गए। तुम्हारे जैसे आध्यात्मिक पुरुष को इसकी बजाय, उन्हें स्नेह और प्रेम देना चाहिए था, क्योंकि तुम इन बातों को गहराई से समझते हो।"

मैंने बाबा के समक्ष खेद प्रकट किया और उनसे क्षमा माँगी। बाबा ने मेरे शरीर की शुद्धि के लिए मुझे अपने भोजन में से कुछ निवाले दिए। जब हमसे कुछ गलती होती है तो गुरु हम पर क्रोध करता है, लेकिन फिर उतने ही प्यार से हमें क्षमा भी कर देता है। मैंने उस रात फिर से सोचना आरंभ किया और यह सोचकर हैरान रह गया कि बाबा को सबकुछ कैसे पता चल गया!

उनका हू-ब-हू मेरे शब्दों, कर्म पर मेरी टिप्पणी को दोहराना और यह देख पाना कि मैं क्या कर रहा था, भोजन की परिस्थिति और मेरी बीमारी—इसका मतलब यह था कि उस रात मैंने जो कुछ भी किया, बाबा वो सब देख रहे थे। मैं सोच में पड़ गया। क्या यही सुदूर दर्शन है? मुझे उम्मीद है कि किसी दिन मैं भी यह विज्ञान सीख पाऊँगा।

□

मुझे याद है, वह 14 सितंबर का दिन था। यह मेरे जन्मदिवस से एक दिन पहले की बात है। मैं बाबा के कुछ अनुयायियों के साथ फ्लोरिडा में था। इसी साल 'हरिकेन एंड्रयू' नाम का एक तूफान फ्लोरिडा आ रहा था, जिसकी वजह से लोगों ने पूरा शहर खाली कर दिया। पहली बार डिज्नीलैंड को बंद किया गया। सब सुरक्षित स्थान की तलाश में फ्लोरिडा से दूर निकल गए। लोगों ने अपने-अपने घरों को बोर्ड-अप (यह एक प्रक्रिया है, जिसमें तूफान इत्यादि से घर को बचाने के लिए घर के दरवाजों और खिड़कियों पर लकड़ी के तख्ते लगाए जाते हैं) किया और वहाँ से चले गए। उस दिन हम सब एक सत्संग से आ रहे थे और समझ नहीं पाए कि हमारे सारे के सारे पड़ोसी जा चुके हैं।

किसी ने टीवी चलाया और देखा कि एक बहुत बड़ा तूफान फ्लोरिडा आ रहा है। 'हरिकेन एंड्रयू' अब तक का सबसे बड़ा तूफान था। यह अभी भी समुद्र में ही था और हम डिज्नीलैंड के पास इसके मार्ग में थे। हमारे पास घर को बोर्ड-अप करने और वहाँ से निकलने में एक घंटे से भी कम समय बचा था। हम टीवी पर तूफान के दायरे को देख रहे थे, जिसमें 120 मील प्रति घंटे की रफ्तार से हवाएँ चल रही थीं। तभी घर में से किसी ने बाबा को भारत फोन किया और उनसे कहा कि हम बहुत बड़े खतरे में हैं। यहाँ एक घंटे में एक बहुत बड़ा तूफान आनेवाला है।

मैं फोन के लाउडस्पीकर पर उनके बीच होनेवाली बातचीत सुन रहा था। मैंने बाबा को कहते सुना, "हरिकेन एंड्रयू फ्लोरिडा नहीं आएगा। यह पूर्वी तट की तरफ मुड़ जाएगा। तुम सबको घबराने की जरूरत नहीं है। तुम्हारे बीच बहुत सारे योगी हैं, तुम मौसम से मत घबराओ। वायुदेव से प्रार्थना करो और सबकुछ ठीक हो जाएगा।"

हममें से कुछ लोग बैठें और प्रार्थना करने लगे और तभी हमने टीवी पर देखा कि 'हरिकेन एंड्रयू' पूर्वी तट की ओर मुड़ गया। मौसम विशेषज्ञ ने जब हवाओं को अपनी दिशा बदलकर पूर्व की तरफ जाते देखा तो वह हैरान रह गए। मुझे भी उसी रात मिनियापोलिस वापस जाना था। मैंने डिज्नीलैंड के प्रबंधक से पूछा कि क्या वह मुझे हवाईअड्डा छोड़ सकते हैं?

मैं भाग्यशाली था कि मिनियापोलिस वापस जाने के लिए मुझे विमान मिल गया और यह भी कि 'हरिकेन एंड्रयू' ने फ्लोरिडा में कोई विनाश नहीं किया। बाबा ने हमें

बचा लिया। क्या वही थे, जिन्होंने हवाओं का रुख मोड़ा? हवाईजहाज पर बैठकर मैं बाबा के भगवान् श्रीराम से संबंध पर आश्चर्य कर रहा था। प्रभु श्रीराम के सबसे बड़े भक्त पवनपुत्र हनुमान ही थे। वायुदेव से उनका संबंध समझा जा सकता है।

बाबा का अपनी गूढ़ शक्तियों से 'हरिकेन एंड्रयू' की दिशा तक बदल देना एक बड़ी भारी घटना थी। मेरे लिए बाबा की अमेरिका और कनाडा की यात्रा के दौरान उनके साथ रहना एक अद्वितीय अनुभव था। वर्ष 2001 में, मैं उनसे भारत मिलने गया। मुझे वहाँ उनके साथ और भी बहुत सारे रहस्यमयी अनुभव प्राप्त हुए।

□

2

पुनर्जन्म-2

बड़े ही अचरज की बात है, मुझे अपने ही परिवार में पुनर्जन्म का एक और अनुभव प्राप्त हुआ। यह वर्ष 2001 की बात है। मेरे एक मित्र ने मुझे उसके दो और मित्रों के साथ भारत-यात्रा का निमंत्रण दिया। हम वहाँ डेढ़ महीना रहे और सारा खर्च भी उस मित्र ने ही उठाया। इस दौरान जनवरी माह में हम बनारस के महाकुंभ में भी शामिल हुए।

बनारस पहुँचते ही मैं सीधा काशी बाबा से मिला। वह अन्य साधुओं के साथ मेरे आने की राह देख रहे थे। मैंने जैसे ही उनके चरण स्पर्श किए, उन्होंने मुझे कसकर गले लगा लिया और मेरी आँखों में देखा व कहा, "इस बार मैं तुम्हारे परिवार में वापस आ रहा हूँ।"

मुझे कुछ समझ नहीं आया कि मैं उनसे क्या कहूँ? मैंने जवाब दिया, "बाबा आपका मेरे परिवार में हमेशा स्वागत है और आप जब भी मिनियापोलिस आएँगे, मेरे साथ हमारे घर में ही रहेंगे।" हालाँकि उनके कहने का यह अभिप्राय नहीं था, लेकिन मैंने इसका यही अर्थ निकाला।

उन्होंने हमें साधु-भोज परोसा और फिर हमने कुछ देर विश्राम किया। अगली रात हम प्रयागराज के लिए निकले। यह गंगा नदी का मुख्य तीर्थस्थल है। हम काशी बाबा के परिवार और कुछ अन्य अनुयायियों के साथ दिन और रात पैदल चलते हुए सुबह के लगभग 4.00 बजे घाट पर पहुँचे, जहाँ सभी योगियों को मौनी अमावस्या के पवित्र स्नान के लिए आमंत्रित किया गया था।

स्नान के बाद हम वापस काशी बाबा के घर लौट आए। हमने बनारस में एक दिन और बिताया और काशी बाबा से विदाई लेते हुए सारनाथ के लिए निकल पड़े, जहाँ भगवान् बुद्ध को आत्मबोध प्राप्त हुआ था। काशी बाबा का घर छोड़ने से पहले उन्होंने एक बार फिर मुझे जोर से गले लगाया और कहा, "इस बार मैं तुम्हारे परिवार में वापस आ रहा हूँ।" उन्होंने फिर मेरी आँखों में देखा।

अब मैं थोड़ा असमंजस में पड़ गया। मैंने कहा, "ओके बाबा, आपका मेरे परिवार में स्वागत है।" फिर हम सारनाथ के लिए निकल गए।

डेढ़ माह लंबे तीर्थ के दौरान मुझे बहुत सारी जगहों पर जाने का सौभाग्य प्राप्त हुआ, जैसे प्रयागराज, हरिद्वार, ऋषिकेश, मथुरा, अयोध्या, वृंदावन, आगरा, कानपुर, मायापुरी, वाराणसी, देहरादून, सारनाथ, चित्रकूट और हस्तिनापुर (दिल्ली)। फिर मैं अमेरिका वापस आ गया।

पाँच महीने बाद मुझे खबर मिली कि काशी बाबा ने अपनी देह त्याग दी है। और उसके डेढ़ साल बाद, वर्ष 2003 में मैंने सात रातों तक लगातार काशी बाबा को अपने सपनों में देखा। वह आकाश में उड़ रहे थे। उनका आकार अँगूठे के समान छोटा था और वह मेरी पत्नी के गर्भ में प्रवेश करने का प्रयास कर रहे थे। इसी बीच मेरी पत्नी पाँच माह की गर्भवती हुई, लेकिन हम दोनों ही इस बात से अनजान थे, क्योंकि हमें उसके गर्भवती होने का कोई संकेत ही नहीं मिला।

एक ज्योतिष मेरे बच्चों की कुंडली पढ़ रहे थे। उन्होंने मुझे बताया कि इनका सबसे छोटा भाई बहुत ही प्रतिभाशाली और बुद्धिमान होगा। उस समय मेरी छोटी बेटी की उम्र नौ साल थी। मैंने यह सब सुना और अपनी पत्नी को डॉक्टर के पास जाँच के लिए ले गया, जहाँ हमें उसके पाँच माह के गर्भवती होने का पता चला। यह हमारे परिवार के लिए एक बहुत बड़ा झटका था। मैं स्वयं को अत्यंत दीन और अपमानित महसूस कर रहा था।

मैंने सोचा, "एक ओर तो मैं संन्यासी बनने की शिक्षा ले रहा था और उधर पिता बनने के समाचार ने मुझे वापस संसार में खींच लिया!" मैं बहुत परेशान था कि अब क्या करूँ?

हमने बच्चे के इस दुनिया में आने का इंतजार किया। प्रिमेटोलॉजिस्ट ने हमें सूचित किया कि बच्चे की जन्म की संभावित तारीख 22 फरवरी, 2004 हो सकती है। उसके बड़े भाई का जन्म भी 22 फरवरी, 1986 को हुआ था। हमें लगा कि यह कितना विचित्र संजोग है कि दोनों भाइयों का जन्मदिन एक ही दिन आएगा, लेकिन बच्चे का जन्म एक माह पहले 21 जनवरी, 2004 को ही हो गया। यह अमावस्या का दिन था।

मैं बच्चे के जन्म के बाद से अस्पताल में ही था और तभी मुझे कोलोरोडा से एक स्वामीजी का फोन आया, जो वहाँ यात्रा पर थे। स्वामीजी ने मेरे मोबाइल पर फोन किया और पूछा, "संत तुम कहाँ हो?"

मैंने जवाब दिया, "मैं मिनियापोलिस के रॉबिंसडेल अस्पताल में हूँ और मेरी पत्नी ने बस, अभी-अभी हमारे बच्चे को जन्म दिया है।"

उन्होंने कहा, "मैं तुमसे मिलने आ रहा हूँ। अस्पताल का पता क्या है?" मैंने उन्हें

पता बताया और फोन पर ही रोने लगा।

उन्होंने कहा, "संत, तुम्हें क्या हुआ?"

मैंने कहा, "बाबा, मुझे खुद पर बहुत शर्म आ रही है। मैं आपके साथ संन्यासी बनने का प्रशिक्षण ले रहा था और फिर से पिता बनकर वापस संसार में उतर आया हूँ!"

तब हिमालय के उस स्वामी ने कहा, "क्या उन्होंने तुमसे नहीं कहा था कि इस बार वह तुम्हारे परिवार में वापस लौटेंगे?"

मैंने कहा, "हाँ!" और अचानक मुझे बाबा के शब्द याद हो आए।

मुझे हैरानी हुई और मैंने स्वयं से पूछा, "इस योगी को कैसे पता चला कि काशी बाबा ने मुझसे वर्ष 2001 में क्या कहा था?" क्योंकि बच्चे का जन्म समय से एक महीने पहले हुआ था, इसलिए वह बहुत कमजोर था। उसका कुल वजन मात्र 1 किलो 275 ग्राम था। परिणामस्वरूप उसे 37 दिनों के लिए NICU (इंटेनसिव केअर) में रखा गया था। उस समय मेरे पास न तो कोई बीमा था, न कोई नौकरी और न ही बहुत सारे पैसे। NICU में रोजमर्रा की चिकित्सीय देखभाल की फीस $4,200 थी।

स्वामीजी उस रात अस्पताल आए और मैं उन्हें वार्ड के अंदर ले गया। मैंने देखा कि स्वामीजी ने उस छोटे से बच्चे को अपनी गोद में उठाया और फिर उसे लेकर एक रॉकिंग चेअर पर बैठ गए। उन्होंने तीन घंटे तक संस्कृत में मंत्रोजाप किया।

फिर उन्होंने कहा, "संत, तुम धन्य हो कि उन्होंने तुम्हारे परिवार में आने का निर्णय लिया। तुम्हें उन्हें उनका पुराना नाम नहीं देना चाहिए, इसके स्थान पर तुम उन्हें 'केशव मुनि' बुला सकते हो।" मैंने उनकी बात से सहमति जताई और फिर उनसे पूछा। "बाबा, मैं अस्पताल का इतना बड़ा बिल कैसे चुकाऊँगा?"

उन्होंने कहा, "घबराओ मत, योगी इस दुनिया में अपनी आध्यात्मिक शक्तियों के साथ ही लौटते हैं।" 37 दिनों बाद मेरे पास $155,400 का बिल आया। उस समय मेरे पास इस बिल का भुगतान करने का कोई रास्ता नहीं था। मैं पैसा जमा कराने के लिए अपना घर बेचने को तैयार हो गया। फिर अस्पताल से छुट्टी वाले दिन एक अमेरिकी बुजुर्ग महिला मेरे पास आई और मुझसे पूछा—

"क्या तुम इस बच्चे के पिता हो?"

मैंने कहा, "हाँ मैम।"

उसने कहा, "तुम्हें घबराने की जरूरत नहीं है। तुम्हारा सारा बिल भर दिया जाएगा।"

उसने मुझे एक फार्म पर हस्ताक्षर करने को कहा, जिसमें अस्पताल का किसी भी तरह का कोई शुल्क नहीं था। मैं अचंभित और कृतज्ञ था। बच्चे के अस्पताल से निकलने के ठीक पहले, हिमालय के एक और योगी ने मुझे मोबाइल पर फोन किया।

उन्होंने कहा, "संतजी, बालक कैसा है?"

मैंने कहा, "स्वामीजी, बच्चा बहुत छोटा है।"

इस पर स्वामीजी ने कहा, "वह अपने पिछले जन्म में भी तो बहुत छोटे कद के थे, लेकिन इस जन्म में उन्होंने तुम्हारे परिवार में आने का फैसला किया है। पुनर्जन्म पर जो अनुभव तुम्हें प्राप्त हो रहा है, वो क्या किसी पी-एच.डी. शोध-निबंध से कम है!"

मैं अपने दोनों छोटे बच्चों के साथ पुनर्जन्म के विज्ञान का अनुभव करके धन्य हो गया। मेरे लिए यह विज्ञान यर्थाथ पर टिका हुआ अत्यंत गहन और साक्षात्दर्शी है। मुझे हिमालय के योगियों के साहचर्य में अध्ययन करने का सौभाग्य प्राप्त हुआ और साथ ही उनके आशीर्वाद व रहस्यमयी क्षमताओं का अनुभव भी प्राप्त हुआ।

विस्कॉन्सिन में संत परिवार

(फोटो साभार—धनंजय रामसमूज)

□

3

गुरु द्वारा अग्नि परीक्षा

बनारस में जनसाधारण अनेक रहस्यमयी घटनाओं को नित्य होते देखते हैं। और इसीलिए यह कहा जा सकता है कि बनारस रहस्यवादियों के लिए विश्व की राजधानी है और यहाँ लोग आत्मज्ञान की खोज में आते हैं। इसे दुनिया की सबसे प्राचीन आध्यात्मिक नगरी के रूप में जाना जाता है, जहाँ महान् से महान् और दिव्य से दिव्य महापुरुष भी तीर्थयात्रा पर जरूर जाता है।

मैं मुक्ति-धाम बनारस में, जैसा कि मैंने पूर्व में बताया, वर्ष 2001 के महाकुंभ के अवसर पर गया था। मेरे बहुत प्रिय कृपालु काशी बाबा के पास ही मैं बनारस में ठहरा हुआ था। यह शहर एक जीवंत ईश्वर के समान महसूस होता है। यहाँ लाखों लोग आते हैं और दिन-रात चहल-पहल देखी जा सकती है। लगभग हर समय लोगों का हुजूम उमड़ता दिखाई देता है। यहाँ का काशी विश्वनाथ मंदिर विश्व का प्राचीनतम मंदिर है और सदियों से यहाँ लोग अपने उद्धार के लिए आते हैं।

काशी बाबा को भजन-कीर्तन करना काफी पसंद था और उन्होंने अपने घर में ही एक मंदिर बनवाया था, जहाँ श्रद्धालु प्रत्येक शाम उनके साथ आरती करने आते थे। उनके पास भगवान् के नाम का एक बैंक था। वह लोगों को भगवान् राम का नाम लिखने के लिए प्रोत्साहित करते, जिन्हें बाद में, वह अपने ही घर में एक बड़े से बैग में सील करके जमा कर लेते थे। वह इसे 'राम रामापति बैंक' कहते थे।

जिस तरह एक बैंक में जमा कराई राशि पर ब्याज मिलता है, उसी तरह प्रभु की नाम-राशि जमा करने पर भी ब्याज मिलना ही चाहिए और मिलता भी है। मैंने भी 'राम, राम, राम, राम, राम, राम, राम और राम' नाम से कई पृष्ठ लिखे।

जब मैं बनारस गया तो मैंने देखा कि वहाँ के लोग काफी सुसंस्कृत, प्रबुद्ध और जागरूक हैं। वहाँ का प्रत्येक व्यक्ति गाय, कुत्ते और बंदर आदि जानवरों का भी सम्मान करता है। यहाँ तक कि वहाँ भिखारियों तक को भोजन और उपहार भेंट किए जाते हैं।

मुझे विस्कॉन्सिन या मिनेसोटा में ऐसा रोज-रोज देखने को नहीं मिलता। भारत के लोगों की सहिष्णुता आश्चर्यजनक हैं। उनकी आस्था और भक्ति का अभिप्राय प्रत्येक प्राणी में विद्यमान भगवान् की सेवा करना है। आप कह सकते हैं कि उन लोगों के संस्कार ही ऐसे हैं, जहाँ वे अपने समाज में सभी प्राणियों को महत्त्व देते हैं।

ऐसे आध्यात्मिक समुदायो में आत्मबोध की अवस्था को प्राप्त करने के लिए अतिशय आत्मानुशासन की आवश्यकता पड़ती है। मुझे याद है कि वाराणसी के काशी बाबा ने मुझे अपना एक अनुभव सुनाया था कि कैसे उनके गुरु ने उनकी और अन्य दूसरे विद्यार्थियों की परीक्षा ली थी! बाबा के गुरुदेव मेरे लिए महागुरु हैं। शिष्य के अहंकार का नाश करने के लिए एक समर्थ गुरु अपने शिष्यों की कठोर से कठोर परीक्षा लेने से भी नहीं चूकता है।

एक दिन काशी बाबा और कुछ दूसरे नए शिष्य महागुरु के साथ गंगा नदी के तट पर सुबह के स्नान के लिए गए। महागुरु उन सबको नदी पर छोड़कर आश्रम की तरफ चले गए, जोकि एक पहाड़ पर बना हुआ था। जब तक काशी बाबा और अन्य शिष्यों ने अपना स्नान पूरा किया, महागुरु आश्रम के लिए अपने मार्ग पर काफी आगे निकल चुके थे।

जब शिष्य भी स्नान करके आश्रम के लिए वापस लौट रहे थे तो उन्होंने मार्ग में एक मछुआरे को सींक पर मछलियों को भूनते देखा। उस मछुआरे ने शिष्यों से पूछा, "क्या तुम मछली चखना चाहोगे? तुम्हारे गुरु ने भी पर्वत की ओर जाने से पूर्व इसे चखा है।"

काशी बाबा और अन्य दूसरे शिष्य यह सुनकर अचंभित थे और आश्चर्य में एक-दूसरे को देखने लगे। मछुआरा बातों से सच्चा जान पड़ रहा था।

उसने कहा, "मछली खाने में कोई बुराई नहीं है, कुछ गलत नहीं है, क्योंकि तुम्हारे गुरुदेव तो जब भी इस रास्ते से गुजरते हैं, इसे जरूर खाते हैं।"

कुछ शिष्यों ने कहा, "यदि गुरुदेव भुनी हुई मछली खा सकते हैं तो हम भी इसका स्वाद ले सकते हैं।" काशी बाबा को छोड़कर सभी विद्यार्थियों ने मछली खा ली।

शिष्य जब आश्रम पहुँचे, महागुरु ने सबसे पूछा, "तुममें से किस-किस ने मछली खाई?" काशी बाबा को छोड़कर सभी ने 'हाँ' में प्रतिक्रिया दी।

महागुरु ने कहा, "जब तुम सब शाकाहारी हो तो मछली क्यों खाई?"

शिष्यों ने जवाब दिया, "मछुआरे ने हमें बताया कि आप जब भी उस रास्ते से गुजरते हैं, मछली खाते हैं।"

महागुरु ने कहा, "मुझसे पूछे बिना तुमने मछुआरे का विश्वास कैसे कर लिया? क्या तुम्हें अपने गुरु पर विश्वास नहीं है?"

शिष्य खामोश थे।

महागुरु ने काशी बाबा को आँगन में एक गड्डा खोदने और उसे पानी से भरने का

आदेश दिया। जब वह गड्ढा पानी से भर गया, तो महागुरु ने अपने उन सभी शिष्यों को एक साथ आँगन में बुलाया, जिन्होंने मछली खाई थी।

उन्होंने कहा, "क्योंकि तुमने इस बात पर विश्वास किया कि मैंने मछली खाई है तो अब तुम भी वही करो, जो मैं कर सकता हूँ।"

महागुरु ने तीन जिंदा मछलियाँ पानी में उगल दीं। महागुरु ने कहा, "अब तुम्हारी बारी है। अब तुम्हें भी जिंदा मछलियाँ उगलनी हैं।"

जिन शिष्यों ने मछलियाँ खाई थीं, वे जिंदा तो क्या, मरी हुई मछली भी नहीं उगल पा रहे थे। शिष्यों को अपने व्यवहार पर बहुत ही शर्म आई और उन्होंने अपने गुरु के चरणों पर गिरकर उनसे क्षमा माँगी। महागुरु ने कहा, "अब से तुम वो सब नहीं करोगे, जो तुम्हारा गुरु करता है, बल्कि तुम्हें सिर्फ वो करना है, जो तुम्हारा गुरु तुमसे करने को कहता है।"

महागुरु ने अपने प्रत्येक शिष्य को उनके शरीर की शुद्धि हेतु मिठाई का एक-एक टुकड़ा दिया।

जब आप अपने गुरु को निराश करते हैं, तो यह बहुत शर्मिंदगी की बात होती है। सभी शिष्यों को समय-समय पर अपने गुरु द्वारा दी गई परीक्षा से गुजरना ही पड़ता है। कुछ इसमें असफल हो जाते हैं, तो कुछ सफल। महागुरु एक बहुत ही करुणामयी और स्नेहशील गुरु थे और उनके सभी अनुभव अत्यंत सजीव व जीवन-परिवर्तनकारी थे।

(भारत के ऋषिकेश में स्वामी राम के आश्रम के सामने
संत धर्मानंद गंगा नदी के किनारे ध्यान करते हुए) *(फोटो साभार—एलेक्स बेंजामिन)*

□

भाग-5

स्वामी हरिहरनंद भारती के प्रसंग

स्वामी हरिहरनंद भारती *(तसवीर सौजन्य—दीदी)*

स्वामी हरिहरनंद भारती

मैं स्वामी हरिहरनंद भारती से संजोगवश वर्ष 2000 में मिला। यह तीसरे भाग में वर्णित पूजनीय गुरु, 'स्वामी श्री 108 हरिहर महाराजजी' से अलग स्वामी हैं। स्वामी हरिहरनंद भारती हिमालय के ताड़केश्वर पर्वत से थे। इन्हें आमतौर पर 'लॉफिंग बाबा' के रूप में जाना जाता था और प्यार से 'स्वामी हरि' भी कहकर बुलाया जाता था। जब स्वामी हरि पहली बार अमेरिका आए तो स्वर्गीय श्री होर्सट रेचलबैकर के घर ठहरे। श्री होर्सट ओसेओला विस्कॉन्सिन स्थित एवेदा कॉरपोरेशन के संस्थापक थे।

मुझे स्वामी हरि के किसी आगंतुक मेहमान का फोन आया। वह आवाज काफी जानी-पहचानी लग रही थी, जैसे किसी मित्र की हो! उसने कहा, "संत, मैं तुम्हें एक हिमालयी संन्यासी की तरफ से फोन कर रहा हूँ, जो तुमसे मिलना चाहते हैं। उन्होंने मुझे तुम्हारा नाम और फोन नंबर दिया। वह तुम्हें हिमालय से जानते हैं और एक अलग ही नाम से पुकार रहे थे।" यह नाम एकदम अलग था, जिसे मैंने भी पहले कभी नहीं सुना था। यह आगंतुक मेहमान हर्बोलॉजी में पी-एच.डी. और अवेदा कॉरपोरेशन के सलाहकार थे। वह और उनकी पत्नी उस समय स्वामी हरि के साथ ही रह रहे थे।

मैंने तुरंत ही अपने सारे कार्यक्रम रद्द किए और डेढ़ घंटे की ड्राइव कर उन हिमालयवासी संन्यासी से मिलने निकल पड़ा। वहाँ पहुँचकर मैंने अपनी परंपरानुसार स्वामीजी के चरणों पर झुककर उन्हें वंदन किया। जब मैं खड़ा हुआ तो वह जोर-जोर से हँसने लगे। उनकी हँसी काफी उन्मुक्त थी। फिर उन्होंने कहा, "तुम अपने उस रूप से बिल्कुल अलग लग रहे हो, जिससे हम तुम्हें पर्वतों में पहचानते थे।" उन्होंने मुझे एक चाँदी का लॉकेट दिया और कहा, "हिमालय के एक चिरायु संन्यासी ने तुम्हारे लिए यह लॉकेट भेजा है।" मैं उनकी बातें सुनकर पूरी तरह स्तब्ध और हैरान था, क्योंकि मैं ऐसे किसी संन्यासी-साधु को नहीं जानता था।

स्वामी हरि ने 12,000 फीट ऊपर हिमालय के घने जंगलों में बिना किसी मनुष्य के संपर्क में आए 15 वर्षों का एकांत जीवन जिया था। उस दौरान उनके एकमात्र साथी

जंगली हाथी, शेर, अजगर, साँप, नाग, बंदर और पक्षी हुआ करते थे। वह मुझसे इसलिए मिलने आए, क्योंकि उन्होंने सुना था कि वर्ष 1987 में मैंने पोकोनो पर्वत पर स्वामी राम के साथ भजन-कीर्तन किए थे। स्वामी हरि से मिलने के बाद, मैं उन्हें मेनोमोनी विस्कॉन्सिन में हमारे स्कूल को अभिमंत्रित करवाने के लिए घर ले आया। इसके पाँच साल बाद, मैंने स्वामी हरि के साथ मिलकर कनाडा, त्रिनिदाद एवं टोबैगो व अमेरिका की यात्रा की और ताड़केश्वर पर्वत के पास मलेठी में उनके 'श्रीवर्म स्कूल-परियोजना' के लिए अनुदान जुटाने के कार्य में उनकी मदद की।

□

1

गुरुदेव की आध्यात्मिक शक्तियाँ

हिमालय के स्वामी राम को 'गुरुदेव' कहकर भी बुलाया जाता था। यह उनके अनन्य शिष्यों का उन्हें श्रद्धावश दिया हुआ नाम है। ऐसे ही एक शिष्य थे स्वामी हरि, जो स्वामी राम के प्रत्यक्ष शिष्य थे। इन दोनों ही रहस्यमयी संन्यासियों का एक-दूसरे के साथ अत्यंत अंतरंग आध्यात्मिक संबंध था और जैसे-जैसे वे अपनी उम्र के पड़ावों को पार करते गए, उनका रिश्ता और भी गहरा होता गया।

यों तो बहुत से संन्यासियों का स्वामी राम के साथ एक गहरा एवं घनिष्ठ संबंध रहा और सबके अपने-अपने अनुभव हैं। लेकिन मुझे यह अनुभव स्वयं स्वामी हरि ने सुनाया। उस समय स्वामी हरि विस्कॉन्सिन के मेनोमोनी स्थित हिमालयी शिक्षा केंद्र आए हुए थे। स्वामी हरि ने कहा, "मेरे गुरुदेव मुझे अमेरिका ले जाना चाहते थे और मुझसे कहा, मैं तुम्हें एक दिन अमेरिका ले जाऊँगा।"

दुर्भाग्यवश, स्वामी राम ने अपनी देह त्याग दी। स्वामी हरि ने कहा, "अब मेरे पास अमेरिका जाने का कोई विकल्प नहीं था। गुरुदेव चले गए थे और उन्हीं के साथ मेरा अमेरिका जाने का अवसर भी चला गया था।" स्वामी हरि ने अमेरिका जाने की अपनी इच्छा छोड़ दी थी। उनके प्रिय गुरुदेव के गुजर जाने के बाद एक दिन जंगल में अचानक एक हेलीकॉप्टर आया, जहाँ वे रहते थे। उन्होंने बताया कि हेलीकॉप्टर में से एक गोरा आदमी बाहर आया। उसके साथ एक और आदमी था, जो स्वामीजी की भाषा समझता था।

अनुवादक ने उनसे पूछा, "क्या आप स्वामी हरि हैं?"

फिर स्वामी हरि ने जवाब दिया, "हाँ।"

उस व्यक्ति ने पहाड़ी में पूछा, "मैं आपको अमेरिका ले जाने आया हूँ।"

स्वामी हरि ने कहा, "मुझे यह बहुत हास्यास्पद लग रहा था कि मेरे गुरुदेव तो चले गए थे, और अब यह गोरा मुझे अमेरिका ले जाने आया है! लेकिन अब मैं अमेरिका जाकर क्या करूँगा?"

पहाड़ में रहनेवाले लोग उस उड़न तस्तरी को देखकर डर गए थे। उनमें से कुछ लोगों ने तो वहाँ कभी एक कार भी आते नहीं देखी थी, फिर यह हेलीकॉप्टर तो उनके लिए बहुत बड़ी बात थी। इसकी आवाज बहुत ज्यादा शोर भरी और कान फाड़ देनेवाली थी। जब स्वामी हरि हेलीकॉप्टर में बैठे तो अनुवादक ने उनसे कहा कि यहाँ से अब वह अकेले ही उस गोरे के साथ अलग-अलग हवाईजहाजों में बैठकर अलग-अलग जगहों पर जाएँगे।

स्वामी हरि ने कहा, "उतने से पल में, मैंने अंग्रेजी के बस, यही तीन शब्द सुने थे—येस, नो और ओके। मुझे उनका मतलब तक नहीं पता था।

हवाईजहाज में बैठकर भारत से सैन फ्रांसिस्को, कैलिफोर्निया की यात्रा करते समय एयरहोस्टेस उनके लिए खाने की ट्रे लेकर आई और पूछा, "क्या आपको भूख लगी है?"

उन्होंने अंग्रेजी में जवाब दिया, "नो।"

इस पर उन्होंने उसे खाना वापस ले जाते हुए देखा। उन्होंने सोचा, "ओह, मैंने जरूर गलत शब्द का इस्तेमाल किया है। मुझे इसकी जगह 'येस' कहना चाहिए था!"

कैलिफोर्निया पहुँचकर उन्हें एक अमेरिकी योग केंद्र में ले जाया गया। स्वामीजी ने यहाँ कुछ देर आराम किया और बाद में लगभग रात के समय वे लोग उनसे पतंजलि योग पर 'टॉक', यानी व्याख्यान देने की उम्मीद कर रहे थे, लेकिन उन्हें समझ नहीं आ रहा था कि 'टॉक' का मतलब क्या होता है?

स्वामी हरि ने कहा, "मैं जंगल में जंगली जानवरों के बीच आजाद था और अब शहर में दरवाजों और घरों के अंदर कैद हो गया था। मैं जंगल के जानवरों से तो फिर भी बात कर सकता था, लेकिन यहाँ इन लोगों से उनकी अंग्रेजी भाषा में कुछ भी बोल नहीं पा रहा था।"

उनमें से एक भारतीय निवासी ने स्वामी हरि को समझाया कि 'टॉक' का अभिप्राय व्याख्यान देना होता है। इसी बीच एक अमेरिकी महिला स्वामी हरि से पतंजलि योग पर एक प्रश्न पूछना चाहती थी। शाम के सत्र की शुरुआत ध्यान के साथ हुई, जिसके बाद हर कोई वन-योगी से व्याख्यान देने की उम्मीद कर रहा था।

स्वामी हरि उस तरह के योगी नहीं थे, जो आपको एक बार में सबकुछ बता देंगे। वह चाहते थे कि आप अपनी आंतरिक क्षमताओं की खोज स्वयं करें। वह बस, आपको उतना ही बताएँगे, जिससे आपके भीतर उत्सुकता और जिज्ञासा का जन्म हो और उसके बाद बाकी की जानकारी के लिए आपको खुद ही काम पर लगना होगा। स्वामी हरि आलोचनात्मक नहीं थे, बल्कि वह दूसरों के प्रति बेहद ही फिक्रमंद और दयालु थे। वह हमेशा दूसरों की खुशियों के लिए प्रार्थना करते थे।

स्वामी हरि ने ध्यान सत्र के दौरान अपने गुरु की मदद माँगी। वह नहीं जानते थे कि इतने सारे लोगों के बीच अंग्रेजी में कैसे बात की जाए और वह भी अमेरिका में अपने पहले ही दिन! स्वामी हरि अपने गुरुदेव के समक्ष रोने लगे और कहा, "ओह गुरुदेव! आपको मुझे इस मुश्किल परिस्थिति से बचाना ही होगा, क्योंकि मुझे दूसरों की तरह अंग्रेजी बोलनी नहीं आती।"

तभी स्वामी हरि ने अपने माथे पर किसी को चलते हुए महसूस किया। उनके माथे में फड़कन हो रही थी। उन्होंने एक गहरी साँस ली और फिर अमेरिकी समाज के सामने पतंजलि योग में फर्राटेदार अंग्रेजी में बोलना शुरू कर दिया।

उस दिन से स्वामी हरि अभी तक फर्राटेदार अंग्रेजी में ही बात करते हैं। इतना ही नहीं, वह अलग-अलग देशों की अलग-अलग भाषाओं में भी बात कर सकते हैं। स्वामी हरि को इससे पहले अंग्रेजी बोलनी तक नहीं आती थी। उन्होंने कहा, "यह सब मेरे गुरुदेव, स्वामीराम की अनुकंपा है।"

□

2

श्रीवर्म स्कूल में भू-स्खलन

स्वामी हरि हरनंद भारती एक वन-योगी थे, जो अपने चमत्कारों द्वारा प्रकृति के नियमों का उल्लंघन करते ही रहते थे, लेकिन वह प्रकृति की ही गोद में हिमालय के ताड़केश्वर के जंगलों में निवास करते थे। वह एक बहुत ही दिलचस्प संन्यासी थे और इसलिए उनके साथ बैठते हुए उनके अनोखे अनुभवों को सुनना व उनके साथ समय बिताना बहुत मजेदार होता था।

मैंने उनके साथ श्रीवर्म कॉलेज के लिए धन जुटाने में मदद करने हेतु पाँच साल तक यात्रा की। श्रीवर्म कॉलेज हिमालय में 7,000 फीट की ऊँचाई पर बसे मलेठी में स्थित है। यह गरमियों की बात है, वह 10 दिन के लिए मेरे परिवार और छात्रों के साथ समय बिताने हेतु विस्कॉन्सिन, मेनोमोनी के हिमालयी एजुकेशन सेंटर आए हुए थे।

एक शाम उनके ध्यान सत्र के बाद हम रात्रिभोज के लिए खाने की मेज के पास बैठे हुए थे। वह आमतौर पर अपने भोजन में दो चपाती, दाल और भारतीय शैली में छौंकी सब्जी ही खाते थे। वह बहुत कम भोजन करते थे और अपने खाने-पीने की आदतों को लेकर काफी अनुशासित थे।

भोजन के बाद वह मेरे साथ बैठे और हिमालय की घाटियों में अपने कॉलेज प्रोजेक्ट के दौरान आ रही मुश्किलों के बारे में बात करने लगे। उन्होंने कहा, "पिछली सर्दियों में हमारे वहाँ मूसलधार बारिश हुई और एक बहुत बड़ा भू-स्खलन आया, जिससे श्रीवर्म स्कूल संस्थान का आधा हिस्सा खिसक गया और हमने तो अभी तक ठेकेदार को पैसों का भुगतान भी नहीं किया था।"

मैंने स्वामीजी से पूछा, "आप स्कूल को आगे कैसे बनाएँगे?"

उन्होंने जवाब में कहा, "मुझे जमीन की ग्रेडिंग, यानी भराई करानी पड़ेगी और फिर स्कूल की इमारत को वहाँ से स्थानांतरित करना पड़ेगा।"

फिर मैंने पूछा, "आप ठेकेदार के पैसे कैसे चुकाएँगे?"

तब स्वामीजी ने मुझे यह विचित्र और आत्मदर्शी अनुभव बताना शुरू किया, जो भगवान् शिव और उस ठेकेदार के बीच हुआ। स्वामी हरि के अमेरिका आने से पहले वह ठेकेदार उनसे मंदिर की अपनी भुगतान राशि लेने के लिए आया। स्वामीजी ने ठेकेदार को बताया कि वह जमीन की ग्रेडिंग, यानी भराई का बंदोबस्त करना चाहते हैं, क्योंकि इस भू-स्खलन की वजह से श्रीवर्म संस्थान का आधा हिस्सा खिसक चुका है। ठेकेदार ने स्वामीजी को बताया कि वह अब आगे इस परियोजना पर काम नहीं कर पाएगा, क्योंकि उसके पास अपने मजदूरों को मेहनताना देने के पैसे नहीं हैं और उसे खुद भी पैसों की जरूरत है। इतना ही नहीं, उसने स्वामीजी से यह भी कहा कि उन्हें अपने स्कूल का काम पूरा करवाने के लिए अब कोई दूसरा ठेकेदार ढूँढ़ लेना चाहिए।

स्वामी हरि ने ठेकेदार से कुछ देर मंदिर के बाहर प्रतीक्षा करने को कहा। उन्होंने उससे कहा कि वह जल्द ही बाहर आकर उससे मिलेंगे। स्वामीजी मंदिर के अंदर गए और अपने 'दादाजी' से प्रार्थना करने लगे। स्वामी हरि भगवान् शिव को प्यार से 'दादाजी' कहकर संबोधित करते थे। घने जंगलों में संन्यासियों का ईश्वर के साथ इतना घनिष्ट संबंध होता है कि वे भगवान् को किसी भी नाम से बुलाने लगते हैं।

स्वामीजी ने कहा, "मैंने अपने दादाजी से लड़ाई की। मैंने उन्हें कहा कि "मैं आपका काम करूँगा, लेकिन ठेकेदार का भुगतान तो आपको ही करना पड़ेगा।"

स्वामीजी मंदिर से बाहर आए और ठेकेदार से दोबारा पूछा, "क्या तुम स्कूल का निर्माण कार्य पूरा करने को तैयार हो? मैं अमेरिका जाऊँगा और लोगों से इसके लिए अनुदान में मदद करने को कहूँगा।"

ठेकेदार ने जवाब दिया, "स्कूल का कोई भी काम पुनः शुरू करने से पहले आपको मुझे पिछला भुगतान करना होगा।"

स्वामीजी वापस मंदिर के अंदर गए और अपने 'दादाजी' से फिर प्रार्थना की। इस बार उन्होंने अपने दादाजी से बहस करते हुए कहा, "दादाजी, यह सही नहीं है। मैंने अपनी पूरी जिंदगी आपकी सेवा की है, लेकिन आप तो अपने लिए कुछ भी नहीं करते! जब यह स्कूल आपके नाम पर बन रहा है, तो इसके लिए ठेकेदार को भुगतान क्या मैं करूँगा?' स्वामीजी ने अपनी कहानी इस बात के साथ पूरी की, "जब मैं मंदिर से बाहर आया तो यह देखकर स्तब्ध रह गया कि ठेकेदार से भी लंबा एक नाग उसके सिर के ऊपर फन फैलाकर खड़ा था।"

तब स्वामीजी उस नाग से बहस करने लगे। उन्होंने कहा, "दादाजी, मैं चाहता हूँ कि आप ठेकेदार के पैसों का भुगतान करें, ना कि उसे डराएँ!"

ठेकेदार काँपते हुए बीच में बोला, "स्वामीजी, मैं आपके स्कूल का काम पूरा कर दूँगा और आप जब भी विदेश से पैसा लाएँगे, चलेगा।"

एक ही पल में ठेकेदार ने यह कहते हुए स्वामीजी से वादा कर दिया, "मैं सुबह ही स्कूल का काम शुरू कर दूँगा।"

उसी क्षण वह नाग एकदम छोटा हो गया और रेंगते हुए पर्वत से नीचे चला गया।

हिमालय के ताड़केश्वर पर्वत के पास मलेठी में 7,000 फीट की ऊँचाई पर श्रीवर्म कॉलेज
(फोटो साभार गीर्त बेवन)

□

3

योगी और कालीन विक्रेता

यह वर्ष 2000 की गरमियों की बात है। हिमालय से स्वामी हरि विस्कॉन्सिन स्थित 'हिमालयन मिशनरी' को अभिमंत्रित करने आए थे और लगभग उसी समय एक स्थानीय कालीन विक्रेता भी मिशनरी के लिए कालीन के सेंपलों को लेकर मोलभाव करने आया था। इस अद्‌भुत योगी से मिलने पर कालीन विक्रेता को एक अद्वितीय अनुभव प्राप्त हुआ। अगली सुबह उसकी पत्नी स्वामी हरि से मिलने आई, क्योंकि जो उसने एक रात पहले देखा था, वह उस पर विश्वास नहीं कर पा रही थी।

यह कालीन विक्रेता मेनोमोनी, विस्कॉन्सिन का एक स्थानीय अमेरिकी नागरिक था, जिसने अपने पूरे जीवन में कभी भी योगियों के बारे में कुछ नहीं सुना था। हिमालय के इस योगी से मिलने के बाद हुए इस एक अनुभव ने ही आध्यात्मिक संतों को लेकर उसकी समस्त अवधारणा को बदल दिया। इस कालीन विक्रेता ने देश भर में राष्ट्रीय कालीन मिलों से कालीन खरीदा और बेचा था।

कुछ सप्ताह पूर्व उसके एक मित्र मुझसे मिलने आए थे और मैंने उनसे कहा कि हम हिमालयी मिशनरी की पुरानी टाइल्स को हटाकर वहाँ नई कालीन बिछाना चाह रहे हैं। उस व्यक्ति ने अपने मित्र से संपर्क किया, जो एक कालीन विक्रेता था और वहीं मिशनरी के पास ही रहता था। उन्होंने उसे मुझसे मिलने आने के लिए कहा और यह सब उसी दिन हुआ, जब मैं स्वामीजी को 'हिमालयन मिशनरी' का परिसर दिखाने और इसे उनका आशीर्वाद दिलाने यहाँ लाया हुआ था। स्वामीजी मेरे साथ आए और हिमालय के मिशनरियों द्वारा खरीदे जाने से पहले छह साल तक बंद पड़े पुराने स्कूल भवन का दौरा किया।

वह इमारत बहुत पुरानी थी और उसके फर्श व सीलिंग को पानी से काफी नुकसान हुआ था। स्वामीजी सबसे ऊपर पूर्वोत्तर दिशा में बने कमरे में गए और ठंडे फर्श पर बैठ गए। उन्होंने मुझसे उन्हें वहाँ अकेला छोड़कर नीचे जाने को कहा, ताकि वह कुछ देर

यहाँ अकेले में ध्यान कर सकें। मैं इस निर्जन और सुनसान इमारत में यह देखने के लिए नीचे उतरा कि इस बीच यहाँ और क्या काम निपटा सकता हूँ? जब मैं नीचे मुख्य द्वार के पास पहुँचा तो मुझे वहाँ पार्किंग में एक कार आते दिखाई दी।

एक आदमी उस गाड़ी से उतरकर दरवाजे के पास आया और कहा, "क्या मैं श्रीमान संत से मिल सकता हूँ?"

मैंने कहा, "मैं ही संत हूँ। मैं आपकी क्या मदद कर सकता हूँ?"

उस व्यक्ति ने कहा, "मैं एक कालीन विक्रेता हूँ और मेरे एक पड़ोसी ने मुझे आपसे मिलने के लिए भेजा है। उन्होंने मुझे बताया कि आप कालीन खरीदना चाह रहे हैं।"

जब वह कालीन विक्रेता इमारत के अंदर आया, तो उसके हाथ में कालीन के कुछ सैंपल थे। जब हम बात करने लगे, तभी स्वामीजी भी नीचे आ गए। उन्होंने हम दोनों को कालीन को लेकर बात करते सुना। मैंने स्वामीजी को कालीन विक्रेता से मिलवाया और वह उनसे हाथ मिलाने आगे बढ़ा। मैंने स्वामीजी को भी धीरे से आगे बढ़ते हुए कालीन विक्रेता से हाथ मिलाते देखा।

जैसे ही कालीन विक्रेता ने सौदे को लेकर बात करनी शुरू की, स्वामीजी ने एक नजर सैंपल पर डाली और कहा, "क्या तुम्हें बरगंडी (गहरे लाल) रंग का कालीन पसंद है?"

कालीन विक्रेता ने कहा, "हाँ, लेकिन यह बहुत महँगा है, जिसकी कीमत आपको लगभग $28 प्रति वर्गफुट पड़ेगी।"

स्वामीजी ने कालीन विक्रेता की तरफ देखा और कहा, "तुम्हारे हाथ में जो बरगंडी रंग का सैंपल है, क्या तुम्हें वह पसंद है?"

एक ही सेकंड में उसने जवाब देते हुए कहा, "हाँ।"

स्वामीजी ने कहा, "खैर, तुम जान जाओगे कि तुम्हें क्या करना है।" फिर स्वामी हरि हम दोनों को बात करने के लिए अकेला छोड़कर चले गए। कालीन विक्रेता ने उस तीन मंजिला इमारत का नाप लिया और सुझाव देते हुए कहा कि हमें तीनों मंजिलों के लिए 11,000 वर्गफीट कालीन की जरूरत पड़ेगी, जिसकी कीमत लगभग $35,800 होगी और यह सिर्फ कालीन का मूल्य था, उसे लगाने का शुल्क अलग था। इसके बाद कालीन विक्रेता स्वामी हरि से विदा लेकर उस इमारत से चला गया।

जब कालीन विक्रेता स्कूल परिसर से बाहर जा रहा था तो मैंने स्वामीजी को वहाँ खड़े अपनी आँखें बंद करते देखा। स्वामी हरि ने भगवा रंग के वस्त्र पहने हुए थे और मेरे लिए दो अलग-अलग व्यक्तित्व के लोगों का ऐसा सम्मिलन देखना एक अद्‌भुत दृश्य था। बाद में लगभग शाम के समय मैं स्वामीजी को विस्कॉन्सिन के ओस्सिओला

में उनके आवासस्थान पर वापस छोड़ने चला गया। हमें ओस्सिओला की इस डेढ़ घंटे की यात्रा के दौरान बातचीत करने का भरपूर समय और मौका मिला। स्वामीजी ग्रामीण क्षेत्र में इस ड्राइव के दौरान बहुत खुश थे। उन्हें अमेरिका के विशाल डेयरी फार्म और खुले मैदान बहुत अच्छे लग रहे थे। इसके अलावा उन्हें मेरा साथ भी बहुत अच्छा लग रहा था।

दूसरे दिन मैं 'हिमालयन स्कूल' का दौरा करने मिनेसोटा से वापस विस्कॉन्सिन आया। वहाँ पहुँचने पर मैंने कालीन विक्रेता और उसकी पत्नी को पार्किंग में अपनी कार में मेरी प्रतीक्षा करते हुए देखा। जब मैं परिसर पर जाकर रुका तो वह मुझसे मिलने को लेकर काफी उत्सुक लग रहे थे। कालीन विक्रेता और उसकी पत्नी अपनी कार से बाहर निकले और इमारत के मुख्य द्वार तक चलकर आए। मैंने दरवाजे पर ही ताला खोलते हुए उनका अभिवादन किया।

कालीन विक्रेता ने मुझसे पूछा, "क्या हिमालयी योगी अभी भी इमारत में ही हैं?"

मैंने कहा, "नहीं, मैं बीती रात ही उन्हें ओस्सिओला में उनके घर छोड़ आया।"

कालीन विक्रेता ने कहा, "कल रात हमारे घर में बहुत ही अजीब घटना घटी, इसीलिए मेरी पत्नी भी स्वामीजी से मिलना चाहती थी।"

मैंने पूछा, "आपके साथ ऐसी क्या अजीब घटना घटी?"

उसकी पत्नी ने जवाब दिया, "जब मेरे पति हिमालयी योगी से मिलकर स्कूल से वापस लौटे तो वह स्नान करने चले गए।" उसने अपनी बात आगे बढ़ाते हुए कहा, "वह नहाकर जैसे ही कमरे में आए, हमारा पूरा कमरा चमेली के फूलों की सुगंध से महक उठा। मैंने अपने पति से पूछा कि वह चमेली के फूल कहाँ से लाए?"

उन्होंने जवाब दिया, "मेरे पास चमेली का कोई फूल नहीं है।"

पत्नी ने फिर पूछा, "तो फिर यह महक कहाँ से आ रही है?"

उन्होंने कहा, "मुझे नहीं पता!" उसने कहा कि वह अपने पति के करीब गई, तो पाया कि यह महक उसके हाथों से आ रही थी और फिर उस व्यक्ति ने खुद भी अपने हाथों में चमेली की सुगंध महसूस की। वह कालीन विक्रेता और उसकी पत्नी स्वामीजी के साथ एक और अद्‌भुत चमत्कार साझा करने आए थे। दरअसल, स्वामीजी को जो बरगंडी रंग का कालीन स्कूल के लिए पसंद आया था, वह उसी सुबह 75 प्रतिशत सेल पर मिल रहा था। जॉर्जिया के कालीन मिल ने उस कार्पेट के रोल क्लीरियंस सेल पर डाल दिए थे और उनके पास बरगंडी रंग के कालीन का केवल 12,000 वर्गफीट कालीन ही शेष बचा था। यह वही कालीन था, जिसे स्वामीजी ने चुना था। 12,000 वर्गफीट के इसी कालीन का दाम घटकर अब $10,000 से भी कम हो गया था। इसके अलावा इसमें जॉर्जिया से लेकर विस्कॉन्सिन में 'हिमालयन स्कूल' तक का परिवहन खर्च भी शामिल था।

कालीन विक्रेता ने कहा, "यह एक अद्‌भुत संयोग था, जो जिंदगी में मेरे साथ पहले कभी नहीं घटा। मैं इसे बयाँ नहीं कर सकता! मैं बस, इतना जानता हूँ कि इसका सीधा-सीधा संबंध स्वामीजी के साथ मेरे हाथ मिलाने से है।" दंपती ने मुझसे आगे पूछा कि हम इस पुराने स्कूल में आगे क्या करने जा रहे हैं?

मैंने जवाब दिया, "मैं यहाँ विस्कॉन्सिन-स्टाउट विश्वविद्यालय के विद्यार्थियों को उनकी उच्च शिक्षा में सहयोग करने हेतु एक हिमालयी शिक्षा केंद्र खोलने जा रहा हूँ और इसके साथ ही हम समुदाय के वरिष्ठ नागरिकों को योग-शिक्षा का निःशुल्क प्रशिक्षण अभ्यास भी देंगे।"

वह दंपती इस बात से निराश थे कि उन्हें हिमालयी योगी से मिलने का मौका नहीं मिला और फिर एक ही दिन में चमेली के फूलों की सुगंध और कालीन के डिस्काउंट पर मिलने की घटना के उत्साह और अनुभव को लिये वह स्कूल से चले गए। मैं इन दोनों ही घटनाओं के परिणाम को लेकर बेहद रोमांचित हो उठा था।

उसी शाम मैंने स्वामी हरि को फोन किया और उन्हें कालीन विक्रेता तथा उसकी पत्नी का मुझसे साझा किया अनुभव बताया। मैं कालीन विक्रेता को बताने के लिए स्वामीजी से इसकी एक तार्किक व्याख्या सुनने की उम्मीद कर रहा था, लेकिन उन्होंने मुझे कोई जवाब नहीं दिया।

उन्होंने हिमालय के अपने पूज्य गुरुदेव स्वामी राम को इसका सारा श्रेय देते हुए बस, इतना ही कहा, "जय गुरुदेव!"

□

4

एक अलौकिक वानर

यह वर्ष 2002 की बात है। एक बार मैं स्वामी हरिहरनंद भारती के व्याख्यान का बंदोबस्त करने के लिए कनाडा गया था। मैं पूर्व में बता ही चुका हूँ कि स्वामी हरिहरनंद भारती हिमालय के ताड़केश्वर पर्वत से थे। स्वामी हरिनंद भारती को प्यार से स्वामी हरि भी बुलाया जाता था। मैं अब तक जितने भी योगियों से मिला, वह उनमें सबसे ज्यादा प्रसन्नचित्त योगी थे। वह हमेशा खुश और आनंदित रहते थे। उन्होंने कभी किसी बात का कोई बतंगड़ नहीं बनाया। अधिकतर लोगों को जीवन के प्रति उनका दृष्टिकोण अच्छा लगता था, क्योंकि उनमें अहंकार का लेशमात्र भी नहीं था। वह अकसर जोर-जोर से हँसा करते थे। वास्तव में, उनकी हँसी बहुत ही उन्मुक्त और सम्मोहक होती थी।

मैंने स्वामी हरि के साथ कनाडा, त्रिनिदाद एवं टोबैगो, विस्कॉन्सिन और मिनेसोटा की यात्रा करते हुए पाँच वर्ष का समय बिताया। मैं उनके व्याख्यानों के पूर्व संकीर्तन किया करता और फिर वह हिमालय के अपने अनुभवों पर संभाषण दिया करते। इस दौरान हम बहुत से मंदिरों, स्कूलों और निजी योग केंद्रों में भी गए, जहाँ उन्होंने लोगों को ध्यान करना सिखाया।

जब मैं स्वामी हरि के साथ यात्रा कर रहा था, खासतौर पर कनाडा और त्रिनिदाद की तो यह जरूर सुनिश्चित करता कि उन्हें प्रतिदिन ध्यान में जाने से पहले सुबह के 5.30 बजे एक प्याला चाय मिल जाया करे। वह एक सच्चे योगी और संन्यासी थे। वह लोगों के प्रति अत्यंत दयालु थे। लोगों ने उनसे जीवन में जो भी माँगा, उन्होंने वो उन्हें दिया। वह पूरी तरह स्वतंत्र थे और सामान्य विचारकों से अलग जीवन व्यतीत करते थे। उन्होंने अपने जीवन में कभी किसी की समीक्षा नहीं की। स्वामी हरि सुबह के नाश्ते और दोपहर के भोजन के बाद अकसर मेरे साथ अपने कुछ अनुभव बाँटा

करते और फिर बचे हुए समय में अपने कमरे में जाकर ध्यान करने लगते। उनके पास जब भी कुछ समय बचता, वह उसे ध्यान करते हुए ही व्यतीत करते।

एक सुबह की बात है। स्वामी हरि ध्यान के बाद बहुत ही आनंदित लग रहे थे। वह अपनी सामान्य खुशी से भी कहीं ज्यादा प्रफुल्लित थे।

मैंने कहा, "स्वामीजी, आज आप बहुत खुश दिखाई दे रहे हैं!"

तब उन्होंने जवाब दिया, "तुम्हें पता है, आज हनुमान जयंती है!"

यह भगवान् हनुमान का जन्मदिवस था। वह उस पूरे दिन चेतना के अलग ही स्तर पर दिखाई दे रहे थे। मैंने उनसे किसी भी अलौकिक प्राणी के साथ हुआ कोई भी अनुभव या किस्सा सुनाने का आग्रह किया। स्वामी हरि ने तब मुझसे ऋषिकेश में गंगा नदी के किनारे एक अद्वितीय अलौकिक वानर के साथ हुआ अपना एक अद्भुत अनुभव साझा किया।

उन्होंने कहा, "मैं ऋषिकेश में कुछ भक्तों के साथ डी.वी.डी. पर रामायण का प्रसिद्ध महाकाव्य 'रामायण' देख रहा था, जिसे फिल्म निर्माता रामानंद सागर ने हिमालयी योगियों की समीक्षा के लिए भेजा था। मैं वह खंड देख रहा था, जहाँ भगवान् राम लक्ष्मण और हनुमान मिलकर वानर राज सुग्रीव तथा उनके बड़े भाई बाली के बीच चल रहे पारिवारिक विवाद को सुलझाने के लिए उनसे मिल रहे थे।"

स्वामी हरि उस समय 'रामायण श्रृंखला' में पूरी तरह लीन थे और फिर उन्होंने कहा, "अचानक मैंने किसी को दरवाजे पर दस्तक देते हुए सुना। हर कोई यह सोचकर आश्चर्य और भय की स्थिति में था कि इतनी रात गए कौन दरवाजा खटखटा रहा होगा?"

स्वामी हरि ने आगे कहा, "मैं उठकर दरवाजा खोलने गया। मुझे दरवाजे पर एक बड़े से वानर को देख काफी हैरत हुई। मैं उसे कमरे के अंदर ले आया और अपनी जगह पर बिठाया। फिर मैं उसके खाने के लिए कुछ फल ले आया।" स्वामी हरि ने कहा, "मैंने देखा कि बंदर केले खा रहा था और बड़े ध्यान से टेलीविजन पर 'रामायण' भी देख रहा था। बंदर ने टीवी से एक पल के लिए भी अपनी आँखें नहीं हटाईं। मैं उसे देख सोच में पड़ गया कि आखिर यह बंदर हो कौन सकता है?"

इसी बीच बाकी सभी श्रद्धालु बंदर के साथ काफी असहज महसूस करने लगे थे, इसीलिए वे धीरे-धीरे अपने-अपने घर लौट गए। स्वामीजी ने घर के मालिक से कहा, "जाकर एक रस्सी ले आइए और इस बंदर को किसी खंभे से बाँध दीजिए।"

फिर स्वामीजी भी रात बिताने के लिए दूसरी कुटिया में चले गए। उस आदमी ने बंदर को बाँध दिया, लेकिन जब स्वामीजी अपनी कुटिया में पहुँचे और दरवाजा खोला

तो उन्हें वह बंदर अपनी कुटिया के अंदर दिखाई दिया। स्वामी हरि ने बड़बड़ाते हुए बंदर से पूछा, "तुम कौन हो? और इतनी रात को यहाँ क्यों आए हो?"

बंदर ने कोई जवाब नहीं दिया।

हालाँकि स्वामी हरि उस वानर के साथ अत्यंत सहज थे, इसलिए उन्होंने उसे अपनी कुटिया में सोने दिया। स्वामी हरि घने जंगलों में 15 वर्ष तक जंगली जानवरों के साथ रहे थे और वह उनके साथ अपने परिवार के सदस्यों जैसा व्यवहार करते थे। इसलिए उन्हें बंदर के साथ रहने में कोई परेशानी नहीं हुई।

अगले दिन रात के खाने के बाद सभी श्रद्धालु फिर से टेलीविजन वाले घर में इकट्ठा हुए और 'रामायण' देखनी शुरू की। इस बार बंदर भी वहीं था और उसने ध्यानपूर्वक वह पूरा भाग देखा। अब वह लोगों के साथ घुल-मिल चुका था और उसने किसी को कोई नुकसान भी नहीं पहुँचाया था।

वह बंदर कुछ दिनों तक स्वामी हरि के साथ ही रहा। वह रोज सुबह स्वामीजी के साथ गंगा नदी में स्नान करने जाया करता और फिर पगडंडी से होकर सैर करते हुए उन्हीं के साथ वापस लौट आता। स्वामीजी उसके साथ एक पालतू पशु की तरह स्नेहपूर्ण व्यवहार करते। वह उसे खिलाते और फिर खुला छोड़ देते।

स्वामी हरि ने कहा, "मैं यह देखकर स्तब्ध था कि वो बंदर 'रामायण' के वानर-राज के खंड के पूरे होने तक हमारे साथ ही रहा। फिर वह वानर आखिरी बार मेरे साथ नदी तक गया। हमारे वापस लौटने के रास्ते पर मैंने दूसरी प्रजाति के बंदरों को मुझे और मेरे वानर मित्र को चारों ओर से घेरते देखा।" स्वामी हरि ने उल्लेख किया कि उन बंदरों की आँखों को देखकर ही वह समझ गए कि वे इस अकेले वानर को मार डालेंगे!

स्वामीजी भगवान् शिव से प्रार्थना करने लगे। उन्होंने कहा, "मैं भागा व उस वानर की रक्षा करने हेतु उसे गले से लगा लिया।" उन्होंने सभी बंदरों के व्यवहार में अंतर महसूस किया और उन्हें सावधान अवस्था में खड़ा पाया, तब वह अपने वानर मित्र को कुटिया के अंदर ले आए।

कुटिया के अंदर पहुँचने पर स्वामीजी ने वानर से पूछा, "कृपा कर मुझे बताओ, आखिर तुम हो कौन? ऐसा लगता है कि तुम यहाँ किसी उद्देश्य से ही आए हो।"

और तभी स्वामीजी के मन में यह तीक्ष्ण विचार आया कि उन्हें ध्यान करना चाहिए, जिससे उन्हें उस वानर की वास्तविकता का भान हो जाए। जैसे ही स्वामीजी फर्श पर ध्यानावस्था में बैठे, वह वानर भी एक लकड़ी के बेंच पर पसर गया और फिर दोनों ने एक साथ ध्यान करना आरंभ किया। यह उन दोनों के लिए एक अद्वितीय

क्षण था। जैसे ही स्वामी हरि के अंतर्ज्ञान ने वानर की वास्तविक पहचान प्रकाशित की, उन्होंने अपनी आँखें खोलीं। उनकी निगाह वानर पर पड़ी और वह हवा में अंतर्धान हो गया।

स्वामी हरि ने मुझे कभी उस वानर की पहचान नहीं बताई, उन्होंने यह मुझ पर छोड़ दिया कि मैं भी स्वयं ध्यान के माध्यम से इस बात का पता लगाऊँ कि वह वानर कौन था ? मैं बस, इतना ही अंदाजा लगा पाया हूँ कि वह वानर अपने पूर्व जन्म में 'रामायण' का कोई पात्र रहा होगा, स्वमीजी से एक रहस्यमय वानर से मिलने के इस अनुभव को सुनना मेरे लिए अत्यंत प्रेरणास्पद था।

□

5

जात-पाँत के शिकार

एक बार स्वामी हरि मिनियापोलिस में एक आध्यात्मिक रीट्रीट में अतिथि वक्ता के तौर पर आए हुए थे। मुझे भी भारतीय संगीत पर व्याख्यान देने के लिए उस रीट्रीट में आमंत्रित किया गया था। रीट्रीट के बाद, मैं एक दिन स्वामीजी से मिला और हमने साथ में चाय पी। हम दो अलग-अलग देशों से होने के बावजूद एक ही पृष्ठभूमि से थे। स्वामीजी ने मुझे अपने गुजरे हुए अतीत का एक प्रसंग सुनाया, जिसमें उन्हें जात-पाँत व्यवस्था का शिकार होना पड़ा था।

हिमालय के गढ़वाल क्षेत्र में रूढ़िवादी हिंदू ब्राह्मणों का एक समाज रहता था। हिंदू ब्राह्मणों का यह कोई प्राचीन आध्यात्मिक समुदाय रहा होगा। यह समाज कभी भी अंतर्जातीय विवाह, जात-पाँत, नस्ल और पंथ के आपस में एक होने और ब्राह्मण की उत्पत्ति के जीन-कुंड को मलिन करने पर विश्वास नहीं करता था।

भारत के इस हिस्से में ऐसा माना जाता था कि ब्रह्मांड के रचयिता 'ब्रह्म देव' हैं और ब्रह्म देव के प्रत्यक्ष वंशज ही ब्राह्मण कहलाते हैं। ब्राह्मण वही होता है, जो अपना मन ब्रह्म देव पर लगाता है। इस ब्राह्मण समाज के प्रमुख नेता को 'मुखिया' और इनकी संचालन समिति को 'पंचायत' कहा जाता है।

भारतीय परंपरा में सभी को जाति व्यवस्था में वर्गीकृत कर जात-पाँत का लेबल लगाया गया था। एक बार जब आपको ब्राह्मण, क्षत्रिय, वैश्य या शूद्र के रूप में वर्गीकृत कर दिया जाता था, तो फिर आप से उस जाति के लिए बने नियमों व कानूनों का पालन करने की उम्मीद की जाती थी। ऐसी ही एक परिस्थिति में स्वामी हरि भी उलझ कर रह गए थे। देश के आंतरिक अंचल में शायद सुधार-कार्य अभी पूरी तरह नहीं पहुँचा था। यही कारण था कि पंचायत के मुखिया को उनका कोर्ट मार्शल करना पड़ा। यहाँ तक कि उन्हें उस समाज को छोड़कर जाने तक के लिए कह दिया गया। यहाँ आपके लिए यह समझना बहुत जरूरी है कि स्वामीजी एक प्रबुद्ध संन्यासी थे, जो आत्मबोध के सर्वोच्च

स्तर पर पहुँच चुके थे लेकिन फिर भी वह अपने ही समाज द्वारा बाहर निकाल दिए गए! जबकि एक प्रबुद्ध योगी समाज के लिए पूजनीय और वंदनीय हो जाता है।

स्वामीजी ने मुझे अपनी कहानी सुनाते हुए बताया कि वह हिलालय के घने जंगलों में अपने गुरु के साथ दस वर्ष व्यतीत करने के बाद अपने गाँव वापस लौट रहे थे। गाँव पहुँचने पर एक युवक ने उनका अभिवादन कर उन्हें पीने के लिए पानी दिया।

स्वामीजी ने कहा, "मैंने थका होने के कारण उस युवक के हाथों से पानी पी लिया।"

वह युवक शूद्र जाति से था और एक ब्राह्मण के लिए शूद्र के हाथ से कुछ भी खाना-पीना वर्जित माना गया है। हालाँकि एक शूद्र ब्राह्मण के घर में काम कर सकता है, जिसमें घर की साफ-सफाई, गाय-बछड़ों को पालना, बाजार से खाने-पीने का सामान लाना, उनका सामान ढोना और नौकरों द्वारा किए जानेवाले बाकी सारे काम शामिल होते थे।

जैसा कि मैंने पहले ही बताया, इस समुदाय के लोग बेहद रूढ़िवादी थे। जब स्वामीजी शूद्र के हाथों पानी पी रहे थे, ठीक उसी समय ब्राह्मण समाज का एक व्यक्ति स्वामीजी से मिलने और उनका अभिवादन करने वहाँ आ पहुँचा। उसने सबकुछ देख लिया और जल्द ही यह खबर समिति के मुखिया तक पहुँचा दी और स्वामी हरि को उसी शाम समिति के समक्ष उपस्थित होना पड़ा। समिति जिस उपहास की दृष्टि से स्वामीजी को देख रही थी, वह उससे आश्चर्यचकित थे। ऐसा लग रहा था, मानो उन्होंने कोई विश्वयुद्ध छेड़ दिया हो!

सब लोग वहाँ इकट्ठा हो गए, लेकिन स्वामीजी अब भी इस बात को लेकर सुनिश्चित नहीं थे कि उन्हें पंचायत में क्यों बुलाया गया है? समिति के मुखिया ने सभा की शुरुआत करते हुए घोषणा की कि हिमालय से वापस लौटे संन्यासी को शूद्र के हाथों पानी पीते देखा गया है, जोकि यहाँ के नियमों के विरुद्ध है। इसके बाद वहाँ सवालों का सिलसिला शुरू हुआ। स्वामीजी यह सब देखकर स्तब्ध थे। हालाँकि वह समझ चुके थे कि अब उन्हें अपना समाज छोड़ना ही होगा। उन्होंने पाया कि ये लोग अपनी रूढ़ियों और अज्ञान में काफी ज्यादा उलझ चुके थे।

इससे पहले कोई सवाल पूछा जाता, स्वामीजी अपने आप ही खड़े हो गए और कहा, "मुझसे सवाल पूछने की कोई जरूरत नहीं है। मैंने शूद्र के हाथों पानी पीकर गलती की है और अब समय आ गया है कि मैं यह गाँव हमेशा के लिए छोड़कर चला जाऊँ।" स्वामीजी ने आगे कहा, "मैं नहीं चाहता कि आप समिति के सदस्य मुझे यहाँ से भेजने का अपराध-बोध महसूस करें, इसलिए मैं खुद ही, अपनी स्वेच्छा से यहाँ से चला जाऊँगा।"

जब स्वामीजी वहाँ से जाने को हुए तो मुखिया ने कहा, "क्या आपको अपने बचाव में कुछ कहना है?"

उस पर स्वामीजी ने कहा, "मैं फूलों की माला से उस युवक का सम्मान करना चाहूँगा, जिसने मुझे अपने हाथों से पानी पिलाकर शूद्र बना दिया। दरअसल उसने ऐसा कर स्वयं को आप सबसे ज्यादा शक्तिशाली साबित कर दिया है।" स्वामीजी ने अपनी बात आगे जारी रखी, "क्योंकि तुम शूद्र को पानी नहीं पिला सकते और न ही उसे ब्राह्मण बना सकते हो, लेकिन एक शूद्र एक ब्राह्मण को पानी देकर उसे जाति से बहिष्कृत करवा सकता है।"

स्वामीजी ने मेरी तरफ देखा और कहा, "संत, जाति-व्यवस्था को लेकर तुम्हारी क्या राय है?"

मैं उन्हें कभी-कभी 'बाबाजी' कहकर भी बुलाता था, जिसका अर्थ होता है—'पूजनीय गुरुदेव।' मैंने कहा, "बाबाजी, मैं जिस तरह जाति व्यवस्था को देखता हूँ, वह दूसरों के दृष्टिकोण से एकदम अलग है। मेरी राय में जाति व्यवस्था मनुष्य के शरीर का कोई सीधा समाकलन नहीं है, जहाँ हमारे मस्तिष्क की तरह ब्राह्मण का समाज में सर्वोच्च स्थान हो, हमारे कंधों की तरह क्षत्रिय को समाज का रक्षक माना जाए; हमारे पेट के रूप में वैश्य को एक कारोबारी समाज और पैरों के तौर पर शूद्र समाज को सेवक वर्ण मान लिया जाए।"

मैंने बाबाजी से कहा कि, "हम जाति-व्यवस्था की तुलना अपने शरीर की आंतरिक प्रणाली से कर सकते हैं। ऐसे में सभी का एक-दूसरे से जुड़कर रहना जरूरी हो जाता है। उदाहरण के लिए, हमारे शरीर में सिर के भीतर मस्तिष्क कोशिकाएँ होती हैं, जो बुद्धि, भावनाओं और शरीर के दूसरे हिस्सों में होने वाली हरकतों एवं आंदोलनों को नियंत्रित करती हैं। वे ब्राह्मण कोशिकाओं की तरह हैं। इसके बाद क्षत्रिय कोशिकाएँ आती हैं, जिन्हें श्वेत रक्त कोशिकाएँ कहा जाता है, जो थाइमस ग्रंथि के पास सीने में पाई जाती हैं, जो हमें प्रतिरक्षा प्रदान करती हैं। वे योद्धा कोशिकाएँ होती हैं, जो शरीर के किसी भी हिस्से पर आक्रमण करने वाली किसी भी बीमारी से लड़ती हैं और हमें उससे बचाती हैं। फिर पेट की दीवारों में उपकला कोशिकाएँ होती हैं, जो भोजन को पचाती हैं और रक्त में अमीनो एसिड के रूप में पूरे शरीर के लिए पोषण प्रदान करती हैं। इन्हें भोजन के बदले रक्त में पोषक तत्त्व देने के लिए वैश्य कोशिकाएँ कहा जा सकता है। फिर आँतों, गुरदों, मूत्राशय और पसीने की नलिकाओं में शूद्र कोशिकाएँ या पेरीस्टैल्सिस कोशिकाएँ होती हैं, जो शरीर से विषैले मल को साफ करती हैं।

यदि हम अपने सिर में ब्राह्मण यानी मस्तिष्क कोशिकाओं, कंधों में क्षत्रिय कोशिकाओं, पेट में वैश्य, यानी उपकला कोशिकाओं और शरीर के निचले हिस्से में शूद्र यानी उत्सर्जन कोशिकाओं को देखेंगे, तो हमें उनके कार्यों में उनका महत्त्व दिखाई देगा, न कि यह कि वे मानव-शरीर में कहाँ स्थित हैं!"

बाबाजी ने हास्य करते हुए कहा, "अगर मैं तुमसे पहले मिला होता तो मैंने गाँव की पंचायत में मुखिया के समक्ष अपने बचाव के लिए तुम्हें बुलाया होता!"

स्वामीजी की अंतिम टिप्पणी यह थी, "आत्मज्ञान के स्तर को पार करने के लिए एक व्यक्ति को जाति, रंग, नस्ल, वर्ण और मूल देश की सभी झूठी धारणाओं को छोड़ देना चाहिए। ये सभी आत्म-साक्षात्कार के मार्ग में बाधा हैं।"

स्वामी हरि अपने गाँव में जात-पाँत व्यवस्था के शिकार हुए थे *(फोटो साभार—दीदी)*

□

6

जॉन ओकले टॉक रेडियो

एक बार मैं और स्वामी हरि कनाडा के सबसे बड़े टॉक रेडियो नेटवर्क, 'दि जॉन ओकले टॉक रेडियो शो' में गए। एन्न मर्फी ने जॉन ओकले से हमारी मुलाकात के सारे बंदोबस्त कर दिए थे और वही हमें टोरंटो शहर के रेडियो स्टेशन छोड़ने आईं।

स्टूडियो जाने से पहले स्वामीजी और मुझे बताया गया था कि हमारे टॉक-टाइम का समय केवल दस मिनट ही होगा। मेरे लिए स्वामी हरि के साथ रहना और रेडियो स्टूडियो के बरामदे में स्वामी हरि व जॉन ओकले की मुलाकात का साक्षी बनना एक बेहद ही दिलचस्प अनुभव था।

जॉन ओकले दो भगवाधारी संन्यासियों को देख मंत्रमुग्ध हो गए। वह स्टूडियो में मौजूद ऊर्जा से प्रफुल्लित थे और उन्होंने लाखों श्रोताओं को संबोधित करना शुरू किया। जॉन ओकले इससे पहले कभी किसी हिमालयी संन्यासी से नहीं मिले थे, खासकर अपने स्टूडियों में तो बिल्कुल भी नहीं। वह इस सबसे इतने प्रभावित हुए कि वह शो 10 मिनट की बजाय 45 मिनट चलता रहा।

सैकड़ों कॉलर स्वामी हरि से बात करना चाहते थे, लेकिन उनके सारे सवाल जॉन ओकले ने ही ऑन ऐयर पूछे। स्वामी हरि लाइव रेडियो पर जॉन ओकले के साथ अपने प्रसंग बयाँ करते समय चेतना के उच्चतम स्तर पर नजर आ रहे थे।

शुरुआत में जब स्वामी हरि और जॉन ओकले ने एक-दूसरे को देखा तो मुझे महसूस हुआ, जैसे स्टूडियो के बरामदे में दोनों एक-दूसरे को जाने बिना भी आपस में जुड़ गए हैं। जब स्वामी हरि ने जॉन ओकले को देख अपना सिर हिलाया, तो उनके चेहरे पर एक मृदु भाव था और जॉन ओकले भगवा रंग की पोशाक में संन्यासी को देख श्रद्धा से भर उठे।

पहले वह हमें ऊपर अपने प्रतीक्षा कक्ष की तरफ ले गए। इसके बाद उन्होंने हमें अपने स्टूडियो में आमंत्रित किया, जहाँ हम ऑन ऐयर होने जा रहे थे। जब जॉन ने हमारे

लिए माइक्रोफोन फिक्स किया तो मैंने देखा कि वह जैसे ही मौका मिलता, स्वामी हरि को निहारने लगते, न मालूम प्रोग्राम में ऑन-ऐयर क्या होनेवाला था? लगभग उसी समय मैंने स्वामी हरि को देखा और सोचने लगा, 'यह वन-योगी, जो 15 वर्ष गुफाओं में रहे और अब कनाडा के राष्ट्रीय रेडियो पर लगभग 11 मिलियन लोगों को संबोधित करने जा रहे हैं, यह कितना अद्‍भुत और अनोखा पल है!'

जब जॉन ओकले ने अपनी ऑडियंस को भगवा पोशाक में हिमालयी संन्यासी के तौर पर हमारा परिचय कराया, तो स्वामी हरि एकदम शांत थे। जॉन ओकले ने एक विनोदपूर्ण प्रश्न किया और स्वामी हरि माइक्रोफोन पर ही खिलखिलाकर हँस दिए और सारा वातावरण अचानक सहज हो उठा।

स्टूडियो में सभी लोगों के लिए यह एक अलग ही तरह का अनुभव था। जहाँ मैं बैठा हुआ था, वहाँ से कंट्रोल रूम में मौजूद बहुत सारे कंप्यूटर देख पा रहा था, जहाँ मॉनिटर पर बहुत सारे कॉलर स्वामीजी से प्रश्न पूछने के लिए सबकुछ जाम किए हुए थे। लेकिन जॉन ओकले ने कहा कि वह इस तरह के सवाल पूछेंगे कि सभी श्रोताओं को अपने जवाब मिल जाएँ।

जॉन ओकले उस हिमालय पर्वत और वहाँ के जन-जीवन के बारे में और अधिक जानना चाहते थे, जहाँ स्वामी हरि ने जंगली बाघों, साँपों और दूसरे वन्य जीवों के साथ समय बिताया था। स्वामी हरि ने अपनी कहानी बताई कि उन्होंने अमेरिका आने पर कैसे अंग्रेजी बोलना शुरू किया और यह भी कि कनाडा आकर उन्हें बहुत खुशी हुई। उन्होंने अपने गुरु के प्रति भावपूर्ण अभिव्यक्ति प्रकट की, जिन्होंने उनके लिए दुनिया देखने की व्यवस्था कर डाली थी और वो भी अपना शरीर त्यागने के बाद! स्वामी हरि ने तो अमेरिका देखना की इच्छा छोड़ ही दी थी। उन्होंने हिमालय पर अपनी परियोजना के बारे में भी बात की, जहाँ वह ताड़केश्वर पर्वत पर 7,000 फीट की ऊँचाई पर 'श्रीवर्म स्कूल' का निर्माण कर रहे थे।

साक्षात्कार अभी भी चल रहा था। जॉन ओकले जानना चाहते थे कि ध्यान करने के क्या लाभ हैं और एक व्यक्ति को ध्यान कैसे शुरू करना चाहिए? स्वामी हरि ने जॉन ओकले को अगली सुबह होने वाले ध्यान-सत्र में भाग लेने के लिए आमंत्रित किया। वास्तव में हिमालय की रहस्यपूर्ण परंपरा में स्वामी हरि ने जॉन ओकले के अंदर एक नई इच्छा जाग्रत् कर दी कि उन्हें नित्य तौर पर ध्यान करना शुरू करना चाहिए। इस दौरान मैं भी बीच-बीच में बोलकर श्रोताओं के लिए बातों को अधिक स्पष्ट करता जा रहा था।

और आखिरकार गुरु द्वारा शिष्य को दीक्षित करने के रूप में स्वामी हरि और जॉन ओकले ने आध्यात्मिक संबंध बनाए और उसी के साथ वह सत्र समाप्त हुआ।

स्वामी हरि और मैं कई बार कनाडा आए। स्वामीजी ने गुफाओं में रहनेवाले अन्य रहस्यमयी योगियों के बारे में बहुत सारे प्रसंग बताए और अलग-अलग शहरों में भारी भीड़ के सामने जब वह व्याख्यान देते तो मैं हारमोनियम पर संकीर्तन करता। स्वामी हरि ने 'श्रीवर्म परियोजना' को अपने गुरु, स्वामी राम को समर्पित किया था—'स्वामी राम इंस्टीट्यूट वोकेशनल रिसर्च ऑफ मलेठी'।

□

7

एक संन्यासी की सुगंध

क्या आप कभी अपने दादा-दादी या नाना-नानी के साथ बैठे हैं? क्या आपने उनसे उनके बीते वक्त के किस्से सुने हैं? क्या आपने उनकी कहानियों को ध्यान से सुना है? खासतौर पर भूत-प्रेत की भयावह कहानियाँ, जो आपको डराकर रख देती थीं? खैर, अब जो कहानी मैं आपको सुनाने जा रहा हूँ, उसका अंत एकदम रहस्यमयी है और मुझे पूरा यकीन है कि यह आपको विस्मय विमुग्ध कर देगी।

आप और मैं जिसे एक सामान्य जीवन कहा करते हैं, हिमालयी योगी उसके पार का जीवन जीते हैं। आपसे तथा मुझसे अलग ये योगी समय के आवरण को पार कर सकते हैं और क्षण भर में जीवन से मृत्यु व मृत्यु से जीवन में आ-जा सकते हैं। वे किसी भी पदार्थ को रूपांतरित कर सकते हैं और यहाँ तक कि अपना खुद का शरीर भी निर्मित कर सकते हैं।

यह कहानी एक ऐसे ही शक्तिशाली योगी और उसके रहस्यमयी अनुभवों की कहानी है। यह पिछले वर्ष मेरे और स्वामी हरि के बिछोह से पहले की बात है। उन्होंने मुझे हिमालय की गुफाओं में घटी एक जीवन-रूपांतरकारी घटना के बारे में बताया, जिसका अनुभव उन्होंने स्वयं किया था। वह उस समय हिमालय में 12,000 फीट की ऊँचाई पर रहते हुए कुंडलिनी योग का गहन अभ्यास कर रहे थे। वह खास तौर पर अलग-अलग जगहों पर दृश्य और अदृश्य होने के विज्ञान का अभ्यास कर रहे थे।

अपनी कहानी सुनाते समय हालाँकि वह इस बात को लेकर खासे सतर्क थे कि कहीं गलती से भी अपने दृश्य और अदृश्य होने का विज्ञान मुझे न बता दें। 12,000 फीट ऊपर हिमालय पर्वत पर सर्दियों के मौसम में कई गुफाओं के आंतरिक हिस्से बढ़ जाते हैं, ताकि उसमें ज्यादा-से-ज्यादा साधु रह सकें। कभी-कभार तो बर्फ की चादरें गुफाओं के प्रवेश द्वार तक को बंद कर देती हैं।

इन गुफाओं के भीतर चलते पानी और भोजन की व्यवस्था हमेशा रहती है। इतना

ही नहीं, इनमें काफी गरमाहट भी रहती है, इसलिए लकड़ियाँ जलाकर गुफा को गरम रखने की जरूरत नहीं पड़ती। वास्तव में कुछ योगी अपने शरीर से जबरदस्त ऊष्मा उत्पन्न करने के लिए कुछ खास श्वास तकनीकों का अभ्यास कर सकते हैं, जिसकी वजह से गुफा काफी गरम रहती है।

यह सर्दियों की बात है, एक दिन स्वामी हरि अपने कुंडलिनी योग के उच्चतम अभ्यास के दौरान गुफा में एक वृद्ध संन्यासी के आने की उम्मीद कर रहे थे और वह उनके साथ एक सप्ताह तक रहनेवाले भी थे। उन्होंने अपने शिष्यों, यानी छोटे संन्यासियों को निर्देश देते हुए कहा, "यदि कोई वृद्ध योगी उस ओर आए तो मेरे लिए संदेश भेज देना कि मैं आकर उन्हें अपने साथ ले जाऊँ। वह मेरे साथ ऊपर की गुफाओं में रहेंगे।"

कुछ दिन बीते, लेकिन वह वृद्ध संन्यासी नहीं आए। फिर एक रात वृद्ध योगी आए और सीधे छोटे साधु की गुफा में चले गए। वह छोटे साधु भी स्वामी हरि को संदेश भेजना भूल गए, जैसा कि उनसे कहा गया था। इसके स्थान पर उन्होंने वृद्ध साधु के लिए चाय और भोजन तैयार कर उन्हें खिलाया। वृद्ध स्वामी ने थोड़ी चाय पी और फिर खुशी-खुशी भोजन भी किया, जिसके बाद साधु ने उन्हें सोने के लिए जगह दी।

लगभग सुबह के छह बजे वह छोटे साधु ऊपरी गुफा में गए और स्वामी हरि को बताया कि वृद्ध साधु तो पौ फटने के बहुत पहले ही आ गए थे। उन्होंने स्वामी हरि को बताया कि उन्होंने वृद्ध साधु के लिए चाय और नाश्ता बनाया, उन्हें खिलाया और फिर उन्हें सोने की जगह दे दी।

स्वामी हरि बेचैन हो उठे कि उनके दिए निर्देशों का ठीक से पालन नहीं हुआ। फिर भी उन्होंने छोटे साधु को जाने और वृद्ध साधु को उनके पास चाय-पान और ध्यान-साधना के लिए भेजने को कहा।

स्वामी हरि वृद्ध साधु की प्रतीक्षा करते हुए ध्यान में बैठ गए। उनको ध्यान करते-करते लगभग एक घंटा बीत गया था कि तभी अचानक और धीरे-धीरे गुफा में एक सुगंधित महक आने लगी। वह समझ गए कि यह एक चिरायु और सर्वोच्च विकसित रहस्यमयी योगी के आने का संकेत है।

जब वृद्ध साधु ऊपरी गुफा में आए, स्वामी हरि ने उनका अभिवादन किया और फिर दोनों तुरंत ही ध्यान में बैठ गए। स्वामी हरि ने मुझे बताया, "वृद्ध स्वामी ने मेरी आँखों में देखा और फिर हम दोनों ने घंटों तक ध्यान किया। साधुओं का यही कार्य है, पूरा दिन बैठकर ध्यान करना।"

कुछ घंटों के पश्चात् छोटे साधु उनके लिए चाय-नाश्ता ले आए और दोनों ने मिल-जुलकर उसका आनंद लिया। वह वृद्ध संत स्वामी हरि के साथ दो सप्ताह तक रुके और इस दौरान दोनों ने एक साथ ध्यान किया। इतना ही नहीं, इस बीच वृद्ध संत ने

स्वामी हरि को दृश्य और अदृश्य होने का गुप्त विज्ञान भी सिखा दिया।

इस तरह के विज्ञान को रहस्य समझा जाता था, क्योंकि अपने योगाभ्यास में इस तरह की अवस्था में पहुँचना हिमालय के सभी साधुओं के लिए संभव नहीं होता था। स्वामी हरि ने बताया, हिमलाय के इस हिस्से में महागुरुओं के बीच दृश्य और अदृश्य होना वैसे काफी प्रचलित भी था, खासतौर पर जब वे गुफाओं में अपने विद्यार्थियों से मिलने का फैसला करते थे। स्वामी हरि ने हिमालयी गुरुओं के चमत्कारी किस्से सुनाने जारी रखा, जिनके साथ उन्होंने काफी समय व्यतीत किया था।

"मैंने खुद कई साधुओं को हिमालय की एक चोटी से दूसरी चोटी पर उड़कर जाते हुए देखा है।" उन्होंने कहा।

पहले तो स्वामी हरि जो मुझे बता रहे थे, मैं उसकी गहराई समझ ही नहीं पाया, लेकिन फिर मैंने एक विशाल बोइंग 727 हवाई जहाज के बारे में सोचा, जो सैकड़ों लोगों को समुद्र के पार ले जाता है। मैंने खुद से पूछा, "इस हवाई जहाज को कौन सा सिद्धांत उड़ाता है?"

मैं यह जानता और समझता था कि मनुष्य के रूप में हमारे पास हवा में उठने की योग्यता है। उदाहरण के लिए फेयरफील्ड, आटावा में 'महर्षि यूनिवर्सिटी ऑफ मैनेजमेंट' में छात्र ट्रांसेंडैंटल मेडिटेशन सिद्ध फ्लाइंग टेक्नीक प्रोग्राम के रूप में उत्तोलन-कला, यानी हवा में उठने की कला का अभ्यास करते हैं। यह उत्तोलन के एकीकृत क्षेत्र सिद्धांत पर आधारित विज्ञान है। हालाँकि मैं यह सब अच्छी तरह समझता था, लेकिन जब स्वामी हरि मुझे अपनी कहानी बता रहे थे, तो मैं खुद को आश्चर्यचकित महसूस कर रहा था।

दो सप्ताह गुजरने के बाद वृद्ध संन्यासी स्वामी हरि को छोड़कर चले गए। कुछ समय बाद स्वामी हरि भी हिमालय से नीचे आए और एक मेडिकल कॉलेज, जो उनके गुरु स्वामी राम का आश्रम भी था, वहाँ गए। एक दिन वह एक अमेरिकी महिला के साथ नाश्ता करने गए, जो उनके गुरु स्वामी राम की देह-त्याग तक उनकी देखभाल करती थी।

जब स्वामी हरि स्वामी राम के आश्रम में उन महिला के निवासस्थान पर पहुँचे तो उन्होंने वहाँ उन्हीं साधु की तसवीर देखी, जो उनके साथ दो सप्ताह के लिए गुफा में ठहरे हुए थे। उस साधु की तसवीर आश्रम की उस महिला के कमरे की दीवार पर टँगी हुई थी।

स्वामी हरि ने अमेरिकन महिला से उस तसवीर के बारे में पूछा, "क्या आप इस तसवीर में मौजूद साधु को जानती हैं?"

उसने कहा, "हाँ, यह स्वामी राम के करीबी मित्र हैं और वे दोनों एक-दूसरे को कई वर्षों से जानते हैं।"

फिर उसने स्वामी हरि से पूछा, "क्या आप इन्हें जानते हैं?"

स्वामी हरि ने जवाब दिया, "हाँ, यह अभी हाल ही मेरे साथ दो सप्ताह तक रहे थे।"

अमेरिकन महिला कुछ क्षण चुप रही। वह काफी भ्रमित नजर आ रही थी। फिर उसने कहा, "यह असंभव है। यह सच नहीं हो सकता, क्योंकि यह साधु तो दस वर्ष पहले ही गुजर चुके हैं।"

स्वामी हरि ने मुझे समझाया कि यह जानकर वह अवाक् रह गए। वह सदमे में थे, क्योंकि वह जानते थे कि वह उस रहस्यममयी साधु से मिले हैं और उन्होंने साथ में दो सप्ताह तक ध्यान भी किया है। वे हर रोज साथ में चाय-नाश्ता करते थे, लेकिन अब उन्हें बताया जा रहा है कि उन साधु ने वास्तव में काफी पहले अपनी देह त्याग दी थी!

कुछ क्षण पश्चात् स्वामी हरि सदमे से बाहर आए और उन्हें समझ आया कि वह किसी महान् गुरु की उपस्थिति में रहे थे। इसके बाद स्वामी हरि ने अपनी कहानी यह कहते हुए समाप्त की, "मेरे लिए ऐसे चिरायु योगी से मिलने का अवसर बहुत ही अनोखा और अद्वितीय रहा।"

□

8

योगी से मिला निष्ठुर सबक

वर्ष 2000-2005 के बीच मैंने स्वामी हरि के साथ बहुत सारी यात्राएँ कीं। वह लोगों को व्याख्यान और ध्यानाभ्यास करवाते थे और इस दौरान हम उनके अनुयायियों के घर ही ठहरते थे। हम हिमालय में उनके कॉलेज-निर्माण के लिए अनुदान जुटा रहे थे। वह अत्यंत सौम्य थे; उनकी हथेलियाँ एक छोटे बच्चे जैसी थीं, लेकिन जब वह हाथ मिलाते थे, तो ऐसा लगता था कि जैसे किसी पहलवान का हाथ हो। उनकी हँसी उन्मुक्त थी और वह ऊर्जा से भरपूर थे। वह अत्यंत आध्यात्मिक और विनीत थे।

स्वामीजी ने इस दौरान मुझे अपनी बहुत सारी रहस्यमयी कहानियाँ सुनाईं और कई तो मैंने खुद उनकी उपस्थिति में अनुभव की। उनके साथ रहना एक बाल भगवान् के साथ रहने जैसा था। वह काफी मजेदार, रोमांचक और अद्‌भुत थे। वह दिल को परेशान करने वाली बातों और परिस्थितियों के अच्छे सलाहकार थे।

वर्ष 2001 में हम पहली बार त्रिनिदाद एवं टोबैगो द्वीप पर गए। मैंने वेस्ट इंडीज विश्वविद्यालय, कॉलेजों, मंदिरों और लोगों के घरों में स्वामीजी के लिए व्याख्यानों की एक श्रृंखला आयोजित की थी। जब हम त्रिनिदाद के पियार्को अंतरराष्ट्रीय हवाई अड्डे पर उतरे तो मुझे यह देखकर आश्चर्य हुआ कि वहाँ के राजनयिक अधिकारियों ने खुद आकर हमारा स्वागत किया और इससे हमें कस्टम में भी कोई परेशानी नहीं हुई।

स्वामीजी ने मेरी तरफ देखा और मुसकराए। फिर उन्होंने कहा, "अब तो मुझे और चलकर नहीं जाना पड़ेगा। मैं व्हीलचेअर पर बैठकर जाऊँगा।"

और वास्तव में वे उन्हें व्हीलचेअर पर लेकर आए। त्रिनिदाद में एक क्रेडिट यूनियन के अध्यक्ष ने स्वामीजी और मुझे अपने संगठन को अभिमंत्रित करने के लिए आमंत्रित किया। हम उनके कार्यकारी सम्मेलन कक्ष में पहुँचे, जहाँ अभी-अभी एक

बोर्ड मीटिंग खत्म हुई थी। उनके अध्यक्ष महोदय ने फूलों के साथ हमारा स्वागत किया और फिर हमें मुख्य चेअर की ओर ले गए जहाँ से सबसे महत्त्वपूर्ण व्यक्ति बैठकर बात करता है। उन्होंने स्वामीजी से बोर्ड के सदस्यों को आशीर्वाद देने और संगठन की समृद्धि एवं वृद्धि के लिए प्रार्थना करने का अनुरोध किया।

जैसे ही स्वामीजी ने ध्यान लगाते हुए अपनी कमर सीधी की, पूरे कमरे में शांति छा गई। उन्होंने क्रेडिट यूनियन की समृद्धि के लिए संस्कृत मंत्रों का जाप किया और फिर अध्यक्ष महोदय को उनके ऑफिस ले जाने के लिए एक मिट्टी का दीया जलाकर दिया। स्वामीजी ने सबसे कहा, "इस क्रेडिट यूनियन का आने वाले कुछ वर्षों में जबरदस्त विकास होगा।" फिर उन्होंने अपना हाथ उठाया और सबको आशीर्वाद दिया।

अध्यक्ष महोदय ने स्वामीजी से कहा, "मैं भारत में आपके कॉलेज के लिए आपको 10,000 अमेरिकी डॉलर दूँगा और हम बहुत खुश हैं कि आपने हमारे संगठन को आशीर्वाद प्रदान किया।"

तीन साल बाद क्रेडिट यूनियन की सदस्यता में रिकॉर्ड वृद्धि हुई और उनके व्यवसाय में एक बिलियन डॉलर से भी ज्यादा का विकास हुआ। लेकिन इस बीच अध्यक्ष महोदय स्वामीजी से किया अपना वादा भूल गए।

मैंने एक और दौरे का बंदोबस्त किया, जिससे दोबारा क्रेडिट यूनियन जाया जा सके। इस बार स्वामीजी ने उनके मुखयालय में व्याख्यान देना था। उनकी आयोजन समिति ने भी हमें सारे इंतजाम करने का आश्वासन दिया था।

हम व्याख्यान के लिए वर्ष 2003 में वापस त्रिनिदाद गए और इस बार हमें एक समृद्ध कारोबारी के घर पर रहने का सौभाग्य प्राप्त हुआ, जिन्होंने अभी हाल ही में चगुवानास जिले में एक मॉल बनवाया था। व्याख्यान के दिन मैंने एक पुजारी को हमें क्रेडिट यूनियन तक छोड़ने के लिए फोन किया। पुजारी ने कहा, "संत, क्रेडिट यूनियन में किसी व्याख्यान की तैयारी नहीं की गई है।"

मैंने कहा, "क्या क्रेडिट यूनियन ने स्वामीजी द्वारा दिए जानेवाले व्याख्यान की घोषणा की?"

उसने कहा, "नहीं, वहाँ ऐसा कुछ नहीं हो रहा है।"

मैंने स्वामीजी को सारी परिस्थिति के बारे में बताया और उन्होंने कहा, "हम तब भी वहाँ अपना कर्तव्य पूरा करने जरूर जाएँगे।"

मैंने पुजारी से हमें सभागार तक छोड़ने के लिए कहा। जैसे ही स्वामीजी और मैं कार में बैठे, मैंने पुजारी को रोते देखा। मैंने उससे पूछा, "पंडितजी, आप क्यों रो रहे हैं?"

पुजारी ने कहा, "उन्होंने पहले स्वामीजी को व्याख्यान देने के लिए आमंत्रित किया और अब इस तरह का व्यवहार कर उन्हें स्वामीजी का अपमान नहीं करना चाहिए था।"

जब हम क्रेडिट यूनियन पहुँचे, स्वामीजी ने कहा, "संत, मुझे यहीं पार्किंग में छोड़ दो और तुम जाकर देखो कि अंदर क्या बंदोबस्त किया गया है।"

मैं सभागार में गया। वहाँ कोई मौजूद नहीं था और सारी लाइटें भी बंद थीं। मैं वापस आया और कहा, "स्वामीजी, वहाँ कोई नहीं है और सब बंद हैं।"

फिर हमारे साथ आए पुजारी अंदर देखने के लिए गए, जहाँ उन्हें संस्था का प्रमुख पुजारी मिला। उन्होंने उनसे कहा, "स्वामीजी और संत पार्किंग में खड़े हैं। आपको उनका अभिवादन करना चाहिए।"

तब वह प्रमुख पुजारी बाहर आए और हमारा अभिवादन किया। उन्होंने कहा, "हमें क्षमा कर दीजिए कि आज व्याख्यान के लिए कोई इंतजाम नहीं हो पाया। यहाँ कोई नहीं है।"

स्वामीजी ने पूछा, "अध्यक्ष महोदय कहाँ हैं?"

प्रमुख पुजारी ने कहा, "यहाँ आज कोई नहीं है।"

यह पहली बार था, जब मैं स्वामीजी को एक अलग ही अवतार में देख रहा था। उन्होंने अपनी आँखें बंद की और पुजारी से कहा, "वह अंदर ही हैं और इस समय व्यायाम कक्ष में हैं। उनसे जाकर कहो कि मैं अभी उनसे मिलना चाहता हूँ।"

मुख्य पुजारी अंदर गए और स्वामीजी का संदेश अध्यक्ष को दिया, जो वास्तव में व्यायाम कक्ष में ही कसरत कर रहे थे। जब क्रेडिट यूनियन के अध्यक्ष इमारत से बाहर पार्किंग में हमारा अभिवादन करने आए तो उन्होंने ठीक से कपड़े भी नहीं पहने थे, पसीने से लथपथ गले में बस, एक तौलिया डाला हुआ था। उनकी पूरी पीठ दिखाई दे रही थी, जोकि एक बहुत ही अनुचित और अपमानजनक व्यवहार था।

स्वामीजी ने कहा, "जिस तरह तुम नंगे बदन आए हो, उसी तरह नंगे हो जाओगे।"

फिर हमने क्रेडिट यूनियन का परिसर छोड़ दिया और वहाँ दोबारा नहीं लौटे। तीन साल बाद क्रेडिट यूनियन दिवालिया हो गया। उसके अध्यक्ष ने अपनी सारी संपत्ति एक बहुत बडी फाइनेंस कंपनी के हाथों खो दी और उनकी दूसरी सहायक कंपनियाँ भी उसकी अदायगी में चली गईं। उनके सारे वित्तीय साधन भी फाइनेंसर के पास थे। अध्यक्ष ने हजारों लोगों के जीवन में मुश्किलें पैदा कर दी थीं। अधिकतर खाते बंद पड़ गए और लोगों के लाखों डॉलर डूब गए। स्वामीजी फिर कभी त्रिनिदाद एवं टोबैगो नहीं गए और जून 2008 में उन्होंने अपना शरीर त्याग दिया।

क्रेडिट यूनियन के अध्यक्ष ने कभी सोचा भी नहीं होगा कि एक साधु की जिह्वा सृजन और विनाश, दोनों की शक्ति रखती है।

संत और स्वामी हरि, जिन्हें हिमालय के 'लॉफिंग बाबा' के तौर पर जाना जाता है, एक संक्रामक हँसी में लिप्त *(फोटो साभार—वंदना डी रामसमूज)*

□

9

महिला के कैंसर से निजात

किसी को भी कैंसर का आशीर्वाद मिलना एक बहुत खतरनाक चीज हो सकती है, जैसा कि मैंने पाया। मैं एक पंडित के रूप में अपने ही अज्ञान और मायाजाल में फँस गया, जिसका मुझे खामियाजा भी भुगतना पड़ा। आप इसे ऐसे समझ सकते हैं कि बाबा (स्वामी हरि) तो एक राजा के समान हैं और वही लोगों के कैंसर जैसे रोगों का उपचार करते हैं, न कि मैं। मैं इस बात को लेकर बिल्कुल भी सुनिश्चित नहीं था कि अगर मैं किसी को कैंसर से निजात पाने का आशीर्वाद दूँ, तो मेरे साथ क्या होगा?

लगभग आठ साल पहले मैं त्रिनिदाद एवं टोबैगो में था और वहाँ द्वीप के दक्षिणी छोर पर बसे पेनल शहर में 'हिमालयन मिशनरी' की स्थापना कर रहा था। मैं वहाँ अपने दो सप्ताह के प्रवास के दौरान कई लोगों से मिला।

एक बार मुझे एक मध्यम वर्गीय महिला ने अपने घर रात्रिभोज के लिए आमंत्रित किया, जो मेरे गुरुदेव श्री स्वामी राम की प्रत्यक्ष शिष्या थीं। उन्होंने वह घर एक दूसरी महिला से किराए पर लिया था, जिन्हें अंतिम चरण का कैंसर था। मैं इस बात से अनजान था। मुझे लगा कि मैं उस महिला के घर जाऊँगा, वहाँ भोजन करूँगा और उनके साथ कुछ समय बिताऊँगा। इसके बाद मैं सोने से पहले अपने माता-पिता से मिलने चला जाऊँगा, जो त्रिनिदाद एवं टोबैगो में ही रहते थे।

जब मैं रात को भोजन के लिए पहुँचा तो मुझे मकान मालकिन से मिलवाया गया। वह बहुत ही मित्रवत् महिला थीं और कहीं से बीमार नहीं लग रही थीं। मुझे वहाँ औरों से मिलकर भी बहुत अच्छा लगा, जो मुझसे ही मिलने आए थे। इसके बाद हम सब खाने की मेज के पास बैठे और साथ में भारतीय भोजन का स्वाद लिया। भोजन अत्यंत स्वादिष्ट था और वे लोग भी काफी मजेदार थे। मुझे स्वामीजी की एक शिष्या से स्वामी राम से संबंधित उनके अपने अनुभवों को जानने का मौका मिला।

मुझे जब भी किसी ऐसे व्यक्ति से कोई अनुभव सुनने को मिलता है, जो मेरे गुरुदेव से मिला हो, तो मैं अपने दिल में एक रोमांच सा महसूस करता हूँ। मैं खुद को उनके

अनुभव सुनने से रोक नहीं पाया और यह भी कि वह कैसे उनकी शिष्या बनीं। हम सभी सोफे की तरफ बढ़े, ताकि थोड़ी और बातचीत कर सकें और थोड़ी और चाय पी सकें।

मैं तब तक अपने तय किए हुए समय से कुछ ज्यादा ही वहाँ ठहर गया था और उस रात मेरे माता-पिता मुझे देखे बिना ही सोने चले गए। जब रात्रिभोज का समय पूरा हो गया तो मकान मालकिन ने मुझसे अकेले में मिलने का अनुरोध किया। उन्होंने कहा, "संत, मुझे कैंसर है और मेरे पास ज्यादा समय नहीं है। मुझे थोड़ा और समय चाहिए, ताकि अपने दोनों बेटों की देखभाल व जिम्मेदारियों को लेकर निश्चिंत हो सकूँ। क्या आप मेरे लिए प्रार्थना कर सकते हैं?"

मुझे कुछ समझ नहीं आया कि मैं उनसे क्या कहूँ? मुझे यह भी समझ नहीं आ रहा था कि मैं क्या करूँ? मैंने एक क्षण रुककर यह तक नहीं सोचा कि इसका आगे क्या परिणाम होगा? मैंने सोचा कि मैं उसके लिए प्रार्थना कर सकता हूँ और जैसे आमतौर पर दूसरों को आशीर्वाद देता हूँ, वैसे ही उन्हें भी दे सकता हूँ। मैंने जैसे ही उस महिला के अच्छे स्वास्थ्य के लिए प्रार्थना की और अपने हाथों को आशीर्वाद देते हुए उसके सिर पर रखा तो उसने भारतीय परंपरा के अनुसार मेरे दाएँ पैर को स्पर्श किया।

मैंने तुरंत अपने दाएँ पैर में खुजली होते हुए महसूस की। मेरे साथ ऐसा पहले कभी नहीं हुआ था। लेकिन तब मेरे मन में उसकी बीमारी से संक्रमित होने का खयाल भी नहीं आया था, क्योंकि कैंसर स्पर्श करने से नहीं फैलता। इसलिए मैं इस बात से ज्यादा घबराया नहीं। मुझे लगा कि यह उष्णकटिबंधीय जलवायु की गरमी के कारण हुआ होगा।

मुझे अचानक ही प्यास लगने लगी और मैंने सोचा कि यह शायद भोजन की वजह से है। मैंने एक गिलास पानी पीकर अपनी प्यास शांत की। उसके बाद मैं अच्छा महसूस कर रहा था। मेरा गला भी ठीक था और अब मेरे पैर में खुजली भी नहीं हो रही थी। अगली सुबह जब मैं उठा तो मेरे दाएँ पैर में सूजन थी। मेरे पैर पर लाल चकत्ते थे, जो बहुत असहज थे और उनमें काफी खुजली भी हो रही थी। मेरे लिए यह बिल्कुल भी सामान्य नहीं था। यह मुझे गरम चकत्तों की तरह महसूस हो रहे थे। मुझे लगा कि यह मात्र संयोग होगा कि उस महिला के स्पर्श करने के बाद से ही मेरे पैर में चकत्ते होने शुरू हुए। मुझे तुरंत डॉक्टर को दिखाना भी जरूरी नहीं लगा तो मैं इंतजार करने लगा कि अगर स्थिति और खराब हुई तो ही मैं डॉक्टर के पास जाऊँगा और फिर ऐसा ही हुआ! मैं जुराबें तक नहीं पहन पा रहा था, क्योंकि मुझे पैर में काफी दाह महसूस हो रही थी।

कुछ दिनों के बाद मुझे पेट और कमर में परेशानी होने लगी। मेरे हाथ और पैरों में दर्द उठने लगा। मुझे लगा कि यह सब गरमी की वजह से हो रहा है। लेकिन मैं इस बात को लेकर निश्चिंत नहीं था कि मेरे पैर में क्या हुआ था?

कई वर्ष पहले मुझे याद आया कि मैं एक योगी से मिला था, जो फ्लोरिडा आए

थे और उन्होंने मुझसे कहा था, "मेरी आज्ञा के बिना मेरे पैरों को कभी मत छूना। मैं एक आध्यात्मिक चिकित्सक हूँ और लोगों की बीमारी अपने पैर में स्थानांतरित करता हूँ। अगर तुम अनजाने में मेरे पैर छुओगे तो संभवत: बीमारी के संपर्क में आ जाओगे और फिर उससे छुटकारा पाने का रास्ता नहीं निकाल पाओगे।" योगी ने अपनी बात पूरी करते हुए कहा, "दूसरे योगियों के पैरों का स्पर्श करते हुए भी यह बात याद रखना। जब वे तुम्हें अपने पैर छूने की आज्ञा देते हैं तो वे उन्हें पीछे खींच लेते हैं। जहाँ वे खड़े होते हैं, उस जमीन का स्पर्श करना, न कि उनके चरणों का।" मुझे लगा कि शायद मेरे साथ ऐसा ही कुछ हुआ है।

सबसे बुरी बात यह थी कि मुझे यह समझ नहीं आ रहा था कि अपने पैर पर होनेवाली इस खुजली से कैसे छुटकारा पाऊँ? मैं कई महीने इसमें उलझा रहा। मुझे ठंड, कमजोरी और खुजली ऐसे महसूस हो रही थी, जैसे कोई गरम हवा मेरे पूरे शरीर में बह रही हो! मैं एकदम असहज था। मैं स्थानीय डॉक्टरों के पास गया तो उन्होंने मुझे पैर पर लगाने के लिए एक मरहम दिया, लेकिन उनके लाल होने का कारण डॉक्टरों को भी समझ नहीं आया।

ग्यारह महीने बाद कनाडा में उस कैंसरग्रस्त महिला का निधन हो गया। लगभग उसी समय स्वामी हरि मुझसे विस्कॉन्सिन मिलने आए हुए थे। मैंने स्वामी हरि को मेरे पैर की खुजली के बारे में बताया और उन्हें वे लाल चक्ते भी दिखाए। उन्हें सोचना भी नहीं पड़ा और तुरंत बोल उठे, "तुम इस बीमारी के संक्रमण में किसी ऐसे व्यक्ति की वजह से आए हो, जिसने तुम्हारे चरण स्पर्श किए।" मेरा ध्यान सीधे उस कैंसरग्रस्त महिला पर गया। मैंने फिर स्वामी हरि को उस महिला के बारे में बताया और कहा, "हम्म" और उन्होंने अपनी आँखें बंद कर लीं।

फिर स्वामी हरि ने अपनी जेब में हाथ डाला और मुझे एक पौधे की छोटी सी छाल चबाने को दी। मुझे यह देखकर हैरानी हुई कि अगली सुबह मेरे पैरों के लाल चकत्ते और खुजली चली गई थी। आप समझ सकते हैं कि मुझे कितनी खुशी और राहत मिली होगी कि स्वामी हरि ठीक उन दिनों मेरे घर आए, जब एक बीमारी उस महिला से मेरे शरीर में घर कर चुकी थी!

हिमालय के जंगलों के इन रमते जोगी, स्वामी श्री हरि ने मेरे साथ कई बार बहुत सारे अद्भुत चमत्कार किए। वह एक दिव्य आत्मा थे, जो हमारे बीच एक तारकीय प्राणी की तरह यात्रा करते थे।

□

भाग-6

स्वामी आत्मानंद सरस्वती के प्रसंग

स्वामी आत्मानंद सरस्वती

(फोटो साभार—स्वामी आत्मानंद)

स्वामी आत्मानंद सरस्वती

स्वामी आत्मानंद सरस्वती उन पुण्य-आत्माओं में से एक हैं, जिनसे मैं इस जीवन-पथ पर मिला। हम वर्ष 2006 की सर्दियों के दौरान मिले। मैं तब विस्कॉन्सिन स्थित 'हिमालयन मिशनरी' में एक आध्यात्मिक रीट्रीट की तैयारी कर रहा था।

मुझे आज भी याद है, मेरे वॉयस मेल रिकॉर्डिंग पर एक वॉयस मैसेज आया था, "जय दुर्गे! यह संदेश संत के लिए स्वामी आत्मानंद की तरफ से है। आप प्लीज मुझे घर पहुँचते ही फोन करें। जय दुर्गे!"

मैं तब विस्कॉन्सिन से ड्राइव करते हुए मिनेसोटा अपने घर लौटा ही था। स्वामीजी का वॉयस मेल सुनने के बाद मैंने तुरंत उन्हें फोन किया और तब स्वामीजी ने मुझे अगले ही दिन वापस विस्कॉन्सिन में दोपहर के खाने पर आमंत्रित किया, जहाँ से मैं अभी-अभी लौट रहा था। यह लगभग 150 मील लंबी यात्रा थी।

मैं आध्यात्मिक रीट्रीट के उद्घाटन से पहले प्राथमिक विद्यायल की इमारत (जिसे अब हिमालयन एजुकेशन सेंटर बुलाया जाता है) की मरम्मत का काम पूरा कराने के लिए दिन-रात प्रयास कर रहा था और इस वजह से काफी थक गया था। उन्होंने खुद मेरे लिए भोजन तैयार किया और मुझे अपने हाथों से परोसा। यह बहुत ही पौष्टिक भोजन था, जिसने रीट्रीट से पहले मेरे ऊर्जा-स्तर में वृद्धि कर मुझे एक नई स्फूर्ति से भर दिया।

स्वामी आत्मानंद स्वामी शिवानंद के प्रत्यक्ष शिष्य हैं, जिन्होंने हिमालय की बर्फीली गुफाओं में कई वर्षों तपस्या में समय बिताया था। हालाँकि स्वामी दुर्गानंद से मिलने के बाद स्वामीजी देवी माँ के भक्त बन गए। स्वामी दुर्गानंद की उम्र तब लगभग सौ वर्ष रही होगी, जब उन्होंने दस वर्ष के स्वामी आत्मानंद को पढ़ाना शुरू किया था।

मैंने स्वामीजी को रीट्रीट के लिए आमंत्रित किया और साथ ही उनसे इस कार्यक्रम के लिए एक अतिथि वक्ता के तौर पर व्याख्यान देने का अनुरोध भी किया। स्वामीजी का संभाषण बेहद ही सरल, लेकिन प्रभावी था। उन्होंने दर्शकों को अपने संपूर्ण व्याख्यान

के दौरान बाँधे रखा।

मैंने एक अमेरिकी पुरुष को मुट्ठी भर कुछ फूल लाते देखा, जिन्हें उसने संभाषण के समापन पर स्वामीजी के चरणों पर अर्पित कर दिया। स्वामीजी ने उनमें से कुछ फूल उठाए और फिर 60 से भी अधिक लोगों से भरे कमरे में सभी को एक-एक फूल देना शुरू किया।

कमरे में मौजूद प्रत्येक व्यक्ति को फूल मिल चुके थे और स्वामीजी के हाथ अभी भी फूलों से भरे थे। मैं वर्ष 2000 से लेकर अब तक स्वामीजी की छत्रच्छाया में अध्ययन कर रहा हूँ। जय दुर्गे!

□

1

सर्दियाँ और एक हिमालयी योगी

वर्ष 2006 की सर्दियों में मुझे अमरनाथ के बर्फीले पहाड़ों से आए एक हिमालयी योगी स्वामी आत्मानंद सरस्वती से मिलने का सौभाग्य प्राप्त हुआ।

वह तब मिनियापोलिस आए हुए थे और फिर कोई उन्हें विस्कॉन्सिन के मेनोमोनी में 'हिमालयन एजुकेशन सेंटर' दिखाने लेकर आया। वह दिखने में काफी जवान और लगभग 48-50 की उम्र के बीच के ही लग रहे थे। हालाँकि योगियों की उम्र का अंदाजा लगाना आसान नहीं होता। अकसर इनका रंग-रूप एक छलावा मात्र होता है।

मैंने देखा कि उन्होंने अपनी कमर में बस, एक पतली सी सूती धोती लपेटी हुई थी और बाकी वह उघड़े बदन थे। यह दिसंबर का महीना था, जब तापमान -20 डिग्री था। मैंने टोपी, दस्ताने, जैकेट और लंबी पेंट सब पहना हुआ था। इसके बावजूद मुझे काफी ठंड लग रही थी, लेकिन हिमालयी योगी ने कहा, "मुझे ऐसा मौसम पसंद है। यह मेरे लिए एकदम उपयुक्त है।"

मैं उनसे पहली बार मिल रहा था और उनके बारे में कुछ जानता भी नहीं था। लेकिन वह मुझसे इस तरह घुल-मिलकर बात कर रहे थे, जैसे मुझे पहले से जानते हों! स्वामीजी ने भारत में कई दूसरे योगियों से हमारे हिमालयन एजुकेशन सेंटर के बारे में सुना था, इसीलिए जब वह मिनियापोलिस आए तो हमारा स्कूल देखने भी आए। उन्होंने मुझे बताया कि भारत में उनका भी एक ऐसा ही स्कूल है, जहाँ लगभग 2000 विद्यार्थी योग विज्ञान और भारतीय दर्शन का अध्ययन करते हैं। उन्हें यह विचार बहुत रुचिकर लग रहा था कि हम उनके स्कूल के साथ मिलकर एक मिला-जुला कार्यक्रम बनाएँ और विद्यार्थियों का आदान-प्रदान करें।

मैंने स्वामीजी को अपने स्कूल का एक दौरा कराया और उन्हें इमारत की तीसरी मंजिल पर बने ध्यान-केंद्र में ले गया। छह साल पहले जब योगियों ने इस कमरे को ध्यान-कक्ष में बदला था, तब से लेकर अब तक यहाँ किसी ने एक शब्द भी नहीं बोला

है। वह वहाँ कुछ मिनट मौन में बैठे। मैं उनकी चेतना से प्रसारित होने वाले मौन को महसूस कर पा रहा था। वह दरअसल, पर्वतों में मौनाभ्यास के आदी थे।

मैंने उन्हें छात्रावास, ऑडिटोरियम और हमारी बड़ी सी रसोई दिखाई। वह यह जानकर बहुत खुश हुए कि हम मेनोमोनी में वरिष्ठ नागरिकों को निःशुल्क योग सिखाते हैं। जब स्कूल का दौरा पूरा हुआ तो मैं उन्हें हमारे ऑफिस ले आया व बैठने के लिए कुरसी दी और फिर हमने इकट्ठा कार्यक्रम चलाने का सपना साझा किया।

वह हमारे स्कूल में भारत से कुछ विद्यार्थियों को देखकर बहुत खुश हुए और फिर उन्होंने हमें हिमालय के पर्वतों में अपने आवास के दौरान के प्रसंग सुनाने शुरू किए। वह अपने कुछ विद्यार्थियों को उनके पश्चिमी उच्च शिक्षा जारी रखने हेतु विस्कॉन्सिन स्टॉउट विश्वविद्यालय में हमारे केंद्र पर भेजना चाहते थे।

मैंने उनसे पूछा, "स्वामीजी, आप हिमालय में सर्दियों के दौरान अपने शरीर को गरम कैसे रखते हैं?"

उन्होंने जवाब दिया, "वहाँ योगियों को अपने शरीर को गरम रखने के लिए अपने-अपने चक्रों को जाग्रत् करना सीखना पड़ता है। अन्यथा वे इतनी ठंडी जलवायु में मर ही जाएँगे।"

उन्हें दिसंबर माह में विस्कॉन्सिन का ठंडा मौसम काफी पसंद आया, क्योंकि इसने उन्हें हिमालय के अमरनाथ की बर्फीली जलवायु की याद दिला दी।

स्वामीजी ने आगे कहा, "हमारी कोटि के योगी साँस लेने और छोड़ने की अलग-अलग तकनीकों का प्रयोग करते हुए श्वास-नियंत्रण व तीव्र प्राणायाम का अभ्यास करते हैं।" उन्होंने कहा, "साल में एक बार सभी योगी इकट्ठा होते हैं और बर्फीले पहाड़ों में बस, एक पतली सूती धोती पहनकर बैठते हैं। वे इस दौरान कठोर प्रणायाम व अलग-अलग श्वास तकनीकों में संलग्न रहते हैं। इससे इतनी गरमी उत्पन्न हो जाती है कि यदि एक गीले तौलिए को उनकी नंगी पीठ पर रखा जाए, तो वह भी सूख सकता है।"

सुनने में उनकी बातें परियों की कहानी जैसी लग रही थीं, लेकिन इतने सारे आध्यात्मिक व रहस्यमयी योगियों से मिलने के बाद अब मेरे लिए परीकथा जैसा कुछ भी नहीं रह गया था। इन लोगों का जीवन ऐसे ही अविश्वसनीय प्रसंगों से भरा रहता है और अकसर इन्होंने अनंत आयु के हिमालयी संन्यासियों के साथ ऐसे जीवन को महसूस भी किया है।

स्वामीजी ने मुझे बताया, "कई बार तो उन्होंने अपने गुरु भाई को सिर्फ अपने हाथों से पानी का प्याला गरम करते हुए देखा है।"

पश्चिमी संसार में अपने मस्तिष्क की अपूर्ण क्षमताओं के साथ हममें से कुछ लोगों के लिए इन चमत्कारों को समझना ही मुश्किल है, फिर इनका वास्तविक जीवन

में अनुभव करना तो और भी दूर की बात है। दरअसल, हम अपने मस्तिष्क की मदद से अपने अंदर की संपूर्ण क्षमताओं का उपयोग करने के आदी नहीं हैं।

स्वामीजी ने फिर कहा, "मैं तुम्हें बाहर ठंडे मैदान में अपनी पीठ पर एक गीले तौलिए को सुखाकर दिखा सकता हूँ।"

मैंने कभी भी योगियों पर संदेह नहीं किया, क्योंकि कई बार यह हमारे अंदर मौजूद ईश्वर पर शक करने जैसा होता है, जो फिर हमें दूसरे आयामों पर सोचने ही नहीं देता। मुझे स्वामीजी की परीक्षा लेने की कोई जरूरत नहीं थी, क्योंकि वह –20 डिग्री के तापमान में पहले से ही बस एक सूती धोती लपेटकर बैठे हुए थे।

मैं उनका आशीर्वाद प्राप्त करने को काफी उत्सुक था, ताकि उनकी जीवन–शैली को और अधिक समझ सकूँ। मेरे भीतर हिमालयी योगियों को लेकर एक विशेष सम्मोहन है और इसी सम्मोहन में मैंने बहुत से ऐसे योगियों का सान्निध्य प्राप्त करने में सफलता भी पाई है। स्वामीजी ने 'हिमालयन एजुकेशन सेंटर' का दौरा करते हुए संस्कृत में मंत्र जाप किए। वह यहाँ विद्यार्थियों से मिलकर बहुत खुश हुए और अब मैं 'हिमालयन एजुकेशन सेंटर' और उनके स्कूल के बीच तय हुए कार्यक्रम की उत्सुकता से प्रतीक्षा कर रहा हूँ।

स्वामी आत्मानंद एक बेहद ही कांतिमान व्यक्तित्व के स्वामी हैं, जिनका एक अलग ही आकर्षण और सम्मोहक हँसी है। हिमालयी संन्यासियों से मिलना एक अति दुर्लभ अवसर होता है। यदि आपको भी कभी ऐसे किसी संन्यासी से मिलने का अवसर प्राप्त हो तो उसे हाथ से जाने मत देना।

□

2

योगियों का पिता को जीवन-दान

मेरे पिता त्रिनिदाद एवं टोबैगो के एक प्रतिष्ठित पुजारी थे। वह धर्म, शिक्षा और संस्कृति के महान् समर्थक थे। वहाँ के सभी भारतीय और गैर-भारतीय लोग उन्हें बहुत पसंद करते थे।

वर्ष 2006 में वह अमेरिका आए, ताकि अपना 78वाँ जन्मदिवस अपने सभी बच्चों और नाती-पोतों के साथ मना सकें। उस दौरान उन्होंने 60 वर्षों से भी ज्यादा समय के लिए एक मानवतावादी के तौर पर अपने प्रसिद्ध कार्यों की याद में प्रार्थना एवं प्रशस्ति-गान के साथ अपना जन्मदिन मनाया।

उन्होंने न्यू हैंपशायर में एक सांस्कृतिक शिविर में भाग लिया, जो न्यूयॉर्क के कई नेताओं द्वारा आयोजित किया गया था। इसके बाद उन्होंने अपने कुछ बच्चों और नाती-पोते के साथ न्यूयॉर्क में ही समय बिताया। पापा ने जिस तरह से अपनी जिंदगी को जिया है, हमेशा दूसरों को भी वही सब सिखाया है। उन्होंने इतिहास, धर्म और संस्कृति पर कई पुस्तकें पढ़ीं तथा भारत, गुयाना, सूरीनाम, अमेरिका और त्रिनिदाद एवं टोबैगो में कई व्याख्यान दिए।

बाद में पापा मेरे छोटे भाई और उसके परिवार के साथ समय बिताने के लिए बाल्टीमोर, मैरीलैंड चले गए। उन्हें एक से दूसरी जगह की यात्रा करने में बहुत मजा आता था। मेरे पापा को बाहरी दुनिया बहुत अच्छी लगती थी। उन्होंने अमेरिका आने के पूर्व तक केवल अपनी साइकिल की ही सवारी की थी। उन्हें हमेशा से हवाई अड्डे, राजमार्ग, वैज्ञानिक प्रौद्योगिकी और अमेरिका की ऊँची इमारतों को देखने और लोगों से मिलने-जुलने का बड़ा चाव था।

बाल्टीमोर में एक दिन मेरे पापा बेहोश होकर गिर गए। मेरा भाई चेक-अप के लिए उन्हें डॉक्टर के पास ले गया। डॉक्टर ने कुछ टेस्ट कराने को कहा, जिनमें शुरुआत में कुछ भी गड़बड़ी नजर नहीं आई। हालाँकि जब डॉक्टर ने कुछ दूसरे टेस्ट

कराने का फैसला किया तो पता चला कि उनकी सभी धमनियाँ अवरुद्ध हो चुकी थीं।

उन्हें तुरंत बाल्टीमोर के यूनियन हार्ट अस्पताल में भरती कराया गया। वहाँ डॉक्टरों ने उनकी ट्रिपल बाईपास हार्ट सर्जरी की; इस तरह उन्हें बचा लिया गया। कुछ दिनों बाद सारा रक्त उनके बाएँ पैर में चला गया और वहाँ से बाकी के शरीर में नहीं दौड़ पा रहा था। उनकी नसें और धमनियाँ कोलेस्ट्रॉल के कणों से बंद पड़ गई थीं, जिसके कारण रक्त वापस नहीं आ रहा था।

डॉक्टरों ने उनका बायाँ पैर काटने का फैसला किया, क्योंकि इसमें सेप्टिक और सूजन बढ़ गई थी। जिस दिन उनका पैर काटा गया, उस रात जिस नर्स की ड्यूटी थी, वह उनकी इंट्रावेन्स ट्यूब में दर्द-निवारक दवा डालना भूल गई। हालाँकि मेरे पिता अभी भी बेहोशी की हालत में थे और संभवतः इसी कारण नर्सिंग-स्टॉफ से यह चूक हुई होगी। बेहोशी से जागने पर उनका शरीर काँप रहा था और दर्द एवं आघात से सदमे में चला गया था।

मेरा भाई, जो यूनियन अस्पताल में ही एक लैब डायरेक्टर के तौर पर काम करता है, उसने लैब में पापा के खून की जाँच कराई और तब पता चला कि उनके खून में दर्द की कोई दवा ही नहीं थी। इसके बाद डॉक्टर आए और उन्हें दर्द की दवा दी। इसी बीच मेरे पिता के मस्तिष्क में तरल पदार्थ से स्ट्रोक हो गया। डॉक्टरों ने उनके मस्तिष्क में निर्मित तरल पदार्थों को निकालने के लिए लंबी सुइयाँ डालीं।

यह एक बहुत ही मुश्किल प्रक्रिया थी, जिसका एक खतरा यह भी था कि इसके परिणामस्वरूप मेरे पिता अपनी पूरी जिंदगी बेहोश रह सकते थे। भगवान् की कृपा से डॉक्टर तरल पदार्थ निकालने में सफल हुए, लेकिन इसके बावजूद पापा के मस्तिष्क के बाएँ हिस्से में स्ट्रोक बना रहा। इसकी वजह से उन्होंने अपने बोलने की क्षमता भी खो दी। जब हमारा पूरा परिवार उनसे मिलने के लिए इकट्ठा हुआ तो वह हममें से किसी को भी पहचान नहीं पा रहे थे। हम सब को यही लगा कि शायद यह मेरे पापा के जीवन का अंतिम चरण है।

त्रिनिदाद एवं टोबैगो में मेरे एक भाई को जब पापा की ऐसी हालत के बारे में बताया गया तो वह सपरिवार पापा से अंतिम बार मिलने के लिए बाल्टीमोर के लिए रवाना हो गया। यहाँ तक कि परिवार के सदस्यों ने मानसिक रूप से उनके अंतिम संस्कार की रूपरेखा भी तैयार कर ली थी।

मेरे सभी भाई और उनका परिवार एक साथ इकट्ठा हुए और फिर हम सबने मिलकर पापा के ठीक होने की प्रार्थना की। हालाँकि किसी को भी उनके स्वस्थ होने की कोई उम्मीद नहीं थी। उन सभी ने पापा के उन कार्यों को लेकर बड़े-बड़े भाषण तैयार किए, जो पापा ने अपने जीवन में लोगों की मदद करने के लिए किए।

त्रिनिदाद में मेरे एक भाई ने वहाँ के किसी स्थानीय ज्योतिष को मेरे पापा की कुंडली पढ़ने को दी और उसमें पाया गया कि इन्हीं दो सप्ताह के भीतर उनका निधन हो जाएगा। मैं उस रात वापस उन्हें देखने अस्पताल गया, लेकिन वह सो रहे थे या शायद बेहोश होंगे।

ड्यूटी पर मौजूद नर्स ने कहा, "वह काफी देर से उठे नहीं हैं।"

मुझे पापा के लिए बहुत बुरा लग रहा था और मैं उनकी ऐसी हालत देख काफी दु:खी और उदास हो गया। मैं नहीं चाहता था कि वह बेहोशी की हालत में ही गुजर जाएँ, क्योंकि इससे वह अपना सारा ज्ञान खो सकते थे। मैं वहीं उनके करीब चुपचाप बैठा रहा और कुछ देर ध्यान किया। एक गतिशील पुजारी के आध्यात्मिक जीवन में मृत्यु के समय भी सचेत रहना महत्त्वपूर्ण होता है।

पुनर्जन्म लेने के लिए देहांतरण प्रक्रिया के माध्यम से शरीर छोड़ने पर ही एक व्यक्ति को उसकी आत्मा के सभी रहस्यमय ज्ञान के साथ वापस धरती पर आने की अनुमति मिलती है। हालाँकि अगर वह अचेत अवस्था में मृत्यु को प्राप्त होता है तो उसे अपना समस्त ज्ञान एक बार फिर अध्ययन और अनुभवों के माध्यम से अर्जित करना होगा। मेरे पापा ने हिंदी, संस्कृत और अंग्रेजी में कई शास्त्र पढ़े थे। वह ज्ञान का एक विशाल महासागर थे। पापा अपने समुदाय में सर्वोच्च विधिवत् संन्यासी बने थे और वह अपने धर्म एवं अनुयायियों की शिक्षाओं पर एक आधिकारिक विद्वान् भी थे।

मेरे पापा इस समय अपना शरीर छोड़ने के लिए तैयार नहीं थे और उन्हें अभी और भी कई अधूरे काम पूरे करने थे। उन्हें इस जड़ अवस्था में देखकर मैंने दो हिमालयी योगियों को फोन किया और उनसे अपने पिता के स्ट्रोक से बाहर आने के लिए प्रार्थना करने की विनती की। यदि उनकी मृत्यु का समय आ ही गया था तो कम-से-कम वह अपने होश में और खुशी-खुशी मृत्यु को प्राप्त हों। मैंने योगियों से अनुरोध किया कि वे मेरे परिवार की ओर से उनकी लंबी उम्र के लिए प्रार्थना करें।

उनमें से एक योगी उस समय मिनियापोलिस में ही थे; उन्होंने कहा, "मैं आज रात आपके पिता के स्वस्थ होने की प्रार्थना करूँगा।"

एक अन्य योगी, जो उस समय हिमालय के ताड़केश्वर पर्वत पर रहते थे, उन्होंने कहा, "मैं आपके पिता के स्वस्थ होने के लिए जंगल के मंदिर में प्रार्थना करूँगा, जहाँ प्रबुद्ध योगियों ने ध्यान में काफी समय बिताया है।"

मैं यह जानकर खुश था कि दोनों योगी मेरे पापा के स्वास्थ्य के लिए प्रार्थना कर रहे हैं। जब अगले दिन मेरा पूरा परिवार अस्पताल आया तो उन्होंने मेरे पिता के चेहरे पर एक अद्‌भुत चमक देखी। इतना ही नहीं, वह सबके साथ ठीक से बात भी कर रहे थे। उन्हें सब याद था। अब उनका दर्द भी कम हो गया था और वह काफी

जिंदादिल भी लग रहे थे। उन दो योगियों और सबकी प्रार्थनाओं ने मेरे पापा को मृत्यु को परास्त करने में मदद की। वह न केवल अपने दिल की सर्जरी से उबरे, बल्कि उनकी याददाश्त भी वापस आ गई थी और साथ ही उनका स्ट्रोक भी ठीक हो गया था।

मेरे पापा को बाल्टीमोर के यूनियन अस्पताल से छुट्टी मिल गई और वह अपनी रिकवरी के लिए मेरे बड़े भाई के पास न्यूयॉर्क आ गए। उन्हें एक कृत्रिम पैर भी लगा दिया गया था, जिससे अब वह चलने-फिरने में भी सक्षम थे। वह ऊर्जा और जीवन से भरपूर थे।

एक दिन मेरे पिता ने कहा, "मैं अब उधार की साँसों पर जिंदा हूँ और इसलिए बचा समय पूरे दिल से जिऊँगा।"

योगियों ने मेरे पापा को एक विस्तारित जीवन का उपहार दिया। मैंने पापा को बताया कि उन्होंने तीन बार मौत को मात दी है। पहली बार उनके दिल की सर्जरी से पहले जब अचानक दिल का दौरा पड़ने से उनकी मृत्यु हो सकती थी। दूसरी बार उनका पैर काटने से पहले, जब उन्हें तेज बुखार था और लगभग 25,000 से भी ज्यादा श्वेत रक्त-कोशिकाओं से गैंगरीन या रक्त विषाक्तता के कारण उनकी मृत्यु हो सकती थी। तीसरी बार जब नर्स उन्हें दर्द की दवा देना भूल गई और उनके मस्तिष्क में तरल पदार्थ रिसने के कारण उन्हें स्ट्रोक लगा, तब भी उनकी मृत्यु हो सकती थी।

मेरे पापा के पास जीने के लिए एक कृपा-अनुग्रहित समय था। योगियों के आशीर्वाद और चिकित्सा सहायता से वह स्वस्थ, मजबूत और जीवन से भरपूर रहे। बहुत से योगी होली के आसपास अपनी देह त्याग करते हैं, जो हर साल मार्च के आसपास आती है। वर्ष 2009 में होली 11 मार्च के दिन पड़ी थी; योगियों ने अपनी प्रार्थना से मेरे पिता के जीवन को अगस्त 2006 से 18 मार्च, 2009 तक बढ़ा दिया था। जिस सुबह मैं अपनी पुस्तक में पापा की यह कहानी लिख रहा था, उसी दिन उनका देहांत हो गया।

ज्योतिष गणना के अनुसार यह दूसरे लोक में जाने के लिए बहुत ही शुभ घड़ी थी। मेरे पापा 20 जुलाई, 2009 को 81 वर्ष के हो गए होते। उनके फेफड़े कमजोर हो गए थे और मेरे भाई व उनका परिवार उन्हें अस्पताल ले गया। मुझे सुबह ही फोन आ गया कि पापा ने त्रिनिदाद एवं टोबैगो के सैन फर्नांडो जनरल अस्पताल में प्राण त्याग दिए। मेरा हृदय उन दोनों योगियों, स्वामी हरि एवं स्वामी आत्मानंद के प्रति अहोभाव से भर गया, जिन्होंने मेरे पिता को तीन साल का जीवन-दान दिया। आप उन्हें नीचे दी गई तसवीर में देख सकते हैं।

विस्कॉन्सिन के 'हिमालयन मिशनरी' में
स्वामी हरि, स्वामी आत्मानंद और संतजी की एक तसवीर *(फोटो साभार—दीदी)*

□

3

गिरजाघर में संन्यासी

एक दिन मुझे मिनेसोटा के सेंट पॉल में 'दि सिस्टर ऑफ सेंट जोसेफ ऑफ करोंडेलेट' में व्याख्यान देने के लिए आमंत्रित किया गया।

यह गिरिजाघर बहुत खूबसूरत था और वहाँ की हर चीज काफी औपचारिक लग रही थी। मुझे वहाँ 'ननों' के आध्यात्मिक समाज को संबोधित करने हेतु एक अतिथि वक्ता के तौर पर आमंत्रित किया गया था। ये वहीं ननें थीं, जिन्होंने सेंट केट विश्वविद्यालय का निर्माण किया था। मैं इन वरिष्ठ प्रबुद्ध ननों के सामने बोलते समय बहुत घबरा रहा था। उनमें से कुछ तो 80 साल से भी ज्यादा की लग रही थीं, जो आध्यात्मिकता को लेकर मुझे ही बहुत सारी चीजें सिखा सकती थीं।

मुझे समझ नहीं आ रहा था कि मैं गिरजाघर में जाकर क्या करूँगा? मैं अभी भी यह तय करने की कोशिश कर रहा था कि वहाँ अपने साथ किसे ले जाऊँ और तभी मुझे स्वामी आत्मानंद सरस्वती का खयाल आया, जो उस समय मिनियापोलिस में थे। स्वामीजी बहुत ही विनम्र व्यक्ति थे। वह हमेशा करुणा, सहिष्णुता, गहन ज्ञान और प्रचुर प्रेमभाव से भरे रहते थे। वास्तव में वह देवी माँ के भक्त थे और जो भी उनसे मिलने आता, उससे बहुत प्यार से मिलते।

मैंने स्वामीजी के आवासस्थल पर फोन किया, जिसे उन्होंने ही उठाया। मैंने कहा, "स्वामीजी, मुझे गिरिजाघर में व्याख्यान देने के लिए आमंत्रित किया गया है और मुझे वाकई नहीं पता कि वहाँ जाकर क्या बोलूँ? मैं एक हिमालयी संन्यासी के तौर पर आपको वहाँ संभाषण देने के लिए आमंत्रित करना चाहूँगा।"

स्वामीजी ने कहा, "जैसे आपको खुशी मिले, मैं आपके आने पर तैयार रहूँगा।"

मैं लगभग आधे घंटे में स्वामीजी के घर पर था। जब मैं वहाँ पहुँचा तो स्वामीजी बाहर ही मेरी प्रतीक्षा कर रहे थे। उन्होंने हलकी नारंगी रंग की छोटी बाँह वाली जर्सी, स्लेटी रंग की पतलून और पैरों में सफेद रंग के स्नीकर पहने हुए थे। मैंने स्वामीजी

का अभिवादन करने के लिए आगे बढ़कर उनके चरण स्पर्श करते हुए उनसे पूछा, "स्वामीजी, आप तैयार हैं?"

उन्होंने कहा, "मैं चलने के लिए पूरी तरह तैयार हूँ।"

मैंने कहा, "हम गिरजाघर में व्याख्यान देने जा रहे हैं। अच्छा होता, यदि आप एक स्वामी की तरह तैयार होते!"

उन्होंने कहा, "मैं स्वामी की तरह नहीं दिखना चाहता, क्योंकि मैं तो स्वामी हूँ ही।"

मैं तुरंत समझ गया कि आज का मेरा सबक स्वामी होने के नीतिशास्त्र पर था। मैंने एक संन्यासी जैसी पोशाक पहनी थी, मेरे गले में रुद्राक्ष की माला थी और मेरा सिर भी मुंडा हुआ था, जबकि दूसरी तरफ स्वामी आत्मानंद जर्सी, पतलून और स्नीकर पहने हुए थे। मैं समारोह के लिए जरूरत से ज्यादा तैयार होने के कारण खुद को थोड़ा असहज महसूस कर रहा था।

हालाँकि मैंने सोचा था, चूँकि मैं पहली बार किसी गिरजाघर में बोलने जा रहा हूँ, इसलिए मैं अच्छे से तैयार हो जाता हूँ। हमें गिरजाघर पहुँचने में लगभग आधा घंटा लगा। मैं खासतौर पर एक वरिष्ठ हिमालयी संन्यासी की उपस्थिति में अपने कपड़ों को लेकर थोड़ा असहज महसूस कर रहा था। उन्होंने हिमालय की गुफाओं में कई वर्षों की तपस्या व साधना की थी। इसके अलावा वह संस्कृत के पंडित थे और स्वामी शिवानंद तथा स्वामी दुर्गानंद के प्रत्यक्ष शिष्य भी। मुझे ऐसा लगा कि मैं भी स्वामीजी जैसे कपड़े बदल लूँ!

एक कहावत है, "यदि आप किसी मूर्ख को एक पी-एच.डी. प्रोफेसर की तरह बढ़िया सा कोट, टाई और पॉलिश किए हुए जूते पहनाकर दूसरे पी-एच.डी. प्रोफेसरों के बीच खड़ा कर दें, जिन्होंने वैसे ही कपड़े पहने हों तो कोई भी कभी एक मूर्ख और एक पी-एच.डी. प्रोफेसर के बीच फर्क नही बता पाएगा। लेकिन जैसे ही वह कुछ बोलने के लिए अपना मुँह खोलेगा तो सबको पता चल जाएगा कि वह एक मूर्ख है।" बेशक मैं हिमालयी गुरु के सामने ऐसा ही महसूस कर रहा था।

हम जैसे ही गिरजाघर पहुँचे, एक वरिष्ठ 'नन' ने हमारा अभिवादन किया और हमें गिरजाघर के अंदर ले गईं। वहाँ के प्रमुख चैपल यानी पूजास्थल पर हम दोनों के बैठने के लिए दो शाही कुरसियाँ लगाई हुई थीं। जब मैंने इस पूरी व्यवस्था को देखा तो मैं और भी घबरा गया। मैंने स्वामीजी की तरफ देखा और कहा, "स्वामीजी, क्या आप पहले बोलना पसंद करेंगे?"

उन्होंने जवाब दिया, "मैं तुम्हारे बाद बोलूँगा।" अब मैं खुद को ज्यादा ही भोंदू समझ रहा था और पता नहीं क्यों, ये कपड़े मेरे लिए इतना बड़ी समस्या बन गए थे।

जब हमें मंच पर अपने-अपने स्थानों पर ले जाया गया तो मैंने एक बार फिर अपनी जगह से स्वामीजी को देखा और उनके समक्ष सिर झुकाकर मन-ही-मन उनसे क्षमा माँगी, क्योंकि मैं उनकी तुलना में कुछ भी नहीं जानता-समझता था।

दर्शकों में बहुत सारे लोग मौजूद थे। उन्हें स्वामीजी और मेरा परिचय एक संन्यासी के रूप में दिया गया। लेकिन यहाँ मैं इन हिमालयी संत के समक्ष अपने आपको बहुत ही बौना महसूस कर रहा था, इसलिए मुझे लगा कि सिर्फ स्वामीजी को ही वहाँ बोलना चाहिए। समारोह के आयोजक ने मुझे दर्शकों से प्रथम वक्ता के तौर पर मिलवाया।

मैं जैसे ही पोडियम पर पहुँचा, मैंने कुछ मंत्र जाप किए और फिर कुछ बोलने से पहले स्वामीजी के बारे में दर्शकों को बताया। मैंने कहा, "देवियो और सज्जनो, आज हमारे बीच हिमालय के एक संन्यासी और एक मूर्ख अबोध बालक मौजूद है।" मैंने खुद को 'मूर्ख' अबोध बालक कहकर संबोधित किया। दर्शक कुछ समय तक हँसते रहे। मैंने अपनी बात आगे बढ़ाई, "मैं वाकई कुछ नहीं जानता और इसलिए मैं अपने साथ एक सच्चे हिमालयी संत को लेकर आया हूँ, जो आपके साथ अपना ज्ञान बाँटेंगे।"

मैं इस स्थिति में अपना खुद का मजाक बनाने से ज्यादा कुछ कर भी नहीं सकता था। ऐसा करके मैं कम-से-कम अपनी चेतना में चल रहे भारी द्वंद्व से तो उबर ही गया। फिर मैंने कुछ देर और बोला और बाकी का सारा समय स्वामी आत्मानंदजी के लिए छोड़ दिया। स्वामीजी का परिचय देने के बाद मुझे बहुत अच्छा लगा, क्योंकि इससे मेरा सारा बोझ उतर गया था।

स्वामीजी ने बोलना शुरू किया और लोगों का एक महान् दर्शन से परिचय करवाया। उन्हें तुरंत ही ननों के प्रबुद्ध समाज के बीच एक संन्यासी के तौर पर स्वीकार कर लिया गया। हमारे व्याख्यान के पश्चात् हमने ननों के संपूर्ण समाज के साथ मिलकर प्रार्थना की और फिर उनके साथ पवित्र ब्रेड को तोड़ा (यह मसीह धर्म की एक प्रथा है), जिसके बाद हमने कुछ हलका नाश्ता किया और फिर वहाँ से चले आए।

लौटते समय गाड़ी में स्वामीजी ने मुझसे कहा, "तुम एक अच्छे वक्ता हो और तुमने संस्कृत मंत्रों का अच्छे से जाप किया। तुम्हारा प्रारंभिक वाक्य कि तुम एक मूर्ख अबोध बालक हो, उसने सबको हँसा दिया और इसने तुम्हें मुझसे भी ज्यादा लोकप्रिय बना दिया।"

मैंने जवाब दिया, "स्वामीजी, मुझे लगता है कि जब मैं आपकी उपस्थिति में होता हूँ तो मेरे समस्त ज्ञान का लोप हो जाता है। मैं आपसे बहुत प्रेम करता हूँ और मुझे बहुत खुशी है कि आज आप मेरे साथ आए, नहीं तो मैं सब गड़बड़ कर देता।"

स्वामी आत्मानंद सरस्वती में लेशमात्र भी अहंकार नहीं है। उन्होंने उस दिन मुझे जीवन में किस तरह सरल रहा जाता है, का पाठ पढ़ाया। मैं जब भी उनके साथ होता, मुझे ऐसा लगता, जैसे मैं अपने घर में अपने परिवार के बीच हूँ। वह जब भी मेरे लिए प्रार्थना करते, खासतौर पर जब मैं किसी मुश्किल परिस्थिति में होता, तो उसके कुछ ही देर बाद, चीजें अपने आप ठीक हो जातीं। उन्होंने मेरे छोटे बच्चे के लिए प्रार्थना की और उसे NICU में उबारा। मेरे परिवार के सभी सदस्य उनसे प्रेम करते हैं और मैं भी हमेशा ईश्वर से यही प्रार्थना करता हूँ कि एक पिता की तरह उनका आशीर्वाद भरा हाथ हमेशा हमारे सिर पर बना रहे। मैं उन्हें प्रेमपूर्वक नमस्कार करता हूँ। जय दुर्गे!

स्वामी आत्मानंद सरस्वती ध्यान करते हुए *(फोटो साभार—स्वामी आत्मानंद)*

□

भाग-7

श्री सत्य साईं बाबा के प्रसंग

श्री सत्य साईं बाबा (*फोटो साभार—साईं केंद्र*)

1

श्री सत्य साईं बाबा के भक्त-1

श्री सत्य साईं बाबा प्रसिद्ध आध्यात्मिक गुरुओं में से एक थे, जो दक्षिणी भारत के पुट्टपर्थी गाँव में रहते थे। साईं बाबा के दुनिया भर में लाखों भक्त हैं। वह कभी भारत से बाहर नहीं गए। साईं बाबा ने भारत में और विदेशों में रहनेवाले लाखों भक्तों को अपने चमत्कार दिखाए। उन्होंने गरीब वर्ग के लोगों की सेवा के लिए अस्पतालों का निर्माण किया और जनता को शिक्षित करने के लिए स्कूल इत्यादि भी बनवाए।

वर्ष 1990 के मध्य में मुझे केंद्रीय त्रिनिदाद के लैंग पार्क में 'भारतीय दर्शनशास्त्र' पर तीन रात की व्याख्यानमाला के लिए आमंत्रित किया गया था। इस कार्यक्रम के मेजबान श्री सत्य साईं बाबा के बहुत बड़े भक्त थे और मैं इन्हीं दंपती के घर ठहरा हुआ था। ये दोनों पति-पत्नी बहुत ही प्रार्थनाशील और स्नेहमयी हैं, जो गरीबों को भोजन, आश्रय और अन्य सुविधाएँ प्रदान कर त्रिनिदाद एवं टोबैगो द्वीप पर मानवता की सेवा करते हैं।

यह तीन दिवसीय कार्यक्रम एक उत्सव के समान था, जिसमें लोग तीनों रात शामिल रहें। यहाँ भजन-कीर्तन, संस्कृत पाठ और सभी श्रद्धालुओं के लिए प्रसाद एवं भंडारे की पर्याप्त व्यवस्था की गई थी। जैसा कि मैंने ऊपर भी उल्लेख किया है कि यह व्याख्यान सत्र भारतीय दर्शनशास्त्र पर आधारित था, मतलब कि यह सत्र एक व्यक्ति का स्वयं को चेतना के उच्च स्तर पर उठाने को लेकर था। लैंग पार्क में बने इस केंद्र में लोग ज्ञान के भूखे थे।

व्याख्यान सत्र के बाद हम रोज रात को आम की लस्सी पिया करते थे। व्याख्यान के समाप्त होने के बाद मेरे मेजबान मुझे अगली सुबह लगभग 6:30 बजे मारकस समुद्र-तट पर पवित्र स्नान के लिए ले गए।

हम घर से लगभग सुबह के 5.30 बजे निकले, ताकि सूर्योदय के समय आराम से मारकस समुद्र के तट तक पहुँच सकें, जोकि उत्तरी पर्वत-शृंखला के दूसरी ओर था। यह एक बहुत ही खूबसूरत सुबह थी, जिसमें बहुत सारे पक्षी चहचहा रहे थे और भगवान् सूर्य नारायण उमड़ते बादलों के बीच से उदित हो रहे थे। यह स्थान स्वर्ग के नैसर्गिक चित्र

में रूपांतरित हो गया था, जो ध्यान एवं शांति के लिए एकदम उपयुक्त प्रतीत हो रहा था। उस समय समुद्र-तट पर कोई भी मौजूद नहीं था, इसलिए हम लोग पानी की तरफ गए। मेरे मेजबान समुद्र को भेंट चढ़ाने के लिए अपने साथ कुछ फूल, केले, दूध और सिक्के लाए थे। इसने मुझे पवित्र गंगा की याद दिला दी। जब मैं मारकस के रेतीले तट पर पैदल चल रहा था, तो मुझे अपने पैरों के नीचे फिसलनेवाली सफेद रेत में आरामदायक अहसास हुआ, जो मुझे आनंदित कर गया।

जब हम मारकस के शीशे की तरह साफ नीले पानी के पास पहुँचे तो मेरे मेजबानों ने अपने साथ लाए फूल, फल, दूध और सिक्के समुद्र देव को अर्पित कर दिए। मैंने भी अपने हाथों में पानी लिया और उगते सूर्य को अर्पित किया। फिर मैं समुद्र में घुटने तक पानी में चला गया और मुझे वहाँ अपनी हथेली के आकार की एक मछली दिखाई दी, जो हमारे पैरों के पास ही तैर रही थी। वह मछली बहुत मिलनसार थी और जब मैं संस्कृत में मंत्रोजाप कर रहा था तो वह खुद को मेरे पैरों से रगड़ने लगी।

मछली मेरे पैरों के आस-पास ही खेल रही थी। फिर यह मुझे छोड़कर साईं बाबा के भक्तों के पास चली गई। यह एक खास संकेत था और जिस तरह पवित्र सरोवर में मछली का दिखाई देना शुभ संकेत माना जाता है, उसी तरह यह मछली किसी लोककथा के चरित्र जैसी प्रतीत हो रही थी। मैं और मेरे मेजबान स्नान के लिए पानी में थोड़ा और आगे गए, वह मछली तब भी हमारा पीछा करती रही। मैंने मछली को अपने मेजबान की पत्नी के पास भेजते हुए उससे उनके साथ खेलने का अनुरोध किया और फिर वह दोनों काफी देर तक खेलते रहे। इस बीच हम भी आगे गए और अपना स्नान पूरा किया।

उनकी पत्नी कुछ हफ्तों से हर चीज में परमेश्वर को देखने का अभ्यास कर रही थीं; वह इस अनुभव से काफी खुश थीं कि एक जंगली मछली इतनी प्यारी, कोमल और निडर हो सकती है। वह मछली उन्हें अपने आपको स्पर्श भी करने दे रही थी, इतना कि उन्होंने उसे अपनी हथेलियों पर रख लिया। एक जंगली जीव का मनुष्यों के इतना करीब होना बहुत ही असामान्य सी बात थी। हम समझ ही नहीं पा रहे थे कि इस परिस्थिति को क्या मानें? यह इस बात का स्पष्ट प्रमाण था कि प्रकृति में प्रत्येक जीवात्मा एक-दूसरे से जुड़ी हुई है; एक ही है।

इसके बाद उनके पास दो और मछलियाँ आईं, जिसे देखकर वह आश्चर्य में पड़ गईं और फिर उन तीनों ही मछलियों के साथ बड़े प्यार से खेलने लगीं। साईं बाबा ने उनसे सभी जीवों का खयाल रखने के लिए कहा था। यह सभी जीवों का आपस में परस्पर प्रेम देखने का एक अद्भुत अवसर था। वह सुबह एक शांत और सुखद वातावरण से विभूषित हो रही थी।

प्रातःकाल के समुद्र-स्नान के बाद मैं सुबह के ध्यान के लिए रेत पर आकर बैठ गया। मेरे दोनों मेजबानों ने भी मेरे साथ बैठकर थोड़ी देर ध्यान किया और फिर हम वापस घर के लिए निकल पड़े। मुझे लगा कि जब हम समुद्र में अनूठे तीर्थ का अनुभव कर रहे थे, तो महान् गुरु साईं बाबा भी वहीं हमारे पास थे।

□

2

श्री सत्य साईं बाबा के भक्त-2

एक बार मैं एक 70 वर्षीय श्री सत्य साईं भक्त के घर गया। वह त्रिनिदाद एवं टोबैगो द्वीप के वलसेन शहर में रहते थे। वह मुझसे बात करके बहुत खुशी महसूस कर रहे थे, क्योंकि वह मेरे पापा को भी कई वर्षों से जानते थे।

वह बुजुर्ग एक बार स्ट्रोक के कारण अपाहिज हो गए, जिससे उनका जीवन व्हीलचेयर तक ही सीमित रह गया था। वह अपने आप से एक कदम भी नहीं चल पाते थे, इसलिए उन्हें अपने परिवार के सदस्यों की मदद की जरूरत पड़ती थी। उन्होंने मुझे बताया कि तब उन्हें लगता था कि ऐसे जीने का कोई फायदा नहीं, खासकर जब उन्हें नहाने व अपनी अन्य व्यक्तिगत जरूरतों के लिए भी दूसरों पर आश्रित होना पड़ता था। अपनी विकलांगता के कारण वह भगवान् से प्रार्थना तक नहीं कर पाते थे।

उन्होंने मुझे बताया कि तब उनके बच्चे उन्हें भारत में श्री सत्य साईं बाबा के दर्शन कराने ले गए। जब उनके बच्चे उन्हें उस जगह के करीब ले गए, जहाँ साईं बाबा आमतौर पर चलते थे, तो वह तब भी अपनी व्हीलचेयर पर ही बैठे थे।

उन्होंने कहा कि जब वह सबसे आगे की पंक्ति में पहुँचे तो वहाँ साईं बाबा के दर्शन के लिए हजारों की संख्या में लोग प्रतीक्षा कर रहे थे। जब साईं बाबा हॉल में आए तो वह अपनी व्हीलचेअर में होने के कारण उठ नहीं पाए, लेकिन बाकी सब साईं बाबा के सम्मान में खड़े थे। तब साईं बाबा रास्ते से उतरकर नीचे आए और उन्हें व्हीलचेयर पर बैठा देखा।

बुजुर्ग व्यक्ति ने कहा, "बाबा ने मेरा हाथ पकड़ा और मुझे खड़ा होने को कहा। फिर उन्होंने मेरे हाथ को खींचा और मैं खड़ा हो गया। इस पर साईं बाबा ने मुझसे कहा कि अब तुम्हें इस व्हीलचेअर की कोई जरूरत नहीं है।" वह न केवल चलने लगे थे, बल्कि स्ट्रोक से भी पूरी तरह ठीक हो चुके थे। फिर वह अपने परिवार के साथ भारत

से त्रिनिदाद वापस लौट आए और वह भी बिना व्हीलचेअर के! अब तो वह 80 वर्ष के हो चुके होंगे।

वह वृद्ध पुरुष श्रद्धा, विश्वास और आस्था के प्रतीक थे और उनकी आँखें अपने गुरुदेव, श्री सत्य साईं बाबा के लिए प्रेम और प्रार्थना से चमक रही थीं।

□

3

श्री सत्य साईं बाबा के भक्त-3

मैं त्रिनिदाद एवं टोबैगो के लैंग पार्क शहर के एक युवक से मिला, जो श्री सत्य साईं बाबा के भक्त थे। वह यहाँ के स्थानीय साईं केंद्र के एक समूह के साथ भारत में श्री सत्य साईं बाबा के दर्शन करने गए थे। उस व्यक्ति की पत्नी ने उससे कहा कि जिस रेत पर साईं बाबा चलते हुए अपने पैरों के निशान छोड़ते हैं, वह उस रेत के कुछ कण अपने साथ लौटते हुए ले आएँ।

वह युवक साईं बाबा के प्रति पूर्ण समर्पण भाव से भरा था। बहरहाल, वे सब भारत के पुट्टपर्थी में साईं बाबा के आश्रम पहुँचे और वहीं बाबा के दर्शन हेतु एक साथ बैठे गए। जब साईं बाबा समूह के पास आए तो उन्होंने उस युवक को देखा और उसे एक विशाल स्तंभ के पीछे दूसरी जगह बैठने का निर्देश दिया। समूह के नेता ने साईं बाबा से निवेदन किया कि वह युवक उन्हीं के साथ है और उसे वहीं रहने दें। साईं बाबा ने उसे फिर से खंभे के पीछे बैठने का निर्देश दिया। अंततः युवक उठकर खंभे के पीछे जाकर बैठ गया।

वह सोचने लगा कि आखिर मुझसे ऐसी क्या गलती हो गई, जो साईं बाबा ने मुझे समूह से अलग कर स्तंभ के पीछे बैठने को कहा। वह रोने लगा। दरअसल, वह बाबा का निर्णय समझ ही नहीं पाया। युवक ने देखा कि साईं बाबा उस खंभे से गुजरने वाले रास्ते पर ही चलकर आ-जा रहे थे, लेकिन बाबा ने तब भी उसे पूरी तरह नजरअंदाज किया। हालाँकि उसने देखा कि जहाँ बाबा चल रहे थे, वहाँ रेत नहीं, बल्कि ग्रेनाइट थी।

उसने अपना रूमाल निकाला और जहाँ साईं बाबा चल रहे थे, वहाँ फैला दिया। बाबा आए और उस युवक के सामने आकर खड़े हो गए। बाबा ने अपने कदम आगे बढ़ाए और फिर अपने दोनों पैर रूमाल पर रख दिए। इसके बाद साईं बाबा वहाँ से चले गए। उस युवक ने आगे बढ़कर अपनी पत्नी के लिए बाबा के चरण-चिह्नों से अंकित रूमाल उठा लिया।

यह उसके और उसकी पत्नी के लिए एक बेहद ही भावपूर्ण आशीर्वाद था।

□

भाग-४

संतजी के प्रसंग

1

प्रेत और एक मासूम बच्ची

वर्ष 1979 में मैंने त्रिनिदाद एवं टोबैगो के केंद्रीय जिले के एक निजी माध्यमिक विद्यालय में शिक्षक के तौर पर काम किया। मैं वहाँ सातवीं क्लास के बच्चों को जीव-विज्ञान पढ़ाता था। इसके अलावा मैं स्कूल का संगीत-शिक्षक भी था और स्कूल के धार्मिक-गायन सत्रों में बच्चों का मार्गदर्शन करता था।

मैं जिस तरह स्कूल के बच्चों का खयाल रखता, उससे हमारे प्रधानाचार्य बहुत खुश थे। स्कूल की लगभग हर क्लास में बहुत सारे डेस्क रहते थे, इतने कि बच्चों को अपने हाथ हिलाने के लिए जगह तक नही मिल पाती थी। इससे आप वहाँ के भीड़ भरे माहौल का अंदाजा लगा सकते हैं। गरमियों में, क्योंकि वहाँ एयर-कंडीशनर नहीं था, इसलिए हमें बहुत ज्यादा आर्द्रता और पसीने की मार झेलनी पड़ती थी। स्कूल के मैदान में जहाँ नजर दौड़ाओ, वहाँ नीली और सफेद रंग की यूनिफॉर्म पहने बच्चे ही बच्चे दिखाई देते। आज मुझे वो सब बहुत याद आता है।

एक सुबह की बात है। नीचे छोटे बच्चों की क्लास में भगदड़ मच गई। सारे बच्चे अपनी क्लास से चिल्लाते हुए बाहर की तरफ भाग रहे थे। एक छोटी सी बच्ची को अचानक किसी अज्ञात शक्ति ने अपने वश में कर लिया था। इस बच्ची के सारे अध्यापक उसे बहुत प्यार करते थे। उसने स्कूल में कभी भी किसी तरह का दुर्व्यवहार या गलत आचरण नहीं किया था। वह एक होनहार और आज्ञाकारी छात्रा थी। वह लड़की जिस तरह जोर-जोर से चिल्ला रही थी, उससे पूरे स्कूल में भगदड़ मच गई। सभी छात्र घबराए हुए थे और स्कूल के प्रधानाचार्य स्वयं भी सहमे हुए और चिंतित से थे।

उन्होंने तुरंत मुझे अपने ऑफिस में बुलाया और पूछा, "नीचे क्या हो रहा है ?"

"महोदय, मुझे लगता है कि किसी अज्ञात शक्ति ने एक लड़की को अपने वश में कर लिया है।" मैंने जवाब दिया।

"क्या तुम इस परिस्थिति को सँभाल सकते हो ? क्या तुम उस लड़की को काबू कर

सकते हो ?" उन्होंने मुझसे पूछा।

"सच बताऊँ तो मैं नहीं जानता कि मेरा मुकाबला किससे है ? मैंने इससे पहले कभी ऐसी परिस्थिति का सामना नहीं किया है, लेकिन मैं कोशिश कर सकता हूँ।" मैंने उन्हें जवाब दिया।

प्रधानाचार्य ने मुझे अपनी कार की चाबी दी और कहा, "तुम अपने साथ कुछ और अध्यापकों को लेकर उसे उसके घर छोड़ आओ।"

मैं क्लास में गया और देखा कि वह लड़की काफी डरी हुई है। उसकी आँखें ऊपर की तरफ मुड़ गई थीं और वह अपने लंबे नाखूनों से अपने हाथ और चेहरे को नोंच रही थी। वह एक अज्ञात और अनजान ताकत के अधीन थी, जिसे वश में करने के लिए हमें आध्यात्मिक शक्ति और ऊर्जा की आवश्यकता थी।

वह बीच-बीच में बेहोश भी हो जाती और फिर अचानक ऐसी ताकत का प्रदर्शन करती कि पाँच-पाँच हट्टे-कट्टे आदमियों को भी लोहे के चने चबवा देती। हमें उस लड़की को घर ले जाने के लिए पाँच शिक्षकों और कुछ मजबूत कद-काठी के विद्यार्थियों की जरूरत पड़ी।

"हमें इस लड़की को इसके माता-पिता के घर ले जाना होगा और उसके लिए हमें इसे काबू में कर कार में बिठाना होगा।" मैंने कहा।

जब मैं उसके पास गया तो मुझे एक घुरघुराती आवाज सुनाई दी। उसकी आँखें एक फँसे हुए जानवर जैसी प्रतीत हो रही थीं। मैं उसके करीब गया और उसे हमारे साथ आने के लिए फुसलाने लगा।

फिर मैंने एक भारी-भरकम आवाज सुनी, जो किसी आदमी की लग रही थी, लेकिन उसी बच्ची के अंदर से आ रही थी। उसने कहा, "मैं इसे मारने आया हूँ। इसे अकेला छोड़ दो।"

"तुम इसे क्यों मारने आए हो ? यह कितनी प्यारी और निर्दोष है। प्लीज, इसकी जिंदगी बख्श दो।" मैंने जवाब दिया और फिर उससे कहा, "तुम चाहो तो इसकी बजाय मेरे शरीर में आकर मुझे अपने वश में कर सकते हो ! लेकिन इसे छोड़ दो !"

बच्ची में मौजूद उस आदमी की आवाज ने जवाब दिया, "मैं तुम्हें नुकसान नहीं पहुँचा सकता, क्योंकि तुम्हारे पास आध्यात्मिक रक्षा-कवच है।"

"मुझ पर हमला नहीं कर सकते, लेकिन एक छोटी सी निस्सहाय बच्ची को सताने में तुम्हें अपनी बहादुरी दिख रही है ? आखिर तुम ऐसा क्यों कर रहे हो ?" मैंने कुछ पत्थर उठाए और उन्हें अपनी मुट्ठी में छुपा लिया। फिर मैंने उससे पूछा, "मेरे हाथ में कितने पत्थर हैं ?"

"सात।" उसने जवाब दिया।

यह सही जवाब था। मैंने अपनी जेब से कुछ सिक्के निकाले और अब उससे पूछा कि "बता, मेरे हाथ में कितने और कौन-कौन से सिक्के हैं?" उसने कहा, "तुम्हारे पास 10 पेनी, 6 क्वार्टर और दो-पाँच सेंट हैं (स्थानीय करेंसी)।"

वह फिर सही कह रहा था। मेरे लिए इस अनजान ताकत की बुद्धिमत्ता को समझना इसलिए भी जरूरी था, ताकि मैं समझ सकूँ कि क्या कोई दूर से तंत्रशक्ति का प्रयोग कर रहा था या वास्तव में बच्ची में कोई प्रेतात्मा थी, या यह केवल एक दोहरे व्यक्तित्व का मामला था? यह मेरे लिए एक बिल्कुल नया अनुभव था और मैं प्रयोग करके ही जान सकता था कि मुझे इससे कैसे निपटना है?

एक कहावत है, "अपने शस्त्रों का चुनाव करने के लिए अपने शत्रु के आकार (हालत) का पता लगाने का प्रयास करो।" बेशक मैं यह समझने की कोशिश कर रहा था कि वह अज्ञात ताकत क्या थी और इसने अपने शिकार को कैसे फँसाया?

जब हमने उसे कार में ले जाने की कोशिश की तो वह गुस्से में हाथ-पैर फेंकने लगी और हम सब पर भारी पड़ने लगी। वह हमें लातें मार रही थी, काट रही थी, चिल्ला रही थी और एक जानवर की तरह खरोंच रही थी; उसने एक बार फिर अपना बल दिखाया, जिसकी वजह से हम उसे काबू नहीं कर पा रहे थे। दरअसल, हम तो उसके साथ एक छोटी बच्ची जैसा ही व्यवहार कर रहे थे, लेकिन उसके भीतर जो था, वह किसी जानवर से भी ज्यादा खूँखार था।

मैंने उस पर काबू पाने के लिए रिवर्स साइकोलॉजी का प्रयोग किया और उसे बातों में उलझाने का प्रयास किया, जिससे उसे दबोचा जा सके। वह शक्ति मेरी सोच से कहीं ज्यादा होशियार थी। वह अचानक रोने लगती और फिर मेरी सहानुभूति पाने के लिए वापस एक छोटी बच्ची जैसा व्यवहार करने लगती। मुझे उसके दिमाग से खेलने के लिए अलग-अलग दाँव-पेच का इस्तेमाल करना पड़ा और वह भी बिना समय गँवाए! ऐसा लग रहा था, जैसे वह हमारे दिमाग को भी पढ़ सकती थी और उसे पता चल जाता था कि हम क्या करने जा रहे हैं!

जब मैं उसके साथ बहस कर रहा था, तो अचानक उसका ध्यान चूका और वह ढीली पड़ गई। तब हमने उसे बड़ी आसानी से पकड़ लिया और कार के अंदर पिछली सीट में ले आए। उसके दोनों तरफ दो-दो लोग बैठे हुए थे। हममें से एक अध्यापक ने अपनी बेल्ट निकाली और उसके हाथ बाँध दिए।

मैं उनमें से एक अध्यापक को अलग से एक कोने में ले गया। मैंने उसे अपनी रणनीति समझाई कि मैं आगे क्या करने जा रहा हूँ! मैंने उससे कहा, "हम उसके माता-

पिता के घर जाएँगे और उसकी माँ को साथ ले उसे एक तांत्रिक के पास ले जाएँगे।" वह तांत्रिक वहाँ का स्थानीय आदिवासी ओझा था।

मैंने उस अध्यापक को यह भी पहले से ही समझा दिया था कि जब हम कार में बैठ जाएँगे, तब मैं सबको एक दूसरी ही योजना सुनाऊँगा, ताकि उस अनजान ताकत को हमारे असल इरादों की खबर न हो।

इसके बाद हम दोनों कार में बैठ गए और मैंने कार चलानी शुरू की। हमें उसका ध्यान भटकाने के लिए हर संभव मनोविज्ञान और भाव-भंगिमाओं का प्रयोग करना पड़ा। जब हम उस बच्ची के घर की तरफ जा रहे थे तो मैंने उससे कई सवाल किए, 'जैसे तुम कहाँ से आए? तुम्हें इस लड़की के पास किसने भेजा? और तुम्हारे आका ने इस काम के लिए तुम्हें ही क्यों चुना?'

जब हमारी कार प्रेसल गाँव के कब्रिस्तान के पास पहुँचने वाली थी तो उस अनजान ताकत ने रोना शुरू कर दिया। उसने कहा, "प्लीज, मुझे वापस मेरे घर मत ले जाओ। मैं यहाँ नहीं रह सकता। कुछ दिन पहले यहीं एक मोटरसाइकल दुर्घटना में मेरी मृत्यु हुई थी और लोगों ने मेरा शरीर इसी कब्रिस्तान में दफनाया था।" अब हालात मेरे हाथों से निकलते जा रहे थे। मुझे कुछ समझ नहीं आ रहा था कि आगे क्या करूँ? यह उसकी कोई चाल थी या वह वाकई सच बोल रहा था?

मैंने इसकी जाँच-पड़ताल करने का फैसला किया। मैं कब्रिस्तान के बगल में कार रोककर बाहर आ गया। वह शक्ति अभी भी रो रही थी और हमसे उसे वहाँ न ले जाने की भीख माँग रही थी। मैंने उसे डराते हुए कहा, "देखो, अगर तुम अपने घर नहीं जाना चाहते तो तुम्हें इस लड़की को अभी छोड़कर जाना होगा।" उसे झाँसे में डालने के लिए मैंने कहा, "मैं पानी पीने जा रहा हूँ।" और फिर मैं आस-पड़ोस में यह पता करने चला गया कि क्या वास्तव में वहाँ हाल ही में कोई अंतिम संस्कार हुआ था?

मैं कब्रिस्तान से एक ब्लॉक दूर एक वृद्ध व्यक्ति से मिला, जो अपने घर के नीचे खड़े थे। मैंने उनसे पूछा, "बाबा, क्या इस कब्रिस्तान में हाल ही में कोई अंतिम संस्कार हुआ है, कोई ऐसा युवक, जो मोटरसाइकल दुर्घटना में मरा हो और उसे दफनाया गया हो?"

उस वृद्ध व्यक्ति ने जवाब दिया, "हाँ, आठ दिन पहले।"

मैं कार में वापस आ गया और उसे एक बार फिर डराते हुए उस लड़की का शरीर छोड़ने के लिए कहा, "अब तुम्हें इस लड़की का शरीर छोड़कर वापस अपनी कब्र पर लौटना ही होगा।"

उस प्रेतात्मा ने जवाब दिया, "मैं जब तक इसे मार नहीं देता, तब तक इसे छोड़कर

नहीं जा सकता। मुझे यहाँ से एक तांत्रिक ने उसी रात बाहर निकाल लिया था, जिस दिन मेरे शरीर को दफनाया गया था। मुझे एक तंत्र-प्रक्रिया के तहत इस लड़की के पिता को मारने के लिए आदेश दिया गया था।" उसने आगे कहा, "दरअसल, मुझे इसके पिता को मारने के लिए भेजा गया था और घर के बगल में ही छोड़ दिया गया था। मुझे हिदायत थी कि जब इसके पिता अपनी साइकिल लेने बाहर आएँगे तो मैं उनके शरीर में घर कर लूँ। लेकिन उससे पहले यह लड़की वहाँ आ गई।

यह सब सुनने में बहुत भयावह लग रहा था। मुझे समझ नहीं आ रहा था कि मैं इस तरह की तंत्र-शक्तियों से कैसे निपटूँ! और तभी मुझे उस लड़की को एक और जगह ले जाने का खयाल आया, जहाँ एक आदिवासी ओझा रहता था। लेकिन वह लड़की प्रेसल गाँव से दो गाँव छोड़कर रहती थी, इसीलिए हम पहले उसे उसके घर ले गए।

उसकी माँ से मिलने पर मैंने उन्हें सारी बात बताई कि उनकी बेटी के साथ स्कूल में क्या-क्या हुआ! उसकी माँ यह सब सुनकर टूट गई और उसे भी कुछ समझ नहीं आया कि वह इस परिस्थिति को कैसे सँभाले? मुझे लगा कि अगर मैं इस लड़की को उसकी माँ के साथ अकेला छोड़कर चला जाऊँगा तो हालात और बिगड़ सकते हैं। घर में मौजूद दूसरे बच्चों पर इस सबका बहुत बुरा असर पड़ सकता था। उनके पास कार भी नहीं थी और उसके पिता भी उस समय घर पर नहीं थे, इसलिए मैंने उस लड़की को, उसकी माँ को और मेरे साथ आए बाकी के अध्यापक एवं छात्रों को फेलिसिटी गाँव में एक ओझा के पास ले जाने का फैसला किया।

मैंने किसी को नहीं बताया कि मैं कहाँ जा रहा हूँ? वास्तव में मुझे वहाँ का रास्ता और पता भी नहीं मालूम था। मैं जैसे-तैसे फेलिसिटी गाँव तक कार चलाकर ले गया, लेकिन ज्यों ही मैंने गाँव की तरफ गाड़ी मोड़ी, उस प्रेत को पता लग गया कि मैं कहाँ जा रहा हूँ! तब उसने मेरा दोस्त होने का नाटक करना शुरू कर दिया। वह मुझसे उसी आदिवासी ओझा की बातें करने लगा।

मैंने उससे पूछा, "क्या तुम्हें पता है कि वह कहाँ रहते हैं?" उसने जवाब दिया, "हाँ, मैं तुम्हें उसके घर ले जा सकता हूँ।"

बेशक वह मुझे गलत दिशा बता रहा था और इस तरह वह हमें दूसरे गाँव ले गया। लेकिन जब मुझे अहसास हुआ कि वह हमें मूर्ख बना रहा है, तो मैंने एक बार फिर किसी घर के पास गाड़ी रोकी और ऐसा दिखाया, जैसे कि मुझे प्यास लगी है और वहाँ पानी पीने ही जा रहा हूँ, लेकिन वास्तव में मैं वहाँ सही रास्ता जानने के लिए रुका था।

इस तरह आखिरकर हम आदिवासी ओझा के पास पहुँच ही गए। मैंने उस लड़की को उसकी माँ के साथ वहीं छोड़ दिया, बाकी के लोगों को लेकर स्कूल वापस लौट

गया। आदिवासी ओझा ने तुरंत अपना काम करना शुरू कर दिया।

वह लड़की कुछ दिनों तक उसी ओझा के पास रही, जहाँ जड़ी-बूटियों, प्रार्थनाओं और दूसरे किस्म के झाड़-फूँक इत्यादि के माध्यम से उसका उपचार किया गया। एक ही हफ्ते में स्वस्थ हो और प्रेत से मुक्ति पा वह स्कूल लौट आई, लेकिन तब हमें दूसरे विद्यार्थियों के मन से उसका डर निकालने के लिए काफी मेहनत करनी पड़ी।

यह हम सबके लिए यह एक बड़ा ही विचित्र और खतरनाक अनुभव था, जहाँ हमने एक ऐसी लड़की का सामना किया, जिसे एक प्रेतात्मा ने अपने वश में कर लिया था।

□

2

मृत्यु का अनुभव

यह वर्ष 1986 की गरमियों की बात है। मैं विस्कॉन्सिन-स्टाउट विश्वविद्यालय में अपने अंतिम वर्ष में था। उस सेमेस्टर में मेरे मित्रों और प्रोफेसरों ने मिलकर विस्कॉन्सिन की ईओ गैल झील और रेक्रीऐशनल पार्क में पिकनिक का आयोजन किया था।

इस पिकनिक में कई छात्रों के परिवारों ने भी भाग लिया था और वे अपने साथ खाने-पीने की बहुत सारी चीजें भी लेकर आए थे। हमने दिनभर का अपना पूरा समय पार्क में तैराकी, वॉलीबाल, क्रिकेट और फुटबॉल खेलते हुए बिताया। मौसम भी काफी अच्छा था। 20 डिग्री सेल्सियस तापमान के साथ ही अच्छी-खासी धूप और हलकी हवा भी चल रही थी।

यह पिकनिक के लिए एक बहुत अच्छा दिन था। हमने कुछ छोटे-छोटे ग्रुप बनाए और खुद को अलग-अलग गतिविधियों में व्यस्त कर लिया। मैंने अपनी पिकनिक की शुरुआत वॉलीबाल खेलने के साथ की और इस तरह अपने पैरों की मांसपेशियों की अच्छी-खासी कसरत भी कर ली। फिर मैंने क्रिकेट मैच में भाग लिया; बॉल की फील्डिंग करते हुए ताजी कटी हुई घास पर दौड़ना मुझे बहुत अच्छा लग रहा था। इसके बाद मैंने दोपहर का खाना खाया और फिर स्विमिंग के लिए जाने का सोचा।

मैंने स्विमिंग के लिए अपने कपड़े बदले और झील में दूसरे विदेशी विद्यार्थियों के साथ तैराकी करने लगा। उन्हें देखकर लग रहा था कि वे बहुत मस्ती कर रहे हैं। जब मैं झील के ठंडे पानी में पहली बार उतरा तो मुझे वो कुछ अजीब सा और हड्डियाँ जमा देनेवाला लगा, जैसे उसका पानी मुझे चेतावनी देकर सावधान कर रहा हो। हमें कई बार ऐसे संकेत मिलते हैं, लेकिन अपनी मौज-मस्ती में हम उन्हें नजरअंदाज कर देते हैं।

यह झील तीन ऊँचे पहाड़ों के बीच बनी हुई थी और पानी का विस्तार लगभग सौ एकड़ में फैला हुआ था। हालाँकि तैराकी के लिए रस्सियों से एक सीमित क्षेत्र इंगित कर तैयार किया गया था और उसके पार की जगह नौकायन के लिए छोड़ी

हुई थी। शुरुआत में तट के नजदीक रस्सियों तक पानी का स्तर कम था, लेकिन उस पार दूसरी तरफ का पानी काफी गहरा था। रस्सियों के इस तरफ के उथले पानी का तापमान (लगभग 10^0–15^0 डिग्री के अंदर) था, जबकि दूसरी तरफ के गहरे पानी का तापमान एकदम अलग था।

जहाँ मेरे दूसरे मित्र तैराकी करते हुए मौज-मस्ती कर रहे थे, वहीं मैं रस्सी से बनी सीमा के अंदर उथले पानी में ही तैर रहा था। फिर अचानक हमारे ग्रुप ने आपस में तैराकी-प्रतियोगिता करने की सोची। लेकिन वॉलीबॉल खेलने और क्रिकेट फील्ड पर दौड़ने के बाद अब मेरा तैराकी-प्रतियोगिता में भाग लेने का बिल्कुल भी मन नहीं था।

मैं थका हुआ था, इसीलिए मैंने अपनी छोटी सी बिटिया के साथ सेंडबॉक्स में खेलने का सोचा। मुझे अचानक उस पर बहुत प्यार आने लगा, मेरा उसे गले लगाने व चूमने का मन कर रहा था। मैं थोड़ी देर उसके साथ खेला और फिर अपने लिए कोल्ड ड्रिंक लेने चला गया। फिर मेरा मन दोबारा पानी में जाकर स्विमिंग करने के बारे में सोचने लगा। लेकिन तुरंत ही एक अजीबोगरीब खयाल भी आया और मैंने खुद से पूछा, "क्या हो अगर यह झील मुझसे मेरी जिंदगी छीन ले? मैं क्या करूँगा?" कई बार आपको इस तरह के पूर्वाभास होते हैं, लेकिन आप उनको पूरी तरह समझ नहीं पाते। बेशक यह मेरे लिए एक ऐसा ही समय था। दरअसल मुझे अपने परिवार के साथ किनारे पर ही रुकना चाहिए था। जब मैं पानी में उतरा तब भी तैराकी की वो प्रतियोगिता चल ही रही थी। मैं भी एक टीम में शामिल हो गया। स्पर्धा इस बात की थी कि कौन पानी में एक ओर से दूसरी ओर तक अधिक-से-अधिक चक्कर (लैप्स) लगा सकता है। मैंने भी कुछ चक्कर लगाए, लेकिन मैं तो जल्द ही थक गया।

मेरे लिए दूसरों के साथ होड़ में बने रहना मुश्किल हो रहा था; वे सब तैरने के काफी आदी थे और अच्छे तैराक थे, जबकि मैं कभी भी एक अच्छा तैराक नहीं रहा।

जब मैं रस्सियों के पास 15 फिट गहरे पानी में तैर रहा था तो मेरे बाएँ पैर में अचानक मरोड़ (नसें खिंचना) उठने लगी, जिसकी वजह से मैं तेजी से वापस लैप्स के लिए मुड़ नहीं सका। हालाँकि मैंने कोशिश की, लेकिन तभी मेरे दूसरे पैर में भी मरोड़ उठने लगी। इसी बीच दूसरे लोग मुझसे बहुत आगे निकल गए।

मेरे दोनों पैर दर्द से सिकुड़ (क्रेंप्स पड़) गए थे, इसलिए मैंने अपने हाथों से पानी में रास्ता बनाना शुरू किया। मुझे लगा, जैसे मेरा शरीर पानी में डूब रहा है। मैं बहुत कोशिशों के बाद भी खुद को पानी से बाहर नहीं खींच पा रहा था। मैंने मदद के लिए आवाज भी लगाई, लेकिन किसी ने मेरी आवाज नहीं सुनी। डूबते-डूबते मेरे मुँह के अंदर पानी भरने लगा, तब भी मैं मदद के लिए आवाज देता रहा।

अब मैं नाक तक पानी में डूब चुका था और लाख कोशिशों के बावजूद खुद को पानी के ऊपर नहीं ला पा रहा था। उसके बाद मुझे बस, इतना याद है कि पानी मेरी नाक और फेफड़ों के अंदर तक चला गया। मैंने अपने आपको देखा, इंद्रधनुष की तरह रंगों की फुहार के साथ मेरा सूक्ष्म और प्रकाश शरीर मेरे भौतिक शरीर से बाहर आ गया। मेरी आत्मा दौड़-दौड़कर दूसरों को मेरे पास लाने का प्रयास करने लगी। मैं उन्हें मेरी मदद करने के लिए कह रहा था, लेकिन मुझ पर किसी का ध्यान तक नहीं गया।

वास्तव में किसी को यह पता ही नहीं था कि मैं पानी में डूब रहा हूँ! मैंने अपने शरीर के अंदर वापस प्रवेश करने की बहुत सारी कोशिशें कीं, लेकिन असफल रहा। तभी मैंने दूर से कुछ दूसरे लंबे लड़कों को मुझे बचाने के लिए दौड़कर आते देखा। मैं अपने सूक्ष्म शरीर में ही उन्हें बताने की कोशिश कर रहा था कि मैं किधर डूब रहा हूँ, लेकिन वे मुझे उससे अलग ही जगह पर देख और ढूँढ़ रहे थे।

जब यह सब हो रहा था, उसी बीच मेरा सूक्ष्म शरीर फिर से किनारे पर गया और मैंने पाया कि वहाँ दो छोटे बच्चे मेरे भौतिक शरीर को किनारे पर खींचकर ला रहे थे। देखते-ही-देखते वहाँ और भी बहुत सारे लड़के आ गए और मुझे खींचकर लेंडिंग पेड पर ले आए। उन्होंने मुझे वहाँ लिटाया और फिर मेरे मुँह से पानी बाहर निकालने लगे। मेरे शरीर में कोई जान नहीं थी और मैं बाहर से ही सब देख रहा था कि वे मेरे शरीर के साथ क्या-क्या कर रहे हैं!

मैंने अपने शरीर में एक बार फिर घुसने की कोशिश करते हुए कहा, "मुझे अपने छोटे-छोटे बच्चों का ध्यान रखना है। मैं इतनी जल्दी नहीं मर सकता। मुझे अभी बहुत कुछ करना है।"

इतने में दो और लड़के आए और उन्होंने मेरे शरीर को गरम कंबल में लपेटा और फिर मुझे मेरी पीठ की तरफ मोड़ा और मेरे फेफड़ों से पानी निकाला। मैंने अपनी नासिका के माध्यम से खुद को अपने भौतिक शरीर में रेशम की तरह फिसलकर जाते हुए महसूस किया। यह एक सुरंग जैसा अनुभव था, जिसके आखिर में प्रकाश था। मैं जैसे जागने की कोशिश कर रहा था, लेकिन कुछ भी सुन, बोल या देख नहीं पा रहा था; मैं अपने शरीर के किसी भी हिस्से को हिला नहीं पा रहा था।

यह एक बहुत ही डरा देनेवाली अनुभूति थी। मैं अपने शरीर के साथ जो भी हो रहा था, उसे देखकर हैरान था। 'मुझे अब उठना ही होगा', मैंने सोचा। सब मुझे घेरकर खड़े थे, जबकि मेरा कंबल से लिपटा शरीर अभी भी लकड़ी के प्लेटफॉर्म पर पड़ा हुआ था। मैं अच्छी तरह जानता था कि अब क्या होने जा रहा है, लेकिन मेरा

भैतिक शरीर मेरी सुन ही नहीं रहा था। फिर किसी ने मेरे सीने को दबाना शुरू किया और उसके बाद मुझे याद है कि मैं खाँस रहा था और अपने फेफड़ों से पानी बाहर उगल रहा था। आखिरकार मेरे शरीर में हरकत हुई।

कुछ ही मिनटों बाद सूरज की तेज रोशनी में मैंने अपनी आँखें खोलने की कोशिश की। जब मैं उठा तो मैंने लोगों को कहते सुना, "अरे, यह तो जिंदा है, यह जिंदा है, भगवान् का शुक्र है!" मुझे बहुत खुशी हुई कि मैं इन शब्दों को सुनते हुए उठा, "भगवान् का शुक्र है!" यह मेरे लिए एक संकेत था कि भगवान् मेरे साथ थे, मुझे देख रहे थे और उन्होंने ही मुझे बचाया।

मुझे लगा कि मैं कितना भाग्यशाली हूँ! मैं लगभग मर ही चुका था। अगर ऐसा होता, तो मेरे बच्चों के सिर से पिता का साया उठ गया होता! मैंने अपने शरीर, अपनी आत्मा, अपने दोस्तों, अपने परिवार और उस हर चीज का आभार और प्यार करना शुरू कर दिया, जिसे मैं देख, सुन, स्पर्श और सूँघ सकता था। उस दिन से लेकर आज तक मैं जीवन की कीमत समझता हूँ और हर पल को जी भरकर जीता हूँ।

तब से मैं लगातार उस परमात्मा की तलाश में हूँ, जो जीवन को जीवन से जोड़ता है। मैंने वास्तव में कुछ पलों की मृत्यु का अनुभव किया। मैं अपने शरीर के बाहर उन तत्त्वों से घुल-मिल गया था, जिन्हें दूसरे देख ही नहीं पा रहे थे। मैं अपने शरीर के बाहर होनेवाले उस अनुभव में कई करतब या खेल खेल सकता था, लेकिन तब मैं अपने भौतिक शरीर में वापस लौटने की कोशिश में व्यस्त था।

मेरे पास अपने शरीर में वापस जाने का कोई मैनुअल तो था नहीं; इसलिए मुझे ही पता लगाना था कि आखिर मैं अपने शरीर में वापस कैसे जाऊँगा? मुझे अपने परिवार के पास वापस जाना था, अपनी बाकी की जिंदगी जीनी थी। हालाँकि यह सांसारिक मोह-माया को लेकर मेरी आसक्ति थी, जिसने मुझे वापस अपने शरीर में प्रवेश करने पर मजबूर किया। जब मैं ऐसा करने में असफल हो रहा था और शेष सभी लोग मेरी उस परिस्थिति से पूरी तरह अनभिज्ञ थे, तो मैं बहुत ही डर गया था कि अगर मैं ज्यादा लंबे समय तक अपने शरीर से बाहर रहूँगा, तो शायद जल्दी ही मर भी जाऊँगा। जब मेरा सूक्ष्म शरीर मेरे भौतिक शरीर में प्रवेश करने का प्रयास कर रहा था, तो ऐसे बहुत सारे विचार मेरी आत्मा से होकर गुजर रहे थे। यह शरीर और आत्मा के बीच का एक जादुई रिश्ता था। यह जलती हुई लकड़ी की आग की लपटों को देखने जैसा था, जैसे वह लौ गरम कोयलों पर वापस कूदने से पहले नष्ट हो गई हो! मैंने अपने आप से एक सवाल किया, "अगर मैं मर गया होता तो कहाँ गया होता?"

मैं आज भी यह सवाल पूछता हूँ। जैसे उस आग से पूछ रहा हूँ, जो उस लकड़ी से बुझ गई थी, "तुम कहाँ गई थी?" मृत्यु के करीब पहुँचने के इस अनुभव ने चीजों को लेकर मेरे दृष्टिकोण को बदला है और अब मैं चीजों को एक बहुत ही अलग नजरिए से देखता हूँ। मैं अब किसी भी चीज को हलके में नहीं लेता। मैं हर किसी के साथ, यहाँ तक कि आपके साथ बिताए पल का भी आनंद लेता हूँ। मुझे फिर से जीवित होकर अच्छा लग रहा है।

□

3

तकनीक में फँसी एक आत्मा

कैरेबियाई द्वीप समूह और दक्षिण अमेरिका में सर्वप्रथम भारतीय आज से लगभग 165 साल पहले आकर बसे थे। पूर्वी भारतीय (ईस्ट इंडियन), जैसा कि उन्हें कैरिबियन में बुलाया जाता है, तीन विशाल जहाजों पर भारत से दक्षिण अमेरिका आए। इमनें से एक जहाज त्रिनिदाद एवं टोबैगो में उतरा, दूसरा 'ब्रिटिश गुयाना' में (जिसे अब गुयाना कहा जाता है) और तीसरा सूरीनाम में। आप सभी जानते हैं कि कैरेबियाई देशवासी अपने आपको 'वेस्ट इंडियन' (पश्चिमी भारतीय) कहलवाना पसंद करते हैं।

वे भारत से अपने साथ रोजमर्रा की जिंदगी में इस्तेमाल होने वाली कई सारी चीजें लेकर चले थे। कुछ परिवारों ने तो सांस्कृतिक पुस्तकें, बरतन, कपड़े, धार्मिक मूर्तियाँ, परिवार की तसवीरें, पशुधन, फलों और सब्जियों के साथ-साथ औषधीय पौधों के बीज भी रख लिये। ब्रिटिश गुयाना एक ब्रिटिश कॉलोनी थी, जो दक्षिण अमेरिका के उत्तरी महाद्वीप पर स्थित थी और इसकी आबादी में दक्षिण अमेरिका की कई खानाबदोश जनजातियाँ भी आती थीं।

मैं एक ऐसी ही भारतीय वृद्ध महिला से मिला, जिनका जन्म साल 1890 के आरंभ में दक्षिण अमेरिका में ही हुआ था। उन्होंने अपने परिवार के साथ मिनेसोटा में एक सुखी और खुशहाल जीवन जिया। मैं उन्हें माँजी कहकर बुलाया करता था। वह एक बहुत ही दयालु महिला थीं और हमेशा लोगों के साथ सहृदय व्यवहार करती थीं।

मैं अकसर उनके घर जाया करता और जब भी वहाँ जाता, वह हमेशा मेरे खाने के लिए कुछ गरमागरम और ताजा बनातीं। वह और उनके पति दोनों ही मूलतः पूर्वी भारतीय संस्कृति के थे। उनके पति एक सभ्य पुरुष थे, जिनकी रहस्यमयी चीजों में हमेशा दिलचस्पी रहती थी और वह अकसर मेरे साथ अपने पैतृक शास्त्रों का ज्ञान बाँटा करते थे।

माँजी का दिल सोने जैसा था और वह अपने समुदाय के बच्चों से बहुत प्यार

करती थीं। वह चाहती थी कि मैं उनके नाती-पोतों को संगीत सिखाऊँ और मैंने उनके एक पोते को कीबोर्ड चलाना सिखाया भी। माँजी मिनेसोटा में कई बार मेरे घर आईं और तब हम दक्षिण अमेरिका में भारतीयों की शांतिपूर्ण जीवन-शैली पर बातें किया करते थे। वह एक सुसंस्कृत महिला थीं, जो अपने से बड़ों, महात्माओं और पुजारियों का अत्यंत सम्मान करती थीं। जब उन्हें यह पता चला कि मैं भी एक पुजारी हूँ, तो उनकी खुशी का ठिकाना नहीं रहा। वह अकसर पुस्तकें पढ़तीं, या फिर स्वेटर या शॉल बुना करतीं, या कुछ-न-कुछ मजेदार खाना बनाया करतीं। सच कहूँ तो माँजी का साथ मुझे सुकून से भर देता था।

जब मैंने अपने बेसमेंट यानी तलघर में एक सांस्कृतिक मंडली की शुरुआत की तो उसमें सबसे पहला सार्वजनिक योगदान माँजी और उनके पति का ही था। वह मेरे संगीतोत्सव और सामाजिक सम्मेलनों में शामिल होने के लिए अपने समुदाय के कई लोगों को इकट्ठा करके लाती थीं। माँजी एक दयालु महिला थीं, जो विभिन्न समारोहों, गतिविधियों और त्योहारों के आयोजन में हमेशा ही मदद किया करती थीं। मैं हमेशा उनके साथ अपनी माँ जैसा व्यवहार करता और वह भी मुझे मेरी माँ की तरह ही सलाह इत्यादि दिया करतीं।

माँजी की उम्र तकरीबन 65-70 के बीच की रही होगी, जब एक दिन उन्हें दिल का दौरा आया और वह जमीन पर गिर गईं। उन्हें एंबुलेंस में मिनेसोटा के 'हेन्नेपिन काउंटी मेडिकल सेंटर' ले जाया गया, जहाँ उनकी बेटी भी एक रजिस्टर्ड सीनियर नर्स थी। डॉक्टरों को उनके दिल की खराबी का पता चला और परिवार को उनकी ट्रिपल बाईपास सर्जरी कराने की सलाह दी गई। उस रात ड्यूटी पर वहाँ के सर्वश्रेष्ठ हृदय विशेषज्ञ और हृदय सर्जन मौजूद थे, जिन्होंने माँजी की ट्रिपल बाईपास हार्ट सर्जरी की। सौभाग्य से सर्जरी सफल भी हुई, जिसके बाद उन्हें रिकवरी रूम में ले जाया गया। डॉक्टर उनके एनेस्थीसिया के प्रभाव से बाहर आने का इंतजार करने लगे।

लेकिन माँजी नहीं उठीं। डॉक्टरों को उन्हें एक श्वासयंत्र (रेस्पिरेटर) पर रखना पड़ा, क्योंकि वह खुद साँस भी नहीं ले पा रही थीं और इसके तुरंत बाद वह कोमा में चली गईं। उस दिन मैं बाद में माँजी को देखने अस्पताल गया। मैंने उनकी कुंडली भी देखी और उसमें भी मुझे कुछ अशुभ संकेत दिखाई दिए।

सर्जरी के बाद तीसरे दिन मैं फिर से अस्पताल पहुँचा और उनके बिस्तर के करीब गया। मैंने माँजी के अच्छे जीवन के लिए प्रार्थना की। मैंने उनकी नब्ज देखी, जोकि बहुत धीमी थी। मैं जानना चाहता था कि माँजी के साथ आखिर हो क्या रहा था? उन्हें कोमा से बाहर आने में इतना समय क्यों लग रहा था? वह अभी भी श्वासयंत्र के

माध्यम से साँसें ले रही थीं, या कहें कि श्वासयंत्र उनके लिए साँस ले रहा था। मैं माँजी के पास एक कुरसी पर जाकर बैठ गया। मैं चाहता था कि मैं जो भी माँजी से कहने जा रहा हूँ, वह उसे सुनें, इसलिए मैं और आगे की ओर झुक गया।

मैंने कहा, "माँजी, अगर आप मुझे सुन पा रही हैं, तो प्लीज मुझे बताइए कि मैं आपकी क्या मदद कर सकता हूँ?" मैंने फिर से उनकी कलाई पकड़ी व उनकी नब्ज देखी और महसूस किया कि उनके नीचे के तीनों चक्र बंद हो चुके थे। मेरा सहज ज्ञान या यों कहें मेरे अंतर्चक्षु एक रिमोट कंट्रोल बुद्धि की तरह मेरा मार्गदर्शन करने लगे और इसकी मदद से मैं उनकी आत्मा की फुसफुसाहट सुनने लगा, जो मुझसे कह रही थी कि वह उस शरीर से मुक्त होना चाहती हैं।

मैंने एक बार फिर उनकी नब्ज देखी, जो उस समय बहुत ही ज्यादा धीमी चल रही थी। लगभग तभी एक कार्डियोलॉजिस्ट माँजी की जाँच करने उस कमरे में आई। मैंने उन्हें माँजी के परिवार से बात करते हुए सुना। वह उनसे कह रही थीं, "मेरी टीम ने इनके दिल की अच्छे से अच्छी सर्जरी की है। इन्हें कोमा में नहीं होना चाहिए था। इन्हें तो खुद से साँस लेनी चाहिए थी।"

जब डॉक्टर ने अपना रुटीन चेक-अप पूरा किया और परिवार के साथ अपनी बात खत्म कर ली, तो मैंने उनसे पूछा, "डॉक्टर, आप अपनी तरफ से पूरी कोशिश कर रही हैं कि माँजी खुद से साँस ले पाएँ, लेकिन क्या वह खुद जीवित रहना चाहती हैं?" मैं माँजी के मन की बात सुन रहा था, जो मुझसे रेस्पिरेटर का प्लग निकालने का अनुरोध कर रही थी।

डॉक्टर ने कहा, "मैंने बहुत सारी हार्ट सर्जरी की हैं और कोई भी दो चीजें या इनसान एक से नहीं होते।"

मैंने जवाब दिया, "डॉक्टर, आप सिर्फ एक शरीर की डॉक्टर हैं, न कि आत्मा की।" मैं माँजी की तरफ से बोलने लगा। मैंने कहा, "माँजी इस हालत में नहीं रहना चाहतीं। वह एक स्वाभाविक मौत मरना चाहती हैं, लेकिन उनकी आत्मा इस तकनीक में फँस गई है।"

डॉक्टर को यह बात अच्छी नहीं लगी और वह परिवार के सामने ही मुझसे तरह-तरह के प्रश्न पूछने लगी। आप समझ ही सकते हैं कि वह डॉक्टर होने के नाते वहाँ की प्रभारी, यानी इनचार्ज थी। वह बार-बार माँजी के परिवार को यह बता रही थी कि माँजी की हालत पूरी तरह से नियंत्रण में है। यह डॉक्टर वास्तव में बहुत अहंकारी थी और उसने अपने अहंकार की सारी हदें पार कर दीं थी जिसकी वजह से बेचारी माँजी की आत्मा तकनीक में उलझकर रह गई।

मैंने भी पूरे परिवार के सामने ही डॉक्टर से कहा, "डॉक्टर, आप माँजी को कोमा से कभी जगा नहीं पाएँगी। वह मरने के लिए आजाद होना चाहती हैं। उनकी आत्मा आपकी इस तकनीक में फँस गई है और आप उसे परलोक जाने से रोक रही हैं।" चूँकि माँजी की बेटी एक वरिष्ठ पंजीकृत नर्स थी, इसलिए वह भी माँजी को श्वासयंत्र पर रखने को लेकर डॉक्टर के फैसले से सहमत थी। लेकिन माँजी के पति को उनकी हालत से सहानुभूति थी। इसलिए वह मेरे पास आए और बोले, "पंडितजी, आपकी क्या राय है? हमें क्या करना चाहिए? आप हमें उनके लिए क्या करने को कहेंगे?"

मैंने कहा, "यह स्थिति डॉक्टर के चिकित्सा विज्ञान से परे है। माँजी उन्हें जीवित रखने के लिए इस्तेमाल की जानेवाली तकनीक में फँस गई हैं, इसीलिए वह अपना शरीर नहीं छोड़ पा रहीं हैं। आप उन्हें यहाँ ज्यादा-से-ज्यादा दो सप्ताह तक रख सकते हैं, लेकिन इससे माँजी की हालत में कोई फर्क नहीं पड़ेगा। वह अब और जीवित नहीं रहेंगी।"

डॉक्टर ने मुझसे पूछा, "तुम्हें कैसे पता?"

मैंने उत्तर दिया, "डॉक्टर, आपको शरीर का ज्ञान है, जबकि मेरा ज्ञान आत्मा का है।"

मैंने उन्हें आगे समझाया, "इससे पहले कि माँजी को एंबुलेंस से अस्पताल पहुँचाया जाता, उन्होंने अपने मरने की प्रक्रिया शुरू कर ली थी। उन्होंने अस्पताल पहुँचने से पहले ही अपने नीचे के तीनों चक्रों को बंद कर लिया था। डॉक्टर जब उन्हें सर्जरी से पहले एनेस्थीसिया और दर्द-निवारक दवाओं का इंजेक्शन लगाया गया तो वह बेहोश हो गईं, जिससे उनकी आत्मा उनके शरीर में ही फँस गई। इससे वह मृत्यु की स्वाभाविक प्रक्रिया को पूरा करने में असमर्थ हो गईं।

"वह अपने निचले तीन चक्रों को दोबारा नहीं खोल सकतीं और इस तरह उनके पास केवल एक ही रास्ता है कि वह अपने शरीर को छोड़कर आगे बढ़ जाएँ। वह अब जीवित नहीं रहेंगी।" मैंने आगे कहा, "माँजी की शिथिल नब्ज इस बात का इशारा कर रही है कि उन्होंने अपने शरीर को पहले ही त्याग दिया है और अब उनकी आत्मा सूक्ष्म-मार्ग में है।"

एक आत्मा सूक्ष्म पारगमन में तभी होती है, जब उसके शरीर के सभी नौ द्वार बंद होने शुरू हो जाते हैं। ये नौ द्वार शरीर के नौ छिद्र है—दो कान, दो आँखें, दो नथुने, मुँह, मूत्रमार्ग और गुदा द्वार। प्रबुद्ध व्यक्तियों के मामले में वे अपने शरीर को दसवें मार्ग के माध्यम से भी छोड़ सकते हैं, जो कि उनकी खोपड़ी के शीर्ष पर बना द्वार या तालू होता है। इसे बच्चे के सिर पर मौजूद कोमल हिस्से के रूप में जाना जाता है। यह दसवाँ निकास द्वार एक एक्सप्रेस हाईवे की तरह है, जो एक आत्मा को सीधा स्वर्ग लेकर जाता

है। जब कोई व्यक्ति इस निकास द्वार के माध्यम से अपना शरीर छोड़ता है, तो उसे अपने पिछले जन्म की सारी बातें याद रहती हैं।

हमारी चेतना के आकर्षण और भौतिक कर्म इत्यादि के आधार पर प्रत्येक मनुष्य की प्राणशक्ति इन्हीं नौ द्वारों में से किसी एक से होकर उसे छोड़ती है। न्यून चेतनावाले मनुष्य की प्राणशक्ति उसके शरीर को न्यून द्वार से छोड़ती है। जबकि सर्वोच्च चेतनावाले मनुष्य की प्राणशक्ति उसके शरीर को सबसे ऊपरी द्वार से छोड़ेगी। सत गुरु की कृपा से एक प्रबुद्ध आत्मा अपने सिर में मौजूद दसवें मार्ग को तोड़कर भी अपना शरीर छोड़ सकती है।

मैंने डॉक्टर और माँजी के परिवार से कहा, "आप सबको जल्द-से-जल्द फैसला करना होगा कि आपको माँजी के शरीर से यह मशीन कब हटानी है? मैं यह फैसला करनेवाला कोई नहीं होता।"

माँजी के भारतीय पूर्वज जिस अंदाज में परलोक की यात्रा पर जाते थे, माँजी भी वैसे ही मरना चाहती थीं। मृत्यु को भगवान् यमराज के आगमन के रूप में वर्णित किया जाता है, जो मृत्यु के देवता होते हैं। वह एक काली भैंस पर सवार होकर उस मनुष्य की आत्मा को लेने आते हैं, जिसके जीवन का अनुबंध पृथ्वीलोक पर समाप्त हो जाता है। दक्षिण अमेरिका के गुयाना में रहनेवाले पूर्वी-भारतीय परिवारों के कई वंशज मृत व्यक्ति के दु:खों के अंत को चिह्नित करने के लिए उसकी मृत्यु पर किसी उत्सव की तरह नाच-गाकर उसकी मौत का जश्न मनाते हैं। दक्षिण अमेरिका के पूर्व भारतीय खानाबदोश जनजातियों के लोग अभी भी आत्मा-यात्रा का वैसा ही अभ्यास करते हैं, जैसा उनके पूर्वज किया करते थे। इसीलिए माँजी भी स्वतंत्र रूप से मरना चाहती थीं। वास्तव में आज भी कई लोग, जो रामायण की शिक्षाओं का पालन करते हैं, अपने बच्चों को योग निद्रा का अभ्यास करना सिखाते हैं, जोकि नींद की एक आरामदायक अवस्था है। इसमें एक व्यक्ति अपना शरीर छोड़ अन्य स्थानों की यात्रा कर सकता है। इसे सुदूर दर्शन के रूप में वर्णित किया गया है।

लंबे विचार-विमर्श के बाद माँजी के परिवार ने उन्हें श्वासयंत्र से मुक्त करने से पहले दो सप्ताह तक कोमा में रखने का फैसला किया। उन्हें उम्मीद थी कि वह ठीक हो जाएँगी। लेकिन डॉक्टर ने माँजी के परिवार से बारंबार माफी माँगी कि वह उनकी कोई मदद नहीं कर पाई।

दो हफ्ते बाद माँजी ने इस जंजाल से मुक्ति पाई और उनका निधन हो गया। माँजी की स्नेहपूर्ण और प्रेममयी यादें आज भी मेरे साथ बनी हुई हैं। मैंने उनके दाह संस्कार के लिए एक अच्छा ज्योतिषीय दिन चुना और उनके अंतिम संस्कार में भी भाग लिया।

ऐसे बहुत सारे लोग हैं, जो प्राणघाती संकट के समय डॉक्टरों और उनके संस्थानों के हाथों में बँधकर रह जाते हैं। उनके परिवार को लगता है कि उनके लिए यही ठीक रहेगा और कई मामलों में यह सही हो भी सकता है। लेकिन चिकित्सा तकनीक का उद्‌देश्य हमें जीवन में मदद करना होना चाहिए, न कि उन्हें हमें उसमें फँसाना चाहिए। प्रत्येक आत्मा को अपने अंतिम समय के लिए जागरूक होकर कुछ निर्देश वसीयत के तौर पर पहले से ही सुरक्षित रखवा देने चाहिए, ताकि उनकी आत्मा ऐसी किसी तकनीक में न फँसी रहे।

□

4

जड़ी-बूटियों का चमत्कारी उपचार

एक साल कनाडा में कड़ाके की ठंड पड़ी। यह फरवरी का महीना था और तापमान -42^0C से भी नीचे चला गया था और शीत वायु प्रभाव भी -9^0C से कम था।

उसी साल एक 70 वर्षीय व्यक्ति दक्षिण अमेरिका में गुयाना की यात्रा कर कनाडा वापस लौट रहे थे। तब दक्षिण अमेरिका का तापमान लगभग 48^0C था। हम कितने भी मजबूत क्यों न हो, तापमान में 48^0C से -42^0C का इतना बड़ा बदलाव हमारे मस्तिष्क में घात, यानी हेड स्ट्रोक उत्पन्न कर सकता है।

यही हाल कनाडा के उन 70 वर्षीय व्यक्ति का हुआ। दरअसल वह मूल रूप से दक्षिण अमेरिका के रहनेवाले थे और वहाँ अपने रिश्तेदारों से मिलने गए थे। उन्होंने सोचा कि वह सर्दियाँ दक्षिण अमेरिका में अपने पुराने रिश्तेदारों के साथ वहाँ की उष्णकटिबंधीय जलवायु में बिताएँगे।

उन्होंने फरवरी में कनाडा वापस आने के बारे में सोचा, जब यहाँ सबसे ज्यादा ठंड पड़ती है। लेकिन तब उनके शरीर को कनाडा की ठंड के अनुकूल बनाने के लिए पर्याप्त समय नहीं मिला। वह गँजे थे और हालाँकि ठंडे मौसम के अनुरूप उन्होंने उपयुक्त कपड़े पहने हुए थे, फिर भी वापसी के कुछ ही दिनों बाद हेड स्ट्रोक के कारण अचेत पड़ गए।

कनाडा में उनके बच्चे उन्हें तुरंत टोरंटो अस्पताल ले गए, जहाँ उनकी उचित जाँच-पड़ताल की गई। वह ब्रेन फ्रीज नामक बीमारी से पीड़ित थे। इससे वह अपना बायाँ हाथ हिलाने की क्षमता खो चुके थे और कुछ बोल भी नहीं पा रहे थे। इतना ही नहीं, उन्होंने अपनी आँखों का समन्वय भी खो दिया था और किसी को पहचान भी नहीं पा रहे थे। डॉक्टरों ने कहा, "उनके सिर में स्थायी क्षति पहुँची है और अब वह कभी ठीक नहीं हो पाएँगे।"

उनकी एक बेटी मिनेसोटा में ही रहती थी। उसने मुझे बताया कि उनके पिता को

मस्तिष्काघात लगा है। वह उनसे मिलने कनाडा ही जा रही थी। मैंने उसे जाने से पहले मुझसे मिलने को कहा और बताया, "मैं तुम्हारे पिता के लिए एक जड़ी-बूटी तैयार दूँगा।"

उसके पति ने सपरिवार कनाडा तक गाड़ी चलाकर जाने का फैसला किया और वे सभी मुझसे ब्रुकलिन पार्क, मिनेसोटा में मेरे घर मिलने आए। मैंने हिमालय से आई कुछ जड़ी-बूटियों के पत्तों को पाँच हिस्सों में बाँटकर तैयार किया। ये पत्तियाँ मस्तिष्क में नई कोशिकाओं को बनने में मदद करती हैं, जो आगे चलकर बुद्धि का विस्तार करती हैं। मैं वर्ष 2001 में हिमालय की तलहटी पर गया था, तब मुझे इस करिश्माई पौधे के बारे में पता चला, जिसकी पत्तियों में मस्तिष्क की बीमारी से संबंधित कई उपचारक गुण होते हैं। मैंने थोड़ा सा घी लिया और उससे इन पत्तियों पर संस्कृत में पवित्र श्लोक लिखे।

मैंने उन वृद्ध सज्जन के बारे में सुना था कि उन्होंने बहुत सारे पवित्र ग्रंथों का अध्ययन किया हुआ था। मुझे उनके बारे में सुनकर दया आ गई। मैं नहीं चाहता था कि उनकी याददाश्त चली जाए। वह एक पुण्यात्मा थे, जिन्हें कई विषयों का गहरा ज्ञान था। मैंने सोचा, यदि यह उनकी मृत्यु का क्षण भी है, तो भी उन्हें कम-से-कम अपने ज्ञान को अपने अगले जन्म तक ले जाने का मौका मिलना चाहिए।

मैंने उनके लिए जड़ी-बूटियाँ तैयार कीं और उनकी बेटी को दे दीं। मैंने उसे निर्देश देते हुए कहा कि उसे संस्कृत श्लोक लिखा हुआ प्रत्येक पत्ता अपने पिता को चबवा-चबवाकर खिलाना है। फिर मैंने उससे कहा, "मैं तुम्हारे पिता के जल्द ठीक होने की कामना करता हूँ। मैं उनकी दीर्घायु के लिए प्रार्थना भी करूँगा।"

एक सप्ताह बाद उनकी बेटी मिनेसोटा लौट आई और उसने मुझे फोन किया। उसने कहा, "मेरे पिता को कुछ-कुछ बातें याद आने लगी थीं और थोड़े से शब्द ही सही, लेकिन वह बोल पा रहे थे।"

लगभग एक महीने के समय में उनके हाथ में काफी सुधार आ गया और अब उनकी आँखों का समन्वय भी बेहतर हो गया था। वह आज दस वर्ष बाद भी जीवित हैं और अच्छे से चल-फिर सकते हैं, बोल सकते हैं। उनकी याददाश्त भी एकदम ठीक है। वह अपने हाथों का भी अच्छे से प्रयोग कर सकते हैं।

यह हिमालयी जड़ी-बूटियों और संस्कृत मंत्रों के उपचारात्मक स्पंदन की अद्वितीय क्षमता है, जो योगियों द्वारा पीढ़ी-दर-पीढ़ी धरोहर के रूप में प्रदान की जाती रही है। यह मेरा सौभाग्य ही था कि मैंने संस्कृत मंत्रों का जाप इत्यादि सीखा था और उनका अभ्यास भी किया था, जिन्होंने इस तरह का चमत्कारी उपचार कर दिखाया।

□

5

मंत्र-उपचार

यह वर्ष 1990 के दशक के मध्य की बात है। मैं मिनियापोलिस के अवेदा कॉरपोरेशन में एक सूक्ष्म जीवविज्ञानी के तौर पर काम कर रहा था और एक दिन मुझे मिनियापोलिस के ध्यान केंद्र के निदेशक का फोन आया।

उन्होंने मुझे बताया कि 'चिल्ड्रन हॉस्पिटल' में एक बच्ची बहुत ही अजीबो-गरीब बीमारी से पीड़ित है, जिसे तत्काल मदद की जरूरत है। अस्पताल में गिरिजाघर से आए मिनिस्टर (पादरी/उपदेशक) किसी ऐसे व्यक्ति की तलाश में थे, जो वैकल्पिक चिकित्सा पद्धति जानता हो, ताकि उस बीमार लड़की की मदद की जा सके। मुझे कुछ पता नहीं था कि क्या करना है, लेकिन मैं उस लड़की की हालत को लेकर जिज्ञासु था, साथ ही उसकी मदद के लिए किसी को ढूँढ़ना भी चाहता था।

उस बच्ची को अगले दिन कुछ दूसरी जाँचों व देखभाल के लिए मिनेसोटा के रोचेस्टर स्थित मेयो क्लीनिक में स्थानांतरित करने का फैसला किया गया। मैंने ध्यान केंद्र के निदेशक से कहा कि मैं बीमार लड़की को देखना चाहूँगा और काम के बाद अस्पताल जाऊँगा। निर्देशक ने अस्पताल में मिनिस्टर से संपर्क किया और उस शाम मेरे लिए लड़की से मिलने की सारी व्यवस्था की।

ऑफिस के बाद मैं मिनियापोलिस में चिल्ड्रन हॉस्पिटल गया और वहाँ चर्च के उन मंत्री से मिला, जो मुझे डॉक्टरों के पास ले गए। फिर डॉक्टर मुझे लड़की और उसकी माँ से मिलवाने के लिए ऊपरी मंजिल पर ले गए। उन्होंने मुझे बताया कि उन्होंने रक्त, प्लाज्मा, सीरम, मूत्र और रीढ़ की हड्डी के द्रव सहित सभी संभावित परीक्षण कर लिये, लेकिन अब तक यह पता नहीं चल पाया है कि उसे हुआ क्या है ?

वह दस साल की बच्ची बहुत ज्यादा बीमार थी और उस अस्पताल में पाँच दिनों से दर्द और तकलीफ झेल रही थी। सिर से लेकर पैर तक उसके पूरे शरीर में सूजन आ गई थी। सात डॉक्टरों का पैनल भी उसका इलाज नहीं कर पा रहा था। इलाज तो दूर उन्हें

अभी तक उसकी बीमारी की वजह भी समझ नहीं आई थी।

मेरे लिए एक छोटी सी बच्ची को दर्द और तकलीफ में देखना असहनीय हो रहा था। मैं नहीं जानता था कि मुझे ऐसे में क्या करना चाहिए या किसे बुलाना चाहिए? फिर मैंने सोचा, अगर मेरे गुरुदेव यहाँ होते, तो उनकी कृपा मात्र से, उसका इलाज हो जाता! मैं उस बच्ची के लिए दया और करुणा से भर उठा और मेरी आँखों में आँसू आ गए।

और तभी मेरे मन में उस बीमार बच्ची और उसकी चिंतित माँ को सांत्वना देने के लिए प्रार्थना करने का खयाल आया। मैंने डॉक्टरों से पूछा कि क्या मैं उस बच्ची के लिए प्रार्थना कर सकता हूँ और उन्होंने मुझे उसकी माँ के साथ उनके कमरे में एकांत की अनुमति दे दी। मैंने सोचा कि मेरे गुरुदेव इस स्थिति में मुझे क्या करने की सलाह देते? मेरे दिमाग ने सोचना बंद कर दिया। मुझे कुछ नहीं सूझ रहा था कि मैं क्या करूँ? मैंने कुछ संस्कृत मंत्र-जाप करने के बारे में सोचा, जो मैंने अपने गुरुदेव से सीखे थे और फिर उनका ऊँचे स्वर में जाप करने लगा।

तभी मैंने कमरे में एक शांति सी पसरती हुई महसूस की और अचानक मुझे मेरा पेट बहुत गरम लगने लगा। वह गरमी मेरे शरीर से मेरे हाथों में आ गई थी। मुझे लगा कि यह मेरे गुरु का संकेत है, जो मुझे अपने हाथों को उसके सिर पर रखने को कह रहे हैं। मैंने अपने हाथ उसके सिर पर रखे, साथ ही संस्कृत मंत्रों का जाप भी जारी रखा।

मैंने एक अनोखी सी घटना घटते देखी। मैं जैसे एक अदृश्य सूक्ष्मदर्शी यंत्र (माइक्रोस्कोप) के माध्यम से कुछ ऐसा देख रहा था, जिसे नग्न आँखों से नहीं देखा जा सकता। मैंने चमकती बिंदीदार रेखाओं की एक धारा को उसके सिर से उसकी नाभि तक आते हुए देखा और ऐसी ही एक और चमकती हुई बिंदीदार रेखाओं का समूह उसके पैरों से उसके नाभि केंद्र तक जा रहा था। लेकिन ये दोनों ही चमकती बिंदीदार रेखाएँ उसकी नाभि पर जुड़ नहीं पा रही थीं। फिर मेरी अवचेतना ने मुझसे कहा, "गहरी साँस लो और साँस बाहर छोड़ो। इन चमकती बिंदीदार रेखाओं को संस्कृत मंत्रों की मदद से जोड़ो।"

मैंने अपना सारा ध्यान इस अवचेतन मन पर लगा लिया, क्योंकि यह मुझे एक-एक करके बता रहा था कि मुझे आगे क्या करना है। मैंने जैसे ही संस्कृत मंत्र के साथ अपने श्वास स्वरूप को जोड़ा, तो वे चमकती बिंदीदार रेखाएँ आपस में एक हो गईं और तब मुझे चमकती बिंदीदार रेखाओं का एक पूरा नेटवर्क दिखाई दिया। ये रेखाएँ उसके संपूर्ण शरीर के अलग-अलग अंगों में जा रही थीं।

उसी क्षण डॉक्टर कमरे में आए और कहा, "आप यह क्या कर रहे हैं?" डॉक्टर के ऑफिस में भी हू-ब-हू एक अतिरिक्त मॉनिटर था, जहाँ से उस लड़की पर नजर रखी जा रही थी। उसमें सहसा नए पैटर्न उभरते दिखाई दे रहे थे। कुछ ही मिनटों में डॉक्टरों ने देखा कि उसकी सूजन भी कम हो रही है।

हैरान डॉक्टरों ने मुझसे पूछताछ करनी चाही और कई सवाल किए। लेकिन मैं उन्हें बस, यही बता पाया, "अगर आपकी कार की बैटरी बंद पड़ जाए और मैं उसे अपने जंपर केबल्स की मदद से एक 'जंप स्टार्ट' दूँ, तो आपकी कार फिर से शुरू हो जाएगी और ठीक से चल भी पाएगी।" मैंने आगे उन्हें बताया, "लड़की की चक्र-प्रणाली को संतुलित करने की जरूरत थी, जो एक 'जंप स्टार्ट' जैसी स्थिति है। उसकी रीढ़ के नीचे स्थित उसका दूसरा चक्र पूरी तरह से असंतुलित था। इसे 'स्वाधिष्ठान चक्र' कहा जाता है, जोकि सीधा-सीधा जल और हमारी भावनाओं से जुड़ा होता है।" मैंने समझाया, "वह चिड़ियाघर में किसी जानवर को देखकर या उसके व्यवहार से डर गई थी और फलस्वरूप उसका स्वाधिष्ठान चक्र असंतुलित हो गया। इसने पूरे शरीर में तत्काल जल-अवरोध कर दिया, जिससे शरीर में सूजन आ गई। यही कारण है कि मेडिकल परीक्षण उसकी बीमारी का कारण नहीं जान पाएँ।"

फिर मैंने आगे कहा, "एक बार जब इस बच्ची का रक्तचाप, हृदय गति और दर्द शांत हो जाएगा तो यह पूर्णतः स्वस्थ हो जाएगी। तब उसे अस्पताल से छुट्टी देकर घर भेज दीजिएगा। अब उसे मेयो क्लीनिक भेजने की जरूरत नहीं है।" फिर मैंने उस बच्ची को अलविदा कहा और बाहर आ गया। अस्पताल के वरिष्ठ डॉक्टर भी पार्किंग पर खड़ी मेरी कार तक मेरे साथ आए। वह 'चक्र-विज्ञान' के बारे में और जानना चाहते थे, क्योंकि इससे पहले उन्होंने इस बारे में कुछ भी नहीं सुना था। उन्होंने मुझसे कहा, "मैं उसकी मेडिकल रिपोर्ट में क्या लिखूँ?"

मैंने मजाक करते हुए कहा, "आप डॉक्टर हैं और आपको अपने मरीजों की बीमारी का पता लगाने और उनका इलाज करने के लिए एक मोटी सैलरी मिलती है। आपको पता होना चाहिए कि रिपोर्ट में क्या लिखना है ?"

मैंने इस अनुभव से सीखा कि मैं कर्ता नहीं था। मैं तो उस कर्ता का केवल साक्षी मात्र हूँ। अपने हिमालयी गुरु, श्री स्वामी राम का माध्यम मात्र।

□

6

निमोनिया और तेल-मालिश

जब मैं अवेदा कॉरपोरेशन में एक सूक्ष्म जीव विज्ञानी यानी 'माइक्रोबायोलॉजिस्ट' के तौर पर काम करता था, तो मेरे मन में अंगूर के बीजों से इमोलिएंट यानी मालिश वाला तेल बनाने का विचार आया। इससे कुछ साल पहले मैंने प्राकृतिक उत्पादों की एनलाइट-एन-सेंट शृंखला बनाने के लिए 'आर एंड डी' की शुरुआत की थी, जिसमें अनान्नास/नोनी शैंपू, कंडीशनर, नाशपाती/खुबानी का शैंपू तथा कंडीशनर हिमालय की गूजी बेरी/आड़ू का शैंपू, कंडीशनर व अनान्नास/पुदीने का बॉडी वाश शामिल थे। मैंने हाथों और पूरे शरीर के लिए एक लोटस लोशन भी बनाया और फिर हेयर क्रीम बनाने का काम भी शुरू कर दिया।

मैंने हमारे सात चक्रों के लिए लाल, नारंगी, पीले, हरे, नीले, इंडिगो और वायलेट रंग की एनलाइट-एन-सेंट मोमबत्तियों की एक शृंखला भी तैयार की। इसके अलावा मैंने गिरिजाघर और अंतिम संस्कार में जलाने के लिए अलग से सफेद रंग की मोमबत्ती बनाने के बारे में भी सोचा। हमारे सात अलग-अलग चक्रों को उत्तेजित करने के लिए इन सात रंग की मोमबत्तियों में सात अलग-अलग सुगंधें मौजूद थीं। ये मोमबत्तियाँ छह इंच लंबी और दो इंच चौड़ी थीं, जो पैराफिन वैक्स से बनी आम मोमबत्तियों से अधिक समय तक जल सकती थीं।

यह वर्ष 2008 की सर्दियों की बात है। मैंने मर्दन चिकित्सा यानी मसाज थैरेपी के लिए इमोलिएंट बनाना शुरू कर दिया था। मैं मनवांछित परिणाम पाने के लिए अलग-अलग सुगंधित तेलों के साथ अंगूर के बीजों से बने तेल का प्रयोग करता था। मुझे याद है, एक दिन मैं मालिश के कुछ इमोलिएंट का मूल्यांकन करवाने के लिए एक चिकित्सक के घर गया हुआ था।

उस समय उनके पड़ोस में एक तीन साल का बच्चा निमोनिया के कारण गंभीर रूप से बीमार पड़ा था। यहाँ तक कि बाल रोग विशेषज्ञ द्वारा निर्धारित एमोक्सिसिलिन से

भी उसे आराम नहीं मिल पा रहा था। विस्कॉन्सिन का ठंडा मौसम उसकी इस बीमारी में और भी ज्यादा मुश्किलें पैदा कर रहा था। मैं कभी-कभी लोगों से कहता हूँ, हमारे यहाँ की जलवायु में आप बारह के बारह महीने स्कीइंग कर सकते हैं। दरअसल, विस्कॉन्सिन की गरमियाँ भी सर्द ही होती हैं और सर्दियों में तो -49 डिग्री तक हड्डियों को गला देनेवाली ठंडी होती है। वह छोटा सा बच्चा उस दौरान काफी घरघराहट के साथ खाँस रहा था। उसे साँस लेने में भी तकलीफ हो रही थी। कई दिन बीत चुके थे, लेकिन उसका बुखार कम होने का नाम ही नहीं ले रहा था।

इस बच्चे का जन्म समय से पहले हुआ था, जिसकी वजह से इसके फेफड़े काफी कमजोर थे। सर्दियों में तो वह हमेशा ही ठंड में होने वाले वायरसों और निमोनिया से पीड़ित रहता था। उसे निरंतर रूप से एमोक्सिसिलिन एंटीबायोटिक दवा का सेवन करना पड़ता था, जो दरअसल उसकी प्रतिरक्षा प्रणाली को कमजोर कर रही थी। मैंने थेरैपिस्ट से कहा, "मैं मालिश के लिए एक उपचारात्मक तेल तैयार करूँगा, जो इस बच्चे को न केवल निमोनिया से छुटकारा दिला सकता है, बल्कि उसको ठीक से साँस लेने में मदद भी कर सकता है। क्या आपके पास अंगूर के बीज का तेल व दूसरे सुगंधित/अनिवार्य तेलों की किट है?" मैंने उनसे पूछा। "हाँ।" उन्होंने जवाब दिया और फिर वह अपने अरोमाथैरेपी कैबिनेट से आठ औंस की बोतल में कोल्ड-प्रेस्ड अंगूर के बीजों के तेल के साथ कुछ और शानदार तेलों की खूबसूरत शीशियाँ ले आईं।

मेरे लिए यह एक अनोखा और विचित्र अनुभव होने जा रहा था, क्योंकि कुछ अज्ञात शक्तियाँ इस तेल को तैयार करने में मेरी मदद करनेवाली थी। मैंने इससे पहले कभी भी निमोनिया के लिए चिकित्सीय गुणों से युक्त इमोलिएंट बनाने के बारे में नहीं सोचा था।

मैंने उनसे कहा, "आप प्लीज आएँ और देखें कि कैसे संस्कृत के ध्वनि स्पंदन का प्रयोग वैकल्पिक चिकित्सा के स्वाभाविक अंश के तौर पर किया जा सकता है?" मैं कुछ देर चुपचाप बैठा रहा और फिर मैंने एक काँच के मर्तबान में थोड़ा सा अंगूर के बीजों का तेल डाला। इसके साथ ही मैंने दूसरे सुगंधित तेलों की कुछ बूँदें भी उसमें डालीं और संस्कृत मंत्रों का उच्चारण करते हुए उसे आग में रखकर घुमाना शुरू किया।

मुझे पता है कि आप भी यह जानने के लिए उत्सुक हैं कि मैंने यह चिकित्सीय मिश्रण बनाने के लिए किन तेलों और संस्कृत मंत्रों का उपयोग किया? देखिए, ये मंत्र मेरे गुरुदेव स्वामी राम का दिया एक उपहार है। मैंने पहले दस साल तक इस मंत्र का अभ्यास किया और तब कहीं जाकर मुझे इसके ध्वनि-स्पंदन प्रभाव का पता चला। अगर मैं आज आपको ये मंत्र बता भी दूँ, तो भी आपको इसकी प्रभाव-शक्ति को सक्रिय करने के लिए कम-से-कम दस साल या उससे भी अधिक समय के लिए इसका जप करना होगा।

इस विज्ञान को 'मंत्र-औषधि' कहा जाता है। यह उसी मंत्र-साधना का रूप था, जिसने मेरी नाभि में गरमी पैदा की थी, जब मैं बच्चों के अस्पताल में उस बीमार बच्ची का उपचार करने गया था (हमने पिछले अध्याय में इसके बारे में पढ़ा है)। हालाँकि मैंने मालिश के लिए इस्तेमाल किए जाने वाले एमोलिएंट में जिस मंत्र का प्रयोग किया, वह इससे थोड़ा अलग और फेफड़ों की सूजन हटाने के लिए अति उत्तम था। मैंने तेलों के मिश्रण में सुगंधित तेल डालते हुए संस्कृत मंत्र का जोर-जोर से जाप किया। इसके बाद मैंने उसे आग पर गरम करने के लिए रखा व उसमें 'आवयक तेल' की कुछ बूँदें डालीं और एक दूसरे संस्कृत-मंत्र का जाप किया।

मैंने कुछ देर यह प्रक्रिया जारी रखी और फिर मजाक करते हुए मर्दन चिकित्सक से पूछा, "क्या आप इस 'मंत्र-औषधि' को दोबारा तैयार कर सकती हैं?" उसने मेरी तरफ देखा और मुसकराने लगी।

दरअसल, वह उन मंत्रों को बहुत ध्यान से सुन रही थीं, इसलिए अच्छी तरह जानती थी कि इस तरह का उच्चारण करना उनके लिए असंभव सा ही था। जब मैंने अपना काम खत्म कर लिया, तो मैं उस तेल को उस छोटे बच्चे के पास ले गया। मैंने इस तेल के साथ उसकी सिर से लेकर पैर तक बहुत अच्छी मालिश की, खासतौर पर उसके फेफड़ों, पीठ और सीने के पास। दो दिन बाद उसकी खाँसी ठीक हो गई और बुखार भी उतर गया। इसके बाद उसे कभी भी सर्दियों के दौरान निमोनिया नहीं हुआ।

दरअसल, हमारी त्वचा हमारे शरीर का सबसे बड़ा अंग है और इसीलिए जब उपचारात्मक तेल से उस बच्चे की मालिश की गई तो उसमें मौजूद मंत्र ने सूक्ष्म जीवाणुओं को नष्ट करने में मदद की।

□

7

एक उलटा शिशु

एक दिन मुझे एक अज्ञात महिला का अजीबो-गरीब फोन आया। वह मुझे न्यूयॉर्क के 'न्यूयॉर्क जनरल अस्पताल' से फोन कर रही थी। उसने मुझे 'पंडितजी' कहकर संबोधित किया और कहा, "पंडितजी, मेरी बहन को आपकी मदद की जरूरत है। उसे बच्चा होने वाला है, लेकिन वह गर्भ में उलटा हो गया है। परिस्थितियाँ बेहद विषम और विकट हैं। मेरी बहन बहुत ज्यादा दर्द और तकलीफ में है। यहाँ तक कि इस सब में उन दोनों की जान भी जा सकती है।"

"मैं किससे बात कर रहा हूँ?" मैंने पूछा।

"पंडितजी, आप मुझे नहीं जानते। मुझे आपका नंबर मिनेसोटा में मेरी चचेरी बहन से मिला। कुछ साल पहले आपने चिल्ड्रन अस्पताल में उसकी बेटी का उपचार किया था। प्लीज, मेरी बहन की मदद कीजिए। वह काफी लाचार, बेबस, पीड़ा और दर्द में है।" उसने जवाब दिया और फिर फोन पर ही उसका रोना निकल गया।

मैंने कहा, "मैम, मुझे वह लड़की याद है। उसके सिर से लेकर पैर तक पूरे शरीर में सूजन थी। मैं उसके साथ वहाँ अस्पताल में ही था। लेकिन सच कहूँ तो उसका उपचार कोई और ही कर रहा था, जोकि मेरे लिए भी एक संयोग या रहस्य की बात थी। हालाँकि आपकी बहन के मामले में जो इस समय प्रसव पीड़ा से गुजर रही है, मुझे बिल्कुल भी अंदाजा नहीं है कि क्या किया जाए? उसे मेडिकल देखभाल की जरूरत है और मेरे खयाल से वह इस समय सही जगह और सही हाथों में है।"

"पंडितजी, मेरी आपमें अपार आस्था है; हालाँकि मैं आपसे मिली भी नहीं हूँ, फिर भी मैं न्यूयॉर्क से अपने पूरे दिल से आपके चरणस्पर्श करती हूँ।" उस महिला ने जवाब दिया।

उस महिला की बातें और भावनाएँ इतनी भक्ति और करुणा से भरी हुई थीं कि उन्हें सुनकर मैं भी रो पड़ा। जहाँ वह फोन पर रो रही थी, वहीं मैं चुपचाप आँसू बहा रहा था।

उसके एक-एक शब्द में गहन करुणा, सच्चाई और उम्मीद झलक रही थी। मैंने कभी किसी अजनबी को मुझ पर इतना भरोसा और श्रद्धाभाव रखते नहीं देखा। दरअसल, मैंने खुद भी कभी अपने ऊपर इतना भरोसा और विश्वास नहीं किया था, खासतौर पर इस तरह का समर्पण तो मैंने कभी महसूस नहीं किया था।

वह अपने दिल ही दिल में मेरे चरणस्पर्श करने को तैयार थी और मैं सचमुच उसके प्रेम और भक्तिभाव से द्रवित हो उठा था। लेकिन मुझे वाकई नहीं पता था कि मैं इस स्थिति में क्या करूँ? अब आप देखिए, मैं कोई स्त्रीरोग विशेषज्ञ तो हूँ नहीं, न ही मैं कोई डॉक्टर हूँ। मुझे यह भी नहीं पता था कि प्रसव के दर्द को कम करने के लिए कौन सी दवा देनी चाहिए? इसके अलावा मैं अस्पताल में भी नहीं था कि उसे किसी तरह का सुझाव ही दे सकता। मैं न्यूयॉर्क से 2000 मील दूर मिनेसोटा में था। इसके अलावा मैंने न तो उस रोगी-महिला को पहले कभी देखा था और न ही मैं मुझे फोन करनेवाली उस महिला को जानता था। मैं 911 (यह अमेरिका में इस्तेमाल किए जानेवाला एक आपातकालीन नंबर है) नंबर पर फोन उठाने वाली उस रिसेप्शनिस्ट की स्थिति में था; जिसे एक संकटकालीन फोन आता है, लेकिन वह नहीं जानती कि उस परिस्थिति में क्या करे? मैं बस, उस रोगी महिला की सारी जानकारी इकट्ठा करके डॉक्टर को आगे भेज सकता था।

"माई डियर, मैं जाकर तुम्हारी बहन के लिए प्रार्थना करता हूँ। क्या तुम मुझे कुछ मिनट बाद वापस फोन कर सकती हो?" मैंने उससे पूछा।

फिर मैंने फोन धीरे से रख दिया और मेरे कानों में रह-रहकर उस महिला के शब्द गूँज रहे थे, "मैं न्यूयॉर्क से अपने पूरे दिल से आपके चरणस्पर्श करती हूँ।" मैं ध्यान कक्ष में गया और अपने गुरु की शॉल में चुपचाप ध्यान करने बैठ गया। मैंने दिल ही दिल में रोते हुए ध्यान के माध्यम से अपने गुरु को संकटकालीन फोन मिलाया। वह थे मेरे आध्यात्मिक 911 आपातकालीन डॉक्टर! "स्वामीजी, न्यूयॉर्क अस्पताल में एक महिला है, जो इस समय जिंदगी और मौत के बीच झूल रही है। उसका बच्चा उसकी कोख में उलटा हो गया है और उन दोनों की जान भी जा सकती हैं।" मैंने कहा।

मैंने माँ और बच्चे के लिए अपनी वेदी पर धूप-अगरबत्ती जलाई। मैं कुछ क्षण ध्यान में बैठा और परिस्थिति पर विचार करने लगा। मैंने सबकुछ अपने गुरु के हाथों में छोड़ दिया।

मैंने अपने गुरुदेव को अपने पूरे प्रेम और श्रद्धा से याद किया और बहुत ही कातरता के साथ उनसे मिन्नत की कि वह इस माँ और बच्चे की मदद करें। मैं वहीं बैठे-बैठे स्वर्ग में अपने गुरुदेव के चरणों को बार-बार अपनी छाती से लगा रहा था।

उस महिला का मेरे प्रति भक्तिभाव देख मैं अवाक् रह गया, क्योंकि इसी तरह का

भक्तिभाव मेरा अपने गुरु के प्रति सदैव रहा है। मैंने वो सबकुछ अपने गुरु का ट्रांसफर करते हुए उनसे मेरा मार्गदर्शन करने की प्रार्थना करी। जब मैं ध्यान कर रहा था, तो मुझे एक अलग ही धूप-अगरबत्ती की गंध महसूस हुई, यह गंध मेरे द्वारा जलाई धूप-अगरबत्ती से अलग थी। कमरे में दोनों धूपों की गंध एक हो गई और एक नई ही खुशबू का जन्म हुआ।

फिर फोन की घंटी बजी। मैंने फोन उठाया और एक बार फिर न्यूयॉर्क से उसी महिला का फोन आया। उसने कहा, "पंडितजी, डॉक्टर ने मेरी बहन को सुलाने के लिए कुछ इंजेक्शन दिए हैं। एक घंटे में वे उसे ऑपरेशन के लिए ले जाएँगे और फिर सर्जरी के माध्यम से बच्चे को बाहर निकालेंगे।"

जैसे ही उस महिला ने मुझसे यह सब कहा, मैंने अपने मन में एक विस्तार महसूस किया और अचानक मुझे न्यूयॉर्क अस्पताल दिखाई देने लगा। मैं अस्पताल में उसकी बहन को देख रहा था और उसे भी, जो इस समय परिवार-कक्ष में फोन पर मुझसे बात कर रही थी।

"क्या तुम एक गिलास पीने का पानी ला सकती हो ? अपने हाथ भी धो लो। इसके बाद अपनी एक उँगली पानी के गिलास में डालना, तब मैं पवित्र मंत्रोजाप करूँगा। और फिर तुम वो पानी अपनी बहन को पीने के लिए दे देना।" मैंने उस महिला से कहा।

वह महिला पानी ले आई और मैंने मंत्रोजाप किया। फिर मैंने उससे कहा कि अब सबकुछ भगवान् की मरजी से होगा और फोन रख दिया।

उसी रात मुझे अपनी आंसरिंग मशीन पर एक संदेश मिला, "पंडितजी, मैं और मेरी बहन न्यूयॉर्क से आपको बहुत-बहुत धन्यवाद कहना चाहते हैं। मेरी बहन को बेटा हुआ है और वह भी सहज प्रक्रिया (नॉर्मल डिलीवरी) द्वारा। मेरी बहन के पानी पीने के बाद पहले तो बच्चे ने उसे कोख में कुछ लातें मारीं और फिर वह सीधा भी हो गया। वह सर्जरी से पहले ही इस दुनिया में आ गया, वह भी स्वाभाविक रूप से। माँ और बच्चा दोनों ही स्वस्थ और अच्छे हैं।"

अब आप देखिए मुझे पूरा विश्वास था कि मंत्रों का स्पंदन उसकी उँगली के माध्यम से पानी में स्थानांतरित हो जाएगा। फिर उस स्पदंन ने जल की चेतना को उच्च स्तरीय चेतना में बदल दिया। यह धारणा दरअसल विचारों के माध्यम से जल-चेतना को बदलने के डॉ. मसारु इमोतो के शोध जैसी ही है। जब जल की चेतना संस्कृत मंत्रों के सर्वोच्च स्पंदन की मदद से उच्च स्तरीय चेतना में परिवर्तित हो गई, तो वह जल दवा में बदल गया।

इस मामले की मेरी तार्किक व्याख्या यह है कि स्वामीजी 911 के आपातकालीन डॉक्टर थे। उन्होंने मेरी नहीं, बल्कि उस माँ और बच्चे की मदद की। मैं तो केवल एक साक्षीभाव में स्थित हो कर्ता का कार्य देख रहा था। मैं अपने परम पूजनीय गुरुदेव को अपने पूरे दिल और आत्मा से प्रेम करता हूँ।

□

8

ग्रॉफोलॉजी-1

एक बार मैं त्रिनिदाद एवं टोबैगो के दक्षिणी छोर पर स्थित कैप-डे-विले मंदिर में पाँच रातों की व्याख्यानमाला के लिए गया हुआ था। मेरे पापा ने वहाँ बहुत सारा लोक-परोपकारी कार्य किया था और मेरे लिए 'भगवद्गीता' पर बोलने की सारी व्यवस्था भी उन्होंने ही की थी।

मैं वहाँ एक गायिका और उसके माता-पिता के घर ठहरा हुआ था। एक दिन अपने आवास के दौरान ही मैंने वहाँ खाने की मेज पर एक कागज पड़ा देखा, जिस पर हाथों से गीत के कुछ बोल लिखे हुए थे। जब मैंने जानना चाहा कि वो गीत किसने लिखा, तो पता चला कि वह उस घर की सबसे छोटी बेटी की लिखावट थी।

मैंने उस लड़की की माँ से उनकी बेटी के साथ अकेले में बात करने का अनुरोध किया। उसकी माँ मंदिर गई और उसे घर ले आई। जब वह मंदिर से आई तो काफी डरी और घबराई हुई लग रही थी। फिर वह मेरे बगल में आकर बैठ गई।

क्या यह खूबसूरत गीत तुमने लिखा है?" मैंने उससे पूछा, "हाँ!" उसने जवाब दिया।

मेरे दिल में इस प्रतिभाशाली युवती के लिए करुणा और आँखों में आँसू दोनों उमड़ आए थे। दरअसल, जब मैंने हाथ से लिखे उस कागज पर एक हस्तलेख विशेषज्ञ (ग्रॉफोलॉजी) की नजर दौड़ाई तब मैंने उसमें मौजूद एक तीव्र आत्मघाती प्रवृत्ति को भी भाँप लिया था।

"तुम अपने आपको क्यों मारना चाहती हो? और इससे पहले भी तुमने जहर पीने की इतनी सारी कोशिशें कीं, क्यों?" मैंने उससे पूछा।

वह लड़की रोने लगी। उसने मुझसे पूछा, "क्या मेरी माँ ने आपको मेरे बारे में सबकुछ बताया?"

"नहीं!" मैंने जवाब दिया और कहा, "मैंने मेज पर रखे इस कागज में तुम्हारी

लिखावट देखी, जिससे मुझे तुम्हारी आत्मघाती प्रवृत्ति का पता चला।"

उसकी परेशानी को देखते हुए मैंने उसकी मानसिक शांति के लिए कुछ प्रार्थना की। अपने प्रवास के दौरान मैंने उसकी काउंसलिंग भी जारी रखी। वास्तव में, मैं यह जानकर सकते में आ गया था कि उसकी बड़ी बहन ने उस पर अपने पति की तरफ गलत निगाहें रखने का आरोप लगाया था। वह एक बहुत ही प्रतिभाशाली गायिका थी। इसके अलावा वह सिलाई और कढ़ाई का काम भी बहुत लगन और मेहनत से करती थी। अपनी इसी प्रतिभा के बल पर उसने अपने लिए बहुत सारे क्लाइंट भी बनाए थे, जबकि उसकी बड़ी बहन में ऐसा कोई भी विशेष गुण नहीं था। यह आमतौर पर दो बहनों के बीच देखी जाने वाली प्रतिद्वंद्विता थी और छोटी बहन को लगा कि अगर वह खुद को मार लेगी तो शायद फिर कोई उसे दोषी नहीं मानेगा। मैंने उसके सकारात्मक गुणों को प्रबलता प्रदान की और उसकी बहन के साथ बैठकर उसके ईर्ष्या-भाव और आत्मविश्वास की कमी को दूर करने में भी मदद की।

इन पाँच दिनों में मैंने परिवार के सभी सदस्यों के बीच आपसी प्रेम, सद्भाव और सौहार्द-भाव बढ़ाने में पूरी मदद की। मैंने वहाँ के स्थानीय लोगों के लिए भी कुछ काउंसलिंग तकनीकों का प्रयोग किया, जो मेरे सेशन में भाग लेने आए थे। मैंने उस लड़की की हथेलियाँ देखी और पाया कि उसकी जीवन-रेखा काफी छोटी और क्षीण थी। मैंने उसका हाथ पकड़ा और उसकी लंबी आयु के लिए प्रार्थना की। मैंने उससे कहा कि तुम्हें कभी भी मेरी जरूरत महसूस हो तो मुझे तुरंत ही संपर्क करना। मैं सदैव ही तुम्हारे लिए तत्पर रहूँगा।

यह मेरे गुरुदेव और ईश्वर प्रदत्त उपहार ही है, जो मैं अकसर लोगों की झोलियाँ खुशियों से भर पाता हूँ। मैं जब भी लोगों से मिलता हूँ तो हमेशा ऐसे ही दुःखी और परेशान लोगों की तलाश में रहता हूँ और फिर उन्हें उनकी मुश्किलों से बाहर निकालकर उनकी जिंदगी बचाने में मदद करता हूँ। हो सकता है कि कई बार मेरे पास उनके सारे सवालों के जवाब न भी हों, लेकिन अपने दिल की गहराई में मुझे कोई-न-कोई सुराग मिल ही जाता है। यह मेरे हिमालयी गुरु स्वामी राम का प्रेम और आशीर्वाद ही है कि वह मुझे ऐसे सूक्ष्म संकेत दे देते हैं, जिससे मैं बहुत सारे दूसरे लोगों को एक खुशियों भरा जीवन जीने में मदद कर पाता हूँ।

□

9

ग्रॉफोलॉजी-2

सन् 1990 के दशक के मध्य में मुझे कनाडा के टोरंटो शहर में व्याख्यान के लिए आमंत्रित किया गया, जहाँ मैं एक नौवीं डिग्रीवाले ब्लैक-बेल्ट कराटे मास्टर के घर पर ठहरा हुआ था।

कराटे मास्टर ने कई वर्षों तक एक वरिष्ठ जापानी कराटे विशेषज्ञ के साथ रहकर अध्ययन और प्रशिक्षण प्राप्त किया था। इसके अलावा वह कनाडा में कराटे स्कूलों की एक बड़ी श्रृंखला के पार्टनर और शिक्षक दोनों थे। उनकी कद-काठी भले ही छोटी थी, लेकिन वह खुद काफी शक्तिशाली, मजबूत और फुरतीले थे। जब वह अपने ब्लैक-बेल्ट छात्रों को कराटे सिखाते, तो सचमुच ऐसा लगता जैसे वह हवा में उड़ रहे हैं।

एक ब्लैक बेल्ट मास्टर को एक घातक हथियार माना जाता है और उसे विभिन्न देशों में खुद को एक हथियार के रूप में रजिस्टर करवाना पड़ता है। टोरंटो में मेरे पाँच दिवसीय प्रवास के दौरान मेरी मेजबानी इन्हीं कराटे मास्टर ने अपने घर पर की थी। मुझे उनके घर में रहकर बहुत अच्छा लगा और उनकी पत्नी ने भी मेरे लिए बहुत अच्छे-अच्छे शाकाहारी व्यंजन बनाए। इस दौरान कराटे मास्टर ने मुझसे 'भगवद्गीता' का बारहवाँ अध्याय भी सीखा। उन्हें योग और कराटे दोनों में ही खासी दिलचस्पी थी।

एक दिन कराटे मास्टर के भतीजे उनसे मिलने आए हुए थे। मैं तब लिविंग रूम में ही बैठकर अपने लंबे बालों को बाँधने का प्रयास कर रहा था। उनमें से एक लड़के ने मुझे ऐसा करते देखा और अपने दूसरे भाइयों के सामने अपनी शान दिखाने के लिए मेरे बालों का मजाक उड़ाना शुरू कर दिया।

"कुछ भी कहने से पहले अच्छी तरह सोच लो, क्योंकि मैं बोलने पर आया तो तुम्हारी सारी पोल खोल सकता हूँ।" मैंने उससे कहा।

लेकिन वह लगातार मेरा मजाक उड़ाता रहा और दूसरे लड़के उसकी इस हरकत पर खुश होते रहे।

"तो तुम मुझसे अपना कच्चा चिट्ठा खुलवाना चाहते हो? अगर तुम्हारे अंदर हिम्मत है तो अभी मुझे एक कागज पर अपने पूरे हस्ताक्षर के साथ बस, छह पंक्तियाँ लिखकर दे दो।" मैंने उससे कहा।

उन सभी लड़कों ने अपने पूरे नामवाले हस्ताक्षर के साथ मुझे छह-छह पंक्तियाँ लिखकर दे दीं। मैंने उनकी लिखावट पढ़नी शुरू की। मैंने सबसे पहले उस लड़के का कागज उठाया, जिसने मेरा मजाक उड़ाना शुरू किया था।

मैंने उसे उसी की क्लास में पढ़नेवाली एक लड़की के साथ चल रहे उसके प्रेम-प्रसंग के बारे में बताया, जिसे सुनकर दूसरे लड़के उस पर हँसने लगे। "स्कूल में तुम्हारे नंबर कभी अच्छे नहीं आए और तुम अपनी क्लास की लड़कियों के बीच कोई खास लोकप्रिय भी नहीं हो।" मैंने कहा। वह यह बात सुन शार्मिंदा हो गया और बाकी के सारे लड़के भी यह सुन उसका मजाक उड़ाने लगे। उसने कभी नहीं सोचा होगा कि मैं ऐसा भी कुछ कर सकता हूँ। हालाँकि मैंने जो भी उसके बारे में बताया, वह सब एकदम सच था।

इसके बाद मैंने एक-एक कर सभी लड़कों के हाथ से लिखे कागज पढ़े। वे यह जानकर हैरान थे कि मैं उनकी निजी जिंदगी के बारे में इतना कुछ कैसे जान सकता हूँ! कराटे मास्टर भी वहीं बैठकर सबकुछ देख रहे थे। जब वे सारे लड़के अपने-अपने घर लौट गए तो कराटे मास्टर खुद भी मेरे पास उनकी लिखावट पढ़ने का निवेदन लेकर आए।

"तुम मेरे मित्र हो और मैं नहीं चाहता कि इससे हमारी मित्रता प्रभावित हो", मैंने कहा। लेकिन उन्होंने बहुत जिद की कि मैं उनकी लिखावट पढ़ूँ।

"मेरे दोस्त अगर तुम इतना जोर डाल रहे हो तो ठीक है, मुझे अपने पूरे हस्ताक्षर के साथ एक कागज पर किसी भी बारे में छह पंक्तियाँ लिखकर दो।" कराटे मास्टर ने ठीक वैसा ही किया।

मैंने उनकी लिखावट देखी और कहा, "तुम कराटे के मास्टर हो, लेकिन जो मैं तुम्हें बताने जा रहा हूँ, उसके लिए तुम्हें पुष्टि की जरूरत पड़ेगी। तुम्हारे चापांतर यानी ग्रॉइन में संक्रमण है, जिसके लिए तुम्हें डॉक्टर से मिलना चाहिए।"

"यह असंभव है, क्योंकि मैं कल ही अपने ग्रॉइन के संक्रमण को लेकर डॉक्टर से मिला हूँ। डॉक्टर ने कहा कि अब इसमें कोई संक्रमण नहीं है।" उसने आगे कहा, "मेरे एक ब्लैक बेल्ट विद्यार्थी ने कुछ सप्ताह पहले कराटे अभ्यास के दौरान मुझे ग्रॉइन पर लात मार दी थी, जिससे मुझे मेरे वृषकोष, यानी 'स्क्रोटम' पर काफी चोट आई।

"तुम्हें इसकी पुष्टि के लिए एक बार और डॉक्टर से मिलना चाहिए, क्योंकि तुम्हें अभी भी संक्रमण है। क्या तुम मुझसे और भी कुछ जानना चाहते हो?" मैंने उनसे पूछा।

"नहीं, मेरे मन में इस बात की जिज्ञासा है कि तुम्हें मेरे ग्रॉइन संक्रमण के बारे में इतना कुछ कैसे पता चला?" उन्होंने कहा।

"इससे क्या फर्क पड़ता है?" मैंने कहा, "मैंने तुम्हें बताया कि तुम्हें संक्रमण है और तुमने इस बात की पुष्टि कर दी कि तुम्हारे ही एक विद्यार्थी ने तुम्हें वहाँ चोट पहुँचाई थी। डॉक्टर ने तुम्हारे स्क्रोटम के संक्रमण का इलाज भी किया। मैं तुम्हारी लिखावट से और भी बहुत कुछ बता सकता हूँ, लेकिन आज के लिए इतना ही पर्याप्त है। अब आराम करते हैं।"

दूसरे दिन कराटे मास्टर यह पता लगाने के लिए कि क्या उन्हें अभी भी संक्रमण है, डॉक्टर से मिलने गए और वहाँ एक और एक्स-रे करवाया। डॉक्टर को इस बार एक्स-रे में चोट वाली जगह पर संक्रमण दिखाई दिया। कराटे मास्टर इस बात से बहुत प्रभावित हुए कि मैं ग्रॉफोलॉजी की मदद से उनके स्वास्थ्य और सेहत के बारे में बारीक से बारीक जानकारी भी दे सकता हूँ। बाद में उन्होंने मुझे डॉक्टर के पास एक और बार जाँच कराने भेजने के लिए मेरा आभार भी व्यक्त किया।

हम आज भी बहुत अच्छे दोस्त हैं।

□

यह ग्राफोलॉजी या लिखावट-विश्लेषण का विज्ञान है। जब मैंने एक बहु-सांस्कृतिक विशेषज्ञ के तौर पर मिनेसोटा के 279वें स्कूल जिले में काम किया, तो वहाँ मुझे कई सारे छात्रों से मिलने का मौका मिला, जिन्होंने अपने जीवन में कई अलग-अलग चुनौतियाँ व जोखिम उठाए थे। कुछ छात्रों को अपनी पढ़ाई में मुश्किलें आ रही थीं, तो मैंने उनके लिए एक बेहतर छात्र बनने के दिशा में सही उपाय तलाशने की कोशिश की। कुछ विद्यार्थियों को अपने निजी जीवन में बहुत सारी परेशानियाँ थीं, जिन्हें मैंने परामर्श के माध्यम से सुलझाया।

मुझे ब्रुकलिन सेंटर, मिनेसोटा के पार्क सेंटर हाई स्कूल में 16 लड़कियों की काउंसलिंग करने के लिए आमंत्रित किया गया था, जिनकी उम्र 16 से 18 वर्ष के बीच थी। हालाँकि मैंने एक दिन पहले ही स्कूल प्रशासन से प्रत्येक छात्रा के पूर्ण हस्ताक्षर के साथ उनकी लिखी छह-छह पंक्तियों के नमूने लेने का अनुरोध कर दिया था। मेरा परिचय स्कूल के काउंसलर से करवाया, जो उस काउंसलिंग सत्र में यह देखने आए थे कि मैं उन परेशान लड़कियों से क्या कहूँगा? मैंने एक-एक कर सभी छात्राओं की लिखावट पढ़ी और फिर उन्हें उनसे जुड़ी जानकारियाँ दीं, जोकि पूरी तरह से सच निकलीं।

एक छात्रा थी, जिसे मैंने बताया, "तुम तीन दिन की गर्भवती हो।" सुनते ही वह लड़की टूट गई और रो पड़ी। उसे मेरी बातों पर विश्वास नहीं हो रहा था। वह उसी समय रोते-रोते क्लास से भागकर बाहर चली गई। मैंने काउंसलर से कहा कि उसे प्रेग्नेंसी टेस्ट

करवाना चाहिए, क्योंकि मैं गलत भी हो सकता हूँ। छात्रा को उसकी गर्भावस्था की जाँच के लिए डॉक्टर के पास भेजा गया, जोकि पॉजिटिव निकली। फिर उसने अपने शिक्षक और काउंसलर को बताया कि एक सप्ताह पहले उसके और एक छात्र के बीच संबंध बने थे।

सभी छात्र हैरान रह गए कि मेरे पास उनकी ऐसी व्यक्तिगत जानकारी कहाँ से आई! कुछ छात्रों का मानना था कि मैंने प्रिंसिपल के कार्यालय में उनकी फाइलें पढ़ी हैं। हालाँकि काउंसलर ने उन्हें आश्वासन दिया कि मैंने किसी की फाइल नहीं पढ़ी है और यह पार्क सेंटर हाई स्कूल की मेरी पहली यात्रा है।

मैंने छात्रों के कॅरियर को लेकर उनका सही मार्गदर्शन करने के लिए ग्रॉफोलॉजी और ज्योतिष विज्ञान दोनों का उपयोग किया। मैंने कुछ छात्रों को यह भी बताया कि उनके लिए कौन से कॅरियर अच्छे हो सकते हैं। कई छात्रों को तो यह जानकर बहुत ही खुशी हुई, क्योंकि मैंने जो कॅरियर क्षेत्र उन्हें बताए थे, वे उन्हीं में जाना चाहते थे।

ग्रॉफोलॉजी एक महान् विज्ञान है, जो अक्षरों की बनावट या आकार देखकर मानव आत्मा की प्रकृति का पता लगाता है। यह एक सरल और नाजुक विज्ञान है, जो हमें मनुष्य के मन और मस्तिष्क को समझने में मदद करता है।

जिस तरह हम सभी के फिंगर प्रिंट्स अलग-अलग होते हैं, उसी तरह हमारे मन में भी चेतना के अलग-अलग चिह्न होते हैं। जब हमारे दिमाग में अलग-अलग विचारों का ताँता लगा हुआ होता है, तो ये विचार हमारी लिखावट में दर्ज हो जाते हैं। हम अपनी आदतों से मजबूर जीव हैं और हमारी इन आदतों का खुलासा हमारी लिखावट से होता है।

□

10

एक सोमाली खानाबदोश से मुलाकात

एक दिन मैं मिनियापोलिस के वेस्ट बैंक इलाके में खरीदारी करने गया, जहाँ सोमालियों की काफी दुकानें हैं और कुछ किराने की भी। यहाँ मेरी मुलाकात एक खानाबदोश जनजाति के सोमाली लड़के से हुई।

वह अपने परिवार से अमेरिका आकर बसनेवाला पहला व्यक्ति था। वह यहाँ अपने परिवार के बाकी लोगों को एक बेहतर जिंदगी देने की उम्मीद में आया था। उसके पिता एक 'सूफी तबीब', यानी रहस्यवादी उपचारक (हीलर) थे, जोकि सोमाली के जंगलों में बसे एक गाँव में रहते थे। उनका परिवार कई पीढ़ियों से उपचार की इसलामिक परंपरा को आगे बढ़ाने का काम कर रहा था।

दरअसल, मैं वहाँ सोमालियों की अलग-अलग दुकानों में अपने लिए 'मेडिटेशन स्लैक्स' (ध्यान के दौरान पहने जानेवाला पजामा) ढूँढ़ रहा था और इसी दौरान मेरी मुलाकात इस लड़के से हुई। वह एक लंबा पारंपरिक अफ्रीकी लबादमा पहने हुए था और मैं अपने लिए बिल्कुल ऐसा ही सफेद रंग का लबादमा चाहता था।

मैं उसके पास चलकर गया और पूछा, "सर, आपने जो लबादमा पहना है, मुझे सफेद रंग में बिल्कुल ऐसा ही कहाँ से मिल सकता है?"

उसने गलियों से नीचे जाकर एक सोमाली क्लोथिंग स्टोर की तरफ इशारा किया। वह भी वहीं जा रहा था और फिर हमने साथ चलते-चलते बातचीत का सिलसिला शुरू किया।

"क्या आप मुसलमान हैं?" उसने मुझसे पूछा।

"नहीं।" मैंने जवाब दिया और कहा, "आपके कपड़ों और रंग-रूप को देखकर लगता है कि आप किसी आध्यात्मिक परिवार से ताल्लुक रखते हैं।"

वह मुसकराया।

"क्या यह सच है?" मैंने पूछा।

"आपको कैसे पता चला?" उसने जवाब दिया और फिर कहा, "मेरे अब्बू सोमाली में एक 'सूफी तबीब' यानी हीलर हैं और उनके अलावा मेरे दो भाई भी यही काम करते हैं।"

"और तुम? क्या तुम भी हीलर हो?" मैंने पूछा।

"नहीं, मैं अपने अब्बू और उनके उस्ताद की तरह जंगलों में रहकर लोगों का इलाज नहीं करता।" उसने जवाब दिया।

इससे पहले कि हम कपड़ों की दुकान पर पहुँचते, मैंने उसे पास ही की एक कॉफी शॉप में चाय पीने के लिए पूछा, ताकि उसके साथ कुछ और समय बिताकर थोड़ी जानकारी जुटा सकूँ। मुझे अलग-अलग संस्कृति के लोगों से मिलकर बहुत अच्छा लगता है, जिनके पास बताने को बहुत कुछ होता है; लेकिन हमें उन्हें जानने के लिए थोड़े समय या वक्त की जरूरत पड़ती है। असल बात यह थी कि यह युवक भी एक रहस्यमयी परंपरा से आया था और इसी ने मेरे भीतर उससे बहुत कुछ सुनने व जानने का कुतूहल पैदा किया था।

उस लड़के ने मेरे चाय के प्रस्ताव को स्वीकार कर लिया और फिर हम उस कॉफी शॉप में चले गए। हमने हर्बल चाय के साथ थोड़ा-बहुत नाश्ता भी लिया। इस बीच मैं अपने सफेद पाजामे को लगभग भूल ही गया।

जब हमने कोने के केबिन में बैठते हुए एक-दूसरे को अपने-अपने बारे में बताया, तब उसने मुझसे उत्सुकतावश कहा, "आपने मुझे चाय के लिए क्यों पूछा?"

"मैं दरअसल, आपके परिवार से जुड़े कुछ रहस्यमयी किस्से सुनना चाहता था; जो अकसर आपकी परंपरा में घटित होते हैं।"

उस लड़के का नाम नाफरान अली था। नाफरान ने मुझे अपने अब्बू के साथ का एक किस्सा सुनाना शुरू किया। यह तब की बात थी, जब सोमाली में भयंकर सूखा पड़ा था। उसने बताया कि तब ऊँट पालकों को घास और पानी की कमी व भीषण गरमी के कारण ऊँट के छोटे-छोटे बच्चों से हाथ धोना पड़ रहा था। इस अकाल से निपटने के लिए एक दिन वे सारे ऊँट पालक किसी एक के घर इबादत के लिए इकट्ठा हुए।

वहाँ उसके अब्बू को भी कुरान पढ़ने के लिए बुलावा भेजा गया था और तब वह भी उनके साथ वहाँ गया। नाफरान ने कहा, "मैंने अपने अब्बू के उस्ताद (जंगल के एक आदिवासी गुरु) को वनवासियों के एक समूह के साथ आते हुए देखा, जिनका पहनावा पूरी तरह से खानाबदोश था; उनके गले में मोतियों की माला और चेहरे रंग से पुते हुए थे।" आदिवासी उस्ताद ने मेजबान ऊँट पालक से सभी लोगों के लिए भोजन तैयार करने को कहा।

वह व्यक्ति अपनी पत्नी के पास गया और उससे कहा, "आदिवासी उस्ताद ने मुझसे लोगों को दावत देने का अनुरोध किया है।"

"इसके बाद उस्ताद उस ऊँट पालक के साथ उसके घर के पीछे गए और बाड़े में बचे ऊँट के आखिरी बच्चे की ओर इशारा किया। इसके बाद ऊँट के उस बच्चे को परंपरानुसार हलाल करने की तैयारी शुरू हुई। तब तक उस्ताद समूह में वापस लौट आए और चुपचाप बैठ गए, जबकि नाफरान के अब्बू अरबी भाषा में कुरान पढ़ रहे थे। नाफरान ने कहा, "यह इबादत आमतौर पर होने वाली इबादत से बहुत अलग थी। वहाँ बादल गरज रहे थे और बिजली भी चमक रही थी। फिर जैसे ही भोजन तैयार करके इबादत के लिए बैठे लोगों के बीच लाया गया, जोर की बारिश शुरू हो गई। जब बारिश की बूँदें जमीन पर गिरने लगीं तो मैं जमीन से उठने वाली गरम गीली मिट्टी की सोंधी महक को महसूस कर पा रहा था।"

इबादत पूरी होने पर सबको रात के भोजन में ऊँट की वील और बिरयानी खाने का मौका मिला। कई तरह के मसालों और काजू-बादाम से तैयार सोमाली बिरयानी बेहद स्वादिष्ट होती है। आस-पड़ोस से आए ऊँट पालक दावत के बाद अपने-अपने घरों को लौट गए।

वे सब बारिश के होने से खुश थे। उन्होंने सोचा कि अब जब नई और ताजी घास उगेगी और नदियाँ फिर से बहने लगेंगी तो उनके ऊँटों का जीवन बच जाएगा। नाफरान उसके अब्बू और आदिवासी उस्ताद पूरी रात उस मेजबान ऊँट पालक के घर पर ही रुके रहे, क्योंकि बारिश की वजह से रात को सड़कों पर बहुत ज्यादा कीचड़ हो गया था, इसलिए जंगल में अंदर व गाँव में वापस जाना संभव नहीं था।

नाफरान ने कहा, "अगली सुबह जब हम उठे तो मैंने अपने अब्बू को उनके उस्ताद के साथ चाय पीते पाया। अचानक हमें ऊँट पालक की पत्नी की जोर से चिल्लाने की आवाज सुनाई दी। वह बहुत खुश और जोश में थी। वह सबको अपने ऊँट का वही बच्चा दिखा रही थी, जिसे एक रात पहले दावत के लिए पकाया गया था। वह बच्चा जिंदा था और बाड़े में अपनी माँ का दूध पी रहा था।" नाफरान ने भागकर पीछे जाकर उस ऊँट के बच्चे को अपनी माँ का दूध पीते देखा।

मुझे नाफरान का यह किस्सा सुनकर बहुत खुशी हुई। मैंने उससे कहा, "नाफरान, तुम बहुत खुशकिस्मत हो कि तुम्हें यह सब देखने का मौका मिला। तुम भी एक दिन 'सूफी तबीब' बनोगे और ऐसे ही रहस्यवादी हीलर कहलाओगे।"

हम इस तरह के चमत्कारों का कोई तर्क या औचित्य नहीं दे सकते। कहाँ तो मैं मिनियापोलिस की एक सोमाली शॉपिंग मार्केट में ध्यान के दौरान पहने जाने वाला पाजामा ढूँढ़ रहा था, जहाँ हजारों सोमाली रहते हैं, लेकिन टकरा गया नाफरान से! जैसे कि यह पहले से ही मेरे भाग्य में बदा था। मैं जब भी नए लोगों से मिलता हूँ, तो मेरी एक जिज्ञासा जाग्रत् हो जाती है, क्योंकि मुझे लगता है कि हर व्यक्ति के पास सुनाने के लिए एक कहानी होती है और मैं सदैव रहस्यवादी अनुभव तलाशता रहता हूँ।

□

11

एक दूध पीते देवता

यह 1990 के मध्य की बात है, मुझे मिनेसोटा में गीता आश्रम मंदिर के निदेशक का फोन आया। उन्होंने कहा, "आज आप मंदिर के द्वार कब खोलेंगे? लोग दरवाजों के बाहर लंबी पंक्तियों में इंतजार कर रहे हैं।"

"लेकिन आज तो रविवार नहीं है, फिर इतनी भीड़ क्यों?" मैंने जवाब में पूछा।

"क्या आपने टीवी पर समाचार नहीं देखे? दुनिया भर में भगवान् गणेश की प्रतिमाएँ दूध पी रही हैं।"

"क्या कह रहे हो? सच में?" मैंने कहा।

वह मेरे पीछे पड़ गए और तुरंत आकर मंदिर का दरवाजा खोलने को कहा। मैं भी अब इस खबर से काफी रोमांचित हो उठा, लेकिन फिर मैंने सोचा, 'कहीं वह मुझे कोई झाँसा तो नहीं दे रहे हैं, या हो सकता है कि मेरे साथ कोई शरारत या मजाक कर रहे हों?'

मैंने टीवी चालू किया तो देखा इस समाचार ने तो धूम मचा रखी थी। यह भगवान् गणेश का क्या रहस्य था कि वह पूरी दुनिया के लगभग हर मंदिर में दूध पी रहे थे? मैंने जल्दी से स्नान किया, कपड़े पहने और गीता आश्रम मंदिर की ओर प्रस्थान किया। उन दिनों गीता आश्रम मंदिर के पुजारी का दायित्व मैं ही निभा रहा था और इस पूरे क्षेत्र में मंदिर के मुख्य द्वार की चाबियाँ भी सिर्फ मेरे ही पास थीं।

जैसे ही मैंने मंदिर के आहते में गाड़ी अंदर घुमाई तो मुझे अपनी आँखों पर विश्वास ही नहीं हुआ। वहाँ बरतनों में दूध लिए लोगों की एक लंबी कतार लगी हुई थी। मैंने पार्किंग पर गाड़ी खड़ी की और जल्दी से मंदिर के द्वार खोलने वहाँ पहुँचा। यह देख लोगों की उत्सुकता और बढ़ गई और फुसफुसाहट शुरू हो गई। इसके बाद पूरे प्रांगण में खुसफुसाहट के स्वर और भी तेज हो गए। लोग मंदिर के अंदर जाने और गणेश विग्रह तक पहुँचने के लिए अधीर हो रहे थे।

हमें भीड़ को इस तरह से नियंत्रित करना पड़ा कि कोई भी वंचित न रहे और सबको दूध पिलाने का अवसर मिले। मैंने संस्कृत मंत्रोजाप शुरू किया और फिर मंदिर में पीतल के भव्य दीये प्रज्वलित करने लगा और धूप-अगरबत्ती भी जला दी। पूरा मंदिर भक्तिभाव से सराबोर हो गया, क्योंकि लोगों की मनोकामनाएँ पूरी होने जा रही थीं। भीड़ की आँखों में आस्था और विश्वास की कहानी साफ पढ़ी जा सकती थी।

मंदिर में प्रवेश करने के बाद लोग फिर भी थोड़े शांत हो गए और अपनी बारी की ऐसे धैर्यपूर्वक प्रतीक्षा करने लगे, जैसे कोई बहुत बड़ी जीवन परिवर्तनकारी घटना घटने वाली थी। मैं खुद समझ नहीं पा रहा था कि उस दिन भगवान् गणेश की पूजा आम दिनों की तरह करूँ या दूध से उनका अभिषेक करके कुछ अलग या विशेष करूँ?

हिंदू परंपरा में भगवान् गणेश को रिद्धी-सिद्धी और शुभ-लाभ का देवता माना जाता है, जो जीवन से हर बाधा, हर विघ्न को दूर करते हैं। इसीलिए वह विघ्नहर्ता भी कहलाते हैं। वह अपने भक्तों को अच्छी सेहत और समृद्धि का वरदान देते हैं और हमेशा समृद्धि की देवी माँ लक्ष्मी व ज्ञान की देवी माँ सरस्वती के मध्य आसीन होते हैं।

यदि आप भगवान् गणेश की तसवीर का ध्यानपूर्वक निरीक्षण करें तो देखेंगे कि उनके पास एक हाथी का सिर, एक लंबी नाक, बड़े-बड़े कान, तेज आँखें और दो दाँत हैं, जिनमें से एक टूटा हुआ है। इसके अलावा उनका पेट काफी बड़ा है और सामने हमेशा लड्डू से भरा थाल रहता है। वह मूषक यानी चूहे की सवारी करते हैं। भगवान् गणेश के चित्र का प्रत्येक पहलू एक सच्चे और योग्य नेता को जैसा होना चाहिए, उन सभी बातों को चिह्नित करता है। एक आदर्श नेता के पास सर्वस्व ज्ञान को संग्रहीत करने के लिए एक बड़ा मस्तिष्क होना चाहिए, जो उसे एक प्रभावी नेता बना देता है। हाथी का सिर वस्तुतः हाथी जैसे अंतर्ज्ञान की लोकातीत योग्यताओं एवं लंबी स्मरणशक्तियों को दरशाता है। उनके लंबे कान हमेशा चौकस रहने और सबकुछ सुनने की क्षमता के महत्त्व का प्रतिनिधित्व करते हैं। गणेशजी की सूँड़ भी लंबी होती है, जो इस बात का प्रतीक है कि एक अच्छे नेता को हर चीज में दखल देना चाहिए और हर स्थिति को जानना चाहिए। गणेशजी की आँखें तीक्ष्ण व तेज होती हैं, ताकि अपने अनुयायियों के दिलों के अंदर झाँक सकें। गणेशजी का बड़ा पेट यह दरशाता है कि गुप्त और गोपनीय जानकारी को निजी रखना चाहिए। हर अच्छी निस्स्वार्थ सेवा, परोपकार और जन-कल्याण के लिए पुरस्कार मिलता ही है, जिसका संकेत गणेशजी के आगे रखा मिठाई का थाल देता है। उनका टूटा हुआ दाँत एक नेता को यह बताता है कि उसे अपने अहंकार को कैसे तोड़ना है! उनकी सवारी चूहा एक अच्छे प्रतिनिधि का प्रतीक है, जो सबकुछ ढूँढ़ निकालता है। उससे आप कुछ छिपा नहीं सकते। उसकी सूँघने की शक्ति बहुत तेज होती है। खैर, ये सभी भगवान् गणेश के दार्शनिक पहलू हैं।

वास्तव में लोग उस दिन भगवान् गणेश को नहीं, बल्कि अपनी आस्था को स्नान कराने के लिए दूध लेकर आए थे। वे देखना चाहते थे कि क्या वास्तव में गणेश भगवान् उनके हाथों से दूध पीएँगे? यह उन सभी के लिए उनके विश्वास की अग्नि-परीक्षा थी। इनमें से जहाँ अधिकांश लोग अपनी व्यक्तिगत इच्छा-पूर्ति की प्रार्थना करने आए थे, तो कुछ बस, अपनी जिज्ञासा शांत करना चाहते थे।

मैंने लोगों से लाइन में लगकर अपने-अपने दूध के बरतन का ढक्कन खोलने को कहा और हर व्यक्ति को बस, एक चम्मच दूध पिलाने की ही राय दी। यह देखना वाकई आश्चर्यजनक था कि उस दिन भगवान् गणेश सचमुच अपनी सूँड़ के माध्यम से न जाने कितने चम्मच दूध पी गए! भगवान् गणेश की मूर्ति संगमरमर की बनी हुई थी और इसकी लंबाई लगभग दो फीट से भी कम थी। फिर भी एक के बाद एक लोग दूध लेकर आ रहे थे और अपने भगवान् को पिला रहे थे।

जब मैंने गणेशजी को सूँड़ से एक चम्मच दूध पिलाया तो सचमुच वह उसे भी पी गए। गणेशजी को इस तरह असंख्य बार दूध पीते हुए देखने के बाद भी मैं न तो इस रहस्य का अर्थ समझ पा रहा था और न ही इसके पीछे का तर्क! मेरे पास केवल मेरी आस्था थी। भगवान् गणेश की मूर्ति के किसी भी अंग से दूध की एक बूँद भी नहीं टपक रही थी और वहाँ 100 से ज्यादा लोग विश्वास, आश्चर्य और अनुग्रह की उम्मीद में दूध चढ़ाने आए थे। मैंने भी अपने मन में बहुत सारी इच्छाएँ लिये भगवान् गणेश को कई बार दूध चढ़ाया और उस दिन के तुरंत बाद मेरी वे सभी इच्छाएँ पूरी भी हुईं।

यह जैसे परमात्मा की अलौकिक घटना थी। एक तर्कशील मस्तिष्क के लिए यह घटना पूर्णतः रहस्यमयी थी और यहाँ तक कि वैज्ञानिक भी इससे आश्चर्यचकित थे। उन्होंने दूध में नीला कलरेंट डालकर उसे भी गणेश देवता को अर्पित किया, ताकि इस रहस्यवादी घटना का परीक्षण कर सकें। लेकिन वे यह देख हैरान रह गए कि वह नीला दूध पीने के बाद गणपति भी नीले हो गए।

इसके तुरंत बाद बाकी देवी-देवताओं की मूर्तियों ने भी दूध पीना शुरू कर दिया, खासतौर पर भगवान् शिव की मूर्ति ने। मैं मंदिर में लोगों की खुशी और हर्षोल्लास देखकर आनंदित हो उठा; कई बड़ी उम्र की महिलाओं ने तो उमंग में नाचना-गाना भी शुरू कर दिया था, जैसाकि आमतौर पर किसी बहुत ही भव्य और विशेष उत्सव में होता है। मुझे लोगों का यह सवाल करना आज भी याद है, "पंडितजी, यह चमत्कार कैसे संभव है? भगवान् गणेश अभी ही दूध क्यों पी रहे हैं, इससे पहले तो उन्होंने कभी दूध नहीं पिया?"

मैं उनके किसी भी सवाल का जवाब नहीं दे पाया, क्योंकि यह चमत्कार देखकर मैं भी उतना ही आश्चर्यचकित था, जितना कि बाकी सब लोग। मैंने बस, लोगों से इतना कहा कि 'आज जो कुछ भी घट रहा है, उससे लोगों की आस्था और विश्वास बढ़कर और दृढ़ हो जाएगा।'

□

12

सत्य में गुँथा स्वप्न

मैंने लगभग दस महीने तक एक विशेष संस्कृत मंत्रोभ्यास किया, जिसका उपयोग धन एवं समृद्धि को आकर्षित करने के लिए किया जाता है। यह अभ्यास अत्यंत तीव्र एवं गहन था। मुझे इस दौरान धन एवं समृद्धि की देवी माँ लक्ष्मी के लिए 1,125,000 मंत्रों का जाप करना था। यह मंत्र एक संस्कृत वाक्यांश था, जिसे 'बीज मंत्र' व 'जाग्रत् ध्वनि' कहा जाता है। मुझे यह मंत्र एक आत्मदर्शी योगी ने प्रदान किया था।

मेरा ध्यानकक्ष हमारे घर के तहखाने यानी बेसमेंट में मेरे बेटे धनंजय के कमरे के बगल में है। मेरे ध्यान कक्ष में एक पीतल का दीपक है, जो वहाँ कई वर्षों से लगातार प्रज्वलित है। मैंने वहाँ प्रतिदिन हजारों बार मंत्र-जाप किया है।

इस ध्यान कक्ष में मेरे कई महीनों के बीज मंत्र के जाप के बाद धनंजय ने एक असामान्य और अनोखा सपना देखा। एक रात वह बहुत ज्यादा थकान महसूस कर रहा था और इसीलिए हमेशा की तुलना में थोड़ा पहले ही सोने चला गया था। मैंने भी यह सोचकर उसे परेशान नहीं किया कि अगर उसकी तबीयत ठीक नहीं है, तो बेहतर होगा कि वह थोड़ा आराम ही कर ले।

बाद में पता चला कि वह तरह-तरह के जीवंत और अजीबो-गरीब सपने देख रहा था। कई रातों में उसे एक बूढ़े व्यक्ति का सपना आया, जो उसके ही पलंग पर आकर बैठ जाते थे। उसने मुझे बताया कि वह बुजुर्ग व्यक्ति अपनी टोपी हमेशा वहीं पास में फर्श पर रख देते थे।

(यह बुजुर्ग व्यक्ति कोई और नहीं, दरअसल मेरे बड़े बेटे हिमांशु के गुरु हैं और इन्होंने ही मुझे महालक्ष्मी का मूलमंत्र दिया था। स्पष्ट है कि मंत्र प्रक्रिया शुरू होने से ही इनकी भी दर्शन अनुकंपा प्रारंभ हो गई। मंत्र शक्ति के अलावा मंत्र प्रदान करनेवाले की ऊर्जा भी प्रवाहित होने लगती है।)

जिस रात मेरा बेटा जल्दी सोने गया था, उसकी अगली सुबह वह आया और मुझे जगाकर अपना सपना सुनाने लगा। उसने अपने सपने में एक छोटी सी महिला को

आसमान में उड़ते देखा था। वह धरती से हजारों मील दूर दिखाई दे रही थी और कमल के फूल पर बैठकर उड़ रही थी। फिर वह उस युवती के अलौकिक स्वरूप का वर्णन करने लगा।

उसने कहा, "मैं सो रहा था और मैंने देखा कि यह महिला हमारी छत के करीब आ रही है। उसने इन्हें धन, समृद्धि और सुख की देवी माँ लक्ष्मी के रूप में पहचाना। वह हमारे ध्यान कक्ष की दीवार पर टँगी अपनी तसवीरों की ही तरह प्रकाशित और दैदीप्यमान लग रही थीं। वह कमल के फूल में एक उड़न-रथ पर विराजमान थीं, जो दूर से लंबी यात्रा के एक शक्ति कवच जैसा लग रहा था। धनंजय ने उन्हें हमारी छत पर उतरते हुए देखा और फिर उनका रथ हमारी छत से होकर धीरे-धीरे नीचे की तरफ आने लगा।

वह अपने सपने में उठा और यह देखने ऊपर गया कि देवी लक्ष्मी कहाँ जा रही हैं? उसने माँ के चरण-कमलों को छत के रास्ते नीचे हमारी बैठक में आते देखा। जब वह उन्हें विस्मय-विमुग्ध भाव से देख रहा था तो माँ ने भी उसकी तरफ देखा और उस पर तीन चमकते हुए सोने के सिक्के उछालकर फेंके। उसने उन सिक्कों को पकड़ने के लिए अपने हाथ ऊपर उठाए, लेकिन वे उसके हाथों को छूते हुए निकल गए। फिर उसने उन्हें दीवारों और सीढ़ियों से टकराते हुए सुना। जब उसने नीचे देखा तो उसे वहाँ कोई सिक्का नजर नहीं आया। उसने फिर से माँ को निहारा और उनके चरणों को घर के फर्श से स्पर्श होते देखा, फलस्वरूप फर्श पर बिछा कालीन तरल सोने की पन्नी में बदल गया। वह अपने मार्ग में जिस किसी का भी स्पर्श कर रही थीं, वो तरल सोने की पन्नी में बदलता जा रहा था। वह डाइनिंग टेबल से होकर गुजरीं और फिर उस नीचेवाली मंजिल में अदृश्य हो गईं, जिस पर ध्यान कक्ष स्थित था। सपने में ही वह माँ को देखने के लिए ध्यान कक्ष की ओर भागा, लेकिन उसे दीपक की लौ में जाता हुआ केवल माँ का आँचल ही दिखाई दिया।

जब वह नींद से जागकर अपने बिस्तर से उठा तो उसे अपने दोनों हाथों में अंदर की तरफ तीन कटने के निशान दिखाई दिए। वे तीनों निशान एक-दूसरे से समान दूरी पर थे और एकदम ताजा भी लग रहे थे। इसके तुरंत बाद वह मुझे अपने सपने के बारे में बताने आया। मुझे समझ नहीं आ रहा था कि उसके सपने की क्या और कैसे व्याख्या करूँ! फिर उसने मुझे अपने हाथों में लगे निशान दिखाए। वे पूरी तरह वास्तविक थे और ऐसा लग रहा था, जैसे वे उसको किसी कुंद मक्खन लगाने वाले चाकू से लगे थे।

"तुम्हें क्या लगता है कि यह सपना मात्र ही था या कोई वास्तविक अनुभव?" मैंने अपने बेटे से पूछा।

"मेरे लिए यह एक वास्तविक अनुभव था। मेरे पास इसके साक्ष्य के रूप में अपने हाथों पर लगे कटे के निशान हैं, जो मुझे उन सोने के सिक्कों के कारण लगे।" उसने कहा।

□

13

गर्भधारण की एक चमत्कारी घटना

कैरेबियाई द्वीप समूह का एक विवाहित जोड़ा बारह वर्षों से संतान के लिए तरस रहा था और उनके सभी प्रयास विफल हो चुके थे। वे एक बहुत बड़े संयुक्त परिवार से थे, जिसमें कई भाई-बहन थे। ये सारे भाई-बहन शादीशुदा और बाल-बच्चेदार थे। कुछ के बच्चे तो वयस्क तक हो चुके थे।

यह दंपती जिस मानसिक पीड़ा से गुजर रहे थे, उसके चलते इनके लिए पारिवारिक समारोह में जाना एक बोझ बन जाता था, क्योंकि ऐसे समारोहों में हर कोई उनसे बस, यही पूछता कि "आपके बच्चे कब होंगे?" दोनों पति-पत्नी अकसर कोई-न-कोई बहाना बना दिया करते, जैसे अभी वे काम में व्यस्त हैं या अभी तो उन्हें अपना मकान बनाना है या फिर वे दोबारा पढ़ाई का विचार कर रहे हैं। हालाँकि वे इस झूठ के बूते दुनिया से अपनी सच्चाई छिपाने में काफी हद तक कामयाब भी हो जाते थे।

उन दोनों ने कई चिकित्सीय परीक्षण व जाँचें करवाईं और अंत में पता चला कि उनमें से 'पति' को 'एजोस्पर्मिया' था। उसके शरीर में शुक्राणु नहीं बन पाते थे। उसकी पत्नी उम्र में उससे बहुत छोटी थी और इसलिए उसे माँ बनने का चाव भी था। इतना ही नहीं, उसकी यह इच्छा ज्यादा प्रबल थी, इसलिए वह हमेशा तनावग्रस्त रहती थी। अब आप इन दोनों की स्थिति समझ ही सकते हैं। जैसे-जैसे उनकी उम्र बढ़ती जा रही थी, वैसे-वैसे माता-पिता बनने की मनोकामना पूर्ण होने की उनकी संभावना कम होती जा रही थी।

इस दौरान 'पत्नी' को स्पर्म डोनर की मदद लेने का खयाल आया और जब उसने अपने पति से इस बारे में बात की तो उसने भी अपनी पत्नी के फैसले में उसका साथ दिया।

उन दिनों मैं भी त्रिनिदाद एवं टोबैगो की यात्रा कर रहा था। इसलिए मैंने उनसे मिलने के बारे में सोचा। हालाँकि मैं पहले से उनको कुछ कहकर असहज नहीं करना चाहता था। मैं तो बस, उनके साथ प्रार्थना करना चाहता था, ताकि कुछ ऐसा रास्ता निकल सके, जिससे उन दोनों को संतान-प्राप्ति का लाभ हो। मुझे उस महिला के किसी

रिश्तेदार से पता चला कि वह अस्पताल में स्पर्म बैंक की डॉक्टर से मिलने के तैयारी कर रही थी। मैंने उन्हें बस, इतना ही बताया कि मैं उनके स्वास्थ्य और कल्याण के लिए प्रार्थना करना चाहता हूँ।

सौभाग्य से उन दोनों ने अपने काम से इस पूजा के लिए थोड़ा समय निकाला और इस 'हवन' के लिए तैयार हो गए। इस संस्कार को 'गर्भाधान संस्कार' और 'अग्निहोत्र' के रूप में जाना जाता है, जो वहीं एक स्थानीय मंदिर में संपन्न हुआ। यह भगवान् हनुमान का मंदिर था, जहाँ कई लोग पूजा-पाठ करने आते थे। मैंने ही इस जोड़े के लिए समारोह को पूरा किया। मैंने सूर्य अधिष्ठाता को भेंटस्वरूप अग्निकुंड में सूखे वानस्पतिक औषधीय पौधों को जलाया और कुछ संस्कृत मंत्रों का जाप भी किया, जो मैंने अपने पिता से सीखे थे। इसके अलावा मैंने दोनों पति-पत्नी को खाने-पीने की कुछ चीजों के सुझाव भी दिए; जैसे अनाज, बादाम, बीज और दूध। गर्भधारण के लिए मैंने एकादशी का समय सुनिश्चित किया। मैंने उन्हें गर्भाधान के लिए कुछ योगासन करने को प्रोत्साहित किया और साथ ही इसके लिए मंत्र भी सिखाए।

मुझे वाकई इन दोनों के लिए बहुत बुरा लग रहा था और इसीलिए मैंने अपने हृदय में विराजमान अपने गुरुदेव से उनकी मदद करने की प्रार्थना की। मैंने सबकुछ भगवान् के हाथों में छोड़ दिया। अब मैं कोई डॉक्टर तो हूँ नहीं, इसलिए प्रार्थना के सिवाय मैं कुछ और कर भी क्या सकता था?

भगवान् की कृपा से वह महिला अपने पति से ही गर्भवती हो गई, वह भी पूर्णिमा के पहले। उसे इसके लिए किसी स्पर्म-डोनर की जरूरत भी नहीं पड़ी। उसके गर्भधारण की खबर ने उसे और उसके परिवार को खुशियों से भर दिया। गर्भावस्था के पूरे नौ महीने बीतने के बाद उसने एक स्वस्थ और हृष्ट-पुष्ट पुत्र को जन्म दिया।

यह उन दोनों के लिए बहुत बड़ी राहत की खबर थी। उसका पति भी बहुत खुश था। उसने भावविभोर होकर भगवान् का आभार व्यक्त किया। उन दोनों को वही भोजन और योगाभ्यास कर कुछ वर्ष पश्चात् एक और बेटा हुआ। यह उनके बढ़ते परिवार के दुःखों व तकलीफों का एक खुशनुमा अंत था।

इसके अलावा अब उन्हें अपनी कमियों को किसी से छिपाने की जरूरत भी नहीं थी, इसलिए अब उनका सामाजिक जीवन भी काफी सुखद हो गया था। यह उस दंपती को ईश्वर से मिला बहुत बड़ा आशीर्वाद था। देखते-ही-देखते समय ने करवट बदली और उनके दोनों बेटे आज अपनी किशोरावस्था में पहुँच चुके हैं।

□

14

एक्स-क्रोमोसोम

ईश्वर ने इस संसार को बहुत ही सुंदर बनाया है और उसकी बनाई हुई हर वस्तु, हर प्राणी, हर जीव अपना विशेष महत्त्व रखता है। किसी एक की भी कमी या किसी एक के भी प्रति सौतेला व उपेक्षित व्यवहार करने से उस जीव को तो कष्ट पहुँचता ही है, साथ ही प्रकृति का संतुलन भी बहुत विकट रूप में बिगड़ता है। यह सच है कि विज्ञान लिंग का पता कर सकता है और पता लगाने के बाद उसे प्रभावित भी कर सकता है, लेकिन ईश्वर की संरचना और उसका निर्णय प्राणिमात्र के लिए सर्वथा मंगलमय होता है। प्रस्तुत अध्याय में इस तरह की कुछ बातें हैं, जो येन-केन-प्रकरेण मनुष्य अपनी इच्छाओं या अपनी सोच को क्रियान्वयन करने के लिए करता है और जरूरी नहीं कि आप सब उससे सहमत हों, लेकिन यह कुछ हद तक धर्म और विज्ञान का हिस्सा हो गया है। सनातन धर्म में तो देवियों को सर्वोच्च स्थान मिला है। यहाँ तक कि युग अवतार रामकृष्ण परमहंस भी देवी-भक्त थे। सरस्वती, लक्ष्मी और दुर्गा आदि सर्वमान्य स्वरूप घर-घर पूजित और सेवित हैं और वैसी ही अनुकंपा देवी माँ की जनसाधारण पर बरसती भी है। सच तो यह है जो काम भगवान् से प्रार्थना करके नहीं हो पाता, वह उनकी आद्यशक्ति से निवेदन करने पर सहज ही घट जाता है। तो प्रस्तुत पाठ को उसी परिप्रेक्ष्य में पढ़ा और देखा जाना चाहिए।

मेरे परिवार में हम नौ भाई थे, लेकिन हमारी कोई बहन नहीं थी। हमारे घर में इतने सारे बच्चे होना और सारे के सारे बेटे, एक भी बेटी नहीं! इसके क्या कारण थे? यही नहीं, मेरे बड़े भाई को भी बस, बेटे ही हुए थे।

खैर, मेरे पापा ने एक हिंदू पुजारी के तौर पर लगभग 60 वर्षों तक पूजा-पाठ, विभिन्न कर्मकांड, अनुष्ठान व संस्कार इत्यादि किए। उन्हें कई अनुष्ठानों व रीति-रिवाजों में विशेष कुशलता प्राप्त थी। उन्हें प्राप्त ऐसा ही एक वरदान या कह लीजिए,

आशीर्वाद था—पुत्र-प्राप्ति का अनुष्ठान। मैंने अपने पिता की छाया में बैठकर कई वर्षों तक संस्कृत का अध्ययन किया। मैंने उन्हें कई संस्कार करते देखा और उन्हीं से खुद भी इन संस्कारों को करना सीखा।

इस तरह के संस्कारों और अनुष्ठानों का चयन उद्‌देश्य और इच्छाओं पर निर्भर होता है और संस्कृत भाषा के मंत्र, जो उच्चारित किए जाते हैं, उससे यह बात समझ में आ जाती है। संस्कृत मनुष्य को ज्ञात सभी भाषाओं की जननी है। यह अत्यधिक प्राचीन एवं आध्यात्मिक भाषा है व इसका एक व्यक्ति के मन, शरीर और आत्मा पर बहुत खास व गहरा प्रभाव पड़ता है।

एक दिन की बात है, मैंने एक संस्कार होते हुए देखा और पाया कि उसमें जो भोजन प्रसाद के रूप में रखा गया था, वो दरअसल, वही भोजन था, जो हमारा परिवार आमतौर पर पूरी जिंदगी खाता आया है। दरअसल, हमारा अधिकतर भोजन इन्हीं संस्कारों में भेंटस्वरूप प्रदान किए प्रसाद से आता था और मुख्य अनाज इत्यादि हमें बगीचे व खेतों से मिल जाया करते थे। हमारे समाज में किसी भी समारोह के बाद पुजारियों को परंपरागत रूप से उपहारस्वरूप हमेशा ताजा पका हुआ शाकाहारी भोजन कराया जाता है।

जैसे-जैसे मैं बड़ा हुआ, मैंने अपने पिता के साथ और भी दूसरे समारोह-संस्कारों में भाग लेना शुरू किया। मैंने ध्यान दिया कि उनके संस्कार के बाद उत्पन्न हुए बच्चों में ज्यादातर लड़के ही होते थे। हालाँकि कुछेक दंपती को लड़कियाँ भी हुई थीं, लेकिन ज्यादा संख्या लड़कों की ही थी। यहाँ तक कि मेरा आकलन सिर्फ परिवार तक ही सीमित नहीं था। मैंने देखा कि हमारे फार्म की सभी गायों ने भी मुख्यतः नर-बछड़ों को ही जन्म दिया था। कुत्तों ने भी नर-पिल्ले ही दिए थे। यह सब क्यों हो रहा था?

मैं इस बारे में कई वर्षों तक सोचता रहा और साथ ही इसका जवाब भी ढूँढ़ा करता। इस अनुष्ठान में आग प्रज्वलित की जाती थी और उसमें मिठाई इत्यादि होम की जाती थीं। कुछ खास संस्कृत मंत्रों का जाप करते हुए घी और जड़ी-बूटियों की आहुति दी जाती थी। फिर इसमें इलायची, बादाम, किशमिश, चीनी और चावलों से तैयार खीर चढ़ाई जाती थी। कपूर और देवदार की छालों का प्रयोग शुरुआत में ही अग्नि को प्रज्वलित करने के लिए किया जाता था, जिससे संपूर्ण वातावरण सुगंधित हो जाता था।

पुजारी का आशीर्वाद इस तरह के अनुष्ठानों में एक अलग ही ऊर्जा का संचार करता था। यदि मैं भी अपने पापा के पदचिह्नों पर चला होता और वैसा ही अनुष्ठान कर उसी तरह के भोजन का चयन करता तो मेरी पहली संतान भी निश्चित तौर पर एक पुत्र के रूप में जन्म लेती।

जब मैं विस्कॉन्सिन स्टाउट विश्वविद्यालय में पढ़ता था तो मैंने वहाँ चयनात्मक

पोषण के माध्यम से शिशुओं के लिंग के विकास के बारे में जानना शुरू किया। वर्ष 1983 में मैंने अपनी बैचलर डिग्री के लिए 'खाद्य विज्ञान' पाठ्यक्रम का चुनाव किया। तब पोषण के विषय पर होने वाली एक क्लास में हमारे प्रोफेसर ने हमें अलग-अलग खाद्य पदार्थों पर कुछ स्लाइड दिखाईं।

यद्यपि मैं खाद्य पदार्थों के अणुओं और उनकी अम्लीय एवं क्षारीय (एसिडिटी और एल्कलिनिटी) प्रतिक्रिया देख रहा था, लेकिन मुझे मेरे अवचेतन में वे संस्कृत मंत्र सुनाई दे रहे थे, जो दरअसल पुत्र-प्राप्ति के लिए किए जाने वाले यज्ञ-अनुष्ठानों पर मैंने अपने पापा को जपते सुने थे।

मेरे मस्तिष्क का बायाँ और दायाँ पक्ष दोनों ही इन दोनों बातों को बराबर रूप से समझ रहे थे। दायाँ पक्ष संस्कृत का विश्लेषण कर रहा था, जबकि बायाँ पक्ष भोजन की अम्लता और क्षारीयता का परीक्षण कर रहा था। मेरे मस्तिष्क का विस्तार होने लगा। मैं एक अलग ही अवस्था में था और अपनी क्लास में अत्यधिक जीवंत महसूस कर रहा था।

मेरे पापा अनुष्ठान में जो भी प्रसाद चढ़ाते, वे भी क्षारीय (एल्कलाइन) गुण वाला हुआ करता था और होनेवाले पिता में वाई-क्रोमोसोम को सक्रिय कर देता था। वाई-क्रोमोसोम पुत्र को ही जन्म देता है। इस बात से कोई फर्क नहीं पड़ता कि उसके बाद माँ किस तरह का भोजन करती है, क्योंकि उनसे जन्म लेनेवाली संतान एक पुत्र ही होती है।

एक औरत के दोनों क्रोमोसोम एक्स होते हैं, इसलिए वह एक्स-क्रोमोसोम का ही योगदान कर सकती है। हालाँकि एक पिता में एक्स और वाई, दोनों क्रोमोसोम होते हैं, इसलिए यह एक पिता के लिए बहुत महत्त्वपूर्ण और जरूरी होता है। जब एक पिता एक्स-क्रोमोसोम उत्पन्न करता है और माँ (जिसमें सिर्फ एक्स-क्रोमोसोम ही होता है) भी एक्स-क्रोमोसोम उत्पन्न करती है, तब उन्हें बेटी होती है। लेकिन यदि एक पिता वाई-क्रोमोसोम उत्पन्न करे और माँ एक्स-क्रोमोसोम, तो उन्हें बेटा होता है।

वाई-क्रोमोसोम क्षारीय शरीर में और एक्स-क्रोमोसोम अम्लीय शरीर में सक्रिय होता है। मेरे पिता द्वारा किए गए अधिकतर अनुष्ठानों में प्रसादस्वरूप केवल मीठे भोज्य पदार्थ ही चढ़ाए जाते थे, जैसे कि पके केले, शहद, चीनी या गन्ने का रस, गरम उबला हुआ दूध, खीर और किसी भी प्रकार का मीठा व्यंजन।

जब एक आदमी इस मीठे और स्वादिष्ट भोजन का आस्वादन करता है तो उसका शरीर क्षारीय हो जाता है, जिससे उसके 'वीर्य' में वाई-क्रोमोसोम सक्रिय हो जाता है। तब उन्हें बेटा होने की संभावना बढ़ जाती है। जो भोजन स्वाद में खट्टा, कड़वा, तीखा, कसैला और नमकीन होता है, वह पिता के शरीर को अम्लीकृत कर देता है। इसीलिए ऐसा भोजन करनेवाले व्यक्ति के वीर्य में एक्स-क्रोमोसोम सक्रिय हो जाता है।

इसके बाद संबंध बनाने पर उसके वीर्य में मौजूद एक्स-क्रोमोसोम से बेटी होने की संभावना बढ़ेगी। मैंने ध्यान दिया कि इस तरह के अनुष्ठानों में खट्टा, कड़वा, तीखा, कसैला और नमकीन भोजन नहीं चढ़ाया जाता।

जब मेरी पहली संतान होने वाली थी, तो मैंने मुख्य तौर पर अम्लीय खाद्य पदार्थ ही खाए और वे भी बहुत ज्यादा मात्रा में। मेरी पत्नी ने हमारी पहली संतान के रूप में हमारे परिवार की पहली बेटी को जन्म दिया, जो मेरे पिता की परिवार की तीन पीढ़ियों में होने वाली पहली लड़की थी। इस बात को जानने के बाद मेरे ज्यादातर छोटे भाइयों के परिवारों में बेटे और बेटियाँ दोनों ही हुईं।

हम माता और पिता को संबंध बनाने के 27 दिन पहले जप के लिए कुछ मंत्र इत्यादि बताकर बच्चे की मानसिक शक्ति को भी बढ़ा सकते हैं। तत्पश्चात् सात दिनों तक अम्लीय या क्षारीय पी.एच. वाले भोजन का सेवन बच्चे के लिंग को निर्धारित करने में मदद करता है। इसके अलावा चंद्रमा का चरण और उसका समय भी गर्भाधान के दौरान सटीक लिंग का निर्धारण करने में मदद करता है।

जब माँ गर्भ धारण कर लेती है तो वह अपने और अपने बच्चे के रक्त में सेरोटोनिन और एंडोर्फिन के स्तर को बढ़ाने के लिए कुछ ध्यान-तकनीकों का प्रयोग भी कर सकती है। कोख में पल रहे एक बच्चे के मस्तिष्क में संज्ञानात्मक चेतना का स्तर उसकी माँ के रक्त और पोषण में मौजूद सेरोटोनिन और एंडोर्फिन के स्तर पर निर्भर करता है। यही वे कारक हैं, जो शिशु के इंटेलिजेंट कोटिएंट (आईक्यू) यानी बौद्धिक स्तर को प्रभावित करते हैं।

आज हम बच्चे के साइकिक कोटिएंट (पीक्यू) यानी मानसिक स्तर का विकास करने में भी मदद कर सकते हैं। चूँकि मैंने कई रहस्यवादी योगियों के साथ समय बिताया है, इसलिए मैंने जन्म के समय के शुभ-अशुभ प्रभाव को भी जाना। चंद्रमा और उसकी स्थिति के प्रभाव का एक व्यक्ति के जीवन में बहुत ज्यादा महत्त्व होता है। कुछ रहस्यवादी गुरुओं की कृपा से (जिन्होंने मुझे मेरे ही कुछ चक्रों और उनकी क्षमताओं को विकसित करने में मदद की) मैं यह समझ पाया कि ऊर्जा-हस्तांतरण का उपयोग कैसे उन लोगों के गर्भ धारण में भी मदद करने के लिए किया जा सकता है, जो सामान्य रूप से गर्भ धारण नहीं कर पाते हैं। ये वो लोग हैं, जिन्हें बच्चा पैदा करने के लिए सर्जरी या अन्य सरोगेट प्रक्रिया का इस्तेमाल करना पड़ता है।

मैं सौभाग्यशाली था कि अपने इस जीवन में स्वामी राम को पहले ही यह फैसला करते हुए देखा कि वह मेरे जीवन में मेरी संतान के रूप में अपनी 87 वर्षीय शिष्या को भेजेंगे। पूर्व के अध्यायों में आप यह पूरा प्रसंग पढ़ ही चुके

हैं। इस अनुभव ने इस ग्रह पर जीवन की संपूर्णता को समझने के मेरे वैज्ञानिक दृष्टिकोण को ही बदल दिया। किसी भी सक्षम और समर्थ गुरु की परिधि में आने के बाद एक जीव का कल्याण निश्चित है और इसीलिए गुरु आगे के जन्मों में शरणागत जीव को उचित गर्भ प्रदान करके उसकी मुक्ति का मार्ग प्रशस्त करते हैं। हालाँकि मुझे पूरा विश्वास है कि ये हमारे कर्म ही हैं, जो इस पृथ्वी पर हमारे आगामी जीवन की संरचना में महत्त्वपूर्ण भूमिका निभाते हैं।

□

15

जीवन में यीशू भी हैं

"मैं एक सुप्त क्रिश्चन और जाग्रत् हिंदू हूँ। भगवान् यीशू भी मेरे दिल में विश्राम करते हैं।"

यह एक ऐसी कहावत है, जो मैं अकसर खुद से कहता हूँ, लेकिन चुपके से। मैं एक हिंदू परिवार में पला-बढ़ा, लेकिन जल्द ही मुझे पता चला कि मैं जिस धर्म (हिंदू धर्म) को जानता था और जिस धर्म (मसीही धर्म) को मैंने बाद में जाना, उन दोनों के बीच काफी समानताएँ थीं। बचपन में मैंने इस बात का प्रत्यक्ष अनुभव किया कि जीवन को काफी आसानी से जिया जा सकता है, अगर आप बस, चीजों को होने भर दें और सबकुछ ईश्वर पर छोड़ दें।

इस बात से कोई फर्क नहीं पड़ता कि कोई उस परमात्मा को क्या नाम देता है, यह तो उस एक शक्ति के प्रति आपका समर्पण भाव है, जो स्वयं की शक्ति से भी बड़ा है और यही आपके जीवन में ईश्वर कृपा और शांति लेकर आता है। यह मेरी कहानी है और यह कहानी उन रहस्यवादी अनुभवों की भी है, जिन्होंने मेरी आस्था, मेरे फैसलों और मेरी मानवता को गढ़ा, उन्हें आकार दिया।

आगे यह कहानी एकदम सच्ची है। महात्मा गांधी को ईसाई धर्म में बपतिस्मा (बपतिस्मा एक धार्मिक स्नान है, जिसके माध्यम से एक व्यक्ति अपना धर्म-परिवर्तन कर पूर्णतः ईसाई बन जाता है) लेना था। बपतिस्मा से एक रात पहले उन्होंने एक सपना देखा। उस सपने में एक आवाज ने उनसे कहा, "तुम एक ऐसे धर्म को अपनाने के लिए, जिसे तुम जानते तक नहीं, उस धर्म को छोड़ रहे हो, जिसके बारे में तुम्हें कुछ नहीं पता। ऐसे में तुम उसी धर्म के बारे में जानने की कोशिश क्यों नहीं करते, जिसमें तुम्हारा जन्म हुआ और उसके बाद चाहो तो दूसरे धर्म में शामिल हो सकते हो।" तभी महात्मा गांधी ने 'भगवद्गीता' का अध्ययन करना शुरू कर दिया, जिससे उन्हें आत्मबोध हुआ। मेरा जन्म एक हिंदू पुजारी के परिवार में हुआ था और हमारे घर

के ठीक सामने एक सड़क गुजरती थी, जो सीधे 'सेवेंथ डे एडवेंटिस्ट चर्च' जाती थी।

हर सब्त (सब्त यानी आराम और पूजा का दिन) को चर्च के पादरी मुझे अपने सुबह के उपदेश के साथ ही जगा दिया करते। उनकी आवाज इतनी तेज होती थी कि मैं अपने बेडरूम में बैठे हुए भी उनका एक-एक शब्द सुन सकता था। यह सबकुछ पिछले 21 सालों से यों ही चलता आ रहा था। सब्त हर शनिवार को होता था और मुझे इस सबकी इतनी आदत हो गई थी कि मैं शुक्रवार की रात ही अगली सुबह की तैयारी कर लेता, ताकि जल्दी से उठकर फादर के उपदेशों से नोट्स ले सकूँ। मुझे बिस्तर पर लेटे-लेटे पादरी की बात सुनने में बड़ा मजा आता था, जबकि बाकी सबको वही उपदेश सुनने के लिए लकड़ी के सख्त बैंच पर बैठना पड़ता था। मैंने पाया कि उन धर्मोपदेशों ने मेरी समझ को विकसित किया था और बाइबल के प्रति मेरे अधिमूल्य और उसके महत्त्व को भी गहरा कर दिया।

जैसे-जैसे मैं बड़ा होता गया, मैंने देखा कि बाइबल और भगवद्गीता, रामायण और वेद इत्यादि ग्रंथ सभी एक-दूसरे के पूरक हैं। सभी में अद्‍भुत साम्य है। मैं अकसर सोचता हूँ कि क्यों यीशू यानी परमेश्वर के इकलौते पुत्र को उस एक परमात्मा के रूप में चित्रित किया गया था और इसके बावजूद उस एक परमात्मा की शिक्षाओं की इतनी अलग-अलग व्याख्याएँ और अर्थ थे? क्यों पादरियों ने उस एक परमात्मा, यीशू के लिए इतने मत-मतांतर के चर्चों का गठन किया?

मैं यह तो समझ सकता हूँ कि क्यों हिंदू धर्म में भगवान् के इतने अलग-अलग रूप हैं और क्यों वहाँ अलग-अलग देवताओं की पूजा के लिए भिन्न-भिन्न मंदिर बनाने पड़ते हैं, लेकिन मैं यह कभी समझ नहीं पाया कि एक परमात्मा, यीशू के लिए इतने तरह के चर्च बनाने की क्या जरूरत थी? मैं बहुत सारी चीजों को लेकर सोचने लगा, जिसमें देवताओं को दिए गए लेबल इत्यादि भी शामिल थे।

इस प्रश्नों ने मेरे अंदर कई अनुभूतियों को जन्म दिया, जिसमें से एक यह भी थी कि भगवान् यीशू और भगवान् कृष्ण, दोनों के जीवन में काफी समानताएँ थीं। प्रभु यीशू भेड़ चराते थे और भगवान् कृष्ण भी एक ग्वाले ही थे, जो अपनी गाएँ चराया करते थे। प्रभु यीशू ने खादी वस्त्र पहने और हमेशा ध्यान में लीन रहे। भगवान् कृष्ण भी धोती ही पहनते थे और बाँसुरी बजाते थे। प्रभु यीशू ने कहा, "मैं स्वर्ग में अपने पिता के पास जाने का मार्ग हूँ।" भगवान् कृष्ण ने कहा, "एकमात्र मेरी शरण में आजा और मैं तुझे सब पापों से मुक्त कर दूँगा।" प्रभु यीशू को क्रूस पर चढ़ाया गया था। भगवान् कृष्ण को भी शयन मुद्रा में धनुष-बाण से मार दिया गया था। मुझे यीशू और कृष्ण दो आध्यात्मिक नदियों का रूप लगे, जो एक ही दिव्य महासागर में प्रवाहित हो गईं। जब कोई भी नदी समुद्र में विलीन होती हैं, तब वो वस्तुतः नदी

नहीं कहलाती; वो सागर बन जाती है। समुद्र में आप यह नहीं पता कर सकते कि कौन सा पानी किस नदी का है? सभी नदियों का पानी एक साथ मिलकर महासागर का निर्माण करता है और फिर वह ही सागर हो जाता है। यीशू ने एक बार कहा था, "मैं अपने पिता का पुत्र हूँ", जिसके बाद उन्होंने कहा, "और मेरे पिता और मैं एक हैं।" तो नदी भी एक संतान रूप में कार्य करती है और सागर एक पिता की भूमिका निभाता है। इसी तरह जब नदी सागर में मिल जाती है, तो नदी भी यह कह सकती है, "मेरे पिता और मैं एक हैं।" मेरे जीवन में दो आस्थाओं के बीच समानताएँ देखने का यह सिलसिला यों ही जारी रहा कि तभी मुझे यीशू और हिमालयी संतों के बीच का एक इतिहास भी पता चला। भगवान् यीशू के विवरणों में यह कहा जाता है कि जब उनका जन्म हुआ तो पूरब की ओर से तीन बोधी महापुरुष ऊँट की पीठ पर बैठकर उनका अभिवादन करने आए थे। रहस्यवादी योगियों की 6,000 साल पुरानी हिमालय मौखिक परंपरा में एक कहानी है कि एक तारे की ज्योतिषीय गणना का अनुसरण कर हिमालयी संतों ने ही यीशू का स्वागत किया था। इस तारे ने ही उन्हें बताया कि वह पृथ्वी पर कहाँ जन्म लेंगे!

यीशू को हिमालयी परंपरा में ईशा मसी या भगवान् ईश्वर का अवतार, मसीहा या रहस्यवादी के रूप में भी जाना जाता था। हिमालय के योगियों ने भगवान् यीशू का सोने, लोहबान (एक पेड़ की गोंद) और उसी पेड़ की एक और छाल, फ्रैंकिंसेंस का इस्तेमाल कर अभिवादन किया। वास्तव में ये वही तीन चीजें हैं, जो हिमालयी मनीषियों के परिवारों में पैदा होने वाले बच्चों को उनके जन्म-अनुष्ठान समारोह में प्रदान की जाती हैं।

मेरे लिए स्पष्ट था कि यीशू हिमालयी संतों से जन्म से ही संबंधित थे।

मैंने जाना कि जब यीशू जवान हुए तो उन्होंने सुदूर पूर्वी देशों तक की यात्रा की और हिमालयी योगियों के साथ समय बिताया। हिमालय के योगियों के पास अभी भी उनकी कलाकृतियाँ हैं, जहाँ उन्होंने भोजपत्र (एक प्रकार की लकड़ी की छाल) से बने कागज पर संस्कृत लिखी थी, ऐसे ही कागजों पर हिमालय के वनवासी सदियों से अपने धर्मग्रंथ लिखते आए हैं। स्वामी हरि मेरे शिक्षक और प्रिय मित्र ने एक बार कहा था, "ऐसा देखा गया कि भगवान् यीशू ने हिमालय के उन योगियों के साथ चाय पी, जो हिमालय पर्वत पर 14,000 फीट की ऊँचाई पर रहते थे। वे उन्हें 'ईसा मसीह' पुकारते थे।"

हिमालय पर्वत में एक किंवदंती है कि एक बार लोमस ऋषि, जोकि एक रहस्यवादी ऋषि थे, कोहरे की धुंध से होते हुए गंगा नदी के ऊपर यीशू का अभिवादन करने आ रहे थे। यीशू तब गंगा नदी के तट पर ही बैठे हुए थे। ऐसा कहा जाता है कि

उस मुलाकात के बाद से ही यीशू पानी पर चलने लगे थे। जब मैं वेन डायर, राम दास और कृष्ण दास जैसे अमेरिकी विद्वानों व पश्चिम के कई अमेरिकी योग शिक्षकों के बारे में सोचता हूँ, जिन्हें भारत जाकर आत्म-साक्षात्कार हुआ, तो मुझे समझ आता है कि यीशू भी इसीलिए रहस्यवादियों से मिलने हिमालय गए होंगे।

जीसस जो कपड़े पहनते थे, उन्हें 'खादी जामा' कहा जाता है, जो कुछ-कुछ हिमालय में वास करनेवाले साधु-संतों और संन्यासियों जैसा होता है। यीशू ने कहा, "मौन रहो और जानो कि मैं ही ईश्वर हूँ।" मौन और ईश्वर को जानना एक ध्यानी की शिक्षा है। यीशू ने हिमालय से ध्यान का अभ्यास ग्रहण किया और वहाँ से लौटकर इसे अपनी संस्कृति के आम लोगों को प्रदान किया। मैंने हिमालय के साधु-संतों और उनकी शिक्षाओं व यीशू और उनकी शिक्षाओं के बीच जो समानताएँ देखीं, वे मेरे साथ हमेशा रहीं।

तब मुझे नहीं पता था कि मेरे जीवन में इस संबंध को मैं प्रत्यक्ष देखूँगा। मैं अवेदा में एक माइक्रोबायोलॉजिस्ट था, जहाँ हम सुबह और शाम की दो शिफ्टों में काम करते थे। अपनी ऐसी ही एक शाम की शिफ्ट के दौरान मैंने एक महिला को गुनगुनाते हुए सुना। वह एक सुंदर ईसाई भजन गा रही थी, लेकिन एक अलग भाषा में। मैं उसकी तारीफ करने के लिए अपनी लैब में से बाहर आया।

वह अफ्रीका के घाना शहर से थी और मेरी ही तरह शाम की शिफ्ट कर रही थी। मैंने उनसे कहा, "मैडम, आपकी आवाज बहुत अच्छी और सुरीली है, क्या आप क्रिश्चन हैं?"

"हाँ।" उन्होंने जवाब दिया।

"क्या आप मिनियापोलिस की क्रिश्चन हैं?" मैंने पूछा।

"नहीं," उन्होंने जवाब दिया, "मैं अफ्रीका के घाना शहर की क्रिश्चन हूँ और मेरे सारे पुरखे 2,500 साल पूर्व के मूल ईसाई है। हम यीशू के भजन उसी मूल भाषा में गाते हैं, जिसका प्रयोग प्रभु यीशू हमारे पूर्वजों के लिए गाते हुए किया करते थे।"

इस महिला ने मुझे अभी-अभी जो कुछ बताया, उससे मेरे अंदर इस महिला और इस विषय को और भी जानने का कुतूहल घर कर गया। हालाँकि मुझे नहीं पता था कि यह बातचीत हमें कहाँ ले जाएगी, लेकिन हमारे बीच बातों का सिलसिला शुरू हुआ। उसने मुझे अपने परिवार से जुड़ी लगभग 2,500 साल पुरानी एक किंवदंती सुनाई। उसने कहा कि एक बार हमारे गाँव के पास एक लंबा और गोरा आदमी आया। वह एक कुएँ के पास बैठा हुआ था, जो उसके पूर्वजों की संपत्ति पर ही बना हुआ था। इस कुएँ पर एक बहता हुआ झरना था, जो आसपास के सभी गाँवों में पानी की आपूर्ति करता था। यह झरना न केवल अपने ताजे पानी से वहाँ के लोगों की प्यास बुझाता था, बल्कि जानवरों

को भी पानी देता व खेतों में फसल इत्यादि की सिंचाई भी इसी से की जाती थी।

हालाँकि जिन दिनों यह व्यक्ति उसके गाँव आया, तब वहाँ एक बहुत बड़ी आपदा फैली हुई थी, जिसमें सैकड़ों लोग एक अज्ञात और लाइलाज बीमारी से मर रहे थे। इस महिला की कहानी के अनुसार यह लंबा गोरा व्यक्ति पानी के कुएँ के पास ही बैठा हुआ था और अपने हाथों से बीमारों को पानी पिला रहा था। इस आदमी के हाथों से पानी पीकर गाँव के लोग ठीक हो रहे थे।

जैसे ही इस चमत्कार की खबर फैली, गाँव से सैकड़ों की तादाद में लोग कुएँ की तरफ दौड़े आए और पूर्णतः स्वस्थ हो गए। उस महिला ने यह कहकर अपनी कहानी समाप्त की, "मेरे पूर्वजों ने उस गोरे व्यक्ति को रहने के लिए जगह देते हुए वहीं पानी के कुएँ के पास ही एक कुटिया बना दी। वह गोरा व्यक्ति घाना की भाषा यानी उनकी पुश्तैनी जुबान में भजन गाया करता था। उस व्यक्ति ने लोगों को अज्ञात बीमारी से छुटकारा पाने के लिए प्रार्थना करना और अपने परिवारों के बीच शांति से रहना सिखाया। वह कुटिया, जो उस गोरे व्यक्ति के लिए बनाई गई थी, आज भी एक चर्च के रूप में बनी हुई है, जिसके आसपास की जमीन पर बाद में ईसाइयों के इस बड़े समुदाय के लिए शहर बसाया गया।"

□

मुझे उसकी कहानी बहुत ही आकर्षक और लुभावनी लगा। इससे मुझे याद आया कि बाइबल में यीशू के जीवन के 15 वर्षों (13 से 28 वर्ष की उम्र के बीच) का कहीं कोई उल्लेख नहीं है, जिसका मैंने खुद अपने प्रयासों से पता लगाया। वास्तव में मेरे घर में भी बाइबिल का एक प्राचीन संस्करण है, जो वर्ष 1881 में लिखा गया था और यहाँ तक कि इस संस्करण में भी यीशू के जीवन के उन अज्ञात वर्षों का कोई उल्लेख नहीं मिलता।

यह समझना आसान था कि उन 15 वर्षों के दौरान यीशू कुछ अन्य देशों में रहे होंगे, जिसका उनके मूल लोगों को पता नहीं होगा। यीशू की इस कहानी ने मेरे मन में उनके बारे में और भी ज्यादा जानने की इच्छा पैदा कर दी। लेकिन उससे पहले मुझे आपके साथ भोजन और हिमालय के एक रहस्यवादी योगी की कहानी साझा करनी है, क्योंकि उनकी कहानी और यीशू के साथ मेरे निजी अनुभवों में काफी समानता है।

नीम करोली बाबा अपने कंबल से प्रकट किए भोजन से असंख्य गरीबों का पेट भरने के लिए जाने जाते हैं। यह वही कंबल है, जो महाराजजी सदैव ओढ़ा करते थे। इसी तरह यीशू भी हजारों का पेट भरने के लिए रोटी और मछली प्रकट किया करते थे।

मेरे गुरु हिमालय के स्वामी राम को एक ऐसा ही अनुभव हुआ, जब वह एक दूसरे रहस्यवादी योगी से मिले। वह योगी किसी भी तरह का भोजन प्रकट कर सकते थे। यह रहस्यवादी संत उस समय घने जंगल में रह रहे थे और एक दिन उन्होंने स्वामी राम से

पूछा, "आप किस तरह का भोजन करना चाहेंगे?"

तब स्वामी राम को अपने पसंदीदा जापानी भोजन (जापान में रहते हुए उन्होंने वहाँ का भोजन चखा था) की बहुत याद आई और कहा, "जापानी भोजन।"

तुरंत ही इन रहस्यवादी संत ने जापान के उसी प्रसिद्ध रेस्तराँ से 'नैपकिन और चॉपस्टिक' के साथ गरमागरम जापानी भोजन की दो प्लेटें प्रकट कर दीं, जहाँ स्वामी राम भोजन किया करते थे। जब स्वामी राम ने अपना मनपसंद जापानी व्यंजन देखा तो उन्हें अपनी आँखों पर विश्वास ही नहीं हुआ। स्वामी राम ने अपनी पुस्तक—'लिविंग विद दि हिमालयन मास्टर्स' में इस कहानी का सविस्तार उल्लेख किया है।

मुझे आज भी याद है कि यह कहानी और ऐसी ही दूसरी चमत्कारपूर्ण कहानियाँ सुनने के बाद मैं कितना प्रभावित हुआ था! इतना कि एक दिन मैंने विस्कॉन्सिन में एक वरिष्ठ कैथोलिक पादरी से पूछा, "फादर, क्या आप रविवार को सुबह की मंडली के लिए रोटी और मछली प्रकट कर सकते हैं?"

"नहीं।" उन्होंने जवाब दिया।

"जब आप अपने चर्च में किसी का अंतिम संस्कार करते हैं तो क्या आप उस मृत व्यक्ति को वापस जीवित करके अपने अनुयायियों को कृतार्थ कर सकते हैं?" मैंने आगे पूछा।

"नहीं। मैं ऐसा नहीं कर सकता।"

"क्या आप प्रभु यीशू की तरह पानी पर चल सकते हैं?" मैंने आगे पूछा।

"नहीं।" उन्होंने धैर्यपूर्वक फिर जवाब दिया।

"ठीक है, तो आप प्रभु यीशू के सच्चे अनुयायी नहीं हैं। प्रभु यीशू का एक सच्चा अनुयायी इन सभी चमत्कारों को कर पाएगा।" मैंने हिम्मत के साथ कहा।

वह कैथोलिक मंत्री मेरे मित्र थे। मेरे सवाल-जवाबों के बाद हमारे बीच इसी विषय पर खुलकर चर्चा हुई, जिसके बाद मैंने उनसे यीशू के साथ अपना निजी अनुभव, अभिव्यक्ति और चमत्कार साझा किया।

यह वर्ष 1998 की बात है, मैंने एक बहुत बड़े निवेश में अपना काफी सारा पैसा गँवा दिया था। इतना ही नहीं, उसी साल 18 दिसंबर कोएस्टी लाउडर के अवेदा खरीदने के बाद मुझे अवेदा में अपनी नौकरी से भी निकाल दिया गया। क्रिसमस को सात दिन रह गए थे और मेरे पास अपने तीन छोटे बच्चों के लिए क्रिसमस का उपहार खरीदने तक के पैसे नहीं थे।

क्रिसमस की पूर्व संध्या पर मुझे कुछ समझ नहीं आ रहा था कि मैं बच्चों को कैसे उपहार दूँ? क्या करूँ? किससे मदद माँगू? मुझे कोई रास्ता नहीं सूझ रहा था और तब मैंने ब्रुकलिन पार्क वाले चर्च जाने का फैसला किया। वह चर्च मेरे घर से लगभग तीन

मील दूर रहा होगा। मैं रात के 11:30 बजे चर्च पहुँचा।

वहाँ दूर-दूर तक कोई नजर नहीं आ रहा था और चर्च के दरवाजे भी बंद थे। मैं सामने के दरवाजे तक गया और उसकी कुंडी को खींचने लगा। दरवाजा बंद था, यहाँ तक कि अंदर से आने वाली रोशनी भी काफी धुँधली नजर आ रही थी। मैंने अपने हाथों को अपने चेहरे के चारों ओर रखकर काँच के दूसरी तरफ देखने की कोशिश की कि शायद कहीं कोई दिख जाए! लेकिन वहाँ कोई नहीं था।

जब मैंने गौर से आँखें गढ़ाकर थोड़ा और आगे देखने का प्रयास किया, तो मुझे चैपिल (प्रार्थना घर) के अंदर दिखाई दे रहा था। मुझे वहाँ क्रूस पर यीशू दिखाई दिए और मैं उन्हें देखकर रोने लगा। मैं दरवाजे पर ही नीचे झुक गया और उन्हें अपनी समस्याएँ बताईं। मैंने कहा, "मेरे प्यारे प्रभु यीशू, मैंने बचपन से आपको अपने दिल में छिपाकर रखा है। मेरे तीन छोटे-छोटे बच्चे हैं, लेकिन मेरे पास उनके लिए क्रिसमस पर खिलौने खरीदने तक के पैसे नहीं हैं। मैंने अपना सारा पैसा एक बहुत बड़े निवेश में गँवा दिया और छह दिन पहले मेरी नौकरी भी चली गई। प्रभु मेरी मदद करें, इस क्रिसमस को अच्छे से मनाने में मेरी मदद करें।"

मैं पाँच मिनट या शायद उससे भी ज्यादा समय तक दरवाजे पर बैठा रहा और प्रार्थना की। फिर मैंने गैस स्टेशन जाने का सोचा, ताकि अपनी कार में जरा सी गैस भरवा सकूँ। मैं पास ही के एक पेट्रोल पंप तक गाड़ी चलाकर ले गया।

जैसे ही मैं कार से बाहर आया और पंप पर पहुँचा, मुझे वहाँ जमीन पर एक मुड़ा हुआ 'डॉलर बिल' (डॉलर बिल अमेरिका में प्रयोग की जाने वाली कागजी मुद्रा होती है) दिखाई दिया। मैं वहाँ गया और उसे उठा लिया। जैसे ही मैंने वह बिल खोलकर देखा, उसमें $100 के तीन नोट थे। वहाँ कोई और मौजूद नहीं था, इसलिए यह किसका था, यह पता लगाना मुश्किल था। मैंने सोचा कि इसे कैशियर को देने का कोई मतलब नहीं बनता। इसलिए मैंने अपनी कार में गैस भरवाई और पास के वॉल-मार्ट की तरफ निकल पड़ा।

वहाँ मुझे बच्चों के कुछ खिलौने मिले और फिर मैंने क्रिसमस के लिए खाना भी खरीदा। जब मैं खरीदारी करके घर लौटा, तब तक सुबह हो चुकी थी। मैंने खिलौने गैरेज में ही छिपा दिए, जैसा कि मैं हर साल किया करता था और बच्चों के जागने से पहले उन्हें सुंदर से कागज में लपेटकर क्रिसमस ट्री के नीचे रख दिया।

कुछ घंटे बाद वे अपनी-अपनी नींद से जागे और नए खिलौने देखकर क्रिसमस की खुशी में खो गए। मैं वह क्रिसमस कभी भूल नहीं पाऊँगा, क्योंकि उस दिन जब मैं चर्च के दरवाजे पर खड़ा होकर रो रहा था, तो यीशू ने मेरी प्रार्थना सुनी और फिर गैस-पंप पर उन्होंने मुझ पर अपनी कृपा बरसाई।

इस अनुभव के साथ-साथ और भी बहुत सारी बातें हैं, जो मैंने अपने ईसाई और हिंदू दोनों गुरुओं से इतने वर्षों में सीखीं और देखीं और ये सारी बातें इस सत्य की पुष्टि करती हैं कि जीवन में सबसे बड़ा रहस्यमय अनुभव तब प्रकट होता है, जब कोई व्यक्ति खुद को पूरी तरह से प्रभु के प्रति समर्पित कर देता है।

□

16

एक विवाह ऐसे भी

यह गरमियों की बात है। मैं मेनोमोनी, विस्कॉन्सिन स्थित 'हिमालयन एजुकेशन सेंटर' में 'तार के बाड़े' और रोड के किनारे गुलाब के पौधे लगा रहा था कि तभी मेरी मुलाकात विश्वविद्यालय के एक युवा दंपती से हुई। उस साल वहाँ काफी अच्छी बारिश हुई थी, इसीलिए वह साल गुलाब की पैदावार के लिए अच्छा था। मुझे पास ही में एक सेब के बाग से लगभग सौ गुलाब की कलमें मिल गईं, जो हमने कैंपस में ही मँगवा लीं। मैंने वह पूरा दिन बागबानी करते हुए बिताया।

जैसे ही शाम होने को आई, मैंने कॉलेज के एक युवा जोड़े को तार से बने बाड़े के साथ-साथ चलते देखा।

मैंने ध्यान से देखा तो वह लड़की रो रही थी। मुझे पौधे लगाते देख वे दोनों वहीं रुक गए और इस पूरी प्रक्रिया को बड़े गौर से देखने लगे।

"आप क्या रोप रहे हैं?" उस लड़की ने मुझसे पूछा। "जंगली गुलाब," मैंने जवाब दिया।

"क्या मैं आपकी मदद कर सकती हूँ?" उसने कहा, "हाँ, मुझे अच्छा लगेगा।" मैंने कहा।

वे दोनों चलकर फाटक तक गए और वहाँ से घूमकर अंदर मेरे पास आए व बाकी के बचे गुलाब लगाने में मेरी मदद करने लगे। हमने एक-दूसरे को अपना परिचय दिया और फिर वे मुझसे पूछने लगे, "आप स्कूल में क्या करते हैं?" दरअसल, पहले यह एक प्राथमिक स्कूल की इमारत थी, जिसके ऊपर ही हमने 'हिमालयन एजुकेशन सेंटर' खड़ा किया था।

"हम योग एवं ध्यान सिखाते हैं। हमारे यहाँ भारतीय पाक कला का पाठ्यक्रम भी है और इसके अलावा हम हिमालयी रात्रि-भोज का आयोजन भी करते हैं।" मैंने कहा, "हमारे यहाँ भारत, नेपाल और त्रिनिदाद से विद्यार्थी आते हैं, जो विस्कॉन्सिन-स्टाउट

विश्वविद्यालय में बैचलर और मास्टर ऑफ साइंस की अपनी-अपनी पढ़ाई के दौरान हमारे परिसर में ही रहते हैं।"

"अरे हाँ, मैंने हिमालयन सेंटर के बारे में सुना है, लेकिन पता नहीं था कि वो कहाँ है?" उस लड़की ने जवाब दिया।

"तो आप यहीं रहते हैं?" उसने फिर पूछा, "क्या आप यहाँ साधुओं को प्रशिक्षण देते हैं?"

"हमारे यहाँ हर साल गरमियों में हिमालय से साधु-संन्यासी आते हैं और तीन ही हफ्ते बाद एक वृद्ध हिमालयी संन्यासी हमसे मिलने आ रहे हैं।" मैंने जवाब दिया।

फिर उसने मुझसे पूछा, "क्या आप विवाह-संस्कार भी कराते हैं?"

"मैं मिनेसोटा राज्य का एक रजिस्टर्ड पुजारी और लाइसेंस प्राप्त मैरिज ऑफिसर हूँ। मैं यहाँ विवाह इत्यादि संस्कार करवा सकता हूँ।" मैंने कहा।

यह सुनते ही लड़की ने रोना शुरू कर दिया और मुझसे पूछा, "क्या आप हमारी शादी करवा सकते हो?"

"तुम किस धर्म से हो? तुम्हारे लिए चर्च में जाकर फादर द्वारा विवाह-संस्कार पूरा कराना ही ठीक रहेगा।" मैंने कहा।

तब तक हमने अंतिम गुलाब का पौधा भी रोप दिया था। हम वहीं घास पर बैठ गए और वे मुझे अपनी आपबीती सुनाने लगे। उन्होंने मुझे बताया कि कैसे पास ही के कैथोलिक चर्च के एक बुजुर्ग पादरी ने उनका अपमान किया। मैं तब तक परिसर में शिफ्ट हो गया था और उन्हें अपने घर ले गया और अपनी पत्नी से उनके लिए गरमा-गरम चाय बनाने का अनुरोध किया और फिर मैं दोबारा वापस आया और उन्हें चाय पीने से पहले हाथ-मुँह धुलाने ले गया।

उन्होंने अपनी आगे की कहानी सुनाते हुए कहा, "हम कैथोलिक चर्च गए और वहाँ के मंत्री से अनुरोध किया कि वह इसी साल गरमियों के अंत में हमारी शादी करवा दें।"

फादर ने उनसे पूछा, "आप कौन से चर्च में जाते हैं?"

युवक ने जवाब दिया, "मैं प्रेस्बिटेरियन हूँ और यह कैथोलिक है।"

दंपती ने कहा कि यह सुनकर वह वृद्ध पादरी अपशब्दों पर उतर आए और गुस्से में भड़कते हुए हमसे कहा, "तुम दोनों भाड़ में जाओ और भागो यहाँ से। दोनों पापी हो।"

स्वाभाविक है कि इस हादसे के बाद उनके सब्र का बाँध टूट गया। एक वृद्ध पादरी ने जिस तरह का व्यवहार उनके साथ किया, मैं वे सुनकर स्तब्ध रह गया। मैंने सोचा, जब ये दोनों एक-दूसरे से बहुत प्यार करते हैं और अपनी पूरी जिंदगी एक-दूसरे के साथ जीना चाहते हैं, तो इसमें गलत ही क्या है? बिना वजह पादरी ने अभद्र व्यवहार किया।

मुझे उन दोनों से सहानुभूति हुई और कहा, "मैं तुम्हारा विवाह-संस्कार इस तरह करूँगा कि वह इसमें शामिल सभी लोगों के लिए एक आध्यात्मिक, यादगार और आनंदमयी पल बन जाएगा।" वे अपनी शादी में कुछ अलग करने को लेकर यों भी काफी खुले विचारों के थे और शादी की तारीख भी उन्होंने पहले से ही तय कर ली थी। सच कहूँ तो तब मुझे नहीं पता था कि मैं किन चक्करों में पड़ रहा हूँ और इस शादी के क्या परिणाम होंगे? मैं उनसे उनकी शादी करवाने का वादा कर चुका था और इसलिए अब पीछे भी नहीं हट सकता था। मैंने इससे पहले कभी कोई ईसाई विवाह नहीं करवाया था, क्योंकि मैं एक हिंदू पुजारी हूँ और मुझे हिंदू-संस्कार कराने का ही प्रशिक्षण मिला है।

दरअसल, अब मैं एक दुविधा में था। क्या मुझे दो महीने में ईसाई विवाह कराने का प्रशिक्षण लेना चाहिए या उनके विवाह में हिंदू परंपरा के उन वचनों को शामिल करना चाहिए, जो विवाह के दौरान पति-पत्नी एक-दूसरे के लिए लेते हैं? सच बताऊँ तो मुझे इस बात की कोई परवाह नहीं थी कि लोग क्या कहेंगे, मैं बस, इस जोड़े को अपने पूरे दिल से आशीर्वाद देना चाहता था। मैं चाहता था कि वे दोनों एक साथ अच्छा और लंबा जीवन जिएँ, जिसमें उन्हें खूब सारा प्यार, खुशी, समृद्धि और दोस्ती नसीब हो।

मैं उन दोनों से कई बार मिला और इस दौरान हमने उनके विवाह के लिए बहुत सी नई कसमें व प्रतिज्ञाएँ भी तैयार कीं। मैंने उनसे शादी के लिए वहाँ के स्थानीय 'हिस्टोरिक माबेल टैंटर ऑडिटोरियम' का उपयोग करने और दोनों पक्षों के अपने सभी रिश्तेदारों को आमंत्रित करने का अनुरोध भी किया। दरअसल, उस ऑडिटोरियम का प्रयोग कैथोलिक और प्रेस्बिटेरियन दोनों ही जाति के लोग करते हैं। इसलिए वहाँ दोनों पक्षों के परिवार आसानी से आ सकते थे। इसके अलावा वहाँ उनके ऐसे दोस्तों को आने में भी कोई आपत्ति नहीं थी, जो पूरी तरह से नास्तिक थे। इसके पीछे मेरा इरादा दरअसल, दोनों परिवारों के लोगों को आपस में 'एक होने' का एहसास कराना था।

आप देखिए, एक शादी में केवल दो लोगों की ही नहीं, बल्कि दो परिवारों की भी शादी होती है। उन्हें एक-दूसरे के रिश्तेदारों के साथ रहना पड़ता है। इसीलिए यह 'ऑडिटोरियम' दोनों परिवारों के लिए एकदम सही जगह थी। उन दोनों ने अपनी शादी के लिए लगभग 400 आमंत्रण-पत्र भेजे होंगे और हैरानी की बात है कि सभी ने आने की स्वीकृति भेज दी।

मैंने हिमालयी विवाह की कुछ पुरानी कसमों को भी उनकी शादी के वचनों में शामिल किया, जिसे उन्होंने एक-दूसरे से अंग्रेजी में कहा। चूँकि हमारी मुलाकात गुलाब के पौधे लगाते हुए हुई थी, तो मैंने सोचा कि क्यों न हम उनकी जयमाला के लिए गुलाब के फूलों का ही इस्तेमाल करें! तब उन्होंने एक-दूसरे को गुलाब की मालाएँ पहनाईं।

मेरे साथ वरपक्ष की तरफ से दूल्हे के दादा-दादी थे, जिन्होंने प्रेस्बिटेरियन बाइबल

से एक अंश पढ़ा और वधुपक्ष की तरफ से उसकी ददिया चाची थीं, जिन्होंने कैथोलिक बाइबल का एक अंश पढ़ा। ब्राइड्स-मेड ने दूल्हे के लिए उसका पसंदीदा गाना गाया और दूल्हे के बेस्ट-मैन ने दुलहन के स्वर्गवासी दादा-दादी के लिए पियानो पर एक प्यारी सी धुन बजाई। वर-वधु के माता-पिता ने परिवार के दोनों पक्षों के लिए मोमबत्तियाँ जलाईं और फिर हम विवाह के प्रमुख-समारोह की ओर बढ़े।

मैं एक लंबी सफेद पोशाक पहने मंच के पीछे से आया। दूल्हा और दुलहन मंच के बीचोबीच खड़े थे और उन पर सभागार से चमचमाती रंगीन रोशनियाँ पड़ रही थी। यह एक बहुत ही सुंदर सा दृश्य था, जिसमें 400 से भी अधिक लोग पूरी तरह शांत बैठे थे। मैंने भी अपने गुरुदेव के बारे में सोचा। इसके अलावा मैं और कर ही क्या सकता था! मैंने दिल ही दिल में अपने गुरुदेव से इस दंपती को आशीर्वाद देने और उनकी शादी में शामिल होने के लिए आमंत्रित किया।

फिर मैंने उन दोनों को पोडियम पर आने को कहा और वहाँ उनके लिए कुछ प्राचीन श्लोकों का पाठ किया। वे दोनों एक सफेद चादर पर रंगीन चावलों के सात ढेरों पर एक-एक कर चढ़ते गए। एक समय में एक कदम और ऐसा करते हुए उन्होंने एक-दूसरे को सात पवित्र वचन दिए। जब यह रीति पूरी हुई तो उनके परिवार के एक सदस्य ने गिटार बजाकर उनका अभिवादन किया। दोनों पक्ष के दादा-दादी, चाचा-चाची, माता-पिता, भाई-बहनों ने चावल और गुलाब की पँखुड़ियों से दंपती पर अपना-अपना आशीर्वाद बरसाया।

दोनों परिवारों के बीच आध्यात्मिकता का चरमोत्कर्ष देखना एकदम जादुई दृश्य था। यह एक बहुत सुंदर और खुशी का अवसर था। समय इतनी तेजी से भाग रहा था कि देखते-ही-देखते विवाह की सारी रस्में भी पूरी हो गईं। शादी के आखिर में सबने तालियाँ बजाकर नवववाहित दंपती का स्वागत किया, खासतौर पर जब दूल्हे और दुलहन ने एक दूसरे को चूमा। यह सब एक फिल्म के दृश्य जैसा लग रहा था। वास्तव में यह मेरे लिए भी एक यादगार अनुभव था! मैंने कभी नहीं सोचा था कि यह विवाहोत्सव इतना भव्य होगा! मैंने दोनों को दिल से अपना आशीर्वाद और जीवन की शुभकामनाएँ दीं। वहाँ मौजूद सभी लोग बहुत खुश हुए और सालों तक उस शादी की बातें करते रहे।

□

17

एक ट्रक ड्राइवर से पी-एच.डी. तक का सफर

एक सप्ताहांत की बात है, मुझे कनाडा में एक व्याख्यान के लिए आमंत्रित किया गया था, जो मिसिसॉगा के एक स्थानीय मंदिर में आयोजित किया गया था। वहाँ के भारतीय समुदाय ने मुझे 'भगवद्गीता' के दर्शनशास्त्र पर पाँच रात की व्याख्यान-माला के लिए आमंत्रित किया था। मुझे व्याख्यान के दौरान संकीर्तन करने में बहुत आनंद आता है। वहाँ मौजूद सभी लोग बेहद पारंपरिक थे। उन्होंने पुजारियों का पूर्ण श्रद्धा-भाव के साथ स्वागत-सत्कार किया। इस तरह के आध्यात्मिक प्रवचनों की व्यवस्था करने वाला मेजबान परिवार पुजारी का अभिवादन फूलों की माला पहनाकर करता है, उनके माथे पर तिलक करता है, उनकी आरती उतारता है और फिर चरण-स्पर्श कर आशीर्वाद लेता है।

जब मैं व्याख्यान की शुभारंभ संध्या पर मिसिसॉगा के मंदिर पहुँचा तो मेरा भी ऐसा ही स्वागत हुआ। इस दौरान वहाँ हर रात लगभग सैकड़ों की संख्या में लोग आते थे, जिनसे पूरा हॉल खचाखच भरा रहता। व्याख्यान-माला की अंतिम रात, संपूर्ण समुदाय के लोगों को 'पवित्र ग्रंथ' पर फूल चढ़ाने, उसकी आरती उतारने और अतिथि पुजारी को भेंटस्वरूप उपहार देने का अवसर दिया गया।

मैं वहाँ नरम कुशन पर रंग-बिरंगे कागज के फूलों से सजे एक ऊँचे मंच जैसे आसन पर बैठा हुआ था। दूसरी तरफ भारतीय वस्त्रों में लोगों की एक लंबी कतार लगी हुई थी, जो 'भगवद्गीता' पर फूल चढ़ाने, आरती उतारने और उपहार व भेंट इत्यादि देने की अपनी बारी की प्रतीक्षा कर रहे थे। इसी बीच मेरी नजर एक लंबे-चौड़े, सुंदर, गोरे-चिट्टे कनाडाई मूल के युवक पर गई, क्योंकि वह भी अपने हाथों में फूल लिये उसी कतार में लगा हुआ था। वह माल्टन से अपने त्रिनिदादियन दोस्तों के साथ लगभग हर रात वहाँ आता था। हालाँकि उस समय वह कतार में अकेला ही खड़ा था।

जैसे ही उस लड़के की बारी आई, मैंने उसे अपने पास बुलाया और धीरे से उसके

कान में पूछा, "तुम इस लाइन में क्यों लगे हो?"

उसने जवाब देते हुए कहा, "दरअसल, मुझे आपके प्रवचन सुनकर बहुत अच्छा लगा और मैं आपसे मिलना भी चाहता था।"

"ये लोग 'भगवद्गीता' पर पुष्प अर्पित कर रहे हैं और उसकी आरती उतार रहे हैं, क्योंकि यह इनका धर्मग्रंथ है, लेकिन तुम क्यों पागलों की तरह इनकी नकल उतार रहे हो, यह मुझे समझ नहीं आ रहा?" मैंने कहा।

उस लड़के ने आगे आकर फूल मेरे हाथों में दे दिए और कहा, "मैंने सचमुच इन प्रवचनों से बहुत कुछ सीखा है और अब मैं आपका शिष्य बनना चाहता हूँ।" मैंने उसे सत्र के बाद रात्रि-भोज के वक्त मुझसे मिलने के लिए कहा।

सत्र के बाद हम सब भोज के लिए इकट्ठा हुए। मंदिर के बाकी पुजारी भी हमारे साथ ही थे, जबकि समारोह के मेजबान हमें अपने हाथों से भोजन परोस रहे थे। मैंने इशारे से उस कैनेडियन युवक को अपने साथ खाने के लिए बुला लिया। उसने एक कुरसी खींची और सभी पुजारियों के बीच मेरे बगल में आकर बैठ गया। उसके वहाँ बैठने से पुजारियों की आपत्ति मैं तुरंत भाँप गया; क्योंकि वे इस अवसर का लाभ उठाकर मुझसे और बहुत सी बातें जानना चाहते थे।

हालाँकि मैंने इस अवसर का उपयोग उनके प्रश्नों का उत्तर देने की बजाय, इस लड़के के साथ बात करने के लिए किया। भोजन करते-करते मैंने उससे पूछा, "तुम कनाडा में क्या काम करते हो?"

"मैं कनाडा में एक सेमी-ट्रक चलाता हूँ और माल से भरे कंटेनर को एक तट से दूसरे तट तक पहुँचाता हूँ।" उसने जवाब दिया।

"तुमने अपना कॉलेज पूरा कर लिया?" मैंने फिर पूछा। उसने जवाब दिया, "नहीं।"

मैं मौन रहा, फिर उसने मुझसे मेरा शिष्य बनने का अनुरोध किया। देखिए, मेरा कोई शिष्य नहीं है। मुझे पूरा विश्वास है कि यदि मैं किसी को अपना शिष्य बनाने की दीक्षा दूँगा, तो, उसे अपनी तरह मूढ़ ही बना पाऊँगा। मैं पूर्णतः स्वतंत्र रहना चाहता हूँ। अच्छा-बुरा हर इनसान आखिर ईश्वर की संतान हैं। सचमुच मैं सभी के साहचर्य का आनंद लेता हूँ, फिर वे जैसे भी हों या जो भी हों। मैं सभी से बहुत कुछ सीखता हूँ।

मैंने उसकी तरफ देखा और कहा, "अगर तुम सचमुच मेरा शिष्य बनना चाहते हो, तो मुझे अगले मंगलवार को विस्कॉन्सिन में विस्कॉन्सिन-स्टाउट विश्वविद्यालय आकर मिलो। मैं रविवार की शाम कनाडा से वापस मिनियापोलिस के लिए निकल रहा हूँ।" मैंने यह सब उसे टालने के लिए कहा, ताकि वह मुझे दोबारा परेशान न करे।

अपने घर लौटने के बाद मैंने अगले दो दिन आराम करते हुए बिताए। लेकिन

आश्चर्यजनक रूप से मंगलवार को मुझे विस्कॉन्सिन से इसी कैनेडियन लड़के का फोन आया। उसने कहा, "संतजी, मैं कनाडा वाला ट्रक-चालक हूँ। मैं आपको विस्कॉन्सिन-स्टाउट विश्वविद्यालय से फोन कर रहा हूँ। आपने कहा था कि अगर मैं आपका शिष्य बनना चाहता हूँ तो आपसे विस्कॉन्सिन आकर मिलूँ।"

"सर, आप जरूर मजाक कर रहे हैं।" मैंने जवाब दिया।

"नहीं।" उसने कहा, मैंने टेलीफोन की कॉलर आईडी देखी और नंबर विस्कॉन्सिन के 'पे-फोन' का ही था।

"सर, मैंने आपको विस्कॉन्सिन में मुझसे मिलने के लिए सिर्फ इसलिए कहा था, ताकि आप मेरा शिष्य बनने की जिद छोड़ दें!" मैंने जवाब दिया और फिर उससे पूछा, "आपने अपने ट्रक चलाने के काम का क्या किया?"

"मैं कनाडा में अपना सबकुछ छोड़ आया हूँ। मैं लिफ्ट ले-लेकर सीमा पार कर अमेरिका आ गया।"

"तुम एकदम पागल हो और मैं अभी तक तुम्हारे जैसे किसी आदमी से नहीं मिला! अब जब तुम विस्कॉन्सिन आ ही गए हो तो मैं तुमसे दो घंटे में मिलने आ रहा हूँ।"

मेरे घर से यू.डब्ल्यू. स्टाउट तक की एकतरफा ड्राइव लगभग एक-डेढ़ घंटे की थी। जब तक मैं तैयार होकर उससे मिलने पहुँचा, तब तक दो घंटे बीत चुके थे।

विश्वविद्यालय पहुँचने पर मैंने इस लड़के को निक्कर और सैंडल में सिर्फ एक छोटे से बैकपैक के साथ देखा। मुझे लगा कि यह लड़का मेरा शिष्य बनने की बजाय हिमालय जाकर वहाँ के साधु-संन्यासियों के साथ अध्ययन करने के लिए बेहतर उम्मीदवार है। फिर भी मैंने उसे पास ही के एक चाइनीज रेस्तराँ में अपने साथ खाना खाने के लिए आमंत्रित किया।

भोजन के बाद मैं उसे हिमालयन स्कूल ले गया, जिसे मैं हिमालयन एजुकेशन सेंटर के रूप में स्थापित कर रहा था और उससे कहा, "अब तुम यहाँ आ ही गए हो, तो मैं चाहता हूँ कि पहले तुम विस्कॉन्सिन-स्टाउट विश्वविद्यालय से अपनी पढ़ाई पूरी कर लो। रहोगे तुम हिमालयन सेंटर में ही। यह मुख्य विश्वविद्यालय के परिसर से सिर्फ छह ब्लॉक की दूरी पर है। हालाँकि तुम्हें अपनी ट्यूशन की फीस खुद ही भरनी होगी, लेकिन यहाँ इस केंद्र में तुम पूरी तरह मुफ्त में रह सकते हो।"

वह मान गया।

"तुम्हें डिग्री मिलने के बाद ही मैं तुम्हें दीक्षा देने बारे में सोचूँगा। ठीक है?" मैंने कहा।

वह यह बात भी मान गया। मैं बस, थोड़ा समय चाहता था, ताकि आगे के लिए कुछ सोच सकूँ; क्योंकि मैं अभी भी उसे अपना शिष्य नहीं बनाना चाहता था। यह मेरे

लिए पहला ही अवसर था। मैं पहले भी शिष्यों को स्वीकार करने के लिए तैयार नहीं था और मैं अब भी शिष्यों के लिए तैयार नहीं हूँ।

कुछ वर्ष बीते और उसने विज्ञान में स्नातक की डिग्री प्राप्त कर ली, तब मैंने उसे इसी में मास्टर डिग्री हासिल करने के लिए प्रोत्साहित किया। उसने दो साल और हिमालयन सेंटर में बिताए और सफलतापूर्वक अपनी पढ़ाई पूरी कर ली। मास्टर डिग्री मिलने के बाद उसे ताइवान में एक दूसरी भाषा के तौर पर अंग्रेजी सिखाने का अवसर मिला।

मैंने कहा, "अब तुम्हें कुछ अध्यापन-अनुभव लेने और पैसे कमाने के लिए इस अवसर का फायदा उठाना चाहिए।"

उसने पूछा, "तो आप मुझे अपने शिष्य के रूप में दीक्षा कब देंगे?" मैंने कहा, "जब तुम ताइवान से लौटोगे।"

एक ट्रक ड्राइवर अपनी मास्टर डिग्री के बलबूते अब ताइवान में अध्यापक बन चुका था। मुझे लगा कि इस आदमी में इतनी क्षमता है, फिर भी वह मेरा शिष्य बनने के अपने संकल्प से पीछे नहीं हटा। अगर उसकी जगह मैं होता तो मेरा धैर्य कब का जवाब दे जाता! दो साल बाद वह विस्कॉन्सिन के हिमालयन एजुकेशन सेंटर में लौट आया।

उस समय मैं बस मिनेसोटा से हिमालय केंद्र में रहने के लिए आया ही था। मैं उससे मिला और उसकी आगे की योजना के बारे में पूछा। वह बस, मेरे साथ रहना चाहता था और एक शिष्य बनकर 'भगवद्गीता' का अध्ययन व हिमालयी ध्यान-साधना सीखना चाहता था।

कुछ ही समय बाद मुझे न्यू हैंपशायर स्थित एक केंद्र की याद आई। वहाँ के विश्वविद्यालय में एक अच्छा पी-एच.डी. प्रोग्राम चलाया जाता था। मैंने इस लड़के को न्यू हैंपशायर में एक व्यक्ति से मिलने के लिए भेज दिया, जो वहाँ के पी-एच.डी. डिग्री प्रोग्राम में प्रवेश पाने में उसकी मदद कर सकता था।

जब उसे वहाँ प्रवेश मिल गया तो मैंने उससे कहा, "आज, इस दिन से, मैं आपका शिष्य और आप मेरे गुरु हैं। प्लीज, यह मत सोचिए कि मैं आपको कुछ भी सिखा सकता हूँ। आप पहले से ही सबकुछ जानते हैं। मैं बस, आपको एक ट्रक ड्राइविंग के पेशे से दूर कर पी-एच.डी. स्कॉलर बनने की राह में ले जाना चाहता था।"

उस लड़के ने फिर कभी मुझे परेशान नहीं किया और मैं भी उसे अपने शिष्य के रूप में स्वीकार न करके स्वतंत्र महसूस करता हूँ। वैसे भी शिष्य बनने की दीक्षा देना मेरे गुरु के हाथ में है, मेरे नहीं।

□

18

जब अभिशाप बना वरदान

मैं अमेरिका में किसी ऐसे कॉलेज का पता लगा रहा था, जो समग्र-चेतना के मूल्यों पर आधारित हो और जहाँ मैं अपनी बेटी को उसकी ग्रैजुएशन के लिए भेज सकूँ। इस संबंध में मुझे सबसे ज्यादा सुझाव फेयरफील्ड, आयोवा स्थित महर्षि विश्वविद्यालय को लेकर मिले। यह अमेरिका के सर्वश्रेष्ठ विश्वविद्यालयों में से एक है, जो अपने सुदृढ़ आध्यात्मिक वातावरण और सभी प्रोफेसरों, छात्रों व कर्मचारियों की अनिवार्य ध्यान-साधना के लिए प्रसिद्ध है।

मैं विश्वविद्यालय के संस्थापक को पहचानता था, क्योंकि मैंने महर्षि महेश योगी के प्रत्यक्ष शिष्य के साथ ही वर्ष 1977 में अतींद्रिय चिंतन, यानी 'ट्रांसेंडेंटल मेडिटेशन' का अभ्यास शुरू किया था। मैं योगीजी के शिष्य और विश्वविद्यालय की प्रतिष्ठा के बारे में जो कुछ भी जानता था, उससे मुझे विश्वास था कि मेरी बेटी की उच्च शिक्षा के लिए यही विश्वविद्यालय अच्छा रहेगा।

कैंपस का चुनाव करने के बाद मैंने उसे देखने के लिए अपने पूरे परिवार के साथ मिनेसोटा से आयोवा तक ड्राइव करने का फैसला किया। लेकिन पहले मैंने अपनी बेटी की छात्रवृत्ति के लिए ऑनलाइन आवेदन भरना जरूरी समझा। मेरी बेटी ने अपना हाई स्कूल डिस्टिंगक्शन के साथ उत्तीर्ण किया था, इसीलिए उसे मिसौरी की एक महिला की तरफ से निजी छात्रवृत्ति भी मिल गई और वह भी बड़े आराम से।

मेरी बेटी इस छात्रवृत्ति से इतनी खुश थी कि उसने दूसरी किसी छात्रवृत्ति के लिए कोशिश ही नहीं की। इसके बाद हमने विश्वविद्यालय द्वारा प्रस्तुत विभिन्न कार्यक्रमों का पता लगाया और मेरी बेटी ने इनमें से बिजनेस डिग्री प्रोग्राम में भाग लेने का फैसला किया।

लगभग सारे जरूरी काम पूरे कर लेने के बाद हम फेयरफील्ड, आयोवा स्थित विश्वविद्यालय परिसर का दौरा करने निकल पड़े।

वहाँ हमारा अभिवादन बड़ी गर्मजोशी के साथ किया गया। इसके बाद हमें ध्यान-कक्ष (महिलाओं और पुरुषों के ध्यान करने के लिए दो अलग-अलग स्वर्ण-कक्ष बने हुए थे) समेत पूरे परिसर की सैर कराई गई। ध्यान के लिए बनाए गए ये कमरे बहुत बड़े और विशाल थे। बाद में हमें परिसर में ही अपने प्रवास की अवधि तक रहने के लिए कुछ कमरे दिए गए।

वहाँ की वास्तुकला बहुत ही सुंदर और प्रशंसनीय थी। इन वास्तु-इमारतों ने तो मेरा मन ही मोह लिया था, जिनके होने से मानो संपूर्ण परिसर में हर जगह शांति ही शांति पसरी हुई थी। हालाँकि मुझे पूरा यकीन था कि यह शांतिपूर्ण वातावरण वास्तु इमारतों और अनिवार्य ध्यान-साधना, दोनों का मिला-जुला परिणाम था। ध्यान-साधना महर्षि विश्वविद्यालय के छात्रों के पाठ्यक्रम का एक अभिन्न हिस्सा है, इसलिए वहाँ प्रत्येक छात्र को ध्यान-कक्ष के दरवाजे खोलने के लिए स्वाइप कार्ड दिया जाता है, जहाँ विद्यार्थियों के ट्रांसक्रिप्ट पर यह दर्ज किया जाता था कि उन्होंने कितने घंटे का ध्यान किया।

प्रत्येक छात्र को ग्रैजुएट होने से पहले ध्यान के लिए निश्चित किए गए घंटों यानी समयावधि को पूरा करना पड़ता है। यदि कोई भी छात्र ध्यान के लिए आवश्यक 'घंटों की गिनती' को पूरा नहीं कर पाता तो वह ग्रैजुएट नहीं हो सकता। यह विश्वविद्यालय की प्रमुख शर्त थी और यह सब स्वाइप कार्ड में दर्ज हो जाता था। मैं परिसर की ऐसी व्यवस्था देखकर बहुत प्रभावित हुआ।

मुझे बताया गया कि छात्र प्रतिदिन दो बार स्वर्ण-कक्ष में ध्यान लगाते हैं; एक बार सुबह लगभग 5:30 बजे और फिर शाम को लगभग 6:00 बजे। विश्वविद्यालय पहुँचने के अगले दिन मैं भी सुबह के समूह के साथ ध्यान करना चाहता था। मैं उस दिन जल्दी उठा, स्नान किया, ध्यान के लिए उपयुक्त सफेद वस्त्र पहने और फिर बाकी के परिवार को सोता छोड़ पुरुषों के लिए बनाए स्वर्ण-कक्ष की तरफ चल दिया। मैं वहाँ समय के पूर्व ही पहुँच गया था और फिर कमरे में प्रवेश करने की पंक्ति में खड़ा हो गया।

प्रत्येक व्यक्ति ने ध्यान के लिए सफेद कपड़े पहने थे। सैकड़ों ध्यानियों को एक साथ देखना, वह भी सुबह-सुबह, एक बहुत ही सुंदर व मनोरम दृश्य था। जब मैं दरवाजे के पास पहुँचा तो मुझे एहसास हुआ कि मेरे पास ध्यान-कक्ष में जाने के लिए स्वाइप-कार्ड तो था ही नहीं! मैंने लाइन में लगे अगले व्यक्ति से कार्ड के बिना अंदर जाने के बारे में पूछा।

उसने कहा, "मैं आपको ध्यानकक्ष के अंदर नहीं जाने दे सकता, 'क्योंकि इसके लिए आपके पास 'उत्तोलन तकनीक' के लिए 'ट्रांसेंडेंटल मेडिटेशन' का सिद्ध मंत्र होना जरूरी है।"

मैंने जवाब दिया, "सर, मैं त्रिनिदाद एवं टोबैगो में वर्ष 1977 से 'ट्रांसेंडेंटल

मेडिटेशन' सिखा रहा हूँ और मैं आपके कैंपस में एक मेहमान हूँ। क्या आप मुझे बस, एक बार अंदर जाकर ध्यान करने की अनुमति दे सकते हैं?"

तब उस व्यक्ति ने मुझे वहाँ के वरिष्ठ अधिकारी से बात करने सुझाव दिया, जो उसी पंक्ति के आखिर में खड़े थे। मैं लाइन से निकलकर उस वरिष्ठ अधिकारी के पास गया। मैंने उन्हें एक आगंतुक के तौर पर अपना परिचय दिया और अनुरोध किया कि वह मुझे सुबह की ध्यान-साधना के लिए स्वर्ण-कक्ष में जाने दें।

"संत, मैं आपको ध्यान कक्ष में नहीं जाने दे सकता, क्योंकि इसके लिए आपको पहले हमारे किसी ध्यान-शिक्षक द्वारा अपने मंत्र की जाँच करानी होगी। तभी आपको आपकी खुद की आई.डी. के साथ अंदर जाने के लिए जरूरी स्वाइप-कार्ड मिल सकता है। यह महर्षि विश्वविद्यालय का नियम है और यहाँ केवल छात्रों, कर्मचारियों, शिक्षकों और प्रशासकों को ही दैनिक आधार पर ध्यान करने की अनुमति है।"

लगभग दस मिनट में वे सभी दैनिक ध्यान-साधना के लिए कक्ष के अंदर चले गए और मैं यहाँ अकेला दरवाजे के बाहर खड़ा रह गया। यह मेरे लिए एक दुखद व उदास करने वाला दिन था। मैं सुबह की ठिठुरती सर्दी में बाहर खड़ा था। मुझे यह बात इतनी बुरा लगी कि मैं रोने लगा। मैं खुद को छोड़ा हुआ व परित्यक्त सा महसूस कर रहा था। मैंने तो यह देखा था कि लोग एक-दूसरे को सामूहिक ध्यान करने के लिए प्रोत्साहित करते हैं, लेकिन यहाँ मुझे तो ध्यान कक्ष में जाने ही नहीं दिया गया।

तब मैंने दोनों पुरुष और महिला ध्यान कक्षों के बीच एक पत्थर पर बैठते हुए खुद ही ध्यान करने का फैसला किया। मैं अपने कटु अहंकार और चोटिल अभिमान की भावनाओं से काफी आहत था। मैंने खुद को शांत करने की पूरी कोशिश की और फिर अपने अंतर्मन से सवाल करने का फैसला किया। मैंने अपने हृदय में विराजमान अपने गुरुदेव से विनती की। मैंने कहा, "गुरुदेव, मेरी स्थिति कितनी अपमानजनक है कि मैं अन्य ध्यानियों के साथ ध्यान नहीं कर सकता?"

तब मेरे हृदय से एक सचेत स्वर ने कहा, "तुम्हें परम पावन, महर्षि महेश योगी से विनती करनी चाहिए। वह इस परिसर के स्वामी हैं, गुरु हैं। अपनी भक्ति के गहन स्तरों का उपयोग करो।"

चूँकि मैं उस अँधेरी, सर्द सुबह में बस, उन पतले से ध्यान-वस्त्रों में ही वहाँ बैठा हुआ था और यहाँ तक कि मेरे पास ओढ़ने के लिए एक शॉल भी नहीं थी, इसलिए मैं दिल ही दिल में रोने लगा। आखिर में मैंने अपने दिल की बात सुनी और पूजनीय योगीजी से प्रार्थना करने लगा, मैंने तिपतिया घास से एक फूल उठाया और कहा, "हे गुरुदेव, कृपा कर मुझे अपने परिसर में ध्यान करने का आनंद लेने दें, मैं आपके बागीचे में एक भिक्षु की तरह बैठा हूँ।"

मैं वहीं ध्यान में बैठ गया, जबकि सैकड़ों ध्यानी दोनों स्वर्ण-कमरों में एकत्र थे। मैंने अपनी साँस को केंद्रीकृत किया और जल्दी से प्राण व ऊर्जा के प्रवाह को उत्सर्जित करते हुए अपनी दोनों नासिका-छिद्रों से अपने साँस पर ट्रांसेंडेंटल मेडिटेशन मंत्र स्थिर किया। फिर मैंने साँस, मन और मंत्र के साथ ऊपर चढ़ना शुरू किया। मुझे प्राण-ऊर्जा रेशम की तरह प्रतीत हो रही थी। सर्द हवा भी ताजी और स्फूर्तिदायक थी।

इस समय तक सुबह का आसमान दिखने लगा था और उसी के साथ चारों तरफ पक्षियों का कलरव-गान भी गूँजने लगा। मैंने जैसे ही अपनी आँखें खोलीं, पाया कि दोनों स्वर्ण-कक्षों के ऊपर से इंद्रधनुष उदित हो रहा था, जो दोनों भवनों के ठीक ऊपर उन्हें आपस में जोड़े हुए था। फिर दोनों इमारतों के शीर्ष पर ही एक सुराख देखा, बिल्कुल ब्रह्मस्थान जैसा! मैंने महसूस किया कि जो मैं देख रहा हूँ, वो ब्रह्मस्थान से निकलने वाली रंगीन ऊष्मा के जैसा था, जो पूरे वातावरण में पसर रही थी।

जैसे ही उगते सूरज के साथ सारी धुँध छटने लगी, मैंने इंद्रधनुष को आकाश में और ज्यादा फैलते हुए देखा। अब मैं ध्यान नहीं, बल्कि मौन रहकर पर्यावरण पर इंद्रधनुषी प्रभाव की भूरी-भूरी प्रशंसा कर रहा था और चहचहाते पक्षियों का कलरव भी सुन रहा था। इस प्रेममय अवस्था में मेरा मन ध्यान के प्रभाव का वैज्ञानिक अवलोकन कर रहा था।

जब ध्यानियों का समूह एक साथ मिलकर ध्यान करता है तो उनकी सामूहिक चेतना आसपास के लोगों, पौधों, पानी, झील, खेतों, पक्षियों और जानवरों तक फैल जाती है और उन सभी को पोषित करती है। इस सामूहिक चेतना का लाभ हमारे वायुमंडल और ओजोन परतों को भी मिलता है। यह सामूहिक चेतना ही है, जो शहरों में बढ़नेवाली अपराध दर को कम करती है। यह जीवन-वृद्धि जागरूकताओं का विस्तार करती हैं और ऐसे समुदाय के लोग शांति, खुशी और प्रशांति की गहन भावना का अनुभव करते हैं। इससे तनाव का स्तर कम हो जाता है और लोग अपने परिवार के प्रत्येक सदस्य के साथ प्रसन्नतापूर्वक रह पाते हैं।

मैं खुद को इस बात के लिए धन्य महसूस करने लगा कि मुझे कमरे के अंदर जाने की बजाय बाहर ही रोक दिया गया। परिणामस्वरूप मैं पर्यावरण पर ध्यान के प्रभावों को सचमुच देख पा रहा था। यह पूजनीय योगीजी और मेरे गुरुदेव स्वामी राम का ही आशीर्वाद था, जिन्होंने मुझे सुबह के रंगीन सूर्योदय के माध्यम से प्राण के इस सचेत प्रवाह को देखने की अनुमति दी, क्योंकि यह रंगीन इंद्रधनुष स्वर्ण-कक्ष के बाहर और ऊपर विस्तृत हुआ था। यह बहुत ही खूबसूरत था, जिसे अंदर बैठे लोग नहीं देख सकते थे। उसी क्षण में मुझे वह बात याद आई, जो वर्ष 1977 में मेरे ट्रांसेंडेंटल मेडिटेशन गुरु ने मेरी क्लास को बताई थी; जब लोग ध्यान करने के लिए नियमित रूप से एक नियत समय पर इकट्ठा होते हैं तो पौधे हरे हो जाते हैं, हवा शुद्ध हो जाती है, पानी अधिक

निर्मल हो जाता है और लोग खुश रहते हैं। मेरे लिए इस बात में बहुत बड़ी सच्चाई छिपी थी, क्योंकि मुझे याद आया कि त्रिनिदाद एवं टोबैगो में एक जगह थी, जहाँ लोगों का एक समूह नित्य ध्यान करता था और वहाँ मौजूद गन्ने के खेत दूसरे क्षेत्रों की तुलना में ज्यादा हरे-भरे थे।

उस दिन फेयरफील्ड, आयोवा के ध्यान कक्षों के बाहर, मैं इस बात को ज्यादा अच्छी तरह से समझ पाया कि कैसे सामूहिक ध्यान से प्राप्त सामूहिक चेतना सूक्ष्म स्तर पर भी पर्यावरण को लाभ पहुँचा सकती है! हालाँकि यह बात एक आम आदमी की समझ से परे है। मैं हिमालयी गुरुओं से प्राप्त इस अनुभव और इसकी स्पष्टता से खुश था और सचमुच उस समय का मेरा यह दुर्भाग्य ही मेरे लिए वरदान साबित हुआ था।

□

19

बूँद ही सागर है

यह वर्ष 2008 की गरमियों की बात है। एक दिन मैं समुद्र के रास्ते त्रिनिदाद से टोबैगो जा रहा था। यह समुद्र की लगभग 22 मील लंबी यात्रा थी और मैं कैटेलिना नामक एक विशाल क्रूज शिप पर सवार था। वह सुबह बहुत खूबसूरत थी, जिसमें अच्छी-खासी धूप के साथ-साथ हवा भी चल रही थी। मैं ऊपरी डेक पर बैठा हुआ था और वहाँ से नीले-हरे कैरेबियन पानी की ऊँची-ऊँची लहरों को देख रहा था, जो जहाज से टकराकर हम पर छींटे उड़ा रही थीं।

इन्हीं छींटों के साथ उड़कर आई एक ठंडी बूँद ने मेरी दोनों भौंहों के बीच मेरे माथे का स्पर्श किया। मुझे एक बहुत ही अजीब संवेदना महसूस हुई, जिसे मैंने अपनी पूरी यात्रा के दौरान लगातार अपनी भौंहों के मध्य एक स्फुरण के रूप में अनुभव किया।

इसके बाद मैं एकदम शांत हो गया और अपने ही भीतर एक खोज में उतर गया। मेरे शरीर पर पानी की इतनी सारी बूँदें पड़ी, लेकिन बाकी सब की तुलना में यही एक बूँद इतनी ठंडी क्यों थी? उस सुबह जब हम उगते सूरज की दिशा में पूर्व की यात्रा कर रहे थे तो इंजन और समुद्र का शोर भी काफी शांतिदायक लग रहा था, मानो जैसे ध्यान-संगीत की कोई सिंफनी हो! हालाँकि यह सबकुछ बहुत ही सुकून भरा लग रहा था, लेकिन मेरा मन अभी भी मेरे माथे पर पड़ी पानी की उस एक ठंडी बूँद पर विचर रहा था।

मैंने पानी की बौछार से बचाने के लिए अपनी आँखों को बंद कर लिया। फिर मेरा ध्यान आगे की ओर पूर्वी क्षितिज पर मँडराते काल रंग के विशाल बादलों की तरफ गया, जिसके बाद मेरे अंदर उमड़ने वाले विचार और भी गहरे हो गए। हवा का स्वरूप बदल गया था और मुझे दूर समुद्र में पश्चिम दिशा में बारिश होती दिखाई दे रही थी। मेरी नजरें बारिश की गिरती बूँदों पर पड़ीं और फिर मेरा ध्यान बारिश और विशाल महासागर के बीच के रिश्ते के बारे में सोचने लगा।

इसके बाद मेरे मन में तरह-तरह के सवाल उठने लगे। क्या बारिश की बूँदें समुद्र से अलग हैं? या वे एक ही हैं? क्या सागर बारिश का स्रोत हो सकता है? या क्या बारिश

महासागर का स्रोत हो सकती है ? बारिश और महासागर के बीच अलगाव कहाँ है ? बारिश की बूँदें सागर बनने के लिए अपनी पहचान क्यों खो देती हैं ?

देखते-ही-देखते मेरी आँखों के सामने पानी की अरबों बूँदें महासागर में बदल गईं। यह सब कब हुआ, नहीं पता। लेकिन वे बस, सागर बन गई थीं। जैसे ही हमारा क्रूज अपने गंतव्य पर पहुँचा, मैं जहाज से उतरा और गाड़ी पकड़कर अपने यजमान द्वारा खरीदी गई नई संपत्ति को अभिमंत्रित करने के लिए आगे की यात्रा पर निकल पड़ा।

यह संपत्ति टोबैगो के एक ऊँचे पहाड़ पर थी, जहाँ बाँस के पौधे हवा के साथ झूम रहे थे। कुछ घंटों के बाद जैसे ही मैं उस खड़े पहाड़ की चोटी पर पहुँचा तो मैंने देखा कि पहाड़ के ऊपर मँडराते काले गहरे बादलों को हवा ने अपने वेग से पहाड़ पर दे मारा।

मैं पर्वतीय बौछार को अपने पूरे शरीर पर और कुहासे (धुँध) को अपने गाल पर महसूस करने लगा। यह अनुभव कुछ-कुछ समुद्र पर मेरे चेहरे पर पड़नेवाली पानी की बूँदों जैसा ही था। वह काला बादल अनगिनत बारिश की बूँदें बरसाने लगा, जो घनीभूत होकर बड़ी नदियों में जाकर मिल गईं। मैं कोहरे से आच्छादित बादलों और बारिश की बूँदों के बीच फर्क नहीं कर पा रहा था, लेकिन पहाड़ी ढलानों पर बरसते पानी को सुन जरूर सकता था।

मैंने अपने दोनों हाथों की उँगलियों में बारिश की दो अलग-अलग बूँदों को पकड़ा और उनसे पूछा, 'क्या यह संभव है कि तुम दोनों एक ही मूल से उत्पन्न हुई हो ?' मेरे मन ने और भी कई सवाल किए। 'जब तुम बारिश की बूँद के रूप में अपना अस्तित्व खो देती हो, तो क्या नाले का पानी बन जाती हो ? क्या तुम्हें पता है कि फिर तुम नदी में जाकर मिल जाओगी ? और उसके बाद तुम कहाँ जाती हो ?'

'वापस, सागर में।' उन बूँदों की चेतना ने उत्तर दिया।

मैंने मुझे बनानेवाले ईश्वर के साथ अपने संबंधों पर सोचना शुरू कर दिया। क्या मैं पानी की बूँदों के समान एक मानवकृत छोटी बूँद हूँ और मेरा निर्माता इस विशाल महासागर की तरह जीवन का परम महासागर है ? क्या परमात्मा ही सभी प्राणियों की मूल उत्पत्ति है, जो संपूर्ण ब्रह्मांड में पसरे हुए हैं ?

बहुत सोच-विचार के बाद मुझे एहसास हुआ कि हम उस एक स्रोत से ही आए हैं और हमारा प्रत्यक्षीकरण उस अप्रत्यक्ष के मूल स्रोत से जनमा है। मैंने महसूस किया कि समुद्र का किंचित् भाग सूर्य की उपस्थिति में वाष्पीकृत हो जाता है और यह वाष्पित जल वायुमंडल के माध्यम से ऊपर उठता है, संघनित होता है और वर्षा के बादल बनाता है। ये बादल फिर तेज बहती हवाओं के संपर्क में आते हैं, जो उन्हें पहाड़ की चोटी पर ले जाती हैं। इस तरह जब तेज हवाएँ पानी से भरे काले बादलों को पर्वतचोटी पर ले जाकर पटकती हैं तो यह भारी बारिश के रूप में असंख्य पानी की बूँदों में परिवर्तित हो जाता है।

बारिश की प्रत्येक बूँद नश्वर होती है, जो बाद में पानी के अन्य रूपों में बस जाती हैं। बारिश की बूँदों से एक पोखर बनता है, जो एक धारा को जन्म देता है, वो धारा एक नाला बनाती है, जो एक नदी बन वापस समुद्र में बहती है और फिर बस, सागर कहलाती है।

अगर कोई उस बूँद, पोखर, धारा, नाले या नदी से पूछे कि क्या तुम महासागर का हिस्सा हो? तो वे सभी उत्तर देंगे, 'नहीं।' प्रत्येक स्वरूप प्रकाश अपने मूल स्रोत को याद नहीं रख सकता, लेकिन उसके मूल स्रोत को यह याद रहता है कि उसने दूसरा स्वरूप ले लिया है। हालाँकि यदि आप महासागर से पूछें कि क्या यह संभव है कि तुम्हारा कुछ पानी असंख्य बारिश की बूँदें बन जाए? तो सागर उत्तर देगा, 'हाँ। यह मेरा ही पानी है, जो न जाने कितने पोखरों, अरबों नालों, खरबों धाराओं और लाखों नदियों के रूप में बहकर वापस मुझी में मिल जाता है। जब वे सब वापस प्रवाहित होकर मुझमें लौटते हैं, तो वे अपनी व्यक्तिगत पहचान खो देते हैं और तब उन्हें एक ही नाम से बुलाया जाता है, 'सागर'। मेरे पास पहुँचने पर, वे अंततः आत्म-शुद्धि के गुण को प्राप्त कर लेते हैं, यानी मूल खारेपन को पुनः प्राप्त करते हैं।'

इसी तरह अलौकिक आत्मा के अंश से हमारे रुप में अरबों मानवकृत बूँदों का गठन हुआ है, जो ब्रह्मांड रूपी विशाल महासागर को घेरे हुए हैं। हम अपने मानव मन की सीमाओं के रहते अपने मूल स्रोत को याद नहीं कर पाते, लेकिन हमारी आत्मा में इसकी स्मृति सदैव रहती है।

उस परम शक्ति का एक सूक्ष्म रूप विभिन्न ग्रहों में प्रकट हो सकता है, जो तरह-तरह के जीवन-रूपों में प्रखर होता है। ब्रह्मांड के हर नक्षत्र में वह परम शक्ति, परमात्मा मौजूद है। सबकुछ उस एक परम स्रोत से ही निर्मित हुआ है। हम उस परम स्रोत को भगवान्, देवी या देवता कुछ भी कहकर बुला सकते हैं। हममें मौजूद वह हिस्सा, जो कभी नहीं मरता, ईश्वर है।

यह एक कमरे में मौजूद जगह की तरह है, जो हमेशा से वहाँ था। यहाँ तक कि उस कमरे के बनने से भी पहले, वह जगह वहाँ मौजूद थी। जब कमरा टूट जाएगा तो उसके बाद भी वह जगह रहेगी। यदि आप इस जगह की प्रकृति को समझ गए तो आप भगवान् की प्रकृति को भी समझ पाएँगे। इसलिए यदि हम स्वयं को जान सकते हैं, तो हम ब्रह्मांड को नियंत्रित करने वाले उस विराट् अहं के स्वरूप को भी जान सकते हैं।

कुल मिलाकर जब पानी की बूँद सागर में समाई, तो उसने कहा, 'मैं सागर हूँ।' इसी तरह जब कोई व्यक्ति प्रबुद्ध हो जाता है, तो वह यह महसूस करता है कि ईश्वर ही उसके द्वारा काम करता है। तब 'मैं' का भाव 'तुम' बन जाता है और गागर में सागर समा जाता है।

□

20

संस्कार की दिव्य-अग्नि

भारतीय संस्कृति एवं ज्योतिष के अनुसार मार्च में पूर्णिमा की रात होलिका दहन किया जाता है। हिंदू पौराणिक गाथाओं के अनुसार, होलिका असुरराज हिरण्यकशिपु की बहन और एक राक्षिसी थी, जिसे अग्नि से बचने का वरदान प्राप्त था। उसने अपने भाई के कहने पर अपने पाँच वर्ष के भतीजे प्रह्लाद को जलाकर मारने की कोशिश की, लेकिन खुद जलकर भस्म हो गई।

यह कहानी प्रह्लाद की सच्ची विष्णु-भक्ति की कहानी है, जिसने अपने भगवान् को अपने दिल में स्थान दिया। उसका पिता हिरण्यकशिपु एक अत्याचारी राक्षस था और उसे भगवान् विष्णु से उतनी ही नफरत थी, जितनी प्रह्लाद को श्रद्धा। हिरण्यकशिपु ने हजारों वर्षों की कठोर तप-साधना कर ब्रह्मदेव को खुश किया था और उनसे कई तरह के वरदान प्राप्त किए थे।

हिरण्यकशिपु ने ब्रह्मदेव से कहा, "संसार का कोई भी जीव-जंतु, देवी-देवता, राक्षस या मनुष्य मुझे न मार सके। न तो मैं रात में मरूँ, न दिन में, न पृथ्वी पर, न आकाश में, न घर में, न बाहर। मुझे न तो अस्त्र से मारा जा सके और न ही शस्त्र से।" फिर हिरण्यकशिपु ने ब्रह्मदेव से कहा, "हे भगवन्, अगर आप सचमुच मेरी तपस्या से प्रसन्न हैं, तो मुझे यही वरदान प्रदान कर दीजिए।"

यह देखकर स्वर्ग में निवास करनेवाले सभी देवता घबराए गए और वे इसके समाधान हेतु सृष्टि के रचयिता, ब्रह्माजी के पास ही पहुँचे। उन सबने ब्रह्मदेव से प्रार्थना करी कि इससे पहले हिरण्यकशिपु स्वर्ग और पृथ्वी का नाश कर दे, वह उसका कुछ करें। अब आप देखिए ब्रह्मदेव ने स्वयं ही असुरराज हिरण्यकशिपु को उसकी कठोर तपस्या के लिए पृथ्वी पर आकर दर्शन दिए और साथ ही बहुत से वरदान भी दिए। अब देवता भी उन्हीं से मदद माँग रहे थे।

हालाँकि ब्रह्मदेव ने हिरण्यकशिपु को वरदान देने से पहले उस पर काफी विचार

किया। स्वाभाविक है कि ऐसा वरदान पाकर, वह अत्यंत अभिमानी और निरंकुश बन गया। इसके बाद वही हुआ जिसका सभी देवताओं को डर था। हिरण्यकशिपु ने अपने अहंकार और शक्ति के मद में चूर होकर इंद्र का राज्य छीन लिया और तीनों लोकों को प्रताड़ित करने लगा। वह चाहता था कि सब लोग उसे ही भगवान् मानें और उसी की पूजा करें। उसने अपने राज्य में विष्णु की पूजा वर्जित कर दी और अगर कोई ऐसा करता तो वह उसे जान से मार डालता।

एक दिन जब हिरण्यकशिपु अपने पाँच वर्षीय पुत्र प्रह्लाद के कमरे में गया, तो उसने वहाँ उसे भगवान् विष्णु की आराधना करते देखा। उसने तुरंत ही प्रह्लाद को पूजा करने से रोक दिया और कहा, "तुम मुझे ही भगवान् मानकर मुझसे प्रार्थना करो।"

प्रह्लाद ने पूरी मासूमियत और प्रेमभाव के साथ जवाब देते हुए कहा, "किंतु, पिताश्री आप कोई भगवान् थोड़े ही हैं, आप प्राणियों को जीवन नहीं दे सकते, आप एक दूसरी दुनिया का निर्माण नहीं कर सकते और न ही आप इस ब्रह्मांड के प्रत्येक कण में ही बसते हैं। जबकि भगवान् विष्णु इस सृष्टि के कण-कण में विद्यमान हैं।"

यह सुन हिरण्यकशिपु ने अपने पहरेदारों को आदेश दिया कि वह उसके पुत्र को ले जाकर मार डालें। भगवान् रूप में पूजे जाने के अपने जुनून और पागलपन में उसने अपने पिता होने की संवेदना तक खो दी। प्रह्लाद अब उसके लिए उसका सबसे बड़ा शत्रु बन चुका था।

प्रहरियों ने प्रह्लाद को एक ऊँची चट्टान से समुद्र में फेंककर मारने की कोशिश की। लेकिन वह समुद्र में गिरते ही तैर गया, क्योंकि तब भगवान् विष्णु प्रकट हुए और उसे अपनी बाँहों में पकड़ लिया। इसके बाद उन पहरेदारों ने उसे खतरनाक नागों से भरे एक अँधेरे तहखाने में फेंक दिया। प्रह्लाद ने उन साँपों से प्रार्थना की और वहाँ से भी सुरक्षित बच निकला। फिर उन्होंने उसे जंगली हाथियों से कुचलवाने का फैसला किया, लेकिन हर बार की तरह भगवान् विष्णु ने उसे फिर बचा लिया।

एक दिन जब होलिका अपने भाई से मिलने आई हुई थी तो उसने अपने भाई से उसके दुःख और परेशानी का कारण जानना चाहा। तब हिरण्यकशिपु ने अपनी बहन को प्रह्लाद के बारे में बताया और कहा, "वह विष्णु मेरे पुत्र, जो अब मेरा सबसे बड़ा शत्रु है, उसका रक्षक है। इसलिए उसे कोई मार नहीं पा रहा।" उसने आगे कहा, "मैं एक बच्चे तक को नहीं मार सकता ?" तब होलिका ने भगवान् विष्णु और प्रह्लाद के खिलाफ अपने भाई का साथ देने का फैसला किया। उसने हिरण्यकशिपु से कहा कि अब वह प्रह्लाद को अपनी गोद में लेकर चिता पर बैठेगी और तब वह अपने पहरेदारों से कहकर उस चिता में आग लगवा दे।

हिरण्यकशिपु यह सुनकर बहुत खुश हुआ। उसने तुरंत अपने प्रहरियों को आदेश

दिया कि वह उसकी बहन के बैठने के लिए एक चिता सजाएँ। सबको यही लगा, जब चिता को आग लगाई जाएगी तो होलिका भगवान् शिव से प्राप्त वरदान के कारण जलने से बच जाएगी, जबकि उसकी गोद में बैठा प्रह्लाद उसमें जलकर मर जाएगा।

पौराणिक कथाओं के अनुसार, जब होलिका प्रह्लाद को अपनी गोद में लेकर चिता के ऊपर बैठी थी, तो वह माघ पूर्णिमा की रात थी। चिता जलाई गई और अग्नि की लपटों ने होलिका और प्रह्लाद को पूरी तरह से घेर लिया। लेकिन तब विष्णुदेव ने होलिका को प्राप्त अग्नि-वरदान को भंग कर दिया और उसके बदले प्रह्लाद को बचा लिया। दरअसल, होलिका को अग्नि का वरदान अपनी खुद की सुरक्षा के लिए दिया गया था, न कि दूसरों के विनाश के लिए और यही उसे प्राप्त वरदान की शर्त थी कि यदि वह अपने वरदान का दुरुपयोग करेगी तो खुद अग्नि में जलकर भस्म हो जाएगी। और ऐसा ही हुआ। प्रह्लाद को भगवान् विष्णु ने एक बार फिर बचा लिया। तब से बुराई पर अच्छाई की जीत के रूप में होलिका दहन किया जाता है और उसके दूसरे दिन होली का त्योहार मनाया जाता है। रंगों के त्योहार होली के अवसर पर नृत्य आयोजित किए जाते हैं और एक-दूसरे को रंग लगाए जाते हैं।

ऐसी मान्यता है कि होलिका दहन के दिन जिन लोगों का अंतिम संस्कार किया जाता है, उनकी आत्मा सीधे बैकुंठ-धाम जाती है। आज भी ऐसा देखा जाता है।

होलिका दहन के पश्चात् प्रह्लाद अपने घर लौटा और अपने पिता हिरण्यकशिपु से बोला, "पिताश्री, आपको भगवान् विष्णु से क्षमा माँगनी चाहिए। वही सच्चे भगवान् हैं, आप नहीं। भगवान् विष्णु आपके सभी पापों को क्षमा करेंगे।" यह सुन हिरण्यकशिपु ने अपनी तलवार निकाली और अपने पुत्र से पूछा, "क्या तुम्हारा भगवान् इस महल के खंभों में भी मौजूद है?"

प्रह्लाद ने जवाब दिया, "हाँ पिताश्री, मैं अपने भगवान् विष्णु को इस महल के प्रत्येक कण में देख सकता हूँ।"

राजा ने अपनी तलवार से उस खंभे पर वार किया और कहा, "अगर तुम्हारा भगवान् इसमें मौजूद है, तो उसे इससे बाहर आकर मुझसे लड़ने को कहो।"

भगवान् विष्णु उस टूटे हुए स्तंभ से नर-सिंह अवतार में प्रकट हुए। वह आधे आदमी और आधे शेर थे। उन्होंने हिरण्यकशिपु को अपने शक्तिशाली हाथों से पकड़ा और बरामदे पर ले गए। जिस तरह एक बिल्ली चूहे को पकड़ती है, उसी तरह उन्होंने भी उस असुरराज को अपनी गोद में रख अपने पंजों से उसकी नाभि को चीरते हुए मार डाला और उसकी प्राणशक्ति निकाल ली।

प्रभु ने कहा, "हे हिरण्यकशिपु! तुम पृथ्वी पर नहीं मारे जाओगे और न ही स्वर्ग में तुम मेरी गोद में मरोगे। तुम्हें न तो मनुष्य मार सकता है और न ही जानवर, इसलिए मैं

आधा आदमी और आधा शेर बनकर आया हूँ। तुम्हें न शस्त्रों से मारा जा सकता है और न ही अस्त्रों से, इसलिए मैं तुम्हें अपने पंजों से मारूँगा। तुम्हें न दिन में मारा जा सकता है और न ही रात में, लेकिन इस समय सूर्यास्त हो रहा है। ध्यान से देखो, तुम न अपने घर के अंदर हो और न ही बाहर, तुम अपने घर की दहलीज पर हो।"

तब भगवान् विष्णु ने कहा, "मैंने अपने बाल भक्त की रक्षा करने का वचन पूरा किया और अब तुम्हें मरना होगा।" इस तरह हिरण्यकशिपु की मृत्यु विष्णुदेव की गोद में हुई। अपने पिता की मृत्युपरांत प्रह्लाद पाँच वर्ष की उम्र में ही राजा हुए। भगवान् स्वयं ऐसा चाहते थे।

मार्च 2008 में होलिका दहन के दिन मैंने अपनी प्रिय संगीत-छात्रा का अंतिम संस्कार कराया, जो स्विट्जरलैंड के ज्यूरिख में एक दुर्घटना में मारी गई। मैं उसे मिनेसोटा में पाँच साल की उम्र से भारतीय संगीत सिखा रहा था। वह मेरी सबसे होनहार और आज्ञाकारी छात्रा थी। वह इतनी प्यारी थी कि हर माता-पिता ऐसी ही संतान चाहेंगे। उसने फीनिक्स, एरिजोना की 'फार्च्यून 500' कंपनी में शीर्ष का प्रबंधक बनने के लिए काफी मेहनत की थी।

जब वह 27 साल की थी तो मेडिकल डॉक्टर बनने के लिए पढ़ाई कर रही थी। उसे सैर-सपाटा और दुनिया भर की यात्रा करना बहुत अच्छा लगता था। वह नई-नई मोटरसाइकिल इत्यादि चलाती थी और उसके पास एकदम नई पोर्शे कार भी थी।

एक दिन जब वह स्विट्जरलैंड के ज्यूरिख में स्कीइंग करने के लिए छुट्टी पर गई हुई थी, तब उसकी मृत्यु हो गई। वह अपने होटल की पाँचवीं मंजिल के कमरे की खिड़की से गिर गई। यह एक बहुत ही आकस्मिक मौत थी। अधिकारियों ने कहा कि वहाँ न तो कोई हत्या हुई थी और न ही किसी प्रकार की लूटमार। दरअसल, उसके कमरे की खिड़कियाँ काफी नीचे थीं, जिनमें कोई रेलिंग या बालकनी भी नहीं बनी हुई थी।

यह मेरी जिंदगी का सबसे मुश्किल अंतिम-संस्कार था। उसके शरीर को मिनेसोटा के एक क्रिमिटोरियम में भेज दिया गया, जहाँ उसके परिवार ने उसके शरीर को हिंदू परंपरानुसार अंतिम विदाई के लिए तैयार किया। चैपिल के अंतिम-संस्कार हॉल में 400 से भी ज्यादा लोग शामिल थे। मैंने एक वरिष्ठ पुजारी के साथ मिलकर वह अनुष्ठान संपन्न कराया।

वह मेरी बेटी जैसी ही थी। जब उसके रिश्तेदार उसके पार्थिव देह को निचली मंजिल पर बने श्मशान गृह में लेकर आए, तो मैं खूब रोया। फिर हमने संस्कृत में प्रार्थना और जाप करना शुरू किया, उसके बाद उसके चेहरे पर एक सुखद अभिव्यक्ति थी। मेरे दिल में उसके लिए इतना सारा प्यार और करुणा थी कि मुझे विश्वास ही नहीं हो पा रहा था कि मैं अपनी प्रिय छात्रा का अंतिम संस्कार अपने हाथों से कर रहा हूँ!

जब उसका शरीर पहले लकड़ी के ताबूत में और फिर क्रीमटोरीअम चैंबर के रोलर्स (विदेशों में अंतिम दाह संस्कार के लिए मशीनों का इस्तेमाल किया जाता है, जिन्हें क्रीमटोरियअम चैंबर कहा जाता है) पर रखा गया, तो मैं अपने आँसुओं को रोक नहीं पाया और भगवान् से कहा, "हे भगवन्, कृपया कर इस बच्ची की आत्मा को स्वर्ग में अपनी गोद में स्थान देना।"

जब उसका शरीर पूरी तरह से भट्ठी के अंदर रख दिया गया, तो मैंने उसके छोटे भाई को प्रज्वलन मशीन यानी इग्निशन का स्विच दबाने और गैस वाल्व चालू करने का इशारा किया।

लेकिन जैसे ही उसके सुगंधित पार्थिव शरीर ने भट्ठी के अंदर प्रवेश किया, वह अपने आप ही आग की लपटों में समा गया। उसके भाई ने अभी तक इग्निशन स्विच भी नहीं दबाया था और न गैस वाल्व ही चालू किया था। फिर भी उसका पार्थिव शरीर धूँ-धूँकर जल उठा। वहाँ मौजूद लोग यह देख आश्चर्य और सदमे में आ गए, इसलिए हमने जल्दी से भट्ठी के दरवाजे बंद कर दिए।

उस निराकार परमात्मा ने मेरी प्रार्थना को स्वीकार किया और दिव्य अग्नि से धधकते शरीर ने इस बात की पुष्टि कर दी कि अब उसकी आत्मा सीधे स्वर्ग में निवास करेगी। मैंने पवित्र गंगा जल और सुगंधित चंदनयुक्त अगरबत्ती से उसकी आत्मा के स्वर्ग में प्रस्थान हेतु प्रार्थना भी की। उसी रात मैंने चाँद की रोशनी में उसे अलविदा कहा। यह पूनम की खूबसूरत रात थी, जिसमें चाँद को एक खूबसूरत इंद्रधनुषी छल्ले ने घेर लिया था। ऐसा लग रहा था मानो भगवान् खुद भी उसे चाँद की रोशनी में अपने पास आता देख मुसकराकर गले लगा रहे थे!

□

21

प्रधानमंत्री बनने का चमत्कार

क्या आप सोच सकते हैं कि एक महिला अटॉर्नी के सांसद से प्रधानमंत्री बनने में हिमालयी योगियों का कोई हाथ हो सकता है? क्या वे ऐसा कर उसकी किस्मत बदल सकते हैं?

यह वर्ष 2012 की बात है, जब एक भारतीय महिला त्रिनिदाद एवं टोबैगो गणराज्य की पहली महिला प्रधानमंत्री बनीं।

303 हिमालयी योगियों की प्रार्थनाओं ने यूनाइटेड नेशनल कांग्रेस (यू.एन.सी.) पार्टी की एक महिला मंत्री का भाग्य बदल दिया। परिणामस्वरूप, उसने 24 मई, 2010 को त्रिनिदाद एवं टोबैगो के राष्ट्रीय आम चुनावों में 3:1 वोटों की शानदार जीत हासिल की। पूरा त्रिनिदाद एवं टोबैगो द्वीप इस ऐतिहासिक जीत का साक्षी बना, क्योंकि इस दिन एक महिला मंत्री ने इस छोटे से देश के दो पूर्व प्रधानमंत्रियों के मतदाता रिकॉर्ड को तोड़ दिया था।

त्रिनिदाद एवं टोबैगो के पूर्व प्रधानमंत्री पीपल्स नेशनल मूवमेंट (पी.एन.एम.) पार्टी से थे और उनके पहले के प्रधानमंत्री यू.एन.सी. पार्टी से। इन दोनों पार्टियों के नेताओं ने 2010 के राष्ट्रीय आम चुनाव से कई महीने पहले ही पूरे त्रिनिदाद एवं टोबैगो में अपनी-अपनी पार्टी का प्रचार-अभियान और परेड शुरू कर दी थी। इस दौरान हजारों लोग अपनी-अपनी पार्टी के खास रंग की टी-शर्ट पहने और बैनर लिए मोटरसाइकिलों पर प्रचार के लिए निकल पड़े।

वे देश के विभिन्न हिस्सों में अल्पसंख्यक मतदाताओं का समर्थन हासिल करने की उम्मीद में अपनी-अपनी पार्टी का घोषणा-पत्र लगाते हुए पार्टी के प्रति अपनी निष्ठा निभा रहे थे।

दो पुरुषों के बीच की स्पर्धा और दौड़ को राजनीति एवं चुनावी गरमी ने दो अलग-अलग जातीय-नस्लों के बीच की लड़ाई बना दिया। यू.एन.सी. पार्टी का नेता ईस्ट

इंडियन वंश का था और पी.एन.एम. पार्टी का नेता अफ्रीकी मूल का था। त्रिनिदाद एवं टोबैगो द्वीप की संपूर्ण जनसंख्या में मुख्य रूप से पूर्वी भारतीय, अफ्रीकी, फ्रेंच क्रियोल, अमेरिकी, यूरोपीय और अन्य दूसरी नस्लों के लोग भी शामिल थे, जिन्हें मिलाकर यहाँ के नागरिकों की कुल आबादी 1.3 मिलियन के करीब थी।

देखते-ही-देखते पूरा देश दो भागों में बँट गया और प्रत्येक पार्टी के वफादार सदस्य दूसरी पार्टी के सदस्यों के प्रति हिंसक कृत्यों का प्रदर्शन करने लगे। ऐसे निर्वाचन क्षेत्र जो किसी भी पार्टी की ओर झुक सकते थे, वहाँ दोनों दलों के बीच आपसी रंजिश और संघर्ष काफी ज्यादा बढ़ गया था, जिसकी वजह से वे राष्ट्रीय टेलीविजन पर रोजमर्रा के समाचार का विषय बन गए थे। दोनों ही राजनीतिक दल उन लोगों को अपनी पार्टी को वोट देने के लिए मनाने की कोशिश करते नजर आते, जो अभी तक किसी तरह का फैसला नहीं कर पाए थे।

यह चुनावी बुखार का एक भयावह साल था, जिसमें बहु-राष्ट्रीय निगमों द्वारा अपनी-अपनी पार्टी के वित्त पोषण के लिए अरबों डालर खर्च कर दिए गए। लेकिन आम नागरिकों को सिर्फ नस्लीय दोष का जहर पीने को मिला और नस्लीय भेद-भाव ने सामंजस्यपूर्ण समुदायों को तोड़कर रख दिया। यहाँ की हवा में हर जगह दंगे और विद्रोह के सुर उठ रहे थे और ऐसे में आप एक ही पड़ोस में रहने वाले दो अलग-अलग नस्ल के लोगों के बीच के तनाव की कल्पना कर ही सकते हैं, जो अपनी-अपनी पार्टी के समर्थक थे।

हजारों लोग, जिनका जन्म इन्हीं द्वीपों पर हुआ था, वहाँ से पलायन कर विदेशों में बस चुके थे। इन्हीं में से एक मैं भी था। बहुत सारे लोग विदेशों में रहने के कारण खुद को निर्वाचन क्षेत्र के मतदाता के रूप में पंजीकृत नहीं करा पाए, इसलिए वोट भी नहीं कर पाए। मैं उस समय विस्कॉन्सिन में रह रहा था और अपने देश में उठे नस्लीय तनाव को लेकर बहुत चिंतित और परेशान था, खासकर जो तनाव दो प्रमुख जातीय-समुदायों के बीच पैदा हुआ था। सबसे ज्यादा डर तो चुनाव के परिणामों को लेकर था कि उसके बाद क्या होगा ?

प्रधानमंत्री चाहे जो भी बनता या पार्टी चाहे जो भी बनती, लेकिन जिस नफरत का बीज दो जातियों के बीच बोया जा रहा था, उसके दूरगामी परिणाम हो सकते थे। यू.एन. सी. पार्टी के व्यापारिक समर्थकों को दूसरी पार्टी के गुंडे-बदमाशों ने पहले से ही बंदूक की नोंक पर रखा हुआ था। इसके आलवा वे उनसे पैसों व फिरौती की माँग कर पी.एन. एम. पार्टी का समर्थन करने का दबाव भी बना रहे थे। चुनाव होने से कई महीने पहले ही पूरे देश में अराजकता अपने चरम पर पहुँच चुकी थी।

भारत में लगभग 6,000 साल पुराने युद्ध पर लिखे 'महाभारत' नामक महाकाव्य

में कहा गया है कि इस महायुद्ध में धर्मपक्ष (पांडवों) की विजय का कारण एक औरत ही बनी थी। मैंने इस विषय पर शोध किया। 'महाभारत' से जानकारी एकत्र की और उसे भारत के एक हिमालयी योगी के समक्ष रखा। मैंने उनसे अनुरोध किया कि वह इसके ज्योतिषीय पहलू पर अपनी नजर दौड़ाएँ और देखें कि क्या एक महिला मंत्री के लिए यू.एन.सी. पार्टी के अंतर्गत प्रधानमंत्री बनना और शासन चलाना ठीक रहेगा?

हिमालयी योगी ने कहा, "देश के वैदिक ज्योतिष कुंडली के अनुसार सांसद महिला मंत्री के लिए यूएनसी पार्टी से भारतीय नेतृत्व के अंतर्गत अलग होना और अपना खुद का गठबंधन बनाना ज्यादा फायदेमंद रहेगा। उसे अन्य दलों की मिली-जुली पार्टी के रूप में चुनाव लड़ना चाहिए, क्योंकि सभी ग्रह उसके पक्ष में हैं, वह त्रिनिदाद एवं टोबैगो के प्रधानमंत्री पद का यह चुनाव जीत सकती है।"

तब पीपल्स पार्टनरशिप (पी.पी.) को 2010 के आम चुनाव में एक नई पार्टी के रूप में पंजीकृत कर दिया गया। चुनाव से कुछ ही महीने पहले मैंने यू.एन.सी. पार्टी के उम्मीदवार के निजी सलाहकार को एक ई-मेल भेजा, जिसमें लिखा कि हिमालयी योगियों ने कहा है, "यू.एन.सी. पार्टी के मंत्री को तत्कालीन भारतीय नेता के सामने से हट जाना चाहिए और उसे प्रधानमंत्री पद का यह चुनाव एक उभरते हुए 'रनर-अप' के रूप में लड़ना चाहिए।"

त्रिनिदाद एवं टोबैगो द्वीप ने राजनीतिक लोकतंत्र का एक नया परिदृश्य देखा। सभी दलों में महिलाएँ अचानक सक्रिय हो उठीं, जिससे दूसरे दलों में तेजी से फूट पड़ने लगी। त्रिनिदाद एवं टोबैगो और पूरे कैरिबियाई द्वीप ने पहली बार सुशासन और महिला वर्चस्व का एक नया युग देखा गया। एक भारतीय महिला, जो एक अटॉर्नी थी, वह पुरुष-प्रधान राजनीतिक दलों के बीच उन्माद पैदा करने लगी। राजनीति के पुरुष-प्रधान तबके के 8-ट्रैक कैसेट की तुलना में महिलाओं की राजनीतिक शक्ति का युग राजनीति के आईपोड की तरह था।

भारतीयों (पूर्वी) से आबाद धरती पर उचित और जरूरी परिवर्तन लाने के लिए हिमालयी योगियों ने भारत की पवित्र पर्वतमालाओं में रहकर ही अपना आशीर्वाद बरसाना शुरू कर दिया। मैं तो बस, उन हिमालयी योगियों को नित्य के समाचार भेजता रहा, जहाँ 303 हिमालयी योगियों की संचित ऊर्जा ब्रह्मांड में एक नया स्पंदन उत्पन्न करने लगी, जिसकी तरंगें टी.एन.टी. तक पहुँचने लगीं।

मई माह, जो टी.एन.टी. में भारतीयों के आगमन के माह के रूप में भी जाना जाता है, क्योंकि 168 साल पहले लगभग इसी समय भारत से कुछ नागरिक यहाँ आकर बसे थे। देश भर में मनाए जाने वाले भारतीय 'आगमन दिवस समारोह' ने एक भारतीय महिला सांसद प्रधानमंत्री बनने की राह को और भी आसान कर दिया था। प्रधानमंत्री पद

के लिए होने वाले इस चुनाव में एक भारतीय की जीत के लिए हिमालयी योगियों ने 30 अप्रैल, 2010 से 31 मई, 2010 तक एक महीने के 'राजसूय यज्ञ' का आयोजन किया।

प्रमुख हिमालयी योगी ने महिला सांसद की उस दिन पड़ने वाले वोटों में से 3:1 के अनुपात के साथ जीत की भविष्यवाणी की थी। हिमालयी योगियों ने भविष्यवाणी की कि इस दिन टी.एन.टी. द्वीप में सुबह से ही बारिश होगी और सभी निर्वाचन क्षेत्रों से नई महिला प्रधानमंत्री को प्रचंड जीत प्राप्त होगी और समृद्धि की देवी नए सिरे से नई प्रधानमंत्री के साथ कदम से कदम मिलाकर चलेंगी तथा एक नए युग की शुरुआत होगी।

24 मई, 2010 की रात चुनावी जीत का दृश्य देखना किसी जादू से कम नहीं था। दुनिया भर के सभी राष्ट्रीय समाचार मीडिया और सिंडिकेटेड इंटरनेट प्रसारण नेटवर्क पर इस उत्सव की खबरें जोर-शोर से छाई हुई थीं। त्रिनिदाद एवं टोबैगो द्वीप के प्रत्येक नागरिक के चेहरे पर इस उत्सव की खुशी देखी जा सकती थी। हर्ष-उल्लास के साथ जगह-जगह जश्न मनाए जा रहे थे और क्यों न हों, 'भारतीय आगमन दिवस' पर एक ऐतिहासिक तथा युग परिवर्तनकारी जीत हासिल हुई थी एवं 'आगमन दिवस' को एक नई परिभाषा मिल गई थी। आने वाले सालों में यह दिवस नए रंग में ही नजर आने वाला था।

भारतीय सांसद महिला मंत्री ने शानदार जीत हासिल की और वह गणराज्य की पहली महिला प्रधानमंत्री बन गई। अत्यंत महत्त्वपूर्ण बात यह है कि उस महिला प्रधानमंत्री की लोकप्रियता और मातृ गुणवत्ता ने सभी जातीय समूहों के बीच नस्लीय तनाव को खत्म कर दिया। 'महाभारत' की तरह केवल धर्म की ही स्थापना हुई, किसी समुदाय विशेष की नहीं। त्रिनिदाद एवं टोबैगो द्वीप के नागरिकों ने खुलकर मुक्त कंठ से इस बात को स्वीकार किया कि नई नेता की सर्वोच्च चेतना ने त्रिनिदाद एवं टोबैगो द्वीप के लोगों को सुरक्षित कर उनमें खुशहाली बहाल कर दी। सभी ओर प्रशंसा हो रही थी।

आज तक हिमालयी योगियों ने अपने नाम राजनीतिक मीडिया में आने नहीं दिए, लेकिन इस जीत में मानवता की जीत हुई। हिमालयी योगी सदैव इसी दिशा में कार्य करते हैं। इसमें उनका बहुत बड़ा योगदान था।

□

22

मेयर पर प्रकृति का आशीर्वाद

कल्पना कीजिए कि 13 बाल्ड ईगल्स का झुंड पेड़ के ऊपर से उड़ान भरते हुए आगे बढ़ रहा है। (बाल्ड ईगल, यानी गंजा बाज अमेरिका का राष्ट्रीय पक्षी है, जो अपने रंग-रूप में दूसरे बाजों की तुलना में थोड़ा अलग होता है। इसका सिर और पूँछ सफेद होती है व पंखों का विस्तार भी तीन फीट चौड़ा होता है।) तत्पश्चात् ये ईगल्स बड़ी खूबसूरती से नीचे की ओर झुककर मिनेसोटा की मेयर पर अपनी नजरें डालते हैं, जो नदी किनारे नंगे पैर प्राचीन संस्कृत मंत्रों का पवित्र जाप सुन रही हैं।

यह वर्ष 2012 की गरमियों की बात है, जब मुझे मिनेसोटा के मेयर पर प्रकृति के आशीर्वाद की एक दुर्लभ झलक देखने को मिली। यह प्रकृति द्वारा आयोजित एक ऐसा अनोखा अनुभव था, जो सभी संभावनाओं के संयुक्त क्षेत्र के संज्ञान के अज्ञात स्रोत से प्रकट हुआ था। यह एक आश्चर्य और चमत्कार की अद्‌भुत घटना थी, जिसकी कोई तार्किक व्याख्या नहीं की जा सकती।

यह पूरी घटना और इससे पहले के सभी हालात भी बहुत ही दिलचस्प थे। रविवार का दिन था और मुझे मेयर का फोन आया। वह मुझसे मिलने विस्कॉन्सिन आना चाहती थीं। वह राजनीति का एक जाना-माना चेहरा थीं और मिनेसोटा के एप्पल वैली शहर में तो उन्हें खासी लोकप्रियता प्राप्त थी। इसके अलावा हमारी मेयर एक बहुत ही आध्यात्मिक, हँसमुख, सुंदर, आकर्षक, मिलनसार, उपाय कुशल व युक्तिसंपन्न और जिम्मेदार महिला थीं। वह अपने नागरिकों, स्कूलों, व्यापारियों, नगर-पालिकाओं, शहर के पार्कों और पड़ोसी समुदायों की प्रगति के लिए भी प्रतिबद्ध थीं।

उन्होंने अपनी एक दोस्त के साथ एप्पल वैली से मेनोमोनी तक मेरे घर ड्राइव करके आने का फैसला किया। मेरे पास उनके लिए दोपहर का भोजन तैयार करने का काफी समय था। मैंने मसालेदार नीबू-गाजर के चावल; भुने हुए लहसुन के साथ तरकारी; पनीर तथा मसालेदार दाल का सूप; रोटी और बाद में पीने के लिए

इलायचीवाली चाय भी तैयार की। लगभग सबकुछ तैयार था, वह भी पूरी तैयारी से आई थीं। मैंने मेयर को ताजे फूल और फल लिये अपने सामनेवाले बरामदे से चलकर आते देखा। रविवार होने के कारण उन्होंने एक फैशनेबल पोशाक पहनी हुई थी, जिसमें वह बहुत सुंदर और आकर्षक लग रही थीं।

घर पहुँचते ही मेयर बहुत ही उत्साहित नजर आ रही थीं और आते ही बोलीं, "संत! जैसे ही मैं एप्पल वैली से अपनी गाड़ी लेकर रास्ते पर निकली, मुझे अपने घर के ऊपर आसमान में एक क्रॉस दिखाई दिया, जैसे दो जेट एक-दूसरे का रास्ता काटते हुए वहाँ से गुजरे हों और अपने पीछे धुएँ के निशान के रूप में यह क्रॉस बना गए।" उसने आगे कहा, "ये निशान पूरे हाईवे के दौरान अंतरराज्यीय 494 ईस्ट से अंतरराज्यीय 94 ईस्ट तक हमारे साथ-साथ चलते रहे और अब यहाँ आपके घर के ऊपर आकर खत्म हुए। मैंने तभी अपनी दोस्त से कहा भी था कि "मैं शर्त लगाती हूँ कि यह निशान हमें संत के घर तक ले जाएँगे।"

मेयर ने आकाश की तरफ इशारा किया और मुझे सचमुच अपने घर के ऊपर जेट के धुएँ से बना क्रॉस दिखाया।

"मेयर, आपको मेरे घर आने के लिए जी.पी.एस. का इस्तेमाल करने की जरूरत नहीं थी। यह सब भगवान् ने आपके लिए पहले से ही तय किया हुआ था।" मैंने कहा।

वह हँसीं, मुझे गले लगाया और फिर उन्होंने खुशी-खुशी मेरे घर में प्रवेश किया। मेयर और उनकी सहेली मेरे परिवार से मिलीं। उन्होंने हमारे घर के वास्तु-डिजाइनर की खूब तारीफ की, क्योंकि हमारे घर में पाँचों तत्त्वों के उचित स्थान के अलावा घर के केंद्र में प्राकृतिक प्रकाश की व्यवस्था भी थी।

इसके बाद हम सबने मिलकर भारतीय व्यंजनों से भरपूर भोजन किया। भोजन की सुगंध ने मेयर का ध्यान आकर्षित कर रखा था। वह खाने के रंग, खुशबू, मसालों सभी की तारीफ कर रही थीं और सबसे बड़ी बात, यह पूरी तरह से शाकाहारी था, जिसमें मांस का इस्तेमाल नहीं हुआ था। उन्होंने मुझे बताया कि वह समय-समय पर मिनेसोटा के कई स्थानीय भारतीय रेस्तराँ में लजीज व्यंजनों का स्वाद लेती रहती हैं। दोपहर के भोजन और चर्चा के बाद हमने सुगंधित भारतीय चाय का स्वाद लिया।

चाय के बाद मैंने मेयर की तरफ देखा और पूछा, "मेयर, क्या मुझसे मिलने का कोई खास कारण है?"

"हाँ, दरअसल, मुझे आपसे जुड़े कुछ व्यावसायिक उपक्रमों पर बात करनी है।"

"ठीक है, तब तो हमें रेड सीडर नदी किनारे रेड सीडर ट्रेल पर जाना चाहिए। मेरा ऑफिस वहीं है।" मैंने मजाक करते हुए कहा।

बेशक रेड सीडर ट्रेल में मेरा ऑफिस नहीं था, लेकिन मेरे मन में दोपहर के भारी-भरकम और शानदार भोजन करने के बाद वहाँ टहलने का विचार आया था।

मेयर और उनकी दोस्त को भी यह विचार अच्छा लगा और हम गाड़ी चलाकर नदी तक गए। हमने गाड़ी पार्क की तथा फिर सीढ़ियों से होते हुए 'ट्रेल ब्रिज' तक चलकर गए। नदी बह रही थी, उसके दूसरी तरफ सुंदर एवं आकर्षक दृश्यों का मनमोहक नजारा था। हम ट्रेल से नीचे उतर गए, जहाँ एक छोटी सी धारा नदी को काटते हुए खाड़ी बना रही थी।

मैं नीचे खाड़ी में उतर गया और मेयर से कहा, "एक हिमालयी योगी हैं, स्वामी दुर्गानंद और वह जब भी मुझसे मिलने आते हैं, हम तीन मील चलकर यहाँ इस जगह पर आकर रुकते हैं। फिर वह मुझे सूर्य, प्रकाश, वायु, आकाश, जल, पृथ्वी और जीवन से जुड़े प्राचीन संस्कृत मंत्र सिखाते हैं।"

उस दिन मेयर के साथ मेरी लंबी सैर और चर्चा में स्वामी दुर्गानंद को याद करते हुए मेरे हृदय में एक प्रकार की पवित्रता प्रवेश कर गई। मैं मेयर की तरफ मुड़ा और कहा, "मेयर, आप आज मुझसे आशीर्वाद लेने आई थीं, क्या आप यहाँ नीचे उतरकर आना चाहेंगी?"

मैं नदी के पानी की तरफ इशारा कर रहा था। उन्होंने मेरी तरफ देखा और कहा, "नहीं, नहीं संत, मैं पानी में नहीं उतरनेवाली।"

"अपने कपड़े को बस, अपने घुटनों तक उठाओ और वहाँ बाँध लो, अपनी चप्पल उतारो और पानी में आ जाओ।" मैंने कहा।

"संत, मैं नदी में उतरने के इरादे से नहीं आई हूँ, आप जानते हैं।" उन्होंने मुझसे कहा।

"माई डियर, लेकिन प्रकृति का आशीर्वाद लेने तो तुम्हें यहाँ आना ही पड़ेगा। आओ, मेरे साथ आओ।" मैंने कहा।

फिर मैंने अपना हाथ बढ़ाया और धीरे से उसे नदी तक ले गया। मुझे फिर स्वामीजी की याद आई, जो दरअसल, मेरे संस्कृत के शिक्षक भी थे। मैंने मेयर के कल्याण और भलाई के लिए कुछ प्राचीन संस्कृत मंत्रों का जाप करना शुरू किया। उन्होंने अपनी आँखें बंद करके हाथ खुले आसमान की तरफ बढ़ा दिए और उनकी मुखमुद्रा बहुत ही प्रशांत और कांतियुक्त हो उठी। मजे की बात यह है कि ठीक उसी समय वहाँ हवा इतनी तेजी से बहने लगी, मानो उनका अभिवादन कर रही हो।

"मेयर, कृपया हवा को नमन करें।" मैंने कहा।

हम नदी के जिस किनारे पर खड़े थे, हवा केवल वहीं चल रही थी। नदी के दूसरे

छोर पर हवा का नामोनिशान भी नहीं थी।

जैसे ही मैंने उनके अच्छे स्वास्थ्य और सफल कॅरियर की कामना करते हुए दूसरे मंत्रों का जाप करना शुरू किया, तो उन्होंने कहा, "संत, हमारे सिर के ऊपर 13 बॉल्ड ईगल मँडरा रहे हैं।"

मैंने ऊपर देखा और कहा, "मेयर, हमारे ऊपर उड़नेवाले इन 13 बाजों के पीछे जरूर कोई कारण है।"

"मेरा जन्मदिन 13 अगस्त को आता है।" उसने जवाब दिया।

"हो सकता है, लेकिन क्या अमेरिका के झंडे में तेरह धारियाँ नहीं हैं?" मैंने पूछा।

"हाँ।" उसने जवाब दिया।

फिर मैंने कहा, "लेकिन ईगल अमेरिका का राष्ट्रीय पक्षी है, जिसका मतलब यह है कि आप आगे मिनेसोटा के गवर्नर का चुनाव लड़ सकती हैं।"

"मेरे अंकल हमेशा मुझसे कहते थे कि मैं मिनेसोटा के लिए अच्छी गवर्नर साबित होऊँगी।"

"अपने अंकल को भूल जाइए और अभी यहाँ इसी समय आसमान से कहिए कि आप यहाँ की अगली गवर्नर बनना चाहती हैं। प्रकृति आपको मिनेसोटा का गवर्नर बनने का संकेत दे रही है।"

उन्होंने तुरंत ही पूरे मनोयोग से अपनी इच्छापूर्ति के लिए प्रार्थना करनी शुरू कर दी। मैं उनके पैरों के पास बहते पानी के करीब गया और फिर उसे ड्रम-बीट की तरह बजाना शुरू कर दिया। मैंने कुछ मछलियों को हवा में उछलते हुए और वापस पानी में जाते हुए देखा। "मेयर जब आप मिनेसोटा की गवर्नर का चुनाव लड़ेंगी, तो ये मछलियाँ आपकी चुनावी पार्टी को फंड देने वाले लोगों को प्रेरित करेंगी। बॉल्ड ईगल आपके अभियान का संपूर्ण आकाश में प्रचार करेंगी और यह हवा पूरे मिनेसोटा में आपकी जीत का प्रसार करेगी।" मैंने कहा।

ये गहन शब्द मेरे मुँह से ऐसे निकले, जैसे मैं इन्हें किसी प्रांप्टर से पढ़ रहा था। मुझे कोई अंदाजा नहीं था कि आखिर क्यों ये सारी अजीबोगरीब घटनाएँ उस दिन एप्पल वैली की मेयर के लिए ही घट रही थीं! जब मैं नदी से बाहर आया और मेयर व उनकी दोस्त के साथ कार की तरफ लौटने लगा तो मैंने मेनोमोनी के पूर्व मेयर को अपनी साइकिल पर दूसरी दिशा से आते देखा। उन्होंने रुककर मेरा अभिवादन किया।

मैंने उन्हें मिनेसोटा की मेयर से मिलवाया और उन्होंने उनसे कहा, "मैं जब भी मेनोमोनी में मेयर-पद का चुनाव लड़ता था तो संत से अपनी जीत के लिए कुछ हिमालयी मंत्रों का जाप करने को कहा करता था और आमतौर पर मैं चुनाव जीत

भी जाता था। इस साल मैंने इन्हें नहीं बुलाया, इन्होंने जाप नहीं किया और मैं चुनाव हार गया।"

अपनी तारीफ सुनने की बजाय मैंने जल्दी से बात बदल दी और चलना जारी रखा। यह तो सबकुछ मेरे प्रिय एवं पूजनीय हिमालयी योगी ही कर रहे थे, जिनके मंत्र पहले से ही मेयर के गवर्नर बनने की इच्छा को मेरे अंत:करण में प्रतिध्वनित कर रहे थे।

□

23

मंत्र-शक्ति और घर की नीलामी

यह वर्ष 2012 की गरमियों की बात है। उस समय हम जिस मकान में रहते थे, वह उसकी मालकिन ने लोन लेकर बनवाया था। बाजार में भारी मंदी थी और उसकी नौकरी भी जा चुकी थी। वह बैंक की किस्तें समय पर नहीं चुका पा रही थीं। ऐसे में बैंक के वकीलों ने मकान खाली करवा उसे बेचकर पैसा वसूलने की कानूनी कारवाई शुरू कर दी (इसे फोरक्लोजर कहा जाता है) और इस बारे में उन्होंने सर्किट कोर्ट में एक अर्जी भी दे डाली।

इस मकान को बनाने में बड़ी भारी रकम खर्च की गई थी, लेकिन अब बाजार में मकान की कीमतों में बड़ी भारी गिरावट आ रही थी और प्रोपर्टी मार्किट भी औंधे मुँह गिर गया था। ऐसे में मकान की कीमत बची हुई लोन राशि से भी कम रह गई थी (इसे नकारात्मक इक्विटी कहा जाता है)। इसके चलते कोई भी दूसरा बैंक मकान को रिफाइनेंस करने में दिलचस्पी नहीं ले रहा था।

घर में सभी के दिलों में डर बैठ गया था। लगभग इसी दौरान स्वामी आत्मानंद सरस्वती मुझसे मिलने आया करते थे। वह मुझे समय-समय पर विभिन्न संस्कृत प्रार्थनाएँ सिखाते थे। मैंने उन्हें सारी स्थिति बताई, लेकिन उस समय वह चुप रहे। वह आमतौर पर ध्यान-कक्ष की कुरसी या बैठक के सोफे पर बैठते और वहीं घंटों ध्यान लगाया करते।

घर में तनाव दिन-प्रति-दिन बढ़ता जा रहा था और इस परिस्थिति का कोई हल न निकल पाने के कारण एक तरह की बेचैनी व अशांति सी छाई हुई थी। आखिरकार वह क्षण आ ही गया, जिसका सबको डर था।

सर्किट कोर्ट से सुनवाई के लिए एक रजिस्टर्ड सम्मन पहुँचा। जज फोरक्लोजर पर फैसला लेने के लिए सुनवाई करने वाले थे।

जिस दिन हमें पत्र मिला, अदालत ने मामले की सुनवाई के लिए उसके एक महीने बाद की तारीख निर्धारित की थी। मुझे कुछ समझ नहीं आ रहा था कि इस स्थिति में क्या किया जाए? क्योंकि संपत्ति मेरे नाम पर थी नहीं, इसलिए मैं घर के मालिक की

अनुमति के बिना कानूनी तौर पर बैंक से कोई जानकारी भी हासिल नहीं कर सकता था। मैंने अदालत के दस्तावेज लिये और उन्हें मंदिर की वेदी पर रख दिया, जो अदालत की तारीख तक वहीं रहे।

मैं रोज सुबह अपनी दैनिक पूजा के दौरान ईश्वर से प्रार्थना करता और दिल ही दिल उनसे हमें इस मुश्किल परिस्थिति का कोई रास्ता निकालने में मदद करने के लिए कहता। जिंदगी में जब हम बहुत ज्यादा परेशान, तनावग्रस्त और चिंतित होते हैं तो हमारा दिमाग काम करना बंद कर देता है। बुद्धि ठस्स हो जाती है। और एक कहावत भी है, "जिस मन में समस्या होती है, वो उस समस्या का समाधान नहीं खोज पाता।" इसलिए हमने तय किया कि परिवार का हर सदस्य अपने-अपने ढंग से अलग प्रार्थना करेगा और ऐसा करने के लिए एक-दूसरे को याद भी दिलाता रहेगा। मुझे पूरा यकीन है कि मुसीबत पड़ने पर आपने भी यही किया होगा। जैसे-जैसे कोर्ट की तारीख निकट आ रही थी, मैं भी पूजा और ध्यान में अधिक-से-अधिक समय बिताने लगा, ताकि इस तनाव को बरदाश्त कर सकूँ और शायद हृदय में कोई समाधान भी प्रकाशित हो जाए। मैंने उन्हीं दिनों में स्वामीजी से रक्षा मंत्रोजाप सीखे थे। मैं नित्यप्रति वह जप कर देवी की उपासना करने लगा। इन विशेष मंत्रों का अर्थ है, "हे रक्षा करनेवाली देवी माँ, आप संकट और मुश्किल में फँसे अपने भक्तों की रक्षा बिल्कुल एक बाघिन की तरह करती हैं, जो भेड़ियों के झुंड के बीच कूदकर उनका सर्वनाश कर अपने भक्तों पर आई मुसीबत को टाल देती हो।" संस्कृत में इन मंत्रों का उच्चारण अत्यंत ही मधुर और प्यारा लगता है।

वास्तव में देवी माँ की प्रार्थना के लिए संस्कृत में 700 से भी अधिक श्लोक हैं। एक व्यक्ति अपने जीवन में किसी भी चीज की इच्छा के लिए इनका जाप कर सकता है। 'श्री दुर्गा सप्तशती' या चंडी पाठ का यह जप एक व्यक्ति को किसी भी मुसीबत से बाहर निकालने में मदद कर सकता है, जैसे अगर आप आग में फँस गए हैं तो बस, इन मंत्रों का जप करने मात्र से बच जाएँगे; यदि आपको डर है कि आपकी कार-दुर्घटना हो सकती है, तो भी आप ये मंत्रोजाप करने से बच जाएँगे। आपके जीवन में जो भी समस्या है, 'दुर्गा सप्तशती' का जाप करने से आपको उसका समाधान मिल जाएगा। मैंने लोगों को इस विश्वास के साथ अपने जीवन की घातक से घातक परिस्थितियों से बचते देखा है। हालाँकि मैं इन योगियों की तरह भाग्यशाली नहीं हूँ, इसलिए मुझे अपने डर को दूर भगाने के लिए इन मंत्रों का नित्य तौर पर कई बार जाप करना पड़ा।

हमारे मुकदमे की सुनवाई के दिन मैं अपनी मकान-मालकिन के साथ अदालत गया, लेकिन साथ ही मैंने अपने मन में इन पवित्र मंत्रों का जप भी जारी रखा। हम अदालत से मिले समन के मूल दस्तावेजों के साथ कोर्ट के क्लर्क-कार्यालय में दाखिल हुए, ताकि मकान-मालकिन को सुनवाई के लिए अदालत में पेश किया जा सके।

मकान–मालकिन ने दस्तावेज क्लर्क ऑफ कोर्ट को सौंपते हुए कहा, "मैडम, क्या आप देख सकती हैं कि इस मामले की सुनवाई के लिए हमें किस कोर्ट रूम में जाना है?"

न्यायालय की क्लर्क ने दस्तावेज ले लिये और अपने कंप्यूटर में देखने लगी कि यह मामला किस न्यायाधीश को सौंपा गया था। उसने आश्चर्यभाव के साथ जवाब दिया, "मुझे इस मामले पर कोई जानकारी नहीं मिल पा रही है। इस केस के लिए न तो कोई न्यायाधीश और न ही कोई कोर्टरूम नियुक्त किया गया है। यहाँ तक कि आज यह मामला पेश भी नहीं हुआ है। आई.एम. सॉरी, मैं आपकी कोई मदद नहीं कर सकती।"

उस दिन वास्तव में असली सम्मन के दस्तावेज होते हुए भी हम साफ–साफ बच गए और आश्चर्यचकित होकर कोर्ट से बाहर आए। यह घटना इस बात का प्रमाण थी कि कोई–न–कोई दैवीय शक्ति है, जो हर मुश्किल में हमारी रक्षा करती है। उसके बाद बैंक का भी सहयोग मिलने लगा और बहुत कम कीमत अदा करके वह मकान हमें वापस मिल गया।

नौ महीने बाद मेरे साथ एक और ऐसी ही घटना घटी, जब मंत्रोशक्ति ने मुझे बचाया। मैं चौराहे पर था और तभी ट्रैफिक लाइट पीली हो गई, लेकिन मैंने अपनी गाड़ी दौड़ा ली। दरअसल, मुझे एक मीटिंग के लिए देर हो रही थी, लेकिन मुझे एहसास ही नहीं हुआ कि शेरिफ मेरे पीछे ही था। उसने मुझ पर अपनी चमचमाती लाल और नीली रोशनी फ्लैश कर रोकने की कोशिश की।

मैंने अपनी गाड़ी के साइड मिरर में देखा और पवित्र मंत्रों का जाप शुरू करते हुए देवी माँ को रक्षा के लिए पुकारने लगा। ज्यादा मुसीबत इस बात की थी कि मेरा बीमा कार्ड मेरी दूसरी गाड़ी में छूट गया था और अब मेरे पास अभी के लिए बीमा का कोई सबूत भी नहीं था। मैं बहुत घबरा गया और जब मैंने शेरिफ को उसकी गाड़ी का दरवाजा खोलते देखा तो दोगुनी गति से मंत्रोजाप करने लगा।

वह मेरी गाड़ी की खिड़की के पास आया और मुझसे मेरा ड्राइविंग लाइसेंस माँगा। उसने कहा, "क्या आप जानते हैं कि आपको क्यों रोका गया है?"

"हाँ, सर!" मैंने जवाब दिया।

उसने मेरा ड्राइविंग लाइसेंस लिया और ट्रैफिक का उल्लंघन करने के जुर्म में मेरी सूचना निकालने व टिकट देने की प्रक्रिया पूरी करने के लिए अपनी गाड़ी के पास वापस चला गया। (अमेरिका में टिकट मिलने पर आपको ट्रैफिक नियमों का उल्लंघन करने के लिए एक विशेष अदालत में हाजिर होना पड़ता है, जहाँ आप पर मुकदमा चलता है व और ऐसा तीन बार होने पर ड्राइविंग लाइसेंस हमेशा के लिए रद्द हो सकता है) मैं लगातार प्रार्थना करते हुए अपनी घड़ी की तरफ देख रहा था। फिर मैंने अपने साइड मिरर पर नजर डाली। मैंने उसे वापस मेरी कार की तरफ आते देखा।

"सर, मेरा कंप्यूटर काम नहीं कर रहा है, इसलिए मैं आपकी और आपके वाहन की कोई भी जानकारी नहीं निकाल पा रहा हूँ। आप जा सकते हैं।" उसने कहा।

मैंने देवी माँ का आभार व्यक्त किया, क्योंकि मुझे उसकी तरफ से कोई टिकट नहीं मिला और मैं अपनी मीटिंग के लिए भी समय से पहुँच गया। यहाँ तक कि यातायात के नियमों का उल्लंघन करने के लिए मैं $200 का भुगतान करने से भी बच गया। इन घटनाओं ने मेरे भीतर ईश्वर को लेकर मेरे विश्वास को और भी दृढ़ कर दिया।

जब भी हम किसी मुश्किल में पड़ते हैं तो कभी-कभार कुछ पलों के लिए दिव्य ऊर्जा को अपनी रक्षा के लिए आते हुए महसूस करते हैं। मैं आपको हर पल अपने दिल और मन में प्रार्थना करने के लिए प्रोत्साहित करना चाहूँगा और साथ ही आपसे इसे अपनी आदत बनाने के लिए भी कहूँगा, फिर भले ही आप किसी भी धर्म के हों। वह ईश्वर आपकी किसी भी भाषा की प्रार्थना जरूर सुनेगा। अपने बच्चों को भी अपने साथ बिठाकर ईश्वर से प्रार्थना करना सिखाएँ। प्रार्थना की शक्ति से आप अपने जीवन में कई चमत्कार भी घटते देखेंगे।

मेनोमोनी, विस्कॉन्सिन, अमेरीका में 'हिमालयन एजुकेशन सेंटर'

□

24

मौन साधना और वेबसाइट

सर्वविदित है कि आज इंटरनेट के माध्यम से ट्रैफिक की जानकारी भी हम आसानी से प्राप्त कर लेते हैं। लेकिन इंटरनेट स्काइप की कुछ सीमाएँ हैं। इसमें केवल दृश्य और श्रव्य इंद्रियाँ ही प्रतिबोधित होती हैं। लेकिन हिमालयी मनीषी इन दोनों के अलावा अलौकिक सूक्ष्म शरीर के माध्यम से स्पर्श, गंध, स्वाद, देखने, सुनने, महसूस करने, जानने की क्षमता और उन अनुभवों को एकत्र करने की क्षमता भी रखते हैं। सच तो यह है कि पुरातन काल से भारत के ये परम सिद्ध योगी एक जगह बैठे-बैठे या सूक्ष्म शरीर से हजारों मील की यात्रा करके पल में ये सब कर डालते हैं।

मैंने जनवरी 2012 में भारत के विभिन्न स्थानों का दौरा किया, विशेष रूप से देहरादून के जॉली ग्रांट में बसे अपने गुरुदेव स्वामी राम के 'हिमालयन इंस्टीट्यूट हॉस्पिटल ट्रस्ट' (HIHT) का। आप www.hihtindia.org पर मेडिकल कैंपस की झलक देख सकते हैं। देहरादून से आगे मैंने एक रहस्यवादी हिमालयी संत स्वामी हरिहरनंद भारती द्वारा बनाए पवित्र 'हिमालयी स्कूल श्रीवर्म' के दर्शन करने के लिए गाड़ी से ही उत्तर भारत के पहाड़ों की छह घंटे की यात्रा भी की। स्वामीजी के चमत्कारी व्यक्तित्व के बारे में पूर्व के पन्नों में आप विस्तार से पढ़ ही चुके हैं। मैं मलेठी गया था, जो 5,000 फीट ऊपर बसा था और फिर 7,000 फीट की ऊँचाई पर स्थित ताड़केश्वर पर्वत की भी यात्रा करना चाहता था। यहीं पर भारत के कुछ प्रबुद्ध संतों ने ध्यान का अभ्यास किया था।

दुर्भाग्यवश, उस समय पहाड़ तीन फीट ऊँची बर्फ से ढके हुए थे और ताड़केश्वर पर्वत के भी सारे रास्ते बंद कर दिए गए थे। मैं कुछ दिनों तक 'हिमालयन स्कूल' के एक गेस्ट हाउस में ही रुका रहा। एक रात की बात है, मैं वहाँ चुपचाप बैठकर ताड़केश्वर पर्वत के ऊपर आए पूर्णिमा के चाँद को निहार रहा था।

पहाड़ों की शांति, खामोशी और सुंदरता अवर्णनीय है। घाटियों में मोरों की आवाजें

गूँजती रहती थीं और हवाएँ भी वहाँ मानो पत्तों को सहलाने आती थीं। मैं हिमालय की शांति और खामोशी को अपने कैमरे में कैद करना चाहता था और फिर मेरे दिल में विस्कॉन्सिन लौटकर दस दिन के मौन का अभ्यास करने का खयाल आया।

भारत से लौटने के बाद जब मैंने अपना कैमरा देखा, तो उसमें से हिमालय के पवित्र मंदिरों और तीर्थस्थलों की सारी तसवीरें नष्ट हो चुकी थीं। मुझे लगा कि यह संकेत है कि मैं हिमालय के उन पवित्र और गुप्त स्थलों की याद केवल अपने दिल में ही संजोंकर रखूँ। इसके तुरंत बाद मेरे पास मेरे उत्पादनों की वेबसाइट, www.enlightnscent.weebly.com के एक्सपायर होने के संबंध में बहुत सारे इ-मेल और फोन कॉल आने शुरू हो गए। इस वजह से कोई भी एनलाइट-एन-सेंट उत्पादनों की शृंखला को एक्सेस नहीं कर पा रहा था।

मैंने यह वेबसाइट बनाने के लिए एक प्रोफेशनल व्यक्ति को काम पर रखा था और उसे इसकी बहुत बड़ी फीस भी दी थी। लेकिन अब उस व्यक्ति ने वेबसाइट की सभी फाइलें खो दी थीं। मुझे डर और चिंता दोनों सताने लगे, क्योंकि मैं समझ नहीं पा रहा था कि अब अपनी इस उत्पाद-शृंखला का क्या करूँ। मेरे पास इतने पैसे भी नहीं थे कि मैं थोड़े से समय में दूसरी वेबसाइट बनाने के लिए किसी और प्रोफेशनल को काम पर रख सकूँ। फिर मुझे मेरे प्रिय हिमालय योगी, स्वामी श्रीहरि का प्रसिद्ध उद्धरण याद आया, जो कहा करते थे, "जब आपके जीवन में चीजें अच्छी हो रही हों, तो खुश रहो और जब चीजें अच्छी न हो रही हों, तो दुगना खुश रहो।"

मैंने उनकी इस बात को संकेत रूप में लेते हुए दस दिनों की मौन-साधना करने का निर्णय लिया। मैंने खुद को 'विपश्यना' के लिए तैयार करना शुरू किया। मैं अपने दिल में ही पहाड़ों की शांति और खामोशी में एक बार फिर उतरना चाहता था। मैंने हिमालय की सारी तसवीरें पहले ही खो दी थीं और अब मैं अपनी वेबसाइट खोकर तनावग्रस्त भी हो गया था, लेकिन उसकी वजह से अवसादग्रस्त नहीं होना चाहता था।

एक दिन के मौन के बाद मेरे अंदर से एक सचेतन आवाज ने फुसफुसाते हुए कहा, "अपनी खुद की वेबसाइट क्यों नहीं बनाते?" अब देखिए, मुझे कंप्यूटर इत्यादि की बहुत ज्यादा जानकारी नहीं है और ऐसे में वेबसाइट बनाना तो मेरे लिए पहाड़ चढ़ने जैसा था। इसके अलावा मेरे पास नई वेबसाइट का भुगतान करने के लिए पैसा भी नहीं था। मुझे नहीं पता था कि मैं क्या करूँ या इस आवाज के संकेत को कैसे क्रियान्वयन करूँ?

मौन के दूसरे दिन वह स्वर फिर सुनाई दिया, "अपनी वेबसाइट मुफ्त में क्यों नहीं बनाते?" देखिए मैंने एक बार फिर अपने आपको एक विपद परिस्थिति में पाया। अब अगर मैं खुद से वेबसाइट बनाने की कोशिश भी करता, तो मैं मौन-साधना में होने के

कारण कुछ बोल तो सकता नहीं था, तो किसी भी वेब डिजाइनर से सलाह कैसे लेता, क्या पूछता ? क्या कहता ? मेरे मन में यह विचार बंदरों की तरह नाचने लगा। मुझे करना चाहिए या नहीं करना चाहिए ? फिर मैंने अपनी वेबसाइट खुद बनाने के लिए कोशिश करने का फैसला किया। मजे की बात यह है कि मुझे अपने अंदर की इस सचेतन आवाज पर भरोसा होने लगा था और मैंने उससे पूछ लिया, "क्या वेबसाइट बनाने में तुम मेरी मदद कर सकती हो ? क्योंकि मैं तो इतना भी नहीं जानता कि कंप्यूटर का इस्तेमाल कैसे करते हैं ?"

आत्मसमर्पण की इस स्थिति में मैंने इंटरनेट की मदद से पता लगा लिया कि weebly.com पर मुफ्त में साइट कैसे बनाई जाती है। मैंने पहले साइट पर क्लिक किया और फिर आगे के दिशा-निर्देश पढ़ते हुए आगे से आगे क्लिक करता चला गया। मेरे पास एक 16 मेगापिक्सेल का कैमरा था और मैंने सभी सात चक्र-मोमबत्तियाँ, अनान्नास/नोनी शैंपू और कंडीशनर, नाशपाती/खुबानी के शैंपू और कंडीशनर, हिमालय की गूजी बेरी/आड़ू के शैंपू, कंडीशनर व अनान्नास/पुदीने का बॉडी वाश, हैंड एंड बॉडी लोटस लोशन, मसाज एमोलेयर्स, सी.डी. इत्यादि सभी की तसवीरें लेनी शुरू कर दीं। तीसरे दिन मेरा दिमाग वेबसाइट बनाने की प्रेरणाओं को लेकर ज्यादा स्पष्ट हो चुका था।

मैं फोटो को काटना यानी क्रॉप करना, तसवीरों को फोटोशॉप करना, उन्हें बढ़ाना, फाइल अपलोड करना और शॉपिंग कार्ट बनाना इत्यादि के बारे में जानकर दंग व हैरान था। मेरे लिए यह सबकुछ अत्यंत अद्‌भुत था। मुझे कुछ ऐसे बिल्डिंग टूल मिल गए, जिनकी मदद से मैंने अकेले ही बस, दस दिनों में www.enlightnscent.net वेबसाइट बनाकर तैयार कर ली। उस समय मैं दस दिनों की मौन साधना में लीन होने के कारण किसी विशेषज्ञ की मदद भी नहीं ले सकता था। मैंने एक-एक कर हर उत्पाद का विवरण लिखा। इतना ही नहीं, मैंने बैक लाइटिंग और कलर स्कीमैटिक का प्रयोग कर तसवीरों और विषय-वस्तु के साथ हेडर भी बना लिये।

मौन-साधना के दसवें दिन मैंने सृजन की देवी माँ सरस्वती का आह्वान और आभारस्वरूप जोर-जोर से मंत्रोजाप करते हुए अपना मौन तोड़ने का फैसला किया। फिर मैंने कुछ बटनों पर क्लिक किया और यह देखकर दंग रह गया कि मेरी बनाई वेबसाइट लाइव हो गई थी, जिस पर लोग मेरे उत्पादनों को फिर से देख और खरीद पा रहे थे।

आप स्वयं वेबसाइट पर जाकर हमारा एनलाइट-एन-सेंट उत्पाद दर्शन और छात्रवृत्ति प्रोग्राम देख सकते हैं, जो हम सीमित साधनोंवाले विद्यार्थियों को उनकी उच्च शिक्षा हासिल करने के लिए उन्हें विश्वविद्यालय भेजने में मदद करने के उद्‌देश्य से प्रदान करते हैं। मेरे साथ सबसे अजीब बात यह हुई कि www.enlightnscent.net वेबसाइट के इंटरनेट पर लाइव होने और मौन-साधना तोड़ने के बाद मैं वेबसाइट के सारे

पासवर्ड व कोड भूल गया, जिसके चलते मैं उसमें कोई बदलाव नहीं कर पा रहा था।

मैं अब पूरी तरह से भूल चुका हूँ कि शॉपिंग कार्ट में कोई भी बदलाव, नेविगेट, फोटो क्रॉप इत्यादि कैसे किया जाता है?

लगता है कि मेरे दिमाग से वे सभी फाइलें हटा दी गईं और मैं एक बार फिर वेबसाइट बनाने को लेकर अज्ञानता की स्थिति में आ गया। अब मैं कुछ ईबे विशेषज्ञों के साथ काम कर रहा हूँ, जो www.enlightnlife.com के अंतर्गत और भी बड़ी वेबसाइट बनाने में मेरी मदद कर सकते हैं।

हम सिर से लेकर पैर तक उत्पादनों की एक पूरी आयुर्वेदिक श्रृंखला तैयार करने की योजना बना रहे हैं, जिससे सभी को फायदा हो। इसके अलावा हम एस्ट्रो-कलर कपड़ों की श्रृंखला भी शुरू करने की योजना रखते हैं। अधिकांश लोगों को पता ही नहीं है कि रविवार सूर्य द्वारा; सोमवार चंद्रमा द्वारा; मंगलवार मंगल ग्रह द्वारा; बुधवार बुध ग्रह द्वारा; गुरुवार बृहस्पति ग्रह द्वारा; शुक्रवार शुक्र ग्रह द्वारा और शनिवार शनि ग्रह द्वारा संचालित होता है। कपड़ों की यह श्रृंखला अपने आप में अनूठी होगी, क्योंकि इसमें प्रत्येक दिवस की ऊर्जा लाने के लिए उचित समायोजन किया जाएगा, ताकि सप्ताह के अलग-अलग दिनों में प्रत्येक व्यक्ति की क्षमता में वृद्धि भी हो।

मेरे गुरुदेव स्वामी राम और अन्य दूसरे हिमालयवासी महापुरुषों के आशीर्वाद और कृपा से मैंने यह पुस्तक 'हिमालय के संतों की रहस्य-गाथा' प्रकाशित की है। वास्तविक जीवन के अनुभवों के साथ रहस्यमयी खोज की ये सच्ची कहानियाँ हैं, क्योंकि मैं हर स्थिति में कर्ता का साक्षी रहा हूँ। इनमें से अधिकांश रहस्यमयी घटनाओं में मैं कर्ता नहीं, बल्कि केवल साक्षी मात्र हूँ। कृपया हमारे फेसबुक, ट्विटर पेज और हमारी वेबसाइट www.enlightnlife.com पर इस पुस्तक के बारे में अधिक जानकारी पाएँ।

□

कल, आज और कल

यह वर्ष 2001 की बात है। मैं कुछ साथियों के साथ अपनी वर्तमान देह से भारत वापस लौटा। हम सब कुंभ में शामिल होना चाहते थे और काशी बाबा ने हमारे लिए सारी व्यवस्था की। हवाईजहाज के उतरने के बाद हमने पाया कि हमारा समान बेल्ट पर आया ही नहीं था। इस बीच जो लोग हमें लेने आए थे, वे भी वापस लौट गए। परेशान होकर हमने हवाई अड्डे से बनारस के काशी बाबा को फोन लगाया व उनको सारा वृत्तांत कह सुनाया। बाबा जोर से हँसे और कहा, "कई जन्मों की यात्रा में तुम बोझ उठाकर क्यों आना चाहते हो? क्यों अपने साथ पश्चिम का कृत्रिम सामान लाना चाहते हो?"

हमें अहसास हुआ कि यह सब बाबा का ही किया-धरा था। बाबा ने आगे कहा, "यहाँ से जो तुम पाओगे, जो तुम्हें चेतना के उच्चतम शिखर तक ले जाएगा, उसे कहाँ रखोगे? इसलिए जैसे हो, वैसे ही आ जाओ।" यात्रा समाप्त करने के बाद जब हम वापस लौटने लगे और हवाईअड्डा पहुँचे, तो हमारा सारा सामान सामने तैयार रखा था। हम सभी की आँखों में आँसू आ गए। तब हमने अपना सारा सामान बाँटने का फैसला किया। हम अपने हृदयों में केवल गुरुओं का आशीर्वाद और कृपा लेकर वापस लौट गए।

इसी दौरे पर मैं जयपुर शहर भी गया। एक दिन मैं वहाँ की तंग गलियों से गुजर रहा था कि मेरी नजर एक दस साल के बालक पर पड़ी, जो मार्बल की स्लेट से भगवान् श्रीकृष्ण की मूर्ति उकेर रहा था। उसके छेनी-हथौड़े ऐसे चल रहे थे, जैसे वह बहुत ही दक्ष हो। पता नहीं क्यों, मैं उस छोटे बालक की तरफ एकाएक आकर्षित हो गया और कम-से-कम दो घंटे तक एक ही जगह पर खड़ा होकर उसे देखता रहा।

उसने हाथों में बाँसुरी और पैर पर पैर रखे श्रीकृष्ण की प्रतिमा बिना कोई चित्र देखे हू-ब-हू बना डाली। मैं मन-ही-मन भगवान् श्रीकृष्ण का आह्वान करने लगा। मैंने कहा, "हे प्रभु, यह नन्हा सा बालक कैसे बिना देखे तुम्हारी मूर्ति बना रहा है?" इतना सोचते ही मुझे भगवान् श्रीकृष्ण का भावावेश हो आया और भगवान् बोले, "संत, जिस तरह से इस बालक ने पत्थर को तराश कर केवल उपयोगी हिस्सा रहने दिया, उसी तरह से अपने

हृदय में से मेरे अनुपयोगी हिस्से को निकाल फेंको। तब मैं अपने तराशे हुए रूप में सदैव ही तुम्हारे अंदर जीवित रहूँगा।"

यही है अलौकिक भूमि भारत, जिसकी तंग गलियों में भी ईश्वर से साक्षात्कार हो जाता है! वर्ष 2001 के भारत दौरे के बाद संत मिट गया और जिस तरह से जरा से जामन से भारी मात्रा के दूध को दही में जमाया जा सकता है, उसी तरह जयपुर की उस गली में मेरा अंत:करण सदा के लिए प्रभु से संयुक्त हो गया।

□

वर्ष 2012 में मैं एक बार फिर भारत वापस लौटा। मैं इस बार यहाँ अपनी सबसे बड़ी बेटी के विवाह के लिए आया था। हम महाराष्ट्र के सतारा शहर पहुँचे। मार्ग में एक गाँव पड़ा, जो मुझे जाना-पहचाना सा लगा। कुछ दिनों बाद मैं उस गाँव में दोबारा लौटकर गया और उसे पहचान गया। सोलह वर्ष पूर्व जब मुझे अपने सूक्ष्म शरीर से मेरे पूर्व के परिवार में वापस आने का मौका मिला था तो यह वही गाँव था। (आपने यह प्रसंग 'शरीर के बाहर आने का अनुभव' अध्याय के अंतर्गत पढ़ा होगा)। इस पुस्तक की मूल अंग्रेजी कृति 2016 में छपी थी और वर्तमान में मैं एक और पुस्तक 'ट्रांसफॉर्मेशन : ए जर्नी टू स्पेस, टाइम एंड कोसेशन' पर कार्य कर रहा हूँ।

□

इस पुस्तक में आपने पूर्वजन्म के दो वृत्तांत पढ़े होंगे। सभी जानते हैं कि मेरी 26 वर्षीय सबसे छोटी बेटी हेमलता और 16 वर्षीय छोटा पुत्र केशव पुनर्जन्म लेकर ही मेरे परिवार में आए हैं। लोग मुझसे अत्यंत जिज्ञासावश पूछते हैं कि "उनका जीवन अब कैसा चल रहा है?"

हेमलता पिछले जन्म में डॉक्टर थी। वह बचपन में आठ साल की उम्र से ही जड़ी-बूटियाँ, हर्बल औषधि, यहाँ तक कि संजीवनी तक के बारे में बात करती है। भारत में अपने पूर्वजन्म के बहुत से शहरों के बारे में वह ऐसी-ऐसी जानकारी देती है कि हम सब दंग रह जाते हैं।

केशव छह साल की उम्र से ही कहता है कि वह एस्ट्रोफिजिस्ट बनेगा। चाँद-सितारों और नक्षत्रों के बारे में वह गूढ़ से गूढ़ जानकारी भी ऐसे देता है, मानो उसे रटी पड़ी हों! स्मरण रहे कि केशव बनारस के काशी बाबा का पुनर्जन्म स्वरूप है, जो बहुत बड़े ज्योतिषी थे।

प्राचीन काल में भारत में सारे वैज्ञानिक संत ही हुआ करते थे और उनको उन दिनों में ही ऐसी-ऐसी जानकारी प्राप्त थी, जो आज के आधुनिक वैज्ञानिकों को अभी तक मालूम नहीं है। उन संतों को ध्यान में ही सबकुछ नजर आ जाता था।

□

अंग्रेजी संस्करण के प्रकाशन के पश्चात् गुरु कृपा से एक असाधारण घटना घटी। एक कनेडियन दंपती, जो मेरे संपर्क में हैं, उनके साथ एक चमत्कार हुआ।

इनमें से पत्नी की भारतीय धर्म और संस्कृति में विशेष रुचि है और कैथोलिक होते हुए भी वह हिमालयी गुरुओं और मेरे लिए संभाषण व प्रवचन-माला इत्यादि आयोजित करवाती रही हैं। एक दिन अचानक उसका फोन आया और उसने रोते हुए कहा, "संतजी, मेरे पति के दिल की बाईपास सर्जरी हुई है, लेकिन ऑपरेशन सफल होने के बावजूद उनके हृदय ने काम करना बंद कर दिया है। वह कोमा में चले गए हैं।" मैंने कहा, "अभी तुम फोन काट दो और अपने पति के कान में यह कहना कि वह मुझे फोन लगाए और उसके हाथ में फोन रख देना।"

वह मेरी बात सुन दंग रह गई। मैंने आदेशात्मक स्वर में फिर कहा, "जैसा कह रहा हूँ, वैसा ही करो।" मैंने फोन रख दिया और पूजाघर में जाकर स्वामी हरिहरनंद महाराजजी से प्रार्थना करने लगा। उन्हीं के कहने पर मैं पिछले 42 वर्षों से नित्य 'हनुमान चालीसा' का पाठ कर रहा हूँ।

दो घंटे बाद अचानक फोन की घंटी बजी, जो कनाडा के अस्पताल से ही था। मैंने झपटकर रिसीवर उठाया। यह फोन कोमा में गए उस व्यक्ति का ही था, लेकिन आवाज अस्पष्ट थी। वह बोला, "संतजी, मैं बड़ी भारी मुसीबत में हूँ।" मैंने उसे समझाया कि "तुम पर कृपा हो गई है, अब बस, जीने की इच्छा करो। तुम्हारे दो छोटे-छोटे बच्चे हैं। तुम इस समय जैसे नींद में चल रहे हो।" दरअसल, यह फोन उसने नहीं, बल्कि स्वयं हनुमानजी ने उससे करवाया था और वह ही उसके निचले बंद पड़े चक्र खोल रहे थे। फिर मैंने उसकी पत्नी से बात की, "मुसीबत की घड़ी निकल चुकी है। जो काम दवा नहीं कर सकती, वह गुरु-कृपा और मंत्र कर देते हैं।"

मैं आपको यह भी बताना चाहता हूँ कि यह दंपती पूर्व में संतान के लिए भी तरस रहे थे, जैसा कि वह कैरिबियाई जोड़ा, जिसका वृत्तांत आपने इस पुस्तक में पढ़ा होगा। आज इनके दो बच्चे एक पुत्र और एक पुत्री हैं।

□

मैंने अपने पूजनीय गुरुदेव, हिमालयवासी स्वामी राम की प्रेरणा से विस्कॉन्सिन में 'हिमालयन एजुकेशन सेंटर' का निर्माण किया, जहाँ हम साधनहीन और अभावग्रस्त परिवारों के बच्चों को छात्रवृत्ति पर अमेरिका बुलाकर उच्च शिक्षा दिलवाते हैं।

एक बार हमें भारत में बिहार के एक परिवार के बारे में पता चला। इस परिवार में चार पुत्रियों का जन्म हुआ था, जिसकी वजह से उनके गरीब माता-पिता को आए दिन लोगों की कड़वी बातें सुननी पड़तीं। यहाँ तक कि पंचायत का मुखिया व अन्य गाँववाले

भी उन्हें ताना मारने से बाज नहीं आते। उन्हें कहा जाता कि वे अपनी लड़कियों को होटल या कोठों में नाचने-गाने के लिए तैयार कर लें।

पटना विश्वविद्यालय के एक संपर्क सूत्र के माध्यम से हमें श्वेता कुमारी का पता चला, जो उस परिवार की सबसे बड़ी लड़की थी। उसके माता-पिता अपना पेट काटकर उसे पढ़ा रहे थे, जिससे उसका भविष्य सुरक्षित हो सके। हमने श्वेता को अमेरिका बुलवा लिया और मैं स्वयं जाकर उसे हवाई अड्डे से लेकर आया। इसके बाद वह हमारे परिसर में सारी सुविधाओं के बीच रहने लगी, जिसके लिए उसे कोई राशि नहीं देनी पड़ी। एक दिन मैं बागीचे में काम कर रहा था कि वह भी छात्रावास की सीढ़ियों से उतरकर नीचे आ गई और दो बड़े-बड़े गुलाब के फूल, जो मुझे बहुत प्रिय थे, तोड़कर ले जाने लगी। मैंने उसे आवाज लगाकर रोका। वह थर-थर काँपते हुए रोने लगी। मैंने पास पहुँचकर प्यार से उसके सिर पर हाथ फेरा और बोला, "मुझे मालूम है, तू इसे भगवान् को चढ़ाने के लिए ले जा रही है। जा और उनसे प्रार्थना कर कि तुझे अपनी पढ़ाई में सफलता मिले।" वह मुझसे लिपटकर फूट-फूटकर रोने लगी।

वह इतनी प्रतिभाशाली थी कि उसने चार साल का बैचलर कोर्स तीन साल में ही पूरा कर लिया। विस्कॉन्सिन स्कॉउट विश्वविद्यालय में उसे जीवविज्ञान के मास्टर कोर्स में दाखिला मिल गया। उसके सलाहकार प्रोफेसर ने उससे शोध करवाया और मछली के अंडों में से एल्कोहल का इस्तेमाल कर बी विटामिन कॉम्प्लेक्स पर उसका शोध-पत्र मिसीसिपी विश्वविद्यालय में पढ़ा गया। उसको तुरंत ही स्टाईपेन पर पी-एच. डी. के लिए आमंत्रित किया गया। जहाँ उसे बायोटेक्नोलॉजी और बायोकेमिस्ट बनने के लिए तराशा गया।

आज वह प्रतिवर्ष 1,85,000 यू.एस. डॉलर कमा रही है। गुरुओं की कृपा से उसके और उसके पूरे परिवार का उद्धार हुआ। यह तो केवल एक प्रसंग है, मेरे पास ऐसे अनेक उदाहरण हैं, जहाँ भारत से स्कूली बच्चों ने आकर विस्कॉन्सिन के 'हिमालयन मिशनरी' में अपना भविष्य सँवारा। यह सब मेरे परम पूजनीय गुरुदेव स्वामी राम की प्रेरणा से हुआ है।

वर्ष 1985 से मैं रोजाना 'गीता' के 12वें अध्याय का नियमित पाठ करता हूँ, जोकि भक्ति योग और समर्पण से संबंधित है। जो लोग जानते हैं, वे यह जानते हैं कि वे कुछ नहीं जानते। हरि ओम!

□

निज-परिचय

मेरे पिता एक हिंदू पंडित थे और मैं अपने बचपन से ही आध्यात्मिक मार्ग का अनुसरण करता आया हूँ। मुझे बहुत ही जल्द यह एहसास हो गया था कि जीवन एक सामान्य अनुभव से कहीं बढ़कर है। हालाँकि अपने गुरुदेव स्वामी राम से मिलने के बाद ही मैं अपने आध्यात्मिक 'स्वयं' के संपर्क में आया। इसके तुरंत बाद मैंने ध्यानाभ्यास, संस्कृत मंत्र-जाप व केवल शाकाहारी भोजन करना, त्रिनिदाद एवं टोबैगो द्वीप के विभिन्न घरों, गाँवों और मंदिरों में संकीर्तन करना शुरू कर दिया, जहाँ मेरा जन्म हुआ और मैं पला-बढ़ा।

वर्ष 1987 में जब मैं अपने गुरुदेव स्वामी राम से मिला, तो मेरा जीवन पूरी तरह बदल गया। गुरुजी से मिलने के बाद इसने एक ऐसा मोड़ लिया, जिसकी मैं कभी कल्पना भी नहीं कर सकता था। मैंने जीवन के धार्मिक मार्ग से संबंध तोड़ना और आत्मबोध के लिए एक आध्यात्मिक मार्ग पर चलना सीखा। त्रिनिदाद एवं टोबैगो के खूबसूरत द्वीप में रहते हुए भी यह योग, ध्यान और जाप रूपी स्तंभ ही थे, जिन्होंने मेरे आध्यात्मिक जीवन को गढ़ने का काम किया। स्वामी राम के साथ मेरी अंतिम बातचीत वर्ष 1995 में हुई थी। उन्होंने मुझसे कहा, "अब तुम्हें भगवान् से प्रार्थना करनी छोड़कर भगवान् के साथ प्रार्थना करनी चाहिए।" जब हम भगवान् से प्रार्थना करते हैं, तो यह हमें भगवान् से अलग कर देती है, लेकिन जब हम भगवान् के साथ प्रार्थना करते हैं, तो वह हमें अपना हिस्सा बनने देते हैं। वास्तव में ईश्वर हम में अपनी उपस्थिति बढ़ाता है। स्वामी राम ने अपनी देह वर्ष 1996 में त्याग दी।

इस अवधारणा के कारण मुझे जीवन के महान् आश्चर्यों का अनुभव करने का सौभाग्य प्राप्त हुआ और परिणामस्वरूप मुझे वे सारे अनुभव हुए, जिनका उल्लेख मैंने इस पुस्तक 'हिमालय के संतों की रहस्य-गाथा' में किया है।

वर्ष 1996 में मेरे गुरुदेव ने जब अपनी देह त्यागी तो मेरे अंदर एक नई खोज का जन्म हुआ। तब से मैंने अपने तर्कसंगत मस्तिष्क के स्थान पर अंत:करण की बात सुननी

शुरू कर दी। मैंने पाया कि जब भी मेरा अंतर्मन मेरा मार्गदर्शन करता है, तो मुझे ऐसा कुछ-न-कुछ रहस्यमयी व कुछ नया देखने व सीखने को जरूर मिलता है, जिसका अनुभव पहले कभी किसी ने नहीं किया होगा।

वर्ष 1987 के बाद कई दूसरे हिमालयी योगियों से भी मैं अपने जीवन-पथ पर टकराया। मैंने अमेरिका में बहुत से हिमालयी गुरुओं के साथ काफी सारा समय बिताया और उनके साहचर्य हेतु भारत की यात्रा भी की। मुझे उनकी जीवन-शैली बेहद आकर्षक और लुभावनी प्रतीत हुई। हिमालयी मास्टर्स के साथ बिताई ये बहुमूल्य यादें अब दूसरों के जीने की प्रेरणा बन गई हैं। मैंने अब तक जितने भी योगियों को जाना और जिनका मैंने इस पुस्तक में उल्लेख किया है, वे सभी अपनी देह त्याग चुके हैं। मेरे पास अब बस, उनका प्यार, आशीर्वाद, यादें और अनुभव ही शेष बचे हैं।

स्वामी आत्मानंद सरस्वती ने ही मुझे अपने वास्तविक जीवन-अनुभवों, रहस्यवादी अनुभवों को लिखने के बारे में कहा था और उसके एक वर्ष पश्चात् मैंने यह सब एक पुस्तक रूप में लिखना शुरू कर दिया। सच कहूँ तो मेरे मन में कभी खयाल भी नहीं आया था कि मैं कोई पुस्तक लिख सकता हूँ; और अगर मैं कुछ लिखने की सोचता भी, तो क्या लिखता? अब आप ही देखिए—मैं हमेशा यही सोचता रहता था कि लोग मेरे लेखन के बारे में क्या सोचेंगे? कुल मिलाकर मुझे अपने अनुभवों को लिखने में बहुत शर्म आती थी।

मेरे ज्योतिषी ने भी मुझे अपने जीवन की रहस्यमय घटनाओं को लिखने की सलाह दी थी। जून 2008 में स्वामी हरि की देह-त्याग के बाद मैंने पहली बार अपने अनुभव लिखने शुरू किए। हालाँकि मेरे अंदर लिखने की इच्छा जीवंत और मजबूत मार्च 2009 में मेरे पिता के निधन के बाद हुई। मैंने देखा कि मेरे शांत क्षणों में यह इच्छा और भी प्रबल हो जाती थी और तब मैं अंतर्मुखी हो घर में भी बहुत ही कम बोलता था।

जब मैंने लिखना शुरू किया तो अपने दिमाग की कोठरी में छिपे कई खजाने खोज निकाले। इनमें से अधिकांश रहस्यवादी अनुभव मेरे भीतर इतने गहराई में दबे हुए थे कि मैं उन्हें लगभग भूल ही गया था। अपनी ऐसी अनगिनत यादों की काँट-छाँट करने के बाद मैंने इस पुस्तक में उल्लिखित हिमालयी मनीषियों के साथ प्राप्त हुए रहस्यवादी अनुभवों का पुन: स्मरण किया।

हालाँकि मेरे पास अपने गुरु एवं अन्य हिमालयी संतों के साहचर्य में प्राप्त और भी बहुत से अनुभव हैं, लेकिन मैंने इस पुस्तक के लिए उन्हीं को चुना है, जो मुझे लगा कि वे पाठकों के लिए दिलचस्प और प्रेरक हो सकते हैं।

इनमें से कुछ तो बहुत ही असामान्य हैं। आशा करता हूँ कि आपको मेरे ये अनुभव पढ़ने में सरल लगेंगे, क्योंकि मैंने इन्हें एक कथावाचक की तरह लिखा है। ये कठिन-

से–कठिन परिस्थिति में भी जीवन जीने की नई उम्मीद देते हैं।

मैंने पुस्तक की शुरुआत एक बहुत ही असामान्य अनुभव के साथ की है, जो मुझे दस साल की छोटी सी आयु में हुआ था। उसके बाद मैंने अपनी कहानियों को अलग-अलग खंडों में वर्गीकृत किया है। प्रत्येक वर्ग एक विशेष हिमालयी रहस्यवादी गुरु और उनके साथ मेरे अनुभवों को बताता है। पुस्तक के अंत में मैंने अपने खुद के कुछ व्यक्तिगत आश्चर्यजनक अनुभवों को भी सम्मिलित किया है।

हालाँकि मेरा यहाँ इस बात का उल्लेख करना बहुत जरूरी है कि मुझे लगता है कि इस पुस्तक के सभी वृत्तांतों में मैं सिर्फ एक साक्षी था, न कि स्वयं कर्ता। जीवन के वर्तमान क्षणों का निरीक्षण करने के लिए इन घटनाओं का तार मेरे लिए कोई और ही बुन रहा था!

—डॉ. संत एस. धर्मानंद

अनुवादक के बारे में

आशा नयाल एक लेखिका, संपादक और हिंदी अनुवादक हैं। वह पूर्व में 'लाइफ पॉजिटिव' पत्रिका के हिंदी विभाग में सहयोगी संपादक के तौर पर कार्यरत थीं और अब एक स्वतंत्र लेखिका एवं संपादक के रूप में काम कर रही हैं। इसके अलावा उन्होंने विभिन्न प्रकाशनों के लिए बहुत सी पुस्तकों का अनुवाद भी किया है, जिसमें आध्यात्मिक पुस्तकें भी शामिल हैं।

rewanayal@gmail.com

□□□